中国宏观经济研究院
Chinese Academy of Macroeconomic Research

改革开放40年：中国经济发展系列丛书

投资：

推动中国快速发展的强大动力

TOUZI

TUIDONG ZHONGGUO KUAISU FAZHAN DE QIANGDA DONGLI

国家发展改革委宏观经济研究院投资研究所◎著

人民出版社

责任编辑:高晓璐

图书在版编目(CIP)数据

投资:推动中国快速发展的强大动力/国家发展改革委宏观经济研究院投资
　研究所 著. —北京:人民出版社,2018.11
(改革开放 40 年:中国经济发展系列丛书)
ISBN 978－7－01－019990－0

Ⅰ.①投…　Ⅱ.①国…　Ⅲ.①投资体制改革-研究-中国　Ⅳ.①F832.48

中国版本图书馆 CIP 数据核字(2018)第 251964 号

投资:推动中国快速发展的强大动力
TOUZI TUIDONG ZHONGGUO KUAISU FAZHAN DE QIANGDA DONGLI

国家发展改革委宏观经济研究院投资研究所　著

人民出版社 出版发行
(100706　北京市东城区隆福寺街 99 号)

山东鸿君杰文化发展有限公司印刷　新华书店经销

2018 年 11 月第 1 版　2018 年 11 月北京第 1 次印刷
开本:710 毫米×1000 毫米 1/16　印张:27.25
字数:447 千字

ISBN 978－7－01－019990－0　定价:79.00 元

邮购地址 100706　北京市东城区隆福寺街 99 号
人民东方图书销售中心　电话 (010)65250042　65289539

总　序

2018 年正值我国改革开放 40 周年。改革开放是决定当代中国命运的关键抉择，开启了人类历史上最为波澜壮阔的工业化和现代化进程。40 年来，中国经济社会发生了翻天覆地的变化，取得了举世瞩目的成就。党的十八大以来，以习近平同志为核心的党中央带领全国人民迎难而上、开拓进取，取得了改革开放和社会主义现代化建设的历史性变革和决定性进展。

统计显示，从 1978 年到 2017 年，我国国内生产总值按不变价计算增长了 33.5 倍，年均增长 9.5%。人均国内生产总值由 385 元增长到 59660 元，扣除价格因素，增长了 22.8 倍，年均增长 8.5%，实现了由低收入国家向中高收入国家的跨越；农业综合生产能力大幅提高，工业发展突飞猛进，服务业快速增长，建立了全球最完整的产业体系，220 多种工业产品产量位居世界第一，成为世界第一制造大国，产业结构由 27.7∶47.7∶24.6 调整为 7.9∶40.5∶51.6，就业结构由 70.5∶17.3∶12.2 调整为 27.0∶28.1∶44.9，我国用 40 年时间走过了发达国家近 100 年的工业化历程；城镇化率从 17.9% 提高到 58.5%，城镇常住人口从 1.7 亿人增加到 8.1 亿人，城市数量从 193 个增加到 657 个。40 年来，我国新增的城镇人口相当于美国总人口的 2 倍、日本的 5 倍、英国的 10 倍；对外贸易额从不到 100 亿美元增加到 4.11 万亿美元，跃居世界第一贸易大国，累计吸引外国直接投资 1.9 万亿美元。

我国已全方位融合全球经济体系，成为推动世界经济增长的重要引擎；农村贫困人口减少 7.4 亿，占全球减贫人口总数的 70% 以上，农村贫困发生率下降 94.4 个百分点。城乡居民恩格尔系数分别从 57.5% 和 67.7% 下降到 29.3% 和 32.2%。人均预期寿命从 1981 年的 67.8 岁提高到 76.7 岁。人民生活从短缺走向充裕、从贫困走向小康和全面小康。更为可贵的是，改革开放 40 年来，中国共产党在领导推进经济发展过程中，不断深化规律性认识，形成了许多重要的经验和启示。

中国宏观经济研究院（国家发展和改革委员会宏观经济研究院，以下简称宏观院）作为改革开放的亲历者和见证者，多年来始终把为中央宏观决策和国家发展改革委中心工作服务作为立院之本和第一要务，参与了许多改革开放重大课题研究和文件的起草工作。值此改革开放 40 周年之际，宏观院集全院之力，组织撰写了《改革开放 40 年：中国经济发展系列丛书》（以下简称《丛书》）。内容涵盖宏观经济、投资、外经、产业、区域、社会、市场、能源、运输、体制改革等经济社会发展的各个领域，既是对过去 40 年经验成就的回顾和总结，也包含了对新时代中国特色社会主义发展的展望与思考。

在《丛书》写作过程中，王家诚、俞建国、石康、齐援军等同志对书稿进行了审阅把关，人民出版社对《丛书》出版给予了大力支持，在此一并表示感谢！

由于时间和水平所限，《丛书》内容难免有不足之处，敬请读者批评指正。

中国宏观经济研究院

《丛书》编委会

2018 年 10 月

前　言

　　改革开放四十年来人民生活水平和综合国力大幅提升。投资作为扩大再生产的重要手段，在推动经济持续快速发展中发挥了至关重要的作用。值此改革开放四十周年之际，为了展示投资建设成就，总结投资发展经验，促进经济高质量发展，我们组织编写了这本《投资：推动中国快速发展的强大动力》。

　　投资项目建成投产后形成新的资本，与劳动、技术、制度等要素一起推动总供给能力的提升和国民经济持续增长。投资项目建设过程中或在形成新的产出能力之前，作为社会总需求的重要组成部分，与消费、出口一起吸收已有产出能力，促进国民经济平稳运行。从投资的增长功能看，改革开放以来，我们在不断提高劳动、技术、制度对经济增长贡献的同时，注重发挥储蓄率较高优势，通过资本的广化和深化推动经济持续快速增长和发展转型，快速缩小了我国与发达国家的发展差距，人民生活水平快速提高，国力显著增强。从投资的稳定功能看，由于消费相对稳定，出口受外部环境影响可控性较弱，投资就成为抵御内外部冲击、稳定宏观经济运行的重要手段。四十年来，尽管我们对投资发展规律的摸索和政策实践还存在这样那样的不足，有时还出现了一些失误，但是我们运用投资推动经济持续快速发展和稳定经济运行的绩效，在全球各国中独树一帜，在各国发展历史上堪称绝无仅有。

为了全方位总结改革开放以来投资发展全貌，全书从投资总量增长、结构变动、重要领域的投融资、投融资体制和投资项目管理改革等多个维度进行了分析和总结。第一章和第二章从投资总量角度，分析了投资促进总供给能力的快速提升和投资在总需求中的稳定器作用；第三章、第四章和第五章从投资结构角度，分析了投资对快速工业化和城镇化的推动作用、投资重心由沿海向全国的展开和利用外资与对外投资的变化；第六章和第七章分析了房地产和创业投资这两个重要领域的投资变化；第八章、第九章和第十章从体制和管理角度，分析了投融资体制的变迁、融资的市场化和建设项目管理现代化。

全书由投资研究所的研究人员共同研究和写作，作者有张长春、汪文祥、杨萍、罗松山、吴亚平、祁玉清、马小丁、刘琳、刘立峰、岳国强、张永贵、郑征、林勇明、李健、程翼、任荣荣、吴有红、李泽正、杜月、邹晓梅、应晓妮、徐文舸、张楠、黄昕、张芷瑜、王霞。

限于作者水平，本书存在诸多不足之处，请读者指正。

张长春

2018 年 11 月

目　录

第一章　投资促进供给能力快速提升

第一节　推动我国成长为世界第二大经济体

1978 年 12 月召开的十一届三中全会开启了改革开放新时期。本章 1978 年作为改革开放前后的时间分界点，以这一年的经济指标代表改革开放前的经济状况。

一、改革开放前我国经济发展水平较低

（一）收入水平和资本水平排名总体靠后

1978 年我国人均国民收入为 200 美元[①]，仅相当于同期美国人均国民收入的 1.8%、日本的 2.7%、韩国的 15.7%（见图 1–1），在全球 112 个有数据的经济体中排名第 106 位。1978 年我国经济总量占全球经济总量的份额仅为 1.75%，同期美国和日本分别为全球第一大经济体和第二大经济体，经济总量占全球经济的份额分别为 27.6% 和 11.8%（见图 1–2）。

改革开放前我国经济基本与世界经济处于隔离状态，对外贸易

[①] 数据来源：世界银行 World Development Indicators 数据库（http://databank.worldbank.org/data/）（以下简称 WDI 数据库）。

总额较少。1978 年进出口总额占 GDP 比重不足 10%（见图 1-3），
在世界贸易总量中的份额仅为 0.47%（见图 1-4），远低于同期的美国
和日本。我国对外贸易额仅为同期美国贸易额的 3.6%、日本的 7%。

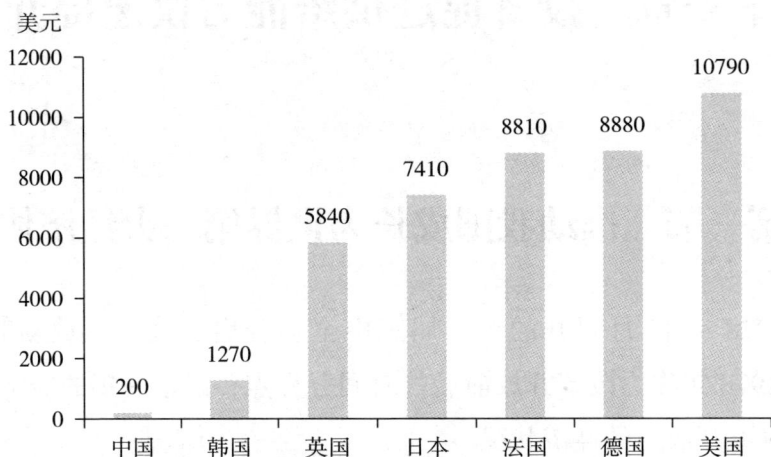

美元

```
12000 ┤                                              10790
       │                          8810    8880    ┌──┐
10000 ┤                                  ┌──┐   │  │
       │                         ┌──┐   │  │   │  │
 8000 ┤                 7410    │  │   │  │   │  │
       │        5840    ┌──┐   │  │   │  │   │  │
 6000 ┤        ┌──┐    │  │   │  │   │  │   │  │
       │        │  │    │  │   │  │   │  │   │  │
 4000 ┤        │  │    │  │   │  │   │  │   │  │
       │ 1270  │  │    │  │   │  │   │  │   │  │
 2000 ┤  ┌──┐  │  │    │  │   │  │   │  │   │  │
   200│ │  │  │  │    │  │   │  │   │  │   │  │
    0 └─┴──┴──┴──┴────┴──┴───┴──┴───┴──┴───┴──┴─
      中国  韩国  英国   日本   法国   德国   美国
```

图 1-1　1978 年中国与主要经济体人均国民收入比较

资料来源：WDI 数据库。

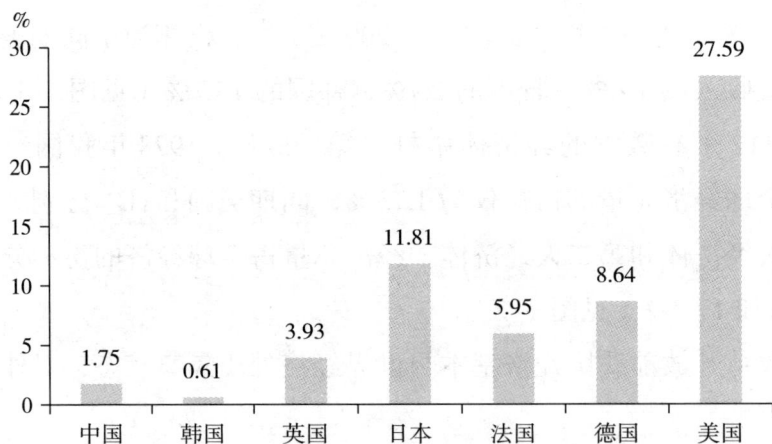

%

```
30 ┤                                          27.59
   │                                          ┌──┐
25 ┤                                          │  │
   │                                          │  │
20 ┤                                          │  │
   │                  11.81                   │  │
15 ┤                 ┌──┐                     │  │
   │                 │  │            8.64     │  │
10 ┤                 │  │    5.95   ┌──┐     │  │
   │          3.93   │  │   ┌──┐   │  │     │  │
 5 ┤ 1.75    ┌──┐   │  │   │  │   │  │     │  │
   │ ┌──┐ 0.61│  │   │  │   │  │   │  │     │  │
 0 └─┴──┴─┴──┴──┴───┴──┴───┴──┴───┴──┴─────┴──┴─
   中国   韩国  英国   日本   法国   德国    美国
```

图 1-2　1978 年主要经济体经济总量占全球经济的份额

资料来源：WDI 数据库。

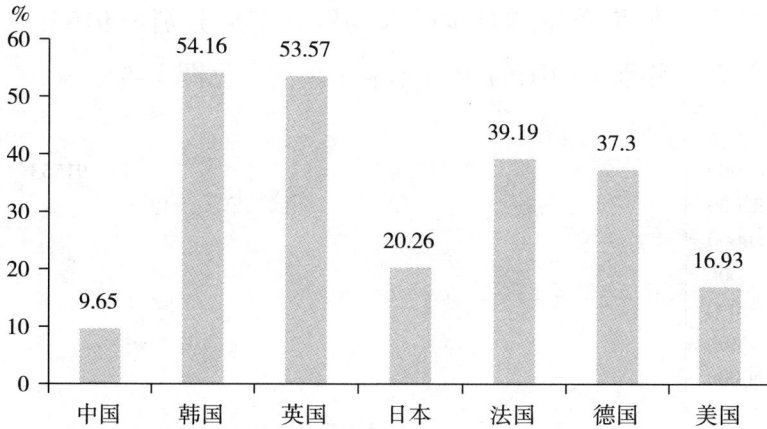

图 1-3　1978 年主要经济体对外贸易总额占 GDP 的比重

资料来源：WDI 数据库。

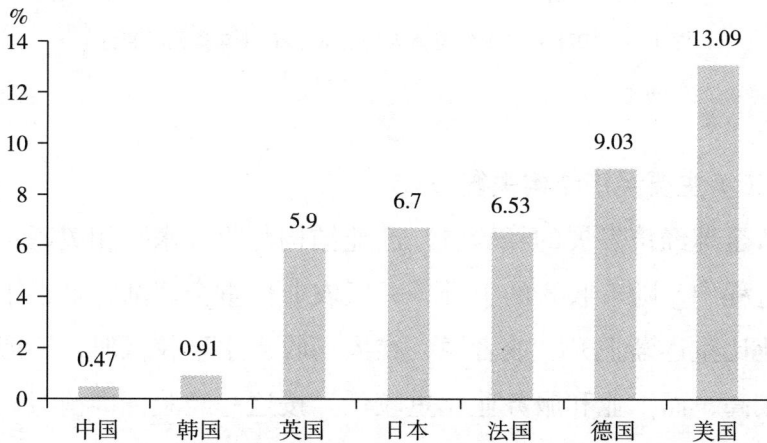

图 1-4　1978 年主要经济体对外贸易总额占全球贸易总额的份额

资料来源：WDI 数据库。

改革开放前我国人均资本水平同样很低，1978 年我国人均资本存量为 2524 美元（2011 年美元不变价）[①]，在 156 个经济体中排

---

① 数据来源：Penn World Table version 9.0（https://www.rug.nl/ggdc/productivity/pwt/）（简称 PWT）。

在第 140 位。同期美国和日本的人均资本存量分别为 91553 美元和 17077 美元，分别是中国的 36.3 倍和 6.8 倍（见图 1-5）。

美元

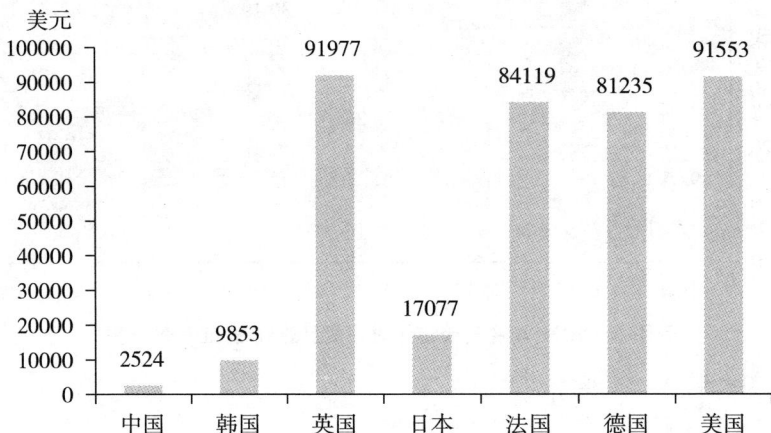

图 1-5　1978 年主要经济体人均资本（2011 年美元不变价）

资料来源：PWT。

（二）主要经济结构失衡

从全球经济发展的经验看，产业结构与收入水平相关联。在工业化过程中，随着收入的上升，一般农业比重会逐渐降低，工业和服务业比重逐渐上升。或者说，在人均收入水平较低时，一般农业比重较高，而工业和服务业比重较低。按这一经验标准衡量，改革开放前我国的产业结构不尽合理。

按世界银行收入分组标准推算，改革开放前我国属于低收入国家。一方面与同时期低收入国家相比，我国农业增加值比重偏低，工业增加值比重明显偏高。1978 年我国农业增加值比重为 27.7%[1]，远低于低收入国家的趋势线（见图 1-6）；工业比重为 47.7%，远高

---

[1]　数据来源：WDI 数据库。

于低收入国家的趋势水平（见图 1-7）；服务业比重为 24.6%，基本在低收入国家的趋势线附近（见图 1-8）。上述情况表明，改革开放前我国工业比重相对较高，而农业比重相对较低，工业和农业比例失衡。

　　另一方面与日本和韩国经济发展过程中的最高水平相比，我国的工业比重也偏高。1961 年日本工业增加值比重达到峰值 39.6%[1]，韩国工业增加值比重 1991 年达到峰值 40.2%[2]，都要比我国 1978 年工业增加值比重低（见图 1-9）。这可能与改革开放前实施工业优先发展战略，以及工业和农业价格扭曲有关。

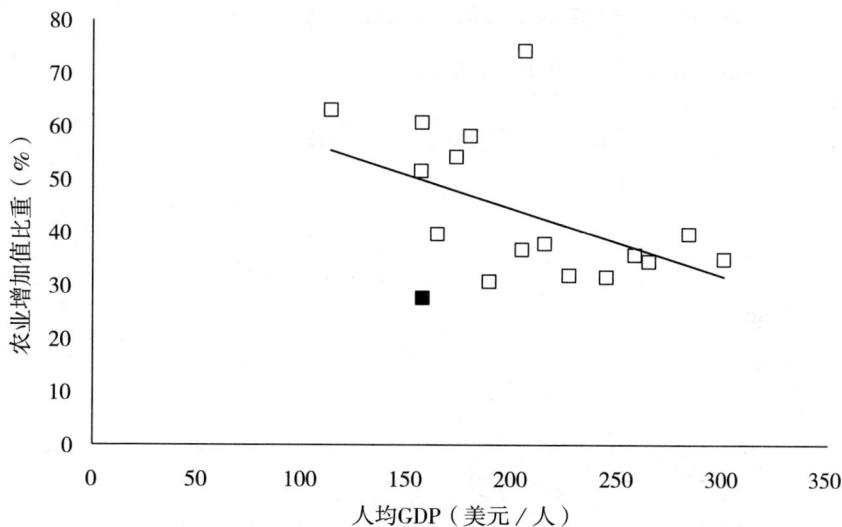

图 1-6　1978 年低收入国家人均收入与农业增加值比重的关系

资料来源：WDI 数据库。图中实点为中国数据。

[1] 数据来源：日本统计网站（http://www.stat.go.jp/english/data/chouki/index.html）。
[2] WDI 数据库。

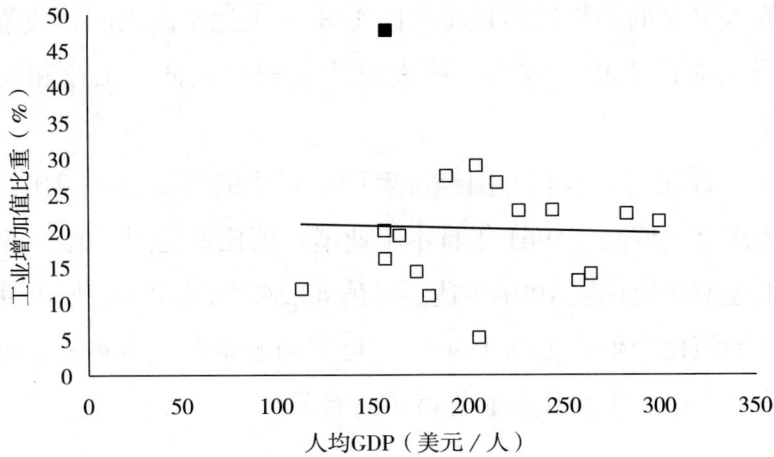

图 1-7　1978 年低收入国家人均收入与工业增加值比重的关系

资料来源：WDI 数据库。图中实点为中国数据。

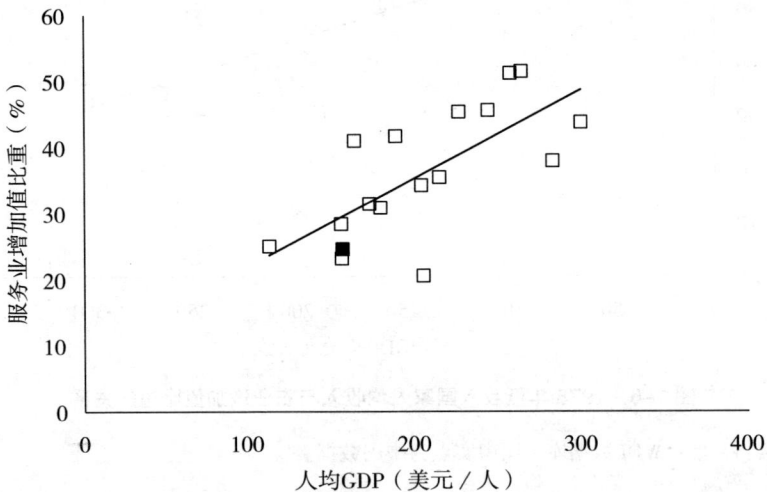

图 1-8　1978 年低收入国家人均收入与服务业增加值比重的关系

资料来源：WDI 数据库。图中实点为中国数据。

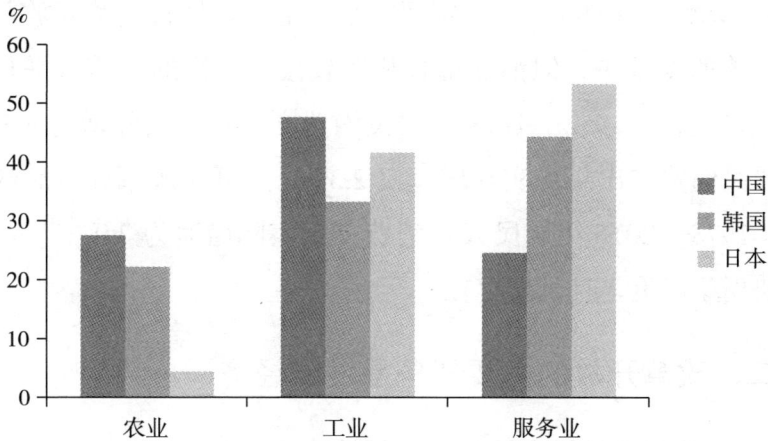

图 1-9 1978 年中国三次产业比重与韩国和日本的比较

资料来源：WDI 数据库，日本数据来自日本统计网站（http://www.stat.go.jp/）。

（三）经济供给能力严重不足

改革开放前我国的经济供给能力较低，人民日益增长的物质文化需要和落后的社会生产之间的矛盾十分突出，温饱问题尚未解决。主要工业品产量低，1978 年化纤年产量 28.5 万吨[①]，发电量 2566 亿度，钢材 22.1 百万吨，水泥 65.2 百万吨，汽车 14.9 万辆；日常生活工业品短缺严重，1978 年家用电冰箱年产量 2.8 万台、电风扇 137.8 万台、家用洗衣机 400 万台、彩色电视机 0.38 万台；基础设施、公共服务等供给能力低下。1978 年电话普及率（百人拥有电话）0.38%，煤气普及率 14.4%。城镇人均住宅建筑面积为 6.7 平方米。

改革开放前一些工业品的供给能力增长较快，1952—1978 年发电量、钢材和水泥产量年均增速分别达到了 14.7%[②]、12.4% 和

---

① 数据来源：CEIC 数据库。
② 数据来源：根据 CEIC 数据库有关指标计算。

12.8%，均快于 1978—2017 年间的平均增速。尽管改革开放前供给能力改善速度较快，但消费增长相对较慢，人民的生活水平长期得不到明显改善。1952—1978 年居民消费支出年均实际增速 4.3%[①]，人均居民消费支出年均实际增速仅 2.3%，远低于改革开放后的年均增速（1978—2016 年居民人均消费支出实际增速为 7.9%[②]）。消费品短缺现象严重，且长期存在。

二、改革开放的主要任务是发展经济

（一）改革开放极大地推动了经济快速增长

1978 年底中共中央十一届三中全会的召开标志着改革开放的开始，经济体制改革和对外开放的目的是发展经济。经济体制改革极大地解放了生产力，对外开放让我国能够了解和学习先进生产和管理技术，并使比较优势得到充分发挥，劳动生产率和经济增速跃升。

自改革开放以来，我国经济连续保持 40 年的快速增长。1978—2017 年，GDP 年均增速达到 9.5%[③]，比 1952—1978 年（6.2%）高 3.3个百分点；固定资产投资呈现更快的增长，资本快速积累，1980—2017 年全社会固定资产投资年均增长 19.4%，2017 年全社会固定投资总额达到 64.12 万亿元，是 1980 年的近 704 倍。1980—2016 年固定资本形成年均实际增速为 10.8%[④]。

经过 40 年的快速发展，人均收入水平大幅提高，1978—2016

---

① 数据来源：根据《中国国内生产总值核算历史资料（1952—2004）》（中国统计出版社）中居民消费支出发展速度指标计算。
② 数据来源：《中国统计年鉴 2017》（中国统计出版社）中，国民经济核算章节中的居民消费水平表。
③ 数据来源：CEIC 数据库。
④ 数据来源：《中国国内生产总值核算历史资料（1952—2004）》（中国统计出版社）。

年人均 GDP 年均增速达到 8.5%，比 1952—1978 年的 4.1% 高出 4.4
个百分点；2016 年人均 GDP 达 8250 美元[①]，在全球的排名从第 106
位升至第 68 位；2016 年，我国经济总量达到 11.2 万亿美元，成为
仅次于美国的全球第二大经济体（见图 1–11）。

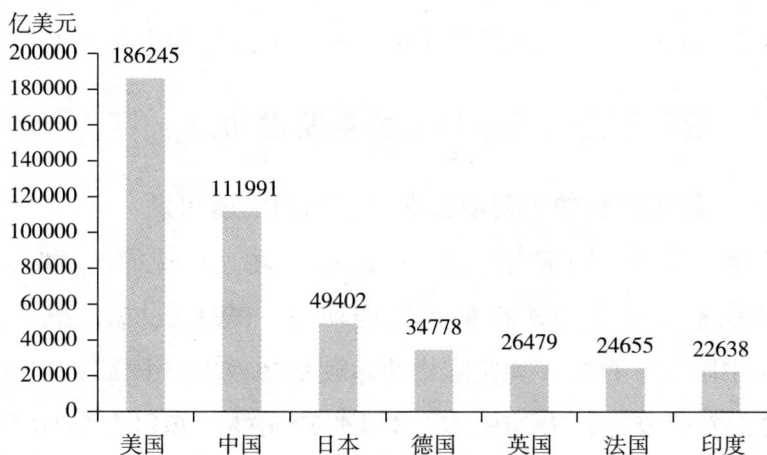

图 1–11　2016 年主要经济体经济总量比较

资料来源：WDI 数据库。

对外开放使我国经济融入世界经济，尤其是加入 WTO 以后，我
国对外贸易发展迅速。2016 年对外贸易总额达到 4.15 万亿美元，是
1978 年的 287.6 倍，占 GDP 的 37.1%，占全球贸易总量的 10.1%，
在 170 个国家中排第二位，比 1978 年（第 38 位）上升了 36 位。

（二）与同等水平国家相比我国发展速度最快

按世界银行人均收入分组标准推算，1978 年中国处于低收入

---

① 数据来源：WDI 数据库。

组①，同期 33 个国家同处于该组。1998 年中国人均 GNI 达到 800 美元，进入中低收入组国家②，与中国同时进入中低收入组的还有斯里兰卡和圭亚那，其中中国经济发展最快。2010 年中国人均 GNI 升至 4340 美元，步入中高收入组③，是同期同组中增长最快的。2010 年，斯里兰卡和圭亚那依然处于中低收入组中。2016 年，中国人均 GNI 达到 8123 美元，在全球排第 77 位，超过了泰国和南非。

三、投资是经济高速增长的重要推动力

（一）经济增长的主要动力来自资本的快速积累

改革开放后，固定资产投资以比 GDP 增速更快的速度增长，资本快速积累是经济增长最重要的推动力。PWT 数据显示，1978—2014 年中国资本存量年均实际增速达到 9.7%④，比同期 GDP 年均增速快 2.3 个百分点；人均资本年均增长 8.6%。2014 年资本存量达到近 67.6 万亿美元（2011 年不变价）（见图 1–12），人均资本达到 49356 美元（2011 年不变价），在全球排名从 1978 年的第 140 位上升到 2014 年的第 71 位。

1978—2014 年资本对经济增长的贡献率平均为 50%⑤，每年拉动经济增长 3.8 个百分点，是经济增长的重要推动力。全要素生产

---

① 世界银行人均收入分组内部参考中，人均 GNI 小于等于 320 美元为低收入经济体（来自世界银行网站）。
② 世界银行 1998 年人均收入分组标准中，人均 GNI 在 761—3030 美元为中低收入经济体。
③ 世界银行 2010 年人均收入分组标准中，人均 GNI 在 3976—12275 美元为中高收入经济体。
④ 数据来源：PWT。
⑤ 根据 PWT 有关数据计算。

率（TFP）贡献率平均为 26%，平均每年拉动经济增长 2 个百分点。

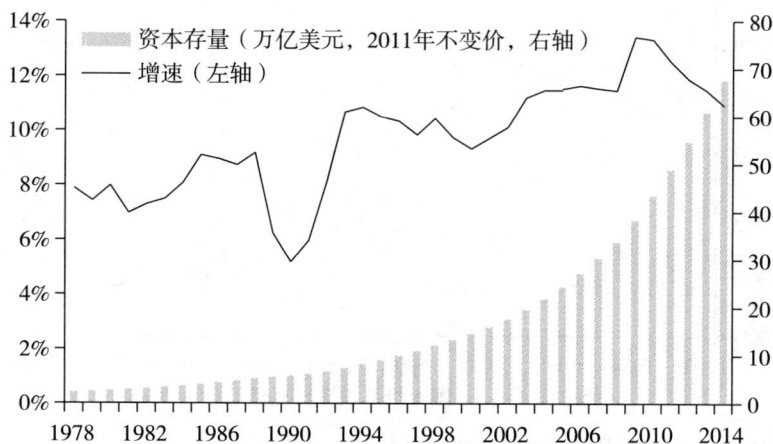

图 1-12　1978 年以来资本存量的变化

资料来源：PWT。

（二）快速增长的民营资本给经济注入活力

改革开放的重要特征之一是大力发展民营经济，壮大民营资本，快速增长的高效率的民营资本给经济带来了强大的活力。从投资看，改革开放前全社会固定资产投资中绝大部分为国有投资，民营投资比重相当低，1980 年国有经济投资比重高达82%[①] 。改革开放后民营投资快速增加，民营投资比重逐渐上升。2016 年固定资产投资中民营投资比重扩大到了 73%，国有经济投资比重降至 27%[②] ，比 1980年下降了 55 个百分点（见图 1-13）。

[①] 数据来源：国家统计局固定资产投资统计司编：《中国固定资产投资统计数典（1950—2000）》，中国统计出版社 2002 年版。

[②] 数据来源：国家统计局固定资产投资统计司编：《中国固定资产投资统计年鉴2017》，中国统计出版社 2017 年版。

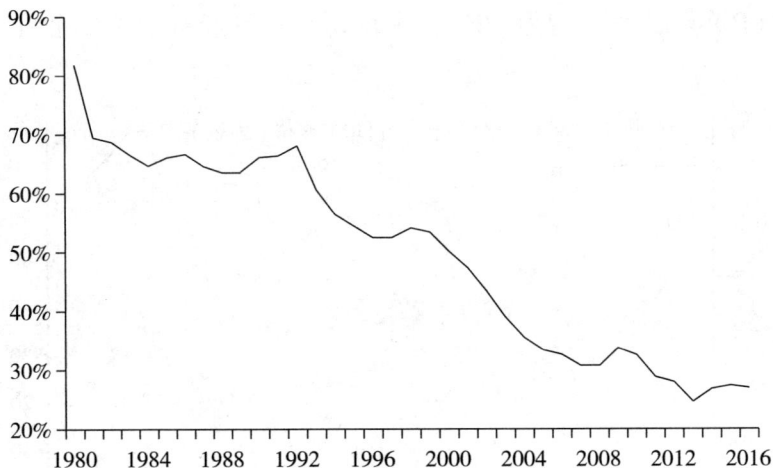

图 1-13　国有经济投资比重变动

资料来源：《中国固定资产投资统计数典（1950—2000）》，《中国固定资产投资统计年鉴》2003—2017 年，《中国统计年鉴》2002 年、2014 年。

（三）经济开放使中国成为外商直接投资（FDI）热土

改革开放前在中国大陆几乎没有外商直接投资（FDI），改革开放后中国经济明显的比较优势对外资有着极强的吸引力。1980 年第一家 FDI 企业在我国应运而生，揭开了 FDI 在我国蓬勃发展的序幕，随后 FDI 迅猛增加。1983 年我国 FDI 达到 9.3 亿美元，2017 年增加至 1363 亿美元（见图 1-14），占全球 FDI 总量的 9.5%，成为仅次于美国的全球第二大外资流入国[①]。1983—2017 年，我国的 FDI 年均增长 15.9%。FDI 的涌入给中国经济带来了资本，同时也带来了先进的生产技术和管理技术，极大推动了我国全要素生产率的提高。

1983—1997 年，我国 FDI 增速较快，年均增速达到 32.1%，其

[①] 联合国《世界投资报告 2018》，http://unctad.org/en/pages/PublicationWebflyer.aspx?publicationid=2130。

间 1992 年和 1993 年增速最高，达到了 150% 以上。加入 WTO 以后的 2000—2008 年，我国 FDI 的增速也是比较快的，年均增长 13%。2008 年全球金融危机后，FDI 增速明显放缓，2008—2017 年 FDI 年均增速仅为 2.6%。

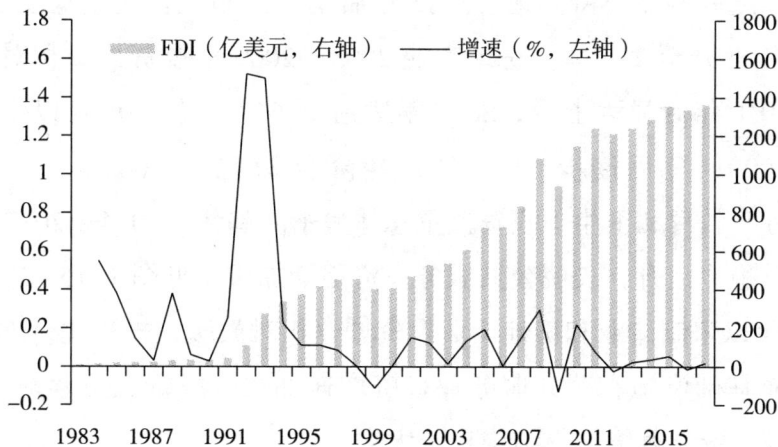

图 1-14　1983 年以来我国 FDI 的变动

资料来源：CEIC 数据库。

第二节　促进经济供给能力大幅提升

一、投资规模快速增长，投资结构不断优化

2003 年以来投资规模快速增加，行业结构不断调整和优化。统计数据显示，2003—2012 年制造业投资增长较快，投资比重总体呈上升趋势，从 2003 年的 23.5% 上升到 2012 年的峰值 34.1%[①]。

---

① 根据 CEIC 数据库中固定资产投资（不含农户）指标计算。

2012 年后制造业投资增速放缓，投资比重逐渐降低，2017 年降至
30.7%。基础设施（水利、环境和公共设施管理业和交通运输、仓
储及邮政业）投资比重波动较大，2003—2008 年投资比重逐渐下降，
2009—2010 年受政策影响，基础设施投资快速增加，投资比重明显
上升，随后两年下降显著。2013 年后基础设施投资比重稳步上升，
2017 年上升至 22.7%。房地产业 2003—2009 年投资比重相对较平
稳，2010 年后显著上升，2013 年达到 25.6%，是 2003 年以来的最
高值，2014 年后逐步下降，2017 年降至 22.1%。2004—2013 年公
共服务（教育和卫生）投资比重总体呈下降趋势，2014—2017 年投
资比重稳步上升，表明公共服务投资逐渐加快（见图 1-15）。总之，
2012 年以来制造业和房地产业投资增速相对放缓，投资比重逐渐降
低，而基础设施和公共服务业投资增速加快，投资比重逐渐上升。
补短板投资显著增加，结构趋于优化。

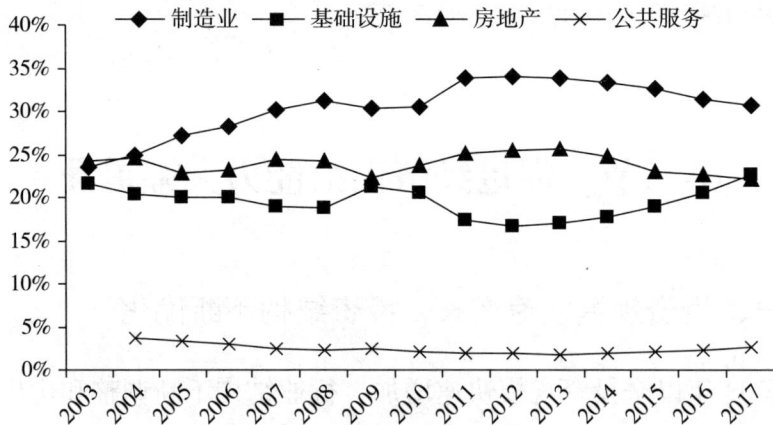

图 1-15　主要行业固定资产投资（不含农户）比重变动

资料来源：CEIC 数据库。

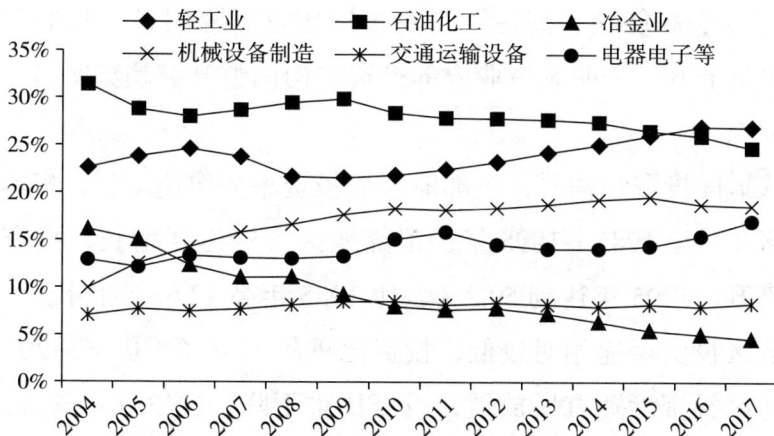

图 1-16　制造业内部投资结构的变动

资料来源：CEIC 数据库。

从制造业内部投资结构的变动看，2004 年以来，冶金业① 投资比重持续下降，从 2004 年的 16.1％降至 2017 年的 4.6％；轻工业②、机械设备制造③ 和电器电子业④ 投资比重总体呈上升趋势；交通运输设备⑤ 投资比重比较平稳；石油化工业⑥ 投资比重自 2009 年后呈下降趋势，从 2009 年的 29.8％降至 2017 年的 24.7％。总体上，

---

① 包括：黑色金属冶炼和压延加工业，有色金属冶炼和压延加工业。
② 包括：农副食品加工业，食品制造业，酒、饮料和精制茶制造业，烟草制品业，纺织业，纺织服装、服饰业，皮革、毛皮、羽毛及其制品和制鞋业，木材加工和木、竹、藤、棕、草制品业，家具制造业，造纸和纸制品业，印刷和记录媒介复制业，文教、工美、体育和娱乐用品制造业。
③ 包括：通用设备制造业，专用设备制造业。
④ 包括：电气机械和器材制造业，计算机、通信和其他电子设备制造业，仪器仪表制造业，其他制造业，废弃资源综合利用业，金属制品、机械和设备修理业。
⑤ 包括：汽车制造业，铁路、船舶、航空航天和其他运输设备制造业。
⑥ 包括：石油加工、炼焦和核燃料加工业，化学原料和化学制品制造业，医药制造业，化学纤维制造业，橡胶和塑料制品业，非金属矿物制品业。

2009 年以来高能耗、高污染行业投资比重下降明显，其他制造业投资比重上升，表明制造业内部投资结构调整升级趋势明显（见图 1-16）。

从地区投资结构看，东部地区[①] 投资率先快速增长，资本向东部地区集中。1985—1995 年，东部地区投资迅猛增长，投资比重逐年攀升，1995 年达到 59.2%，比 1985 年高 13.6 个百分点。同期其他地区投资增速相对较低，投资比重趋于下降。1996—2013 年，东部地区投资增速有所放缓，投资比重下降，2013 年降至 40.6%；2014—2016 年有所回升。1996—2017 年，中部地区[②] 和西部地区[③] 投资增速相对较快，比重呈现上升趋势。1985—2003 年，东北地区[④] 投资比重呈下降趋势，2004—2012 年有所回升，2013—2016 年投资比重下降显著，2016 年降至 5.2%，为历史最低点。2014 年以来资本再次出现向东部集中的趋向（见图 1-17）。

从资本存量地区分布看，1978—2005 年东部地区资本比重逐渐上升，从 1978 年的约 36% 上升到 2005 年的 52%，同期中部和西部地区资本比重逐渐下降。2006—2016 年，东部地区资本比重呈下降趋势，中部和西部比重有所上升。1978—1989 年，东北地区资本比重不断上升，1990—2005 年由升转降，2006—2013 年又有所回升，2014—2016 年呈下降趋势（见图 1-18）。

---

① 包括：北京市，天津市，河北省，上海市，江苏省，浙江省，福建省，山东省，广东省，海南省。
② 包括：山西省，安徽省，江西省，河南省，湖北省，湖南省。
③ 包括：内蒙古自治区，广西壮族自治区，重庆市，四川省，贵州省，云南省，西藏自治区，陕西省，甘肃省，青海省，宁夏回族自治区，新疆维吾尔自治区。
④ 包括：辽宁省，吉林省，黑龙江省。

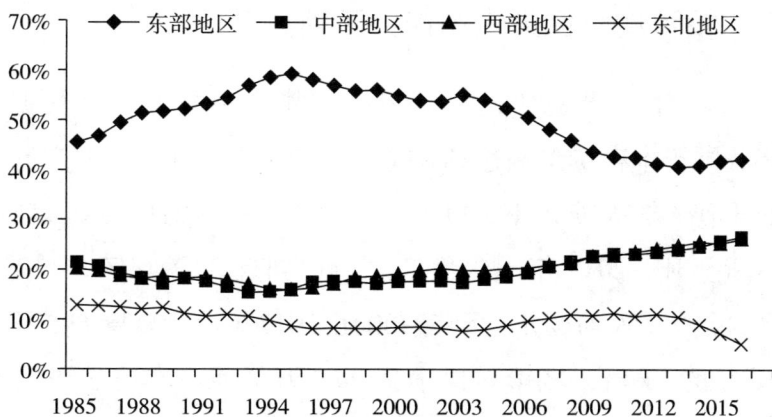

图 1-17　主要地区投资比重的变化

资料来源：根据 CEIC 数据库中全社会固定资产投资指标计算。

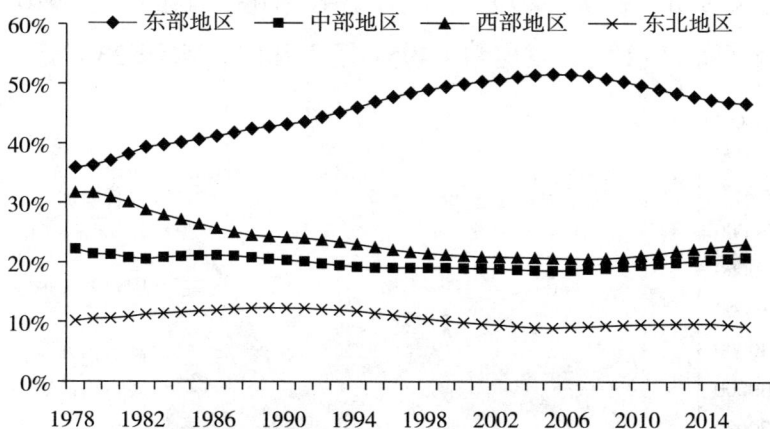

图 1-18　主要地区资本存量① **的地区分布**

---

① 这里的资本存量是指累计固定资本形成（2016 年价）。根据 CEIC 数据库中地区固定资本形成指标和固定资本形成价格指数计算。后者根据 1990 年以后的数据采用各地区投资价格指数，1990 年以前的数据采用《中国国内生产总值核算历史资料（1952—2004）》中全国固定资本形成发展速度指标。

二、投资增长促进供给能力不断提升

经过 40 年的投资建设，经济供给能力不断上升。数据显示：2014 年我国资本存量总额达到 67.6 万亿美元[1]（2011 年不变价），人均资本达到 49356 美元（2011 年不变价）。资本的快速积累使供给能力不断上升，2017 年国内生产总值达到近 82.7 万亿元，是 1978 年的近 24 倍[2]，人均 GDP 达到 59700 元。2017 年消费总量 43.5 万亿元，是 1978 年的 21 倍，城镇居民消费 24.9 万亿元，农村居民消费 6.8 万亿元；2017 年固定资本形成总量 34.6 万亿元，是 1978 年的 34 倍（见图 1–19）。

主要工业产品产量大幅提升，2000—2010 年是供给能力增长最快的一段时期（见图 1–20）。2017 年，我国化学纤维产量 4920 万吨，是 1978 年的 172 倍；发电量 64951 亿千瓦时，水泥 23.4 亿吨，是

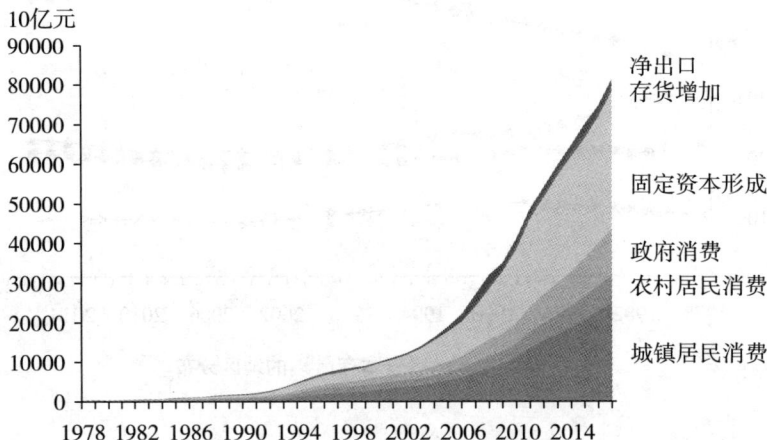

图 1–19　1978 年以来各类产出的变动

资料来源：CEIC 数据库。

---

[1] 数据来源：Penn World Table。
[2] 按可比价计算，下同。

1978 年的 35 倍；钢材产量 10.5 亿吨，是 1978 年的 47 倍；汽车
2901.8 万辆，是 1978 年的 194 倍。

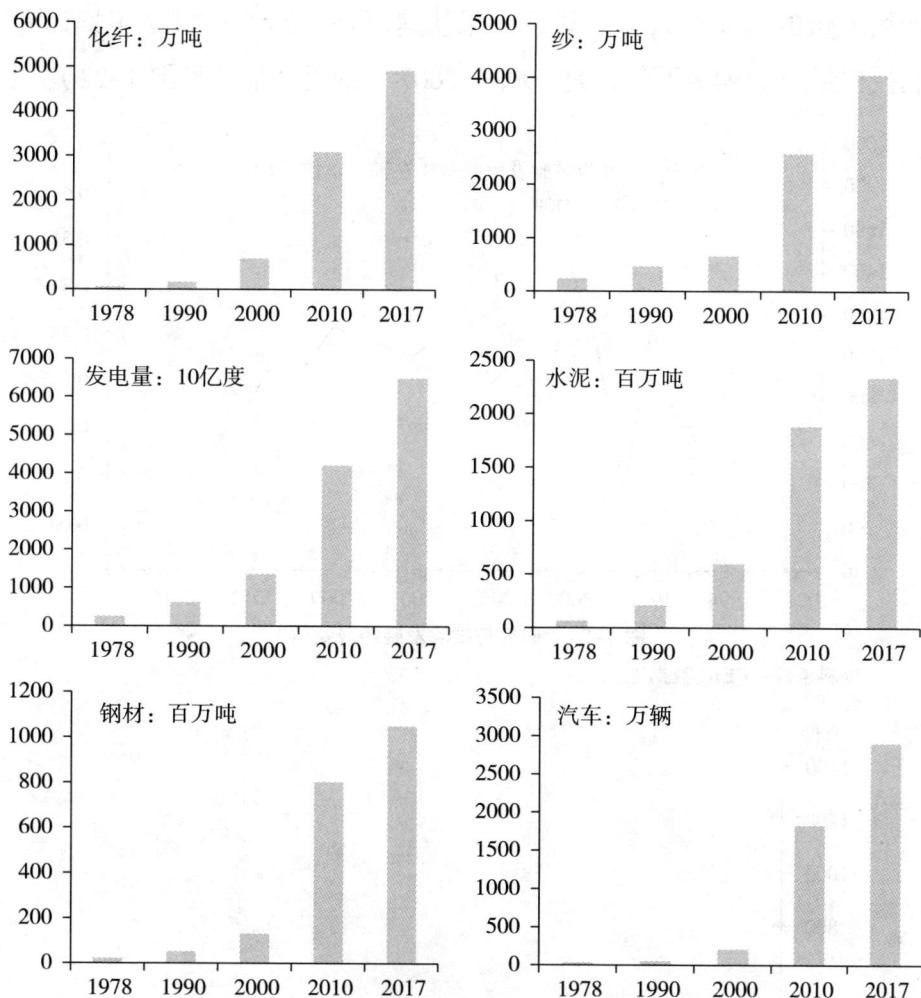

图 1-20　主要产品产量的变化

资料来源：CEIC 数据库。

三、研发投入持续增长促进科研成果快速增加

改革开放后，尤其是 1993—2011 年，研究与试验发展投入快速

增加。1991 年，我国研究与试验发展经费支出 150.8 亿元，2017 年上升到 17500 亿元，是 1991 年的 116 倍，年均增长 20%（见图 1–21）。持续大量的研发投入促进科研成果快速增加，2008—2017 年累计专利授权量为 1194.8 万件，是 1998—2007 年的近 7 倍（见图 1–22）。

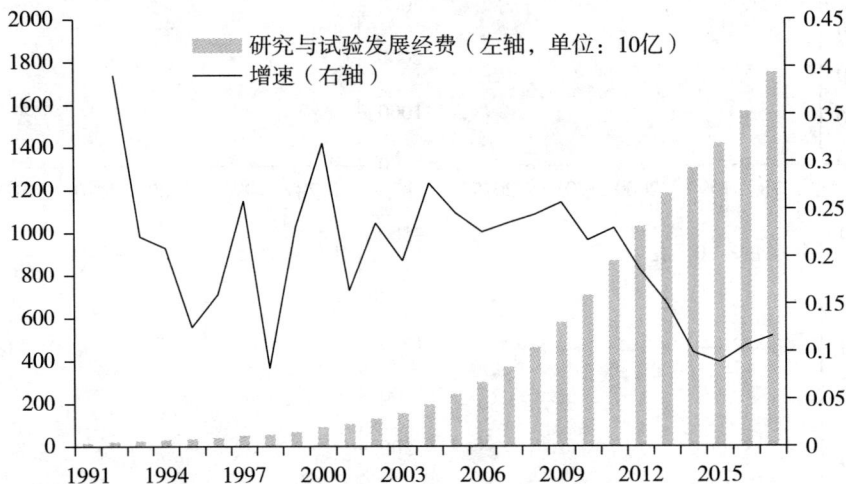

图 1–21　研究与试验发展经费变动

资料来源：CEIC 数据库。

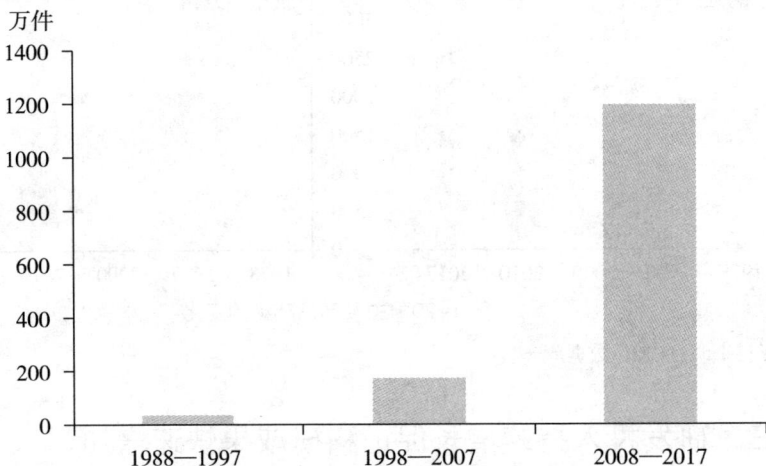

图 1–22　不同时期累计专利授权量比较

资料来源：CEIC 数据库。

第三节　为全面建成小康社会奠定了坚实的物质基础

40 年的持续高强度投资是促使社会主要矛盾发生根本性转变的重要力量，为全面建成小康社会奠定了坚实的物质基础。

一、基础设施条件不断提高

过去 40 年间，随着我国基础设施建设的持续投入，基础设施质量不断提高，无论是与发展中国家还是与发达国家相比，我国基础设施建设都取得了巨大的成就。正是由于良好的基础设施条件降低了我国制造业的生产成本和流通成本，增强了我国企业和产品开拓市场和参与竞争的能力，成就了我国的"增长奇迹"。良好的基础设施支撑着中国经济的持续快速增长。

与改革开放之前相比，我国基础设施得到明显加强，原材料供给能力迈上新台阶，交通、通信形成了覆盖全国的网络体系，水利环境、教育、文化、卫生、体育设施显著加强，三峡工程、西气东输、南水北调、青藏铁路、京沪高铁等一大批重大项目建设顺利完成或向前推进。曾经是国民经济"瓶颈"的基础产业生产能力和基础设施服务水平有了大幅度提高。

基础设施的快速发展为国民经济的发展和人民生活水平的提高提供了坚实的基础。城乡面貌极大改善，环境管理和保护、城市公共交通、绿化、污水处理、供水供气等设施条件明显提高，教育文化卫生体育事业蓬勃发展。人民生活质量显著提高，经济运行基础更加牢固，经济发展潜力不断增强。

二、人民生活质量大幅提升

住房方面。人民居住面积扩大，居住条件有了明显改善，实现了数次飞跃，从居者"忧"其屋发展成为今天的居者"优"其屋，大多数人住上了宽敞的楼房。据国家统计局统计，2016 年全国居民人均住房建筑面积为 40.8 平方米，城镇居民人均住房建筑面积为 36.6 平方米，农村居民人均住房建筑面积为 45.8 平方米，这与 40 年前相比发生了翻天覆地的变化。

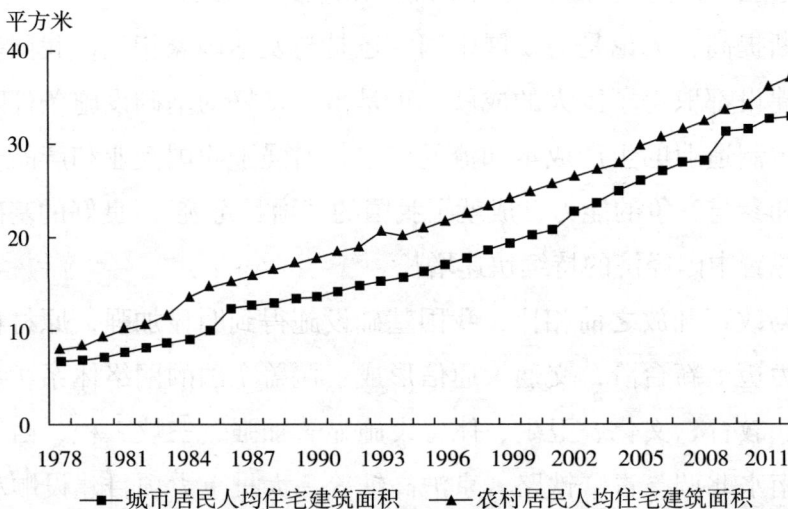

图 1-23　1978 年以来人均居住面积情况

资料来源：笔者从住建部等网站上搜集。

医疗方面。40 年来的持续投入，使得我国的医疗卫生事业历经从落后到发展，近些年来获得蓬勃发展，人民健康水平不断提高。目前国家已基本建立起遍及城乡的医疗卫生服务体系，使越来越多的普通百姓感受到医疗发展带来的益处。截至 2017 年，我国基本医保参保人数已达 13.5 亿人，参保率稳定在 95% 以上。对一个人口众多、幅员辽阔的国家来说，这无疑是一项惊人成就，得益于国家的巨大投入。

教育方面。改革开放后的 40 年中，随着国家经济的发展，教育资源的投入，我国教育事业完成了由"精英主义"逐步向"全民教育"的路径转变，取得巨大的成就，各级教育普及率均位居发展中国家前列。目前，我国实现基本普及九年义务教育的战略目标，城乡免费义务教育全面实施；学前教育规模不断扩大，特殊教育稳步健康发展；高中阶段教育规模增长较快，普通高中和中等职业教育的结构更趋合理；高等教育快速发展，已步入大众化发展阶段。

文化方面。40 年来，文化市场繁荣有序，文化产业蓬勃发展。随着文化的商品属性、市场属性、产业属性日渐为社会所认识、接受，文化产品和服务的提供方式也逐渐由单一向多元转变，文化市场蓬勃发展，娱乐、演出、图书、音像、电影、文物、艺术品、动漫、网络等文化市场如雨后春笋，层出不穷，逐步形成了统一开放、竞争有序的文化市场体系。围绕繁荣与管理的双重任务，以综合行政执法、社会监督、行业自律、技术监控为主要内容的文化市场监管体系初步建立。文化产业快速发展，成为繁荣社会主义文化、满足人民群众文化需求的重要途径和国民经济新的增长点。

扶贫、脱贫方面。改革开放 40 年以来，我国通过不断加大扶贫投入，成立专门扶贫工作机构，安排专项资金，制定专门政策，在扶贫减贫方面取得了举世瞩目的成就。在现行标准下，我国贫困人口从 1978 年的 7.7 亿人减少到 2017 年末的 3046 万人，减少了 7.4 亿人。党的十八大以来，全国农村贫困人口累计减少 6853 万人，贫困发生率 3.1%，贫困地区农村居民收入年均实际增长 10.4%。

（单位：亿人）

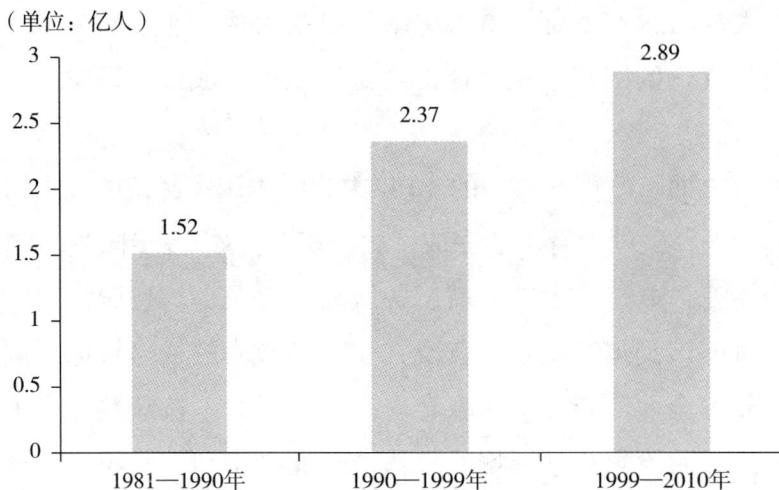

图 1-24　我国减贫人数

资料来源：世界银行数据库。

三、科技发展持续提速

经过 40 多年的努力，我国科技事业飞速发展，自主创新能力持续增强，科技成果举世瞩目，一些技术领域取得世界先进水平。企业科技活动人员数量明显增长，已成为中国科技人才队伍的主体。目前，我国研发人员总量仅次于美国，居世界第二位。

对科技的重视和科技投入的增加使科技成果大量涌现。改革开放以来，科技成果层出不穷，建成了正负电子对撞机等重大科学工程，秦山、大亚湾核电站并网发电成功，银河系列巨型计算机不断升级并全部研制成功。中国科学家与世界其他国家科学家一道完成了人类基因组计划的 1% 基因绘制图，在世界上首次构建成功水稻基因组物理全图。当今世界最大的水利枢纽工程——长江三峡水利枢纽工程许多指标都突破了世界水利工程的纪录。量子信息领域避错码被国际公认为量子信息领域"最令人激动的成果"。我国自主研发的"嫦娥"一号绕月飞行成功，"神舟"系列航天飞船成功发射，"神舟"五号、六号、七号飞船载人航天飞行圆满成功。神舟七号载人航天飞行的圆满成功标志着我国成为世界上第三个独立掌握空间出舱技术的国家，是我国空间技术发展具有里程碑意义的重大突破。高性能计算机曙光 5000A 跻身世界超级计算机前十位，首款 64 位高性能通用 CPU 芯片问世。超级杂交水稻不断取得重大突破，对提高我国水稻产量、确保粮食安全起了重要作用。

在习近平主席的 2018 年新年贺词中，世界再次看到我国人民迸发出来的创造伟力："慧眼"卫星遨游太空，C919 大型客机飞上蓝天，量子计算机研制成功，海水稻进行测产，首艘国产航母下水，"海翼"号深海滑翔机完成深海观测，首次海域可燃冰试采成功，洋山四期自动化码头正式开港，港珠澳大桥主体工程全线贯通，复兴号奔驰在中国广袤的大地上。

四、国防能力不断增强

改革开放以来，随着国防投入的增加，中国国防力量的迅猛发展吸引了世界的目光，在军事技术领域不断取得突破，武器装备开始大规模更新换代，对军事体制也进行了前所未有的历史性革新，无论在发展速度上，还是在改革的深度和广度上，都远远超出外界的预料，即便是最有预见性的军事观察家也为之瞠目。2017 年，中国国防力量的现代化进程继续保持了稳健的步伐，取得了诸多令世人瞩目的成就："辽宁"号航母建成服役，完全自主设计建造的 002 型航母在大连造船厂隆重下水，歼 -20 正式服役，中国由此成为继美国之后第二个列装第四代隐身制空战斗机的国家等。

第四节　提高我国推动世界发展的能力

一、我国经济对全球经济增长作出了巨大贡献

2017 年，中国国内生产总值达到 82.7 万亿元。按年平均汇率折算经济总量达到 12 万亿美元，占世界经济的比重在 15% 左右；经济增量相当于 2016 年澳大利亚的经济总量。当年，中国国内生产总值比上年增长 6.9%，增速在世界主要经济体中位居前列，对世界经济增长的贡献率达到 30% 左右。数据显示，2013—2017 年期间，我国经济增速波动幅度只有 1 个百分点左右，明显小于同期美国、欧元区和日本经济的波动幅度。作为全球第二大经济体，中国经济的平稳增长对降低世界经济波动风险起到了举足轻重的作用。

在改革开放 40 年中，我国利用劳动力、土地等资源的比较优势，为世界提供了大量廉价商品，成为名副其实的"世界工厂"，极大地降低了世界商品供应价格，相应地降低了很多国家的通货膨胀率。作为消费国，我国在工业化过程中为出口国创造了很多获利机会。特别是在 2008 年全球金融危机之后，全球经济增长动力缺失，主要发达经济体增长深陷泥潭，发展中经济体难以独善其身，中国经济则是为数不多保持稳健和相对高速增长的国家，为全球经济的复苏与稳定贡献了重要力量。

二、我国已成为全球第二大对外投资国

改革开放以来，我国顺应经济全球化趋势，在平等互利的基础

上积极同世界各国开展投资合作，开放型经济水平不断提高，成为经济全球化的坚定支持者和积极参与者。2000年，我国实施"走出去"战略，鼓励国内有条件的企业"走出去"参与国际经济合作与竞争。党的十八大以来，以习近平同志为核心的党中央统筹国内国际两个大局，高度重视对外投资工作，鼓励企业利用国际国内两个市场、两种资源，发展更高层次的开放型经济。2013年，我国提出"一带一路"倡议，鼓励资本、技术、产品、服务和文化"走出去"，对外投资进入全新的发展阶段。

与此同时，我国对外投资规模保持了较快的增长态势。2005年，对外投资流量突破百亿美元，2013年超越千亿美元，2015年对外投资额首次超过利用外资额，2016年达到1961.5亿美元，由2002年的全球第26位跃升至2016年的第2位，同期占全球比重也由0.5%提升至13.5%，首次突破两位数。

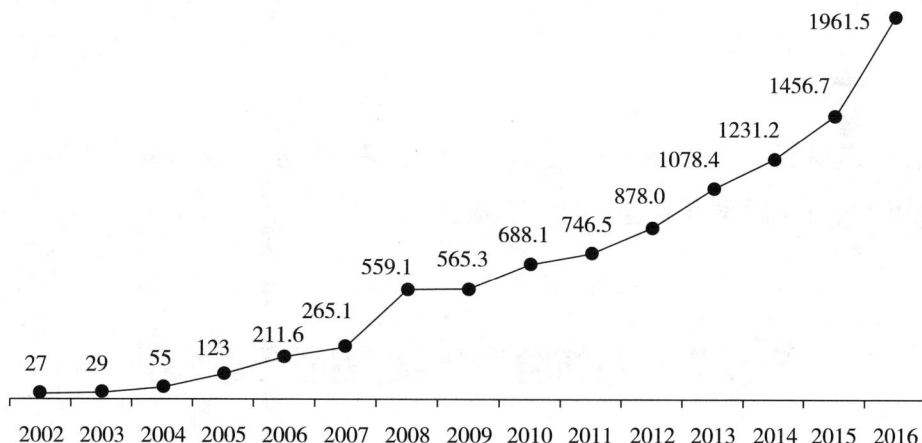

图 1-25　中国对外直接投资流量（2002—2016年）（单位：亿美元）

资料来源：国家发改委《中国对外投资报告》。

三、国际产能合作不断深入，基础设施互联互通取得突破

国际产能合作顺应开放型经济发展的客观规律，是我国与各国共建"一带一路"的重要抓手，推动世界经济再平衡的重要动力。2015 年 5 月，国务院发布《关于推进国际产能和装备制造合作的指导意见》，明确了中国政府推进国际产能合作的指导思想和政策导向，在此基础上逐步建立起国际产能合作的政策框架。截至目前，中国已与 36 个国家建立了产能合作双边机制，与法国、德国、加拿大、澳大利亚等国家建立了第三方市场合作机制，与东盟、非盟、欧盟等区域组织开展了多边产能合作。中国企业通过境外投资设厂推动产能"走出去"，积极与行业领先企业开展生产和技术合作，构建国际营销网络，实现跨越式发展。

基础设施互联互通是各国共建"一带一路"的重要方式。近年来，中国企业积极参与境外铁路、港口等重大项目建设，并带动相关基建能力和装备出口。中老铁路、中泰铁路、匈塞铁路、印尼雅万高铁、俄罗斯莫喀高铁、亚吉铁路、肯尼亚蒙内铁路、中欧"三海港区"合作等一批境外铁路、港口重大项目取得积极进展，对改善合作国基础设施，提高工业化和城市化水平，增加就业和税收，推进中国与有关国家互利合作具有积极意义。

第五节　在新阶段继续发挥关键作用

党的十九大报告指出，中国特色社会主义进入新时代，我国社会主要矛盾已经转化为人民日益增长的美好生活需要和不平衡不充分的发展之间的矛盾。投资是市场经济条件下配置资源的重要手段，

也是供给侧和需求侧两端发力的重要引擎。党的十九大报告提出"深化投融资体制改革，发挥投资对优化供给结构的关键性作用"，这为进一步优化投资结构、扩大有效投资指明了方向。

当前，我国经济已由高速增长阶段转向高质量发展阶段，正处在转变发展方式、优化经济结构、转换增长动力的攻关期。与之相适应，投资要以提高供给质量、优化供给结构为主攻方向，加快发展先进制造业、现代服务业，推动互联网、大数据、人工智能和传统产业深度融合，拓展数字消费、电子商务、共享经济、智慧经济等新业态新模式，促进产业迈向全球价值链中高端。

今后一段时期，我国将以供给侧结构性改革为主线，推动经济发展质量变革、效率变革、动力变革，提高全要素生产率，通过加大投资力度加快建设实体经济、科技创新、现代金融、人力资源协同发展的产业体系。在需要去产能、去库存、去杠杆的领域，杜绝低效乃至无效、负效投资，在补短板领域加大投资力度，优化存量资源配置，扩大优质增量供给，实现供需动态平衡。增强投资的牵引力和导向力，加快建设制造强国，加快发展先进制造业，推动互联网、大数据、人工智能和实体经济深度融合，培育若干世界级先进制造业集群。加强水利、铁路、公路、水运、航空、管道、电网、信息、物流等基础设施网络建设。瞄准国际标准，加大对传统产业优化升级与现代服务业发展方向的投资力度和水平，促进我国产业迈向全球价值链中高端，在中高端消费、创新引领、绿色低碳、共享经济、现代供应链、人力资本服务等领域培育新增长点、形成新动能。最终，投资将在新发展阶段中发挥关键作用。

第二章 投资在总需求中的稳定器作用

第一节 投资是社会主义市场经济需求
管理的重要内容

一、投资管理在改革开放后逐渐从计划需要管理转向市场经济需求管理

随着改革开放，投资概念开始从计划经济体制下的资产建设含义，逐步恢复其市场经济下原有的资本含义，对投资的管理也不断从固定资产形成的管理，逐渐转变成为社会主义市场经济下总需求管理的重要内容。

计划经济体制下也使用投资一词，甚至投资也是计划经济需求管理的重要内容，但那种体制下的投资概念的使用和对投资的管理，都停留在固定资产形成层面，投资主要用以表明形成固定资产的行为，目的只是以固定资产的形成为主，并不是资本概念下有资金回报或者投资效益追求的行为。因此，在计划经济体制下，投资往往形成"货到地头死"的结果，即只要把固定资产建设完成即可。因而在计划经济体制下，投资与建设在很大意义上是一个同义词，都只是生产资料的形成，而不是生产资本的投入。

从 1955 年我国中央政府第一个政府工作报告开始，投资一词就和基本建设相结合，用来描述政府主导的基本建设行为。"在五年经济建设和文化教育建设的支出总数中，属于基本建设投资的是四百二十七亿四千万元，占支出总数的百分之五十五点八"，[①] 从 1960 年开始，在国务院政府工作报告中逐渐用基本建设替代了基本建设投资，甚至在政府工作报告里也仅仅使用了一次"投资"这个词。在 1975 年国务院的政府工作报告里则完全没有投资这样的概念，只剩下建设和基本建设。

1978 年政府工作报告里开始恢复使用投资这个概念，1980 年国务院政府工作报告全面使用投资一词，甚至对职工住宅建设直接使用投资概念，"在基本建设投资总额中，提高了职工住宅、科学文教卫生和城市建设等方面的投资比重。"[②] 一直到 90 年代初期，政策文件都在不断恢复投资一词在市场经济下应有的概念内涵。

1993 年 11 月，中国共产党第十四届三中全会作出《中共中央关于建立社会主义市场经济体制若干问题的决定》之后，投资完全恢复了其市场经济体制下应有的资本内涵，投资管理也逐渐从计划经济体制下主要满足国家建设需要目标，主要如何平衡协调生产和生活之间、生产和生活各部门之间，以及不同地区之间的建设需要，如何把握基本建设投资需要和财政资金之间的平衡，逐步转变为市场经济体制下通行的总需求管理，主要以货币政策和财政政策，辅助以产业政策和区域发展政策等宏观调控的方式，把投资需求作为

[①] "1955 年国务院政府工作报告"，中国政府网，http://www.gov.cn/guoqing/2006-02/16/content_2616810.htm。

[②] "1980 年国务院政府工作报告"，中国政府网，http://www.gov.cn/guoqing/2006-02/16/content_2616810.htm。

经济总需求的重要构成进行管理。

二、市场经济体制下总需求中的投资对宏观经济运行有重要影响

市场经济体制下，如何按照市场供需规律推动经济持续增长，并维持短期内宏观经济的稳定运行是政府经济管理职责的重要内容，是市场经济体制下所有政府都必须承担的经济管理职责。其中，根据市场需求独立决策的企业、政府和个人投资活动，全社会最终消费活动以及净出口成为需求侧宏观管理的重要内容。消费、投资和净出口也被概括为总需求的三驾马车，是政府维护经济短期稳定性的管理对象。经济周期波动的主要表现是总产出的变化，其结果是整体就业水平以及整体价格水平的升降，引发经济周期性波动的主要原因是总需求的变化，其中投资是波动变化的主要成分，因而成为宏观经济管理的重要对象。

在微观层面，投资成为影响经济周期变动的主要因素，在于投资本身所具有的双重属性，即当期形成需求，未来形成供给。作为固定资产形成活动，一方面投资在项目实施过程中需要购置设备、建筑安装，以及各种满足项目功能要求的其他要素投入，这样投资过程就对设备制造厂商、仪器工具厂商，以及建筑施工企业等形成了市场需求；另一方面当投资完成之后，形成了固定资产也就形成了供给能力。而供给能力本身的利用或者其产出能否完全实现市场销售，既受市场需求的影响，又直接影响市场供给。生产过程的原材料、半成品以及不能实现销售的产品成为库存，这部分库存则被认为是企业的存货投资，库存部分的变动成为经济周期最直观的表现。

在宏观层面，由凯恩斯提出的投资乘数—加速数原理认为投资

对经济周期有着重要影响。根据凯恩斯的国民收入决定理论，在完全由市场调节的情况下，投资乘数原理是表明当期投资支出的变化按其需求属性会带动一定比率总产出，也就是国民收入的变化。这个比率就是投资乘数，其大小与伴随收入而增加的消费需求有关。如果边际消费倾向大，即消费增量与收入增量的比率越大，投资增加越多，带动的产出或收入增加得也越多。投资加速原理是说产出或收入的增加本身就会引发消费需求的增加，因而引发投资的增加，投资的增加又能进一步导致产出的增加，反过来产出的增加又可以实现更多投资，投资和产出如此交互影响从而产生经济繁荣；然而当产出增加到一定水平后，由于总需求和资源的限制，会出现产品过剩，投资减少，投资的减少又会因乘数作用使产量继续减少，两者的交互作用使得产出不断下降导致经济萧条。当产出下降到一定程度之后，因各种原因导致的预期变化会引发新的投资增长，重复上面的交互过程。因此，在乘数与加速原理的共同作用下，经济不断反复，形成了由繁荣到萧条，再由萧条到繁荣的周期性运动。

在经济持续的繁荣—萧条—繁荣的周期性反复运动过程中，有时候经济波动超过一定幅度，或者持续周期超过一定期限后，就会使失业或者通货膨胀达到社会无法承受的程度。因此，政府可以利用经济政策来干预经济，以减轻经济周期的波动，投资也就成为政府干预或者管理经济周期的主要对象。需要说明的是，在传统主流经济学理论中，投资作为政府宏观经济管理重要对象的理论基础是从总需求，也就是从需求侧来确定的，这样的定位有时候也被称作需求管理。本书所谓投资是总需求中的稳定器，在很大程度上也是从这个意义上来回顾改革开放40年来，我国宏观经济管理如何通过对投资的调控稳定经济运行。

三、社会主义市场经济体制下的投资需求管理具有特别意义

1993 年，党的十四届三中全会《中共中央关于建立社会主义市场经济体制若干问题的决定》中提出，"社会主义市场经济必须有健全的宏观调控体系"，要"深化投资体制改革。逐步建立法人投资和银行信贷的风险责任。竞争性项目投资由企业自主决策，自担风险，所需贷款由商业银行自主决定，自负盈亏"。1994 年国务院政府工作报告首次提出，"要保持投资的合理规模，优化投资结构，提高投资效益。加强对投资的宏观调控，改革投资体制，充分发挥信贷、利率等经济杠杆的调节作用，加强建设项目的可行性论证和科学决策，增强投资者对投资效益和资金回收的责任"。

改革开放 40 年来，我国的生产力得到了解放，从中央到各级地方政府，从国有企业到乡镇企业，大量增加投资，不断扩大生产，以满足计划经济全面短缺所抑制的各种需求的释放，使得从消费品到各类生产物资的需求都呈现爆发式增长。与此同时，以票证不断减少为标志的价格体制改革也不断深化，其结果是改革开放之后，宏观经济管理方面首先就遇到因需求过热导致物价水平的迅速提高。

在改革开放整个 40 年进程中，伴随我国经济的高速成长，经济过热是宏观经济管理中较为棘手的一个周期性主题，其表现不仅在消费品、资本品以及住房等价格水平方面，也表现在所谓重复建设，以及由此而引起的产能过剩等方面。价格水平变化对宏观经济管理的要求直截了当，也是所有政府经济管理职能必须认真承担的责任。但是对于价格水平大幅波动之外的所谓重复建设，不仅形成原因复杂，而且对中国经济的高速增长也有着正反两方面的双重影响。然

而无论如何，当经济过热时，对于需求的管理，除了针对价格的直接管理，还有就是针对重复建设和产能过剩进行的宏观调控，而调控的对象和工具就是投资。

在我国，由于国家经济管理体制的特殊性和国家发展战略的需要，投资需求管理不仅具有一般市场经济短期波动管理的要求，而且还有平衡产业和地区结构差异的需要，同时还有引导宏观经济发展方向的需要。因此，投资需求管理在我国社会主义市场经济体制下具有更加重要的意义。

第二节　投资是平抑需求过热的重要对象和方式

一、改革开放以来我国历经了多次经济周期波动

从计划经济体制转向社会主义市场经济体制，无论是普通消费者还是生产者，无论是中央政府还是地方政府，各类市场主体最直接面对的就是市场价格的波动。对于宏观经济管理者，在关注价格波动的同时，还更多关注价格波动背后所隐含的经济总体产出的变化，这个变化就是经济周期波动。

改革开放 40 年来，我国经济在波动中不断增长。到目前为止，我国的经济周期波动主要是增长型波动，而不是古典经济周期波动，经济周期波动主要表现在增长速度的起伏上面，如图 2-1 所示。[1]

---

[1] 图中经济周期的划分按照底部—底部的方式进行，关于 2009 年到 2015 年之间是否存在底部，存在不同看法。

%　　　　　　　1978—2017年GDP增速

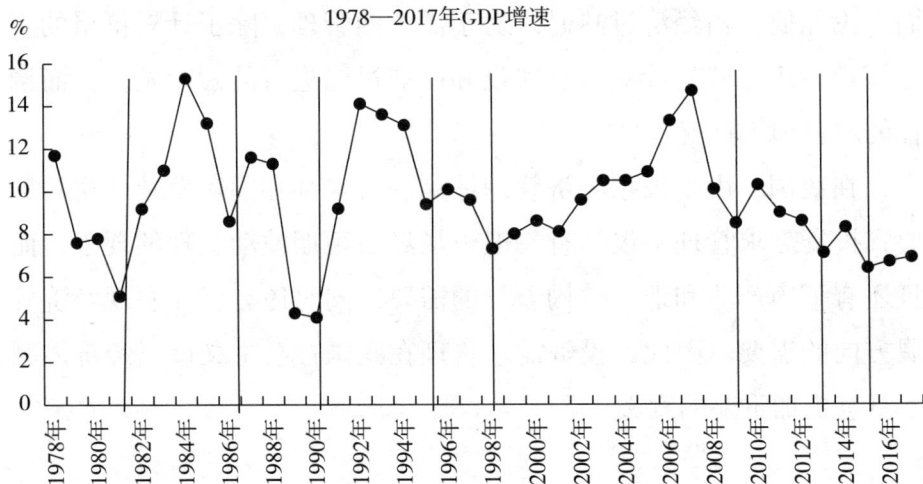

图 2-1　1978—2017 年我国 GDP 增速的变化及周期划分

数据来源：国家统计局网站。

从严格意义上讲，我国至今还没有发生总产出绝对量的收缩，经济运行依然处于古典周期单边上扬状态。但即便如此，投资依然成为总需求管理的重要内容，作为总需求中的稳定器，既在经济过热时进行冷却调节，又在经济增长速度下滑时发挥稳定增长的功能。

二、投资管理在平抑经济周期强烈波动中发挥重要作用

在每次经济周期性波动中，投资都是抑制经济过热、防止经济大起大落的主要调节对象和工具。改革开放 40 年来，我国针对经济过热而采取的宏观调控大体上经历了如下四个轮次。

（一）第一个轮次是从 1981 年到 1990 年的经济周期

这一时期由于主要还是计划经济管理体制，投资在经济过热中的抑制作用主要是从资金平衡角度来理解，这种面向投资的管理与

市场经济的需求管理没有本质性区别。

1979年，几乎是与改革开放同步，在还没有明确提出社会主义市场经济体制的时候，市场机制就迅速地开始自发地发挥作用。由于长期短缺的缘故，首先遇到的就是物价水平的迅速上涨。面对物价的持续上涨，政府经济管理也并没有明确运用需求管理理念，还主要从计划平衡视角看待供需失衡所导致的物价上涨。但政策十分明确地认识到以物价上涨为标志的经济过热，其主要原因在于包括投资在内的需求超过了供给能力，而政策管理的目标却主要是防范可能的财政赤字和社会稳定。

"1979、1980两年，连续出现很大的财政赤字，货币投放量过多，物价上涨。如果不采取有力措施加以解决，1981年还会有一百几十亿元的赤字"，"国家经济生活将发生严重混乱，安定团结的政治局面就难以巩固和发展。"1981年，物价得到稳定，主要做法就是对投资需求进行控制。"1981年国民经济计划预计可以胜利完成，稳定经济的目标能够基本实现"，"经济的稳定，首先表现在实现了财政和信贷的基本平衡。从去冬以来，国务院和各级地方政府同心协力，加强集中统一，严格对财政金融和物价的管理，坚决压缩基本建设规模和各项行政费用，增收节支，开辟财源，使今年的财政收支计划得以实现。"[①]

对于投资是我国经济过热或者经济波动的主要原因，这个时候在政策上已经有十分清晰和深刻的理解，政策措施主要关注的也是投资管理，"第一、严格控制固定资产投资的总规模，切实保证重点

---

① "1981年政府工作报告"，中国政府网，http://www.gov.cn/guoqing/2006-02/16/content_2616810.htm。

建设和企业技术改造按计划完成"。"建国以来，在经济建设上发生
的几次重大挫折，除了政治上的原因以外，从经济上来说，都是同
盲目扩大基本建设规模分不开的。基建规模过大，不仅会造成建筑
材料供应紧张，建设周期拉长，而且必然会挤生产，挤维修，挤人
民生活，使企业不能保持正常生产，使人民生活不能得到必要的改
善。一旦这种局面无法维持下去，就不得不进行经济调整，大批基
建工程下马，大量设备积压以至报废，许多为基本建设服务的工厂
减产停产，大量施工队伍窝工。这种大上大下所造成的浪费和危害，
是我国过去经济建设中最大的浪费和危害。经过调整，一旦形势好
了，往往旧病复发，又去盲目扩大基本建设规模。这方面的教训对
我们来说实在太深刻了，今后再也不能重犯这种错误了"。①

从 1981 年到 1986 年整个经济周期内，"严格控制固定资产投资
的总规模，切实保证重点建设和企业技术改造按计划完成"都是政
策的主要着力点。实际上，这一时期的经济高速增长很难不发生经
济过热，很难不在物价水平上有所表现。因此，"一九八四年第四季
度以后，在经济形势好转的情况下，一度出现追求超高速现象，固
定资产投资和消费增长过猛，货币发行过多，进口控制不严，经济
生活中产生了某些不稳定因素"。② 因此，在制定"七五"计划的时候，
延续了"六五"时期对固定资产投资严格管理的政策，"规定恰当的
投资规模，合理调整投资结构，努力提高投资效益。这是'七五'
计划的关键性问题。它直接关系到'七五'期间经济的稳定增长和

---

① "1982 年政府工作报告"，中国政府网，http://www.gov.cn/guoqing/2006–02/16/content_2616810.htm。
② "1986 年政府工作报告"，中国政府网，http://www.gov.cn/guoqing/2006–02/16/content_2616810.htm。

产业结构的合理调整，也关系到九十年代以至更长时期经济发展的后续能力。"[1]

　　尽管如此，经济过热导致的物价上涨，始终没有得到彻底解决。对于从计划经济体制下刚刚转型过来的中国社会，这一时期的物价快速上涨，对社会造成了很大冲击，带来了一系列社会和政治问题。对基本建设为主的投资进行控制是抑制过热的主要对象和方法，1987年政府工作报告出现了"继续加强和改善宏观控制的措施"的表述[2]，标志着中国特色社会主义市场经济宏观经济管理理念正在逐步形成，相应的管理体制开始建立，宏观经济管理的措施开始健全和完善。

　　然而，由于全社会包括投资在内的经济体制尚未完全从计划经济管理的模式转变过来，通过"治理整顿"压缩基本建设投资需求来抑制通货膨胀的效果也不尽如人意。

　　"通货膨胀的加剧，是经济过热、投资需求和消费需求双膨胀、社会总需求超过总供给的结果。全国在建的固定资产投资项目过多，规模过大，超过了国力承担的可能；消费需求过旺，社会购买力的增长超过了商品供应量的增长；国家财政支大于收，信贷规模过大，货币发行过多。在供求总量不平衡的同时，经济结构失调，农业发展滞后，有限资源过多地投入加工工业和非生产性建设，在工业生产高速增长的情况下加剧了能源、原材料和运输能力的紧张程度。一些单位和个人为谋取私利，非法倒买倒卖，层层盘剥，制造和出

① "1986年政府工作报告"，中国政府网，http://www.gov.cn/guoqing/2006-02/16/content_2616810.htm。

② "1987年政府工作报告"，中国政府网，http://www.gov.cn/guoqing/2006-02/16/content_2616810.htm。

售伪劣商品，更推动了物价上涨，加剧了经济秩序的混乱。"①

现在回头看，这其实存在一定的历史合理性和必然性，一方面改革开放导致长期受到抑制的消费需求被极大释放，而长期消费品生产短缺形成的供给严重不足，必然导致消费品价格迅速上涨，另一方面则是面对消费需求的快速增长，生产投资的热情也被点燃，生产资料的供给也严重不足，各种物质资料的价格也迅速上涨，通货膨胀不可避免。由于价格体制改革过程中采取"双轨"运行形成巨大体制性寻租空间，使得各种权力寻租泛滥，社会分配不公引燃社会不满不断积聚并最终爆发。在某种程度上，这就是市场经济体制下，推动经济高速增长的内在动力在价格上的表现。

（二）第二轮次是从 1991—1998 年的经济周期

这一轮周期是以扩大经济特区建设为标志，中国自己主动向世界开放带来的一轮经济高速增长。但高速增长同样产生通货膨胀压力，宏观经济调控依然是通过对投资需求的管理来平抑急速的经济过热。

1992 年党的十四大召开之后，以邓小平南方谈话为标志，中国开始了一次历史上最波澜壮阔的简称为"下海"的全民大经商运动。与外商投资和对外开放相结合，中国经济不仅迅速走出了低谷，而且旺盛的需求再次拉起了一波高速增长。然而，"在经济迅速增长中，还有一些薄弱环节和需要解决的问题，如固定资产投资增长较猛，投资结构不尽合理，交通运输、能源和部分原材料紧张，银行

---

① "1989 年政府工作报告"，中国政府网，http://www.gov.cn/guoqing/2006-02/16/content_2616810.htm。

信贷和货币投放增长过快，通货膨胀的潜在压力加大。"[①] 通货膨胀的压力再次成为这一轮次需求管理的主要宏观管理目标，而投资也继续成为主要的调控对象。

1994 年价格涨幅达到 11.6%，虽然不是改革开放之后的最高水平，但是"固定资产投资规模过大，物价上涨幅度比较高，经济结构不合理的问题"被认为是"仍然突出"的问题[②]。在这样的经济社会背景下，"要深化改革，扩大开放，加强和改善宏观调控，大力调整经济结构，推动技术进步，积极开拓市场，提高经济效益，控制通货膨胀，保持国民经济持续、快速、健康发展。"

这是在政府宏观经济管理政策中首次出现"宏观调控"一词。[③] 宏观调控作为政府宏观经济管理的一种概括性原则性理念，其对象包括了供需两个侧面，以及经济结构、技术进步和经济效益等方面。但具体的宏观调控措施当时主要还是对投资的调控。"保持合理投资规模，优化投资结构。合理的投资规模是保持经济稳定和增强发展后劲的重要条件。目前全国的在建规模已经很大，今年安排的投资规模也不小，不能再继续扩大。即使基础工业和基础设施建设，也要量力而行。为了实现国民经济持续、快速、健康发展，各地区各部门都要从全局出发，分别轻重缓急，做出合理安排，把财力、物力首先用于在建的交通、通信、能源、重要原材料工业，以及大江大河大湖治理等方面的重点建设。鼓励沿海地区到中西部地区投资，发挥当地劳动力优势，共同开发资源。今年不再批准设立各类新的

---

① "1993 年政府工作报告"，中国政府网，http://www.gov.cn/guoqing/2006–02/16/content_2616810.htm。

②③ "1994 年政府工作报告"，中国政府网，http://www.gov.cn/guoqing/2006–02/16/content_ 2616810.htm。

开发区。今后上新的基本建设项目，不能搞无本投资，要有一定比例的资本金；不能挪用流动资金搞投资，银行要加强监督和管理；要打足投产时所需的铺底流动资金。"

1993 年党的十四届三中全会关于建立社会主义市场经济体制改革的决定所引发的这一轮次经济高速增长，以及以"改革、巩固、提高"为主题的需求管理持续进行到 1998 年亚洲金融危机爆发而结束，宏观需求管理又进入了下一轮次。

（三）第三个轮次是从 1999 年到 2008 年的周期

2001 年中国加入世界贸易组织（WTO）。中国的经济增长在体制改革和对外开放的自我生产力解放基础上，开始获取深度融入全球化体系的更大的开放红利。这一时期我国宏观经济的需求管理也发生了不同改变，经济总量的增长虽然依然是宏观经济管理的首要目标，但结构问题从"十五"开始成为宏观经济调控的重要目标和内容。投资依然是需求管理的重要内容，但对投资的管理更加强调其在经济结构调整中的作用。而在平抑经济过热方面，投资的管理对象则从一般基本建设逐渐集中于房地产投资上面。

随着社会主义市场经济体制的不断完善，经济高速增长，收入不断增加的同时，一般商品的供给能力也大幅增加，通货膨胀水平得到较好控制，年平均物价涨幅已经落在 5% 以下。然而此时，以房地产为代表的资本品价格的迅速上升，逐渐成为改革开放以来的一个全局性问题。经济过热的主要表现也逐渐从一般通货膨胀，转向对以房地产为代表的资本品价格上涨。2004 年虽然认为"在经济加快发展的过程中，又出现一些新的矛盾，特别是投资规模偏大，部分行业和地区盲目投资、低水平重复建设比较严重，能源、交通和部分原材料供求关系紧张"①，但宏观经济管理政策关注的热点问题却是土地问题，"我们主要运用经济、法律手段，采取综合措施，引导和调控社会投资。进一步整顿和规范土地市场秩序，全面清理各类开发区，制止乱征滥占耕地。"②

2005年直接把宏观调控明确等同为投资调控："近两年我国经济运行中出现了一些新问题，主要是粮食供求关系趋紧，固定资产投资膨胀，货币信贷投放过快，煤电油运紧张。如果任其发展下去，局部性问题就会演变为全局性问题。"因此，"严把土地审批和信贷投放两个闸门，控制投资需求膨胀，遏制部分行业盲目投资和低水平重复建设。深入整顿和规范土地市场秩序，全面清理各类开发区；暂停半年审批农用地转非农建设用地；制定了《关于深化改革严格土地管理的决定》；完善国土资源管理体制。提高商业银行存款准备金率，上调金融机构存贷款基准利率，放开贷款利率上限，加强商业银行资本充足率管理；提高钢铁、水泥、电解铝、房地产等行业建设项目资本金比例。依法清理在建和拟建项目。"

房地产首次被政府宏观经济管理政策作为需求管理的主要对象，而不是供给侧的管理对象。实际上，虽然在论述中房地产列在最后，但钢铁、水泥、电解铝等行业的快速发展，与基本建设和房地产高速发展密不可分。2006年的宏观调控则直接把房地产作为投资需求管理的替代："着力解决经济运行中的突出问题。继续搞好宏观调控，坚持区别对待、有保有压的原则，综合运用财税、货币、土地

---

① ② "2004年政府工作报告"，中国政府网，http://www.gov.cn/guoqing/2006-02/16/content_ 2616810.htm。

等手段，控制固定资产投资过快增长，遏制房地产投资过快增长和房价过快上涨的势头。"①

在这一个经济周期内，2008 年是发生转折的年份。年初，政府宏观经济政策的导向还是"要实行稳健的财政政策和从紧的货币政策"，"实行从紧的货币政策，主要是考虑当前固定资产投资反弹压力较大，货币信贷投放仍然偏多，流动性过剩矛盾尚未缓解，价格上涨压力明显，需要加强金融调控，控制货币供应量和信贷过快增长"②。因为"防止价格总水平过快上涨，是今年宏观调控的重大任务"。然而下半年，随着国际金融危机的爆发，宏观调控方向就发生了根本性转变。

（四）第四个轮次则是从 2009 年到 2018 年的经济周期

这是中国经济从高速增长转向中高速增长的新常态时期，中国的经济发展开始发生本质性转变。从国际金融危机到新常态是我国宏观经济发生重大历史转变的表现。在扩大内需的总基调下，这一轮次抑制过热的需求管理对象更加明确集中在房地产投资上面。

和前三个轮次不同，这一轮次是从抵抗重大自然灾害和抵抗外部经济危机冲击开始。所以这一轮次的经济过热与前三个轮次相比，并没有出现普遍的价格上涨，更没有第一个和第二个轮次那样显著的通胀水平，年均价格水平已经降到 4% 以下。在这一轮次，我国的经济发展又上升了一个大台阶，经济总量已经达到世界第二，一

---

① "2006 年政府工作报告"，中国政府网，http://www.gov.cn/guoqing/2006–02/16/content_2616810.htm。

② "2008 年政府工作报告"，中国政府网，http://www.gov.cn/guoqing/2006–02/16/content_2616810.htm。

般商品的供给能力不仅能够充分满足国内的需求，而且行销全球，2013年成为世界第一贸易大国。在经济增长速度不断减缓，持续扩大内需的政策导向下，需求端引发的所谓过热现象除了局部市场个别消费品价格的短期波动，主要集中地表现在房地产市场。

2010年底，部分食品价格发生波动，但对于通货膨胀也仅仅是从预期层面进行管理，并且更多采取了供给侧管理。"当前，物价上涨较快，通胀预期增强，这个问题涉及民生、关系全局、影响稳定。要把稳定物价总水平作为宏观调控的首要任务，充分发挥我国主要工业品总体供大于求、粮食库存充裕、外汇储备较多等有利条件，努力消除输入性、结构性通胀因素的不利影响，消化要素成本上涨压力，正确引导市场预期，坚决抑制价格上涨势头。"[1]

但是，针对这一轮经济周期一开始就出现的住宅价格的普遍快速上涨，政府对房地产投资的宏观调控始终保持相对稳定的态度，"坚定不移地搞好房地产市场调控。加快健全房地产市场调控的长效机制，重点解决城镇中低收入家庭住房困难，切实稳定房地产市场价格，满足居民合理住房需求。"[2] 而且这一轮以房地产投资为主要对象的调控，采取了改革开放以来最严格、最直接和最持续的行政管理手段。

2011年，通过"坚定不移地加强房地产市场调控，确保调控政策落到实处、见到实效。投机、投资性需求得到明显抑制，多数城

---

[1] "2010年政府工作报告"，中国政府网，http://www.gov.cn/guoqing/2006-02/16/content_2616810.htm。
[2] "2011年政府工作报告"，中国政府网，http://www.gov.cn/guoqing/2006-02/16/content_2616810.htm。

市房价环比下降，调控效果正在显现"①。2012年，"继续搞好房地产市场调控和保障性安居工程建设。严格执行并逐步完善抑制投机、投资性需求的政策措施，进一步巩固调控成果，促进房价合理回归。"② 2013年，"坚决抑制投机、投资性需求，抓紧完善稳定房价工作责任制和房地产市场调控政策体系，健全房地产市场稳定健康发展长效机制。"③ 到2014年，面对总量不断下行的压力，在新一轮扩内需中，对于房地产投资的抑制不再出现在政府宏观调控政策当中。事实上，进入新常态之后，在经济下行压力持续加大的背景下，通过投资需求管理来抑制经济过热也完全退出政府的宏观调控政策，甚至对于局部的房地产市场，也不再通过抑制投资需求，而主要是通过增加供给来实现房价的稳定。

在"三去一降一补"进行供给侧改革的大背景下，针对2016年下半年开始的部分城市房价快速上涨，2017年的需求管理政策并不只是针对房地产开发投资，而是进一步限定在购房需求上，并明确房地产调控基调为："坚持住房的居住属性，落实地方政府主体责任，加快建立和完善促进房地产市场平稳健康发展的长效机制，健全购租并举的住房制度，以市场为主满足多层次需求，以政府为主提供基本保障。加强房地产市场分类调控，房价上涨压力大的城市要合理增加住宅用地，规范开发、销售、中介等行为，遏制热点城

① "2012年政府工作报告"，中国政府网，http://www.gov.cn/guoqing/2006–02/16/content_2616810.htm。
② "2012年政府工作报告"，中国政府网，http://www.gov.cn/guoqing/2006–02/16/content_2616810.htm。
③ "2013年政府工作报告"，中国政府网，http://www.gov.cn/guoqing/2006–02/16/content_2616810.htm。

市房价过快上涨。"[1] 2017 年底，"因城施策分类指导，三四线城市商品住宅去库存取得明显成效，热点城市房价涨势得到控制。"[2]

在这一轮次经济周期内，对投资需求的管理集中在房地产市场，直接针对住宅价格进行的调控，从政策理念到政策措施，以及政策效果看都存在不同的看法。但是，如果把对房地产市场的调控从单纯的经济周期管理，单纯的价格波动扩大到更大视角，放到住房所具有的显著社会效益和政治效益看，那么对房地产市场的调控在一定程度上对稳定社会心理，维护政治稳定还是起到较为显著的作用。

三、投资需求管理实现了经济长期稳定增长

改革开放 40 年，巨大的制度变革动力，庞大的后发市场优势，有力的国家追赶战略，深度融入国际化，以及中国人民的勤劳，使得我国的生产力得到极大解放。发展经济的强烈欲望，发展经济的强大动力，发展经济的激烈竞争，使得具有十三亿人口的统一市场，随时会因为需求的同质性而发生大幅度波动。显然，这对中国特色社会主义市场经济体制的建设与管理，对有计划、有管理、有步骤地实现民族振兴和现代化建设带来重大挑战。

过热的经济发展，首先表现在物价水平上面，通货膨胀对任何政府经济管理都是首要目标，因为这可能直接导致全社会，尤其是中低收入阶层福利损失，从而可能引发社会的不稳定；其次，过热的经济发展可以实现人人都有改善的帕累托效率，但在既有的社会

---

[1] "2017 年政府工作报告"，中国政府网，http://www.gov.cn/guoqing/2006-02/16/content_2616810.htm。

[2] "2018 年政府工作报告"，中国政府网，http://www.gov.cn/guoqing/2006-02/16/content_2616810.htm。

体制结构下，尤其是在法制环境不完善的背景下，也有可能会放大收入分配的差距，从而可能引发政治的不稳定；第三，过热的经济发展本身在市场供需机制的作用下，也会出现经济周期性调整的内在要求，过热也可能会因为泡沫的破裂而导致过冷。因此，"熨平"经济周期成为宏观经济管理的主要职责，这是从上世纪发达国家经济大萧条中产生的宏观经济学最重要的研究内容。

40 年来，在我国历次针对需求过热的宏观调控中，始终把投资作为重要的管理内容，防止经济发展出现大起大落，这内在地符合宏观经济的运行规律，同时也客观地符合我国经济体制和经济发展的内在要求。通过管理投资需求平抑过热经济运行，防止泡沫的持续膨胀，稳定了具有中国特色的发展周期，使得我们至今能够维持长达 40 年的古典经济周期的单边上涨，避免了因为泡沫破裂而引发大萧条式的深度调整，以及长期的低速盘桓调整，为经济持续稳定增长起到了重要保障作用。

第三节　投资是应对重大灾难和危机的有效手段

一、通过投资增强了应对重大自然灾害维护社会稳定的能力

相对外部市场冲击导致需求下滑，可能引发经济危机，相对于经济过热可能导致大起大落，通过应对自然灾害的投资需求拉动，维持经济增长、稳定社会生活的功能就更加明显，影响也更加深远。

我国是一个多种自然灾害频发的国家，虽然很多灾害发生在局

部地区，但有些重大自然灾害却能造成全局性影响。改革开放 40 年来，我们经历了很多次大大小小的自然灾害，对人民生活和国民经济造成了直接损害和重大影响。在应对自然灾害以及灾后重建，稳定和维持国民经济运行和增长方面，投资发挥了最直接、最有力的作用。

1998 年有效抗击南北重大洪涝灾害，充分反映了我国长期坚持水利基础设施建设投资的重大功效，也充分反映了长期抵御自然灾害的投资建设本身也带动了相关建设能力的提高。

1998 年夏季，我国南方罕见持续不断的大雨使长江经历了自 1954 年以来最大的洪水。洪水一泻千里，整个长江中下游全流域同时遭遇洪水侵袭。与此同时，东北的松花江、嫩江也发生重大水灾，黑土地上洪水泛滥，包括受灾最重的江西、湖南、湖北、黑龙江四省，全国共有 29 个省、自治区、直辖市都遭受了这场历史性水灾，受灾人口上亿，近 500 万所房屋倒塌，2000 多万公顷土地被淹，"直接经济损失 2000 多亿元，许多工矿企业停产，长江部分航段中断航运 1 个多月，对生产建设和内外贸易造成很大影响。"[1] 为防范类似重大水灾发生，"加强以水利为重点的农业基本建设。今年，中央财政继续较多地增加水利建设和天然林保护的投资，地方财政也要增加投入。要立足于防大汛、抗大灾，赶在汛期之前修复水毁工程，加固长江、黄河等大江大河关键地段的干堤，对病险水库进行除险加固，确保安全渡汛。加强城市防洪工程和海堤建设。抓紧建设主要江河控制性工程。"[2]

---

[1][2] "1999 年政府工作报告"，中国政府网，http://www.gov.cn/guoqing/2006-02/16/content_2616810.htm。

此后，虽然类似的强降雨还时有发生，类似的重大洪灾在东北也再次发生，但是由于水利建设方面的持续投资，灾害损毁程度大大降低。实际上正是长期以来持续不断地对大江大河进行治理，持续不断加大防洪抗险救灾投入，即使是 1998 年那样大规模的洪灾，其损害程度也降到了历史最低。

我国地域辽阔，地质条件复杂多样。不仅有自古以来就需要长期应对的水灾，还有大大小小持续频发的地震这种重大地质灾害随时给百姓生活和国家建设带来灾难。2008 年四川汶川地震的抗震抢险和灾后重建投资对稳定社会大局的重要性不可替代。

"2008 年中国大陆地区有 17 次地震成灾事件。其中四川汶川 8.0 级地震造成近 69227 人死亡，17923 人失踪，373643 人受伤，地震造成直接经济损失 8451 亿元。汶川 8.0 级地震是我国 30 年来遭受的最为严重的地震灾害，是近 10 年来最为严重的自然灾害，全国各地、南亚、东南亚等地均有震感，四川省、甘肃省、陕西省、重庆市、云南省、宁夏回族自治区等地不同程度受灾。地震不仅给灾区人民带来极大的伤痛和苦难，同时也给全体中华儿女和世界各国人民带来悲伤。"[1]

"在党中央、国务院坚强领导下，全国各族人民特别是灾区人民万众一心、众志成城，人民子弟兵舍生忘死、冲锋在前，展开了我国历史上救援速度最快、动员范围最广、投入力量最大的抗震救灾斗争。我们坚持把抢救人的生命放在第一位，从废墟中抢救生还者 8.4 万人。迅速抢修基础设施，果断处置唐家山堰塞湖，避免严重次生灾害发生；全力开展防疫工作，实现了大灾之后无大疫。中央财

---

[1] 李洋：《2008 年中国大陆地震灾害损失述评》，中国地震局网站。

政安排 384 亿元救灾款和 740 亿元恢复重建资金，迅速出台一系列支援灾区的政策措施。"[1]

国家发展和改革委员会迅速组织制定了相关的灾后重建规划。2008 年 9 月 19 日，国务院批复该规划。[2] "根据本规划确定的目标和重建任务，恢复重建资金总需求经测算约为 1 万亿元"。[3]

"在重建资金筹集上，中央下达四川省恢复重建包干基金是 2203 亿元；18 个援建省市援建 3880 个项目，援建资金约 780 亿元；香港、澳门特区援助资金约 130 亿元人民币；特殊党费捐赠 80 亿元；四川省接收的社会捐赠资金 201 亿元；由财政部提供的国外优惠紧急贷款 80 亿元"，"为解决 5000 多亿资金缺口，四川省调整了政府财政支出结构，通过压缩公用经费支出、整合各类专项资金等筹集了地方政府性重建资金 400 多亿元。同时，通过发放政府债券，引导灾区群众自筹资金，并吸引社会资金、银行贷款参与恢复重建。其中，各金融机构累计发放灾后恢复重建贷款达 3900 多亿元。截至今年（2011 年）3 月底，四川恢复重建基本完成。150 多万户农房重建全部完成，25 万户城镇居民住房重建基本完成。建成 2883 所学校、1862 个医疗卫生机构、4163 个就业和社会保障项目。39 个重灾县生产总值、地方财政一般预算收入、城镇居民人均可支配收入、农民人均纯收入增幅超过全省平均水平。"[4]

---

[1] "2009 年政府工作报告"，中国政府网，http://www.gov.cn/guoqing/2006–02/16/content_2616810.htm。

[2][3]《国务院关于印发汶川地震灾后恢复重建总体规划的通知》（国发〔2008〕31 号）。

[4] 阮煜琳：《汶川地震三周年：灾后重建 1 万多亿资金从何来？》，中国新闻社，2011 年 5 月 9 日。

二、通过投资应对外部重大冲击实现了国内经济的稳定增长

改革开放以来，中国积极主动融入国际化的过程中，我国的宏观经济运行开始面临和遭遇外部市场带来的冲击，尤其是1998年和2008年的两次国际性金融危机，直接导致外部需求萎缩，出口下滑，国内经济增长持续下行。当外部冲击来临的时候，通过扩大内需来维持必要的经济发展，稳定国内经济运行，也稳定了世界经济大局。投资，在扩大内需稳定增长方面起到了中流砥柱的作用。

1998年亚洲金融危机稳定了增长，维持了发展，也增强了中国特色宏观经济调控的信心和能力。

1997年7月从泰国开始爆发金融危机，然后逐渐在整个东南亚和东亚地区蔓延。我国香港特别行政区在资本市场和外汇市场上承受巨大压力，并有向内地蔓延趋势。一方面外贸出口迅速下降，另一方面人民币汇率又承受巨大下调压力，对于融入全球生产体系不久的我国，首次面对外部需求波动带来的重大挑战。"为了应对亚洲金融危机的影响，我们年初就采取了增加投资、扩大内需的对策。但是亚洲金融危机发展的广度、深度和对我国的影响程度，比预期更为严重。由于外贸出口增长速度大幅度回落和国内需求对经济拉动力度不够，上半年经济增长速度出现减缓趋势。针对这种情况，中央果断决定实施积极的财政政策，经全国人大常委会批准调整预算后，国务院增发1000亿元财政债券，重点用于增加基础设施建设投资。下半年国有单位固定资产投资增长显著加快，全年增长19.5%，全社会固定资产投资增长14.1%。投资的较大幅度增加，

对拉动经济增长发挥了明显作用。"[1]

"在周边许多国家货币大幅度贬值的情况下，我们权衡利弊，坚持人民币不贬值。同时，实行鼓励出口和吸引外资等多种政策，深入开展严厉打击走私和骗汇、逃汇、套汇的斗争，避免了对外贸易和利用外资出现大的波动，外汇储备有所增加。实践证明，保持人民币不贬值是完全正确的，这不仅有利于我国经济的稳定和发展，也对亚洲乃至世界金融和经济的稳定作出了积极贡献。"[2]

在这场金融危机的剧烈冲击下，外部需求的下滑也导致国内经济增长面临周期性下调压力，"市场需求不旺，启动难度较大；多年重复建设造成大多数工业行业生产能力过剩，经济结构矛盾更加突出，经济运行质量和效益不高；部分国有企业经营困难加剧，多年积累的金融风险不容忽视"。[3]在内外需求双双收缩，经济运行下行压力巨大的形势下，宏观经济管理采取增加投资，扩大内需的政策稳定了国内经济增长，也维护了世界经济局势的稳定，更为以后应对更大程度和更大范围的内外部冲击，维持经济稳定增长和增强改革开放以来逐步建立起来的宏观调控体系有效性的信心，积累了有益的经验。

同时，从国民经济物质基础条件看，1998年应对亚洲金融危机采取的增加投资扩大内需的宏观经济政策，不仅维持了经济增长，而且在基础设施建设方面取得了显著成绩，长期存在的能源、交通、通信和原材料的制约"瓶颈"基本得到缓解。"从国债投资的效果看，两年来通过财政向银行发行2100亿元长期国债，带动4200多亿元

---

[1][2][3] "1999年政府工作报告"，中国政府网，http://www.gov.cn/guoqing/2006-02/16/content_ 2616810.htm。

银行贷款和自筹资金，用于增加基础设施投资，共建设 5100 多个项目。已建成的主要有：加固大江大河大湖堤防近 6100 公里；新增公路通车里程 1.2 万公里，其中高速公路 3358 公里；增加铁路新线 1423 公里、复线 643 公里；城市基础设施建设和环境保护整治明显加快，许多城市面貌发生了较大变化；加快了企业技术改造和高新技术产业化进程；新建和改造农村电网高低压线路 90 万公里；建成仓容 250 亿公斤的国家粮食储备库。所有这些，不仅有力地促进了当前经济增长，而且为经济的长远发展打下了更好基础。"[①]

2008 年国际金融危机，我国本着信心比黄金贵的态度，再次通过扩大投资，拉动内需的积极财政政策，又一次稳定了国内局势，保持经济增长，稳定了全球经济。

2008 年 7 月，一场从美国的次级债市场开始，迅速席卷发达国家经济体的金融危机，导致我国外需市场急速下行，国内需求也开始随之收缩，经济增长面临巨大下滑压力。毫无疑问，面对这样的局势，作为一个幅员辽阔，人口众多，内部发展极不平衡的大国，稳定成为最重要的选择。从何处着手稳定，通过什么方式实现稳定，必须在短时间内迅速作出抉择。参照 1998 年应对内外双重危机经验，扩大投资、增加内需再次成为稳定局势、维持增长的重要选择。

"9 月份后，国际经济形势急转直下，对我国的不利影响明显加重，我们又果断地把宏观调控的着力点转到防止经济增速过快下滑上来，实施积极的财政政策和适度宽松的货币政策，三次提高出口退税率，五次下调金融机构存贷款基准利率，四次下调存款准备金率，暂免储蓄存款利息个人所得税，下调证券交易印花税，降低住房交易税费，加大对中小企业信贷支持。按照出手要快、出拳要重、措施要准、工作要实的要求，迅速推出进一步扩大内需、促进经济增长的十项措施，争分夺秒地加以落实；接连出台金融支持经济发展、促进轻纺工业健康发展、促进房地产市场健康发展、搞活流通扩大消费和保持对外贸易稳定增长、稳定就业等政策措施，加快制定重点产业调整振兴规划。这些措施对缓解经济运行中的突出矛盾、增强信心、稳定预期、保持经济平稳较快发展，发挥了至关重要的作用。"

　　和1998年不一样的是，这次通过投资稳定需求，应对危机的宏观管理重点不仅是通过积极的财政政策增加总需求拉动内需，也不只是在总量上扩大基础设施建设，而是"坚定不移地推进自主创新和经济结构调整"。当年除了推出十大产业振兴规划之外，还"实施16个国家重大科技专项。在信息、生物、环保等领域新建一批国家工程中心、重点实验室和企业技术中心。成功研发支线飞机、新能源汽车、高速铁路等一批关键技术和重大装备"。努力把"已经制定并实施的应对挑战、着眼长远的一系列政策举措"贯彻到底，围绕"工业化、城镇化快速推进中的基础设施建设、产业结构和消费结构升级、环境保护、生态建设和社会事业发展等方面的巨大需求"，积极推出由政府财政引导的投资支出计划。[①]该计划的具体内容如下：[②]

　　2008年11月5日，国务院总理温家宝主持召开国务院常务会议，研究部署进一步扩大内需、促进经济平稳较快增长的措施。会议认为，近两个月来，世界经济金融危机日趋严峻，为抵御国际经

---

① "2009年政府工作报告"，中国政府网，http://www.gov.cn/guoqing/2006-02/16/content_2616810.htm。

②《国务院常务会议确定扩大内需促进经济增长十措施》，新华网。

济环境对我国的不利影响，必须采取灵活审慎的宏观经济政策，以应对复杂多变的形势。当前要实行积极的财政政策和适度宽松的货币政策，出台更加有力的扩大国内需求措施，加快民生工程、基础设施、生态环境建设和灾后重建，提高城乡居民特别是低收入群体的收入水平，促进经济平稳较快增长。会议确定了当前进一步扩大内需、促进经济增长的十项措施。

一是加快建设保障性安居工程。加大对廉租住房建设支持力度，加快棚户区改造，实施游牧民定居工程，扩大农村危房改造试点。

二是加快农村基础设施建设。加大农村沼气、饮水安全工程和农村公路建设力度，完善农村电网，加快南水北调等重大水利工程建设和病险水库除险加固，加强大型灌区节水改造。加大扶贫开发力度。

三是加快铁路、公路和机场等重大基础设施建设。重点建设一批客运专线、煤运通道和西部干线铁路，完善高速公路网，安排中西部干线机场和支线机场建设，加快城市电网改造。

四是加快医疗卫生、文化教育事业发展。加强基层医疗卫生服务体系建设，加快中西部农村初中校舍改造，推进中西部地区特殊教育学校和乡镇综合文化站建设。

五是加强生态环境建设。加快城镇污水、垃圾处理设施建设和重点流域水污染防治，加强重点防护林和天然林资源保护工程建设，支持重点节能减排工程建设。

六是加快自主创新和结构调整。支持高技术产业化建设和产业技术进步，支持服务业发展。

七是加快地震灾区灾后重建各项工作。

八是提高城乡居民收入。提高明年粮食最低收购价格，提高农资综合直补、良种补贴、农机具补贴等标准，增加农民收入。提高低收入群体等社保对象待遇水平，增加城市和农村低保补助，继续提高企业退休人员基本养老金水平和优抚对象生活补助标准。

九是在全国所有地区、所有行业全面实施增值税转型改革，鼓励企业技术改造，减轻企业负担1200亿元。

十是加大金融对经济增长的支持力度。取消对商业银行的信贷规模限制，合理扩大信贷规模，加大对重点工程、"三农"、中小企业和技术改造、兼并重组的信贷支持，有针对性地培育和巩固消费信贷增长点。

初步匡算，实施上述工程建设，到2010年底约需投资4万亿元。从2008年四季度到2010年底，4万亿元投资的重点投向和资金测算为：[1] 廉租住房、棚户区改造等保障性住房，约4000亿元；农村水电路气房等民生工程和基础设施，约3700亿元；铁路、公路、机场、水利等基础设施建设和城市电网改造，约15000亿元；医疗卫生、教育、文化等社会事业发展，约1500亿元；节能减排和生态工程，约2100亿元；自主创新和结构调整，约3700亿元；灾后恢复重建，约10000亿元。

对于这一计划的实施，至今仍存在不同的看法。有人认为投资方向导致了后来的产能过剩，助长了地方政府潜在的债务危机等。然而在政策管理者看来，该投资计划从投向和结果来看，都没有导致争论的结果出现。更何况从当时的总体情况看，从全球经济范围看，如果没有一个率先的需求振兴，全球经济可能循环性地持续下滑。在这样的背景下，中国以扩大投资需求为手段的反危机措施，

---

[1] 张平：《大渠道筹措3万亿资金　已发行企业债券筹资1300亿》，新华网。

的确不仅稳定了国内局势，也起到了稳定全球经济的效果。"新加坡
《联合早报》当时载文说，'救中国就是救世界，中国好了，世界就
有指望。'时任国际货币基金组织总裁多米尼克·斯特劳斯·卡恩说：
'这是一个规模非常大的措施。它的影响不仅仅是为世界经济提供需
求，而且对中国经济本身会有巨大影响。我认为这是一个纠正不平
衡的好消息。'卡恩所说的'纠正不平衡'指的是中国通过扩大内需
取代出口实现经济增长。毫无疑问，无论过去、现在和将来，中国
内需的增长都将为全球经济带来推动力。"①

关于投资的运用本身，十一届全国人大三次会议2010年3月6
日上午举行的记者会上，国家发展改革委主任张平表示：②

"这个四万亿的投资计划，不仅对中国提振市场信心发挥了重要
作用，它甚至在全世界都产生了重大的影响。我想这是一个基本的
判断。这四万亿投资的具体安排，我们没有一分钱进入到'两高一
资'产能过剩的行业，也没有一分钱像你这位朋友所说的进入到房
地产购买土地这一类的投资。这四万亿的投资主要分布在这么几个
方面：第一，民生工程，就是教育、卫生、文化这些社会事业的投
资。这些投资占44%。第二，自主创新、结构调整、节能减排、生
态建设，占整个投资的16%。第三，重大基础设施的建设，包括交
通基础设施、铁路、公路，另外还有重大的水利工程。这个投资占
23%。再就是汶川地震的灾后恢复重建，占14%。其他公共支出占
3%。我可以负责任地向大家表示，没有一分钱进入到刚才这位记者

---

① 《国际锐评：十年前拯救他们，今天他们过河拆桥》，中央广电总台国际在线，
http://news.cri.cn/20180624l。
② 朱宝琛：《4万亿投资冲刺收官 十二五承接涟漪再起漩涡》，中国证券网，2010年
11月23日。

朋友所说的那些领域。"

　　关于投资效果，2012年9月11日，国务院总理温家宝在2012年夏季达沃斯论坛上发表的"奋力开创中国经济更加光明的未来"致辞时说，"对于我们应对危机的一揽子计划，有人不顾事实地歪曲和指责，甚至说是不必要的代价。我想郑重地说明，正是因为当时的果断决策和科学应对，我们才避免了企业倒闭、工人失业、农民返乡，继续保持了中国经济发展的好势头，维护了社会和谐稳定，防止了现代化进程出现大的波折。这些年，社会财富不断增加，资产质量不断提高，抗风险能力不断增强。"[1]

　　"2009年至2011年底，我国城镇保障房开工建设2100多万套，基本建成1100万套；新增铁路营业里程1.35万公里，新增公路里程37.6万公里，其中高速公路2.46万公里；城市轨道交通、农村电网线路等基础设施明显改善，完成了7000多座大中型和重点小型水库除险加固；解决了大量农村人口饮水安全问题；建成一大批基层医疗卫生教育文化服务设施；一个新的汶川拔地而起，灾区经济社会发展实现了整体性跨越。同时，我们比较好地控制了财政金融风险。2011年财政赤字和国债余额占国内生产总值的比重分别为1.8%和15.28%，低于2002年的2.57%和16.07%；银行业金融机构不良贷款率从2003年底的15.2%下降到2011年底的1.8%；我们摸清了地方政府性债务情况，这两年，地方政府性债务规模总体稳定，风险总体可控。"

　　对于经济理论，从来都还没有完全一致的结论，尤其是宏观经济理论，各种学说都有其存在的市场需求。而对基于不同经济理论

――――――――

[1]《温家宝在2012年夏季达沃斯论坛上的致辞》，新华网。

所制定的经济政策，则更是从来都充满争议。无论是社会主义市场经济体制，还是西方发达国家市场经济体制，任何一个政府的任何一项经济政策都会有完全不同的意见和看法，所以有所谓"10个经济学家有11个观点"的说法。2008年为应对重大经济危机而实施的投资支出计划，究竟该如何评价，同样不可能有完全一致的看法，也很难说哪一个看法是对的，哪一个看法是错的。

和自然科学不同的是，经济过程并不可逆，我们无法重新再来一遍实验一下其他可能的选择来做一个对比。我们唯一能评价的，就是历史结果。就2008年为应对国际金融危机采取大规模投资的历史结果来看，在实施了这一投资计划之后，至今我国的经济增长依然保持相对较高的速度，我国的经济总量仍在继续扩大，每年都解决了大约1000万人的新增就业问题，人民收入持续增长，消费品价格维持在一个相对较低的水平，在普遍抱怨房价上涨的同时，全国实现了户均一套房。对于普通百姓而言，还指望什么样的宏观经济政策呢？或者究竟该如何评价那个时候以来的10年发展呢？无论满意与否，我们都不可能假设一个可能的变化来重新经历一遍，由此来验证各种可能的假设和建议。因此，对于普通人而言，任何可能的假设并没有什么现实意义。经济没有下滑，增长还在继续，收入还在增加，这样的结果才是最可靠的检验。

三、通过投资实现经济高质量较快增长的结构性改变

当经济总量再上新台阶，成为世界第二大经济体之后，我国经济增速从2012年开始逐年下降，经济发展进入新常态：从单纯经济总量的增长全面转向以经济结构升级、经济质量提高的高质量发展阶段。

　　但是，在我国现代化建设和民族复兴大业中，维持适度的经济增长，保持经济增长能够实现中高速水平，避免任何可能的经济深度回调或者经济危机具有至关重要的作用。新常态下，经济增长方式首先在增长理念和增长政策目标上发生了根本性转变，从以总需求管理为主的需求拉动转向以激发生产者创新为主的供给侧结构性改革，努力通过技术进步和制度变革，提升全要素生产率来实现经济结构转型，构建现代经济体系。

　　在"坚持不搞'大水漫灌'式强刺激，而是适应把握引领经济发展新常态，统筹稳增长、促改革、调结构、惠民生、防风险，不断创新和完善宏观调控，确立区间调控的思路和方式，加强定向调控、相机调控、精准调控"政策导向下，"以供给侧结构性改革为主线，着力培育壮大新动能，经济结构加快优化升级。紧紧依靠改革破解经济发展和结构失衡难题，大力发展新兴产业，改造提升传统产业，提高供给体系质量和效率。"

　　五年来，"加快新旧发展动能接续转换。深入开展'互联网+'行动，实行包容审慎监管，推动大数据、云计算、物联网广泛应用，新兴产业蓬勃发展，传统产业深刻重塑。实施'中国制造2025'，推进工业强基、智能制造、绿色制造等重大工程，先进制造业加快发展"。"经济增长实现由主要依靠投资、出口拉动转向依靠消费、投资、出口协同拉动，由主要依靠第二产业带动转向依靠三次产业共同带动。这是我们多年想实现而没有实现的重大结构性变革。"[①]在这一经济增长新旧动能转换的过程中，投资再次发挥重要的作用，

---

① "2018年政府工作报告"，中国政府网，http://www.gov.cn/guoqing/2006-02/16/content_2616810.htm。

通过投资需求的结构性管理，进而实现资本结构的优化，达到经济中高质量新增长。

第四节　在稳定需求、优化结构中继续发挥重要作用

改革开放 40 年，宏观经济管理发生了重大变化，投资的需求管理也发生了重大变化。

首先是理念发生了重大变化，从建设回归到投资，这样的理念转变根本性地影响着宏观经济管理的体制和方法。从单纯受资金约束的基本建设投资，以形成固定资产为主要目的，而不是求得增值的资本循环，逐步回归到受成本收益约束的、市场主体相对独立的资源配置行为，使得政策对投资的管理因理念的转变而在对象上发生了重大变化，从以固定资产的物质形态为对象，转变为以资源配置的市场行为为目标。其次，在管理目的和管理手段上都发生了根本性改变。需求管理依然有总体平衡的要求，但当下的总体平衡并不单纯是资金层面上的约束，更多成为宏观经济稳定运行和可持续增长的要求。最后，改革开放 40 年，在一定程度上就是沿着市场化分权对投资需求管理体制的改革和开放的 40 年。投资需求管理的改革作为整个经济体制改革的重要内容，不断发生变化而且也影响了经济体制改革的总体走向。

改革开放 40 年来我国已成为世界第二大经济体，而且是产业门类齐全，工业品种繁多，供给能力以全球市场需求为目标，深度融入全球化的重要经济体。在这样的经济体内进行投资管理，已经从

单纯地解决短缺，单纯地解决全局性过热，逐步转向解决结构性过剩，结构性过热。就全社会投资而言，市场化分权的转变使得民间投资的主体性和主导性成为投资需求管理的重要对象。面对这样的转变，投资需求管理的体制和手段也因此需要有新的改变，不仅适应管理对象的改变，还要进一步适应经济发展方式的改变。

进入新时代，随着经济发展方式的转变，尤其是随着经济管理理念的重大转变，从单纯追求总量增速转向经济效益、质量和结构之后，投资作为资本形成的资源配置方式具有特殊的需求和供给双重属性，其需求管理并没有弱化，更没有消失，而是从单纯追求投资的当期需求属性，向同时强调投资的未来供给属性转变。双重属性同时强调的管理要求转变，一方面继续需要通过投资当期需求的总量拉动功能维持经济保持适度合理的运行空间；另一方面又强调供给创造需求，强化生产者的创新活动，通过技术创新、人力资本和商业方式等创造新的需求，在供给侧推动经济增长方式的转变，推动经济迈向中高端，在结构优化中发挥投资的关键作用。

第三章　投资推动工业化和城镇化快速发展

我国改革开放进程也是工业化和新型城镇化快速发展的过程，投资在其中发挥了举足轻重的作用，投资快速增长提高了资本劳动比（劳均资本）、促进了技术创新、提高了劳动者素质，进而提高了资本生产率、劳动生产率和全要素生产率；投资结构优化促进工业结构转型升级，改善了基础设施和公共服务，为工业化和城镇化带来了持久的动力和活力。

第一节　投资结构调整成为工业化重要推动力

一、改革开放以来投资结构变动显著

（一）改革开放后 20 多年，第三产业投资增长明显较快

2003 年以前，在全社会投资中没有产业投资的分类，因此，这里只分析国有投资产业投资结构情况。1982—2003 年，国有经济投资由 845 亿元增加到 20403 亿元，年均增长 16.4%。其中，第一产业投资由 24 亿元增加到 379 亿元，年均增长 14.1%；第二产业投资由 482 亿元增加到 5133 亿元，年均增长 11.9%，在第二产业中，工

业投资由 467 亿元增加到 4803 亿元，年均增长 11.7%；第三产业投资由 339 亿元增加到 14891 亿元，年均增长 19.7%。第一产业和第二产业投资增速分别低于全部国有投资 2.3 个和 4.5 个百分点，而第三产业投资增速高于全部国有投资 3.4 个百分点。

　　三次产业投资增速不同导致投资结构发生重大变化。第一产业投资比重由 1982 年的 2.8% 降至 2003 年的 1.9%，下降不到 1 个百分点；第二产业投资比重由 57.1% 降至 25.2%，下降 31.9 个百分点；其中，工业投资比重由 55.3% 降至 23.5%，下降 31.8 个百分点；第三产业投资比重由 40.1% 升至 72.9%，上升 32.8 个百分点（见图 3-1）。结构变动主要发生在第二、第三产业之间。第二产业尤其是工业投资比重大幅下降，第三产业投资比重大幅上升。因为国有经

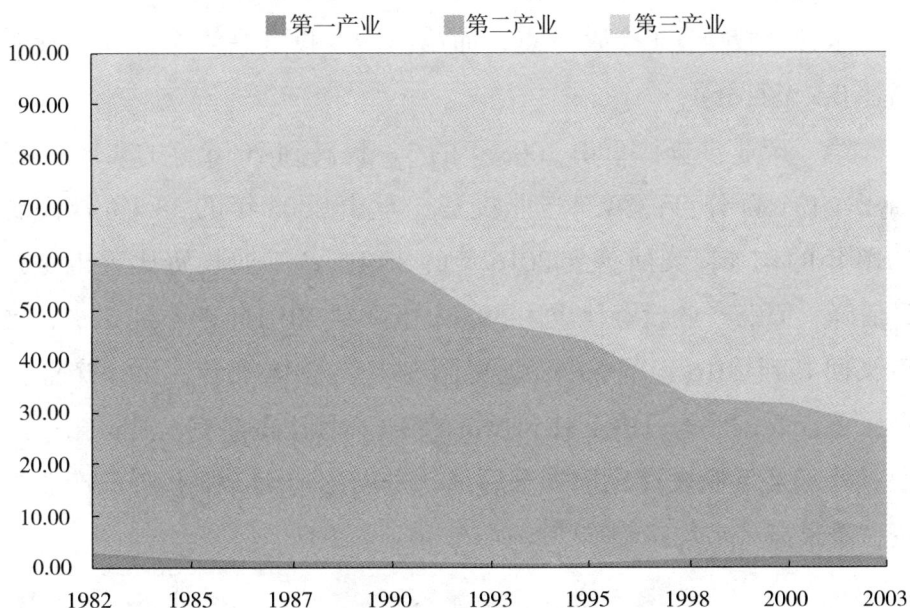

图 3-1　1982—2003 年国有经济投资三次产业结构（%）

资料来源：《中国固定资产投资统计数典（1950—2000）》，中国统计出版社 2002 年版。

济在竞争性行业中投入比重相对较低，而在基础设施和公共服务中投入比重较高，且比重呈现上升趋势，因此，上述比重变化也反映出国有投资的一些基本特征。

（二）进入新世纪以来，三次产业均保持高速增长态势

从 2003 年开始，全社会投资按结构进行分类。2003—2016 年，全社会投资由 5.5 万亿元增至 60.6 万亿元，年均增长 20.3%。其中，第一产业投资由 1652 亿元增至 2.5 万亿元，年均增长 24.7%；第二产业投资由 2.1 万亿元增至 23.2 万亿元，年均增长 19.2%，在第二产业中，工业投资由 2 万亿元增至 22.8 万亿元，年均增长 19.3%；第三产业投资由 3.2 万亿元增至 34.9 万亿元，年均增长 20.8%。第一产业投资增速高于全社会投资 4.4 个百分点，第二产业投资增速低于全社会投资 1.1 个百分点，而第三产业投资高于全部国有投资增速 0.5 个百分点。

第一产业投资比重由 2003 年的 3% 提高到 2016 年的 4.1%，提高了 1.1 个百分点；第二产业投资比重由 2003 年的 38.4% 提高到 2010 年的 47%，又回落到 2016 年的 38.4%；工业投资比重也是先升后降；第三产业投资比重由 58.6% 下降到 2010 年的不到 50%，之后又回升到 2016 年的 57.5%（见图 3-1）。总体来看，第一产业投资比重较低，平均只占全社会投资的 3%，且比重略有上升；第二产业，特别是工业投资比重先升后降，平均达到 41.2%；第三产业投资比重最高，平均达到 54.7%。

表 3-1　2003—2016 年全社会投资三次产业结构（%）

	第一产业	第二产业	其中：工业	第三产业
2003	3.0	38.4	36.8	58.6
2004	2.7	40.8	39.4	56.5
2005	2.6	43.7	42.5	53.6
2006	2.5	44.1	43.0	53.4
2007	2.5	44.5	43.6	53.0
2008	2.9	44.5	43.6	52.5
2009	3.1	42.9	42.0	54.1
2010	3.1	46.9	45.8	49.9
2011	2.8	42.5	41.5	54.7
2012	2.9	42.2	41.2	54.8
2013	3.0	41.6	40.8	55.4
2014	3.2	40.7	39.9	56.0
2015	3.7	40.0	39.2	56.2
2016	4.1	38.4	37.6	57.5
年均	3.0	42.2	41.2	54.7

资料来源：国家统计局网站。

二、推动工业化进程不断深入

（一）产业结构调整取得积极成果

按照产业结构演变的一般规律：在工业化初期，由于经济发展水平较低，以传统农业为主导的第一产业在国内生产总值中占有较大份额，而以食品、纺织为代表的第二产业和餐饮、商业为代表的第三产业在国内生产总值中所占份额较小。因而，三次产业比重呈现"一、二、三"的格局。随着经济发展水平的提高，技术进步速度加快，社会消费需求升迁，以机械制造工业为主导的第二产业在国内生产总值中的份额迅速上升，三次产业比重随之变化为"二、一、三"或"二、三、一"的格局。进入工业化后期，以金融、保险、医疗、教育为主导的第三产业迅猛发展，产业结构迅速软化，三次产业比重随之演化为"三、二、一"的格局。各类实证研究结果也表明：发展水平不同的各个国家或地区类型，其三次产业结构都呈现出向"三、二、一"转变的趋势。

我国产业结构变动符合上述理论和实证研究结果。1978—2017年，第一产业增加值占 GDP 的比重由 27.7% 降至 7.9%，下降了 19.8 个百分点，平均 18.5%；第二产业增加值比重由 47.7% 降至 40.5%，下降了 7.2 个百分点，平均 44.8%；第三产业增加值比重由 24.6% 升至 51.6%，提高了 27 个百分点，平均 36.7%（见图 3-2）。第三产业比重上升趋势明显，1985 年，第三产业比重超过了第一产

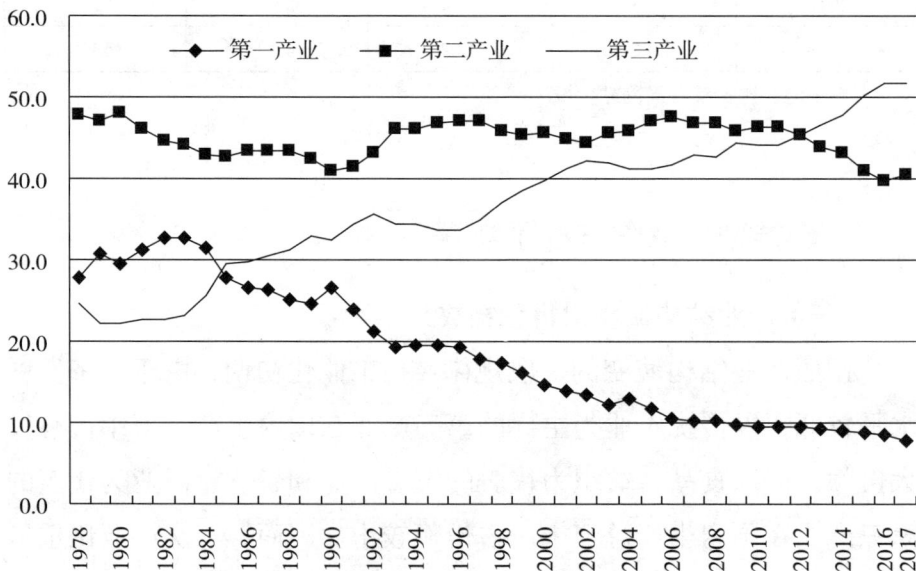

图 3-2　1978—2017 年三次产业增加值比例（%）

资料来源：《中国统计年鉴 2017 年》《2017 年统计公报》。

业，2013年，第三产业比重又超过了第二产业。在第二产业中，工业增加值比重由44.1%降至33.8%，下降了近10.3个百分点，建筑业增加值比重由3.8%提高到6.7%，升高近3个百分点。在第三产业中，批发零售、住宿餐饮增加值比重变化不大，而金融业、房地产业及其他新兴服务业增加值比重却有非常明显的上升。

（二）工业化水平不断提高

国际上衡量工业化程度，主要经济指标有4项：一是人均生产总值。人均GDP达到1000美元为初期阶段，3000美元为中期，5000美元为后期。二是工业化率。即工业增加值占全部生产总值的比重。工业化率达到20%—40%，为工业化初期，40%—60%为半工业化国家，60%以上为工业化国家。三是三次产业结构和就业结构。一般工业化初期，三次产业结构为12.7：37.8：49.5，就业结构为15.9：36.8：47.3。四是城市化率。即为城镇常住人口占总人口的比重，一般工业化初期为37%以上，工业化国家则达到65%以上。

由中国社会科学院工业经济研究所发布的《工业化蓝皮书》，按照工业化理论把工业化划分为前工业化、初期、中期、后期和后工业化阶段。利用人均GDP、三次产业产值比例、制造业增加值占总商品增加值比例、人口城市化率、第一产业就业占总体就业比重五个指标并赋予不同权重，取工业化国家这五个指标在不同工业化阶段的经验数值范围作为标准值，构造了工业化综合指数。

依照工业化综合指数可以判断出，到"十一五"末的2010年，我国进入工业化后期前半阶段，工业化综合指数为66，到"十二五"末的2015年，我国进入了工业化后期的后半阶段，工业化综合指数提高到 84。随着 2020 年后开启全面建设社会主义现代化国家新征程，我国工业化进程将进一步深化，从基本实现工业化向全面实现工业化推进。2030 年以后，我国的人均 GDP、三次产业结构、制造业占比、人口城镇化率、非农就业占比等指标都会处于后工业化阶段。可以判断，我国将在 2030 年前后全面实现工业化。

（三）投资在产业结构变动和工业化进程中发挥重要作用

工业化是一个历史范畴，是传统农业社会向现代工业社会转变的过程，是推进现代工业在国民经济中占主要地位的过程。投资在工业化进程中的作用体现在以下几个方面。从投入效率角度看，投资决定了工业化的质量和水平，增长的新动力主要在于通过资本等要素质量提升和优化配置，从而提高生产率。因此，要进一步提高工业化的质量和水平，只有不断提高资本的配置效率，将有限的资金优先使用在国民经济的关键领域。从技术进步角度看，工业化进程不仅取决于生产要素的投入数量，而且与生产要素投入效率的高低相关。影响生产要素效率高低的因素包括技术进步和人力资本积累，无论是技术进步还是人力资本增加都需要资金的投入。从结构调整角度看，投资资金在不同部门流动和分配比例的变化，决定了工业化的方向和质量。

改革开放以来，我国进入了建设中国特色社会主义工业化道路的新时期。一个拥有十几亿人口的发展中大国，用短短几十年时间将工业化从初期推进到后期，跃居世界制造业第一大国和全球第二大经济体，这是人类工业化史上前所未有的奇迹，也与固定资产投资结构的不断调整优化密切相关。

改革开放初期，国家进行了一系列经济改革，开始进行工业内部的深入结构调整，从优先发展重化工业转向优先发展轻工业，采取把改善人民生活放在第一位、工业和多种经济成分共同发展的工业化发展模式。工业化经历了以农产品为原料的轻工业增长为主导的时期，和以非农产品为原料的轻工业增长为主导的时期。这一时期，人民生活水平的改善与国家增加了轻工业和第三产业的投资密不可分。

进入20世纪90年代以后，我国进入了再次重化工化和高加工度化时期。由于消费结构升级、城市化的进程加快、交通和基础设施投资加大，带动了重工业的发展。1997年开始，在亚洲金融危机的背景下，我国开始实施积极的财政政策。在这个阶段，我国告别了"短缺经济"，在食品、服装、电器等需求得到满足后，人们开始追求汽车、住房等耐用消费品的需求，需求结构的变化带动了投资结构向重化工业的调整和升级。

进入新世纪以后，我国加入了WTO，步入经济全球化时代也打开了广阔的世界市场空间，制造业生产规模开始迅猛扩张，劳动生产率迅速提升。在环渤海、长三角和珠三角地区形成了世界级的制造中心，在许多生产制造领域逐步成为世界第一。这一时期，制造业的迅速发展，带动了钢铁、煤炭、化工等资源型重化工业的投资增长。2008年国际金融危机的爆发，我国实施了新一轮的财政刺激政策，铁路、公路、机场等基础设施及相关基础产业投资保持了高增长。

党的十八大以来，经济发展进入新常态，发展方式转变、经济结构优化和增长动力转换步伐明显加快，新产业、新技术、新业态和新模式层出不穷，大数据、云计算、机器人、移动支付等新兴产业迅速成长，量子通信、虚拟现实、卫星遥感等具有广阔应用前景的新技术不断涌现，电子商务、分享经济等新模式蓬勃发展，创意设计、远程诊断、设备生命周期管理等服务方式层出不穷，旅游、文化、养老、健康、体育等"幸福产业"快速发展。投资和经济增长新动能显现，我国工业化水平和质量不断提高。

第二节　农业投资快速增长保障国民经济基础稳固

一、改革开放以来农业投入增长势头明显

农业投资增速快于全部固定资产投资。2003 年以前，没有农业内部投资结构数据。2003—2017 年，在全部固定资产投资中，农林牧渔业投资由 535 亿元增加到 24638 亿元，年均增长 31.5%。其中，农业投资由 140 亿元增加到 11833 亿元，年均增长 37.3%；林业投资由 150 亿元增加到 2222 亿元，年均增长 21.2%；畜牧业投资由 96 亿元增加到 5631 亿元，年均增长 33.7%；渔业投资由 20.3 亿元增加到 1205 亿元，年均增长 33.8%；农业服务业投资由 128 亿元增加到 3746 亿元，年均增长 27.3%。农林牧渔业投资增长明显较快，远快于全部固定资产投资增长。

由此带来农林牧渔各业投资比重的明显上升。农林牧渔业投资占固定资产投资比重由 2003 年的 1.17% 提高到 2017 年的 3.9%，年均 2.14%；农业投资比重由 0.31% 提高到 1.87%，年均 0.75%；林业投资比重由 0.33% 提高到 0.35%，年均 0.3%；畜牧业投资比重由 0.21% 提高到 0.89%，年均 0.53%；渔业投资比重由 0.04% 提高到

0.19%，年均 0.11%；农业服务业投资由 0.28% 提高到 0.59%，年均
0.46%（见图 3-3）。农业投资增长及其投资比重上升为巩固农业在
全面建成小康社会和实现现代化的基础地位、构建现代农业产业体
系，提高农业质量效益和竞争力创造了条件。

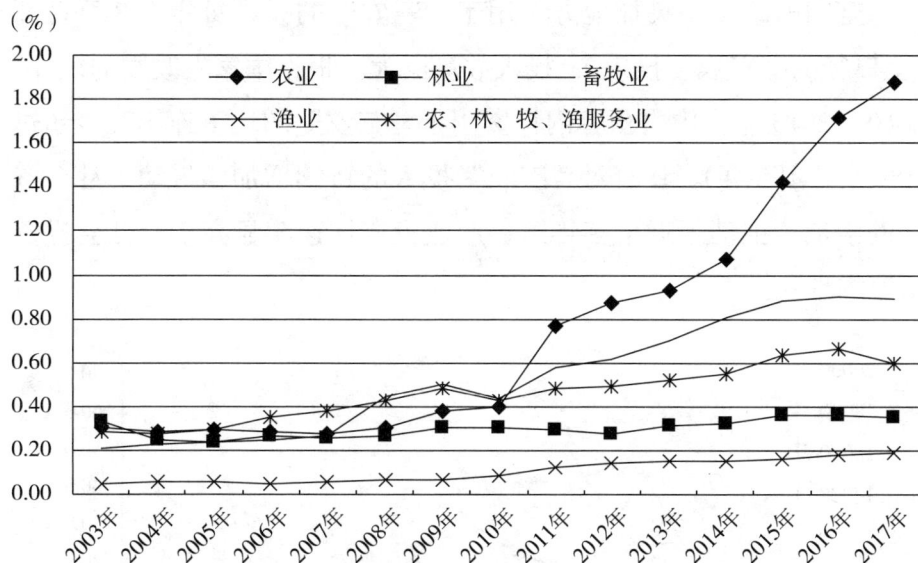

图 3-3　2003—2017 年农业内部投资结构

资料来源：国家统计局网站。

2002 年党的十六大明确提出"统筹城乡发展"的理念，2005
年，党的十六届五中全会提出"建设社会主义新农村"的历史任务。
2007 年召开的党的十七大，在党的文献中首次提出"城乡经济社会
一体化"。2008 年，党的十七届三中全会提出我国总体上已进入"以
工促农、以城带乡"的发展阶段。党的十六大以来，为确保"三农"
工作在中国"重中之重"的战略地位，连续下发"三农"一号文件，
出台了农业税免征、粮食补贴、医保、乡村公路建设、农村水利、
农村一二三产业融合发展、构建现代农业产业体系、农村供给侧结

构性改革等一系列强农惠农富农政策。

不断加大对"三农"的财政投入。2005—2013 年，中央"三农"投入从 2975 亿元增至 13799 亿元，平均增速达 21%。2011—2016 年，中央"三农"投入均超过万亿元，2016 年更达到 1.8 万亿元。近年来，全国财政（中央加地方）用于"三农"的投入每年有 3 万亿元（全口径的"三农"投入），投入数量巨大。根据国家发改委的统计，2010—2015 年，中央预算内投资用于"三农"的比重连续五年超过 50%（见图 3-4）。政府对"三农"投入的持续增加，带动了社会资本的增加，推动了近十多年第一产业投资增速明显高于全社会投资增速的现象。

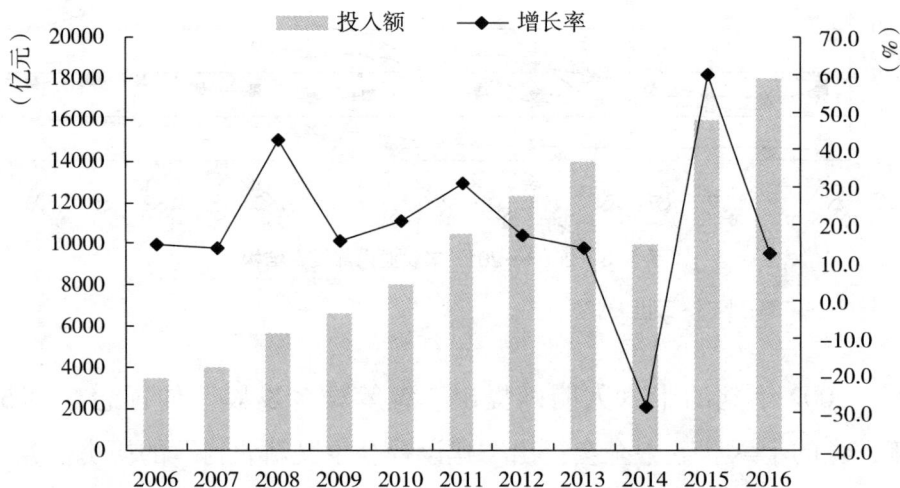

图 3-4　2006—2016 年中央"三农"投入额和增长率

二、"三农"的基础地位进一步得到巩固

改革开放以来，我国"三农"投资快速增长，推动农业和农村经济发生巨大变化。农产量稳步增加，农村基础设施明显加强，生

产条件大大改善，农村居民生活水平和质量实现了跨越式提高。

（一）技术装备水平提升，农业基础更为稳固

农田灌溉面积增加。国家加大农业基础设施建设投入力度，建成了一批重大水利骨干工程，农田水利设施条件显著改善。截至2016年底，全国耕地灌溉面积达到10亿亩，比1978年增加3.3亿亩，增长49%。2016年，全国除涝面积达到2306万公顷，水土流失治理面积1.2亿公顷，堤防长度29.9万公里，堤防保护面积4108.7万公顷。

农业科技进步加快。国家继续加大农业科技创新力度，完善农业技术推广体系，推动农业科技进步。据科技部测算，2016年，农业科技进步贡献率达到56.2%，比2012年提高1.7个百分点。良种化水平明显提高，主要农作物良种覆盖率稳定在96%以上，畜禽品种良种化、国产化比例也在逐年提升。

农业机械化水平提高。主要农作物耕种收综合机械化水平已经超过了65%，小麦基本实现全程机械化，玉米、水稻的机械化水平超过75%，标志着农业的生产方式已由千百年来以人力畜力为主转到以机械作业为主的新阶段。农业机械化水平提高，逐步改变了主要依靠人畜力进行农业劳作的传统生产方式，把农民从繁重的农业生产劳动中解放出来，也有效地缓解了农村青壮年劳动力短缺的矛盾，同时极大地提高了农业劳动生产率。

（二）粮食持续丰收，经济作物结构持续调整

粮食生产持续丰收。保障粮食等重要农产品的基本供给，始终是农业农村工作的首要任务。近年来，全国粮食总产量连年增产，

2017年，全国粮食总产量达到6.2亿吨，比1978年增加3.2亿吨，增长1倍。2013年粮食产量历史上首次突破12000亿斤，2014—2017年均在12000亿斤以上，粮食综合生产能力实现质的飞跃。2016年，全国人均粮食占有量达到447公斤，比世界平均水平高47公斤。

林业生态功能增强。2016年，全国造林总面积达到720万公顷，比1978年增加271万公顷，增长60%。其中，人工造林面积382万公顷，飞播造林16万公顷，新封山育林195万公顷。2016年，全国森林覆盖率达到22.3%，比1978年提高8.4个百分点。自然保护区增多。2015年，全国自然保护区数量达到2740个。其中，国家级自然保护区428个，国家级自然保护区面积达到9649万公顷。

畜牧业保持稳定增长。2017年，肉类总产量为8431万吨，稳居世界第一，比1996年增加了1倍多。在主要肉类产品中，猪肉、牛肉、羊肉、家禽产量增加。2017年，全国猪肉产量为5340万吨，比1996年增加2082万吨；牛肉和羊肉分别为726万吨和468万吨，比1996年分别增加370万吨和287万吨；禽蛋产量为3070万吨，比1996年增加1105万吨；牛奶产量为3545万吨，比1996年增加2916万吨。

（三）新农村建设取得重大进展，农村面貌得到显著改善

农村人居环境整治力度大。全国30%的村庄开展了规划建设试点，加强农村水电路等基础设施建设，用电更方便了，道路更畅通了，房子更整齐了，全国出现了一批路畅灯明、水清塘净、村容整洁的新农村。"十一五"期间，2.21亿人的农村居民解决了饮水安全问题，"十二五"期间这一数字达到2.98亿人。"水电路气房"改造

已成为新农村建设的标准模式。农村危房改造力度大。"十二五"期间，累计改造农村危房近 1300 万户，定居游牧民 38.8 万户，绝大多数农牧户住上了结构牢靠的安全房，并同步改善了供热、排水、排污、小区道路等配套设施。休闲农业与乡村旅游蓬勃发展。顺应人们"农家乐、吃鲜活"的需求，农业部和国家旅游局大力发展乡村旅游业，创建了一批全国休闲农业与乡村旅游示范县。北京、上海、成都等大中城市周边农民，已经不是单纯地从事农业生产了，而是结合生产发展休闲农业、乡村旅游，深受城市居民欢迎。

第三节　制造业投资促进了国际竞争力提升

一、改革开放以来制造业投资不断优化升级

1982—2003 年，国有经济的制造业投资由 278 亿元增加到 1894 亿元，年均增长 9.6%。其中，平均增长较快的行业包括烟草（17%）、服装（17.1%）、造纸（13.2%）、印刷（14.5%）、医药（16.5%）、钢铁（12.2%）、有色（13.2%）、交通运输设备（15.5%）。平均增长较慢的行业包括食品加工（5.2%）、饮料（4.7%）、纺织（2%）、皮革（3.8%）、家具（4.2%）、化纤（1%）、普通机械（2.9%）、专用设备（1.8%）、电子通信（3.1%）。在平均增长较慢的行业中，食品加工、饮料、纺织、化纤等行业投资在 90 年代上半期都曾出现过高速增长的情况，之后投资额逐步趋于下降。

1982 年，制造业投资占国有经济的比重为 33%，到 1993 年降至 25.3%，到 2003 年进一步降至 9.3%。1982—2003 年平均为

22.9%。改革开放之初，我国制造业更多的是制造工业产品，在消费品制造方面，只能提供基本的生活保障。20 世纪 80 年代中期，我国制造业开始繁荣，国产电子产品和轻工产品越来越多，国营企业仍然是制造业的主流，一些军工企业开始生产民用产品，市场的特点是供不应求。90 年代初到 21 世纪初，民营制造业崛起，成为制造业的主导力量，广东成为我国经济龙头，而江浙的民营经济开始崛起。我国巨大的市场吸引了大批国外制造企业进入，我国的低成本后发优势逐渐显露，我国制造企业开始广泛引进国外工业和消费产品的设计及制造技术。

2003—2017 年，在全部固定资产投资中，制造业投资由 10744 亿元增加到 193616 亿元，年均增长 22.9%，明显快于前 20 年的投资平均增速。平均增长较快的行业包括农副产品加工（27.5%）、木材加工（29.8%）、家具（32.3%）、文教体育（34.8%）、金属制品（29%）、通用设备（29%）、专用设备（29%）和电气机械（30.7%）。平均增长较慢的行业包括钢铁（7.4%）、有色金属（18.7%）、石油加工（11.3%）。总体来讲，进入新世纪以后，我国制造业各行业投资增长大都较快，特别是装备制造等行业投资增长迅猛。与此同时，钢铁、有色金属等资源型加工行业投资先升后降，增速相对较低。

投资增长的差距带来结构上的较大变动。2003—2017 年，在制造业各行业中，投资占制造业总投资比重下降的行业包括：钢铁下降 11 个百分点，有色金属下降 1.6 个百分点，纺织下降 2.1 个百分点，医药下降 1.6 个百分点，造纸下降 1.3 个百分点，化学下降 3 个百分点。投资比重上升的行业包括：农副产品加工上升 2.5 个百分点，金属制品上升 2.7 个百分点，文教体育用品上升 1 个百分点，通用设备上升 3.5 个百分点，专用设备上升 3.2 个百分点，电气机械上升4个百分点（见表3-2）。可见，这一时期，制造业结构转型升级的步伐明显加快。

表3-2　制造业各行业占制造业总投资的比例（%）

	2003	2005	2008	2012	2015	2016	2017
制造业	100	100	100	100	100	100	100
农副食品加工业	3.71	4.38	4.41	5.51	5.97	6.27	6.19
食品制造业	2.73	2.66	2.47	2.46	2.82	3.10	3.02
饮料制造业	1.96	1.71	1.88	2.09	2.27	2.19	1.98
烟草制品业	0.80	0.47	0.31	0.19	0.15	0.11	0.10
纺织业	5.72	5.19	3.32	3.19	3.33	3.54	3.58
纺织服装	1.86	1.88	1.94	2.03	2.51	2.55	2.57
皮革毛皮	0.87	0.99	0.92	1.06	1.20	1.23	1.22
木材加工	1.08	1.38	1.72	1.93	2.28	2.29	2.30
家具制造业	0.69	0.93	1.10	1.23	1.60	1.63	1.93
造纸及纸制品业	2.92	2.69	2.20	1.78	1.56	1.65	1.60
印刷业	1.16	1.11	0.97	0.85	1.03	0.99	0.93
文教体育用品	0.40	0.43	0.42	0.92	1.29	1.41	1.46
石油加工	3.00	3.93	3.94	2.01	1.41	1.44	1.38
化学	10.25	10.44	10.21	9.05	8.32	7.85	7.18
医药制造业	4.67	3.41	2.31	2.88	3.22	3.35	3.09
化学纤维制造业	1.13	0.86	0.63	0.68	0.62	0.59	0.69
橡胶制品业	1.32	0.98	1.06	1.02	0.98	1.01	0.97
塑料制品业	2.40	2.33	2.36	2.47	2.65	2.73	2.63
非金属矿物制品业	7.23	6.83	8.94	9.70	9.29	8.98	8.76
黑色金属冶炼	13.06	11.30	7.01	4.15	2.36	2.22	1.96
有色金属冶炼	4.24	3.73	4.07	3.64	3.10	2.80	2.60
金属制品业	2.61	3.65	4.73	4.73	5.27	5.38	5.37
通用设备制造业	3.38	5.02	7.00	6.81	7.41	6.95	6.84
专用设备制造业	3.17	3.84	4.89	6.80	6.85	6.41	6.38

	2003	2005	2008	2012	2015	2016	2017
交通运输设备制造业	6.67	7.73	8.15	7.02	6.70	5.85	5.84
电气机械及器材制造业	2.94	3.78	5.06	6.66	6.28	6.80	6.89
通信设备、计算机	7.16	5.96	5.31	4.79	5.01	5.57	6.67
仪器仪表	0.96	0.79	0.92	1.05	0.91	0.93	1.02
废弃资源回收	0.06	0.09	0.29	0.58	0.73	0.73	0.88

资料来源：国家统计局网站。

党的十八大以来，中央牢牢把握新型工业化、信息化、城镇化、农业现代化同步发展要求，加强战略谋划，于2015年5月推动出台《中国制造2025》，明确提出分"三步走"建设制造强国的战略举措，为制造强国建设第一个十年提供了行动指南。相继编制发布了国家制造业创新中心、智能制造、工业强基、绿色制造、高端装备制造5大工程实施指南，制造业质量品牌提升、发展服务型制造2个专项行动指南，以及信息产业、新材料、医药工业、制造业人才4个规划指南，发布了《中国制造2025》十大重点领域技术路线图（见图3-5），一批重大标志性项目和工程陆续落地实施，一批试点示范城市（群）创建稳步推进。

近年来，国家着力推进"三去一降一补"，制造业投资呈现出结构加速优化、动能加快转换的良好局面，有力促进了制造业向高端化、智能化、生态化、服务化迈进，为我国由"制造大国"向"制造强国"转变提供了坚实支撑。2013—2016年，我国工业累计完成投资83万亿元，年均增长12.4%；工业技改投资年均增长18.2%，增速比工业投资高5.8个百分点。代表先进生产力的装备制造业投资增速明显快于传统产业，2013—2016年，装备制造业投资年均增

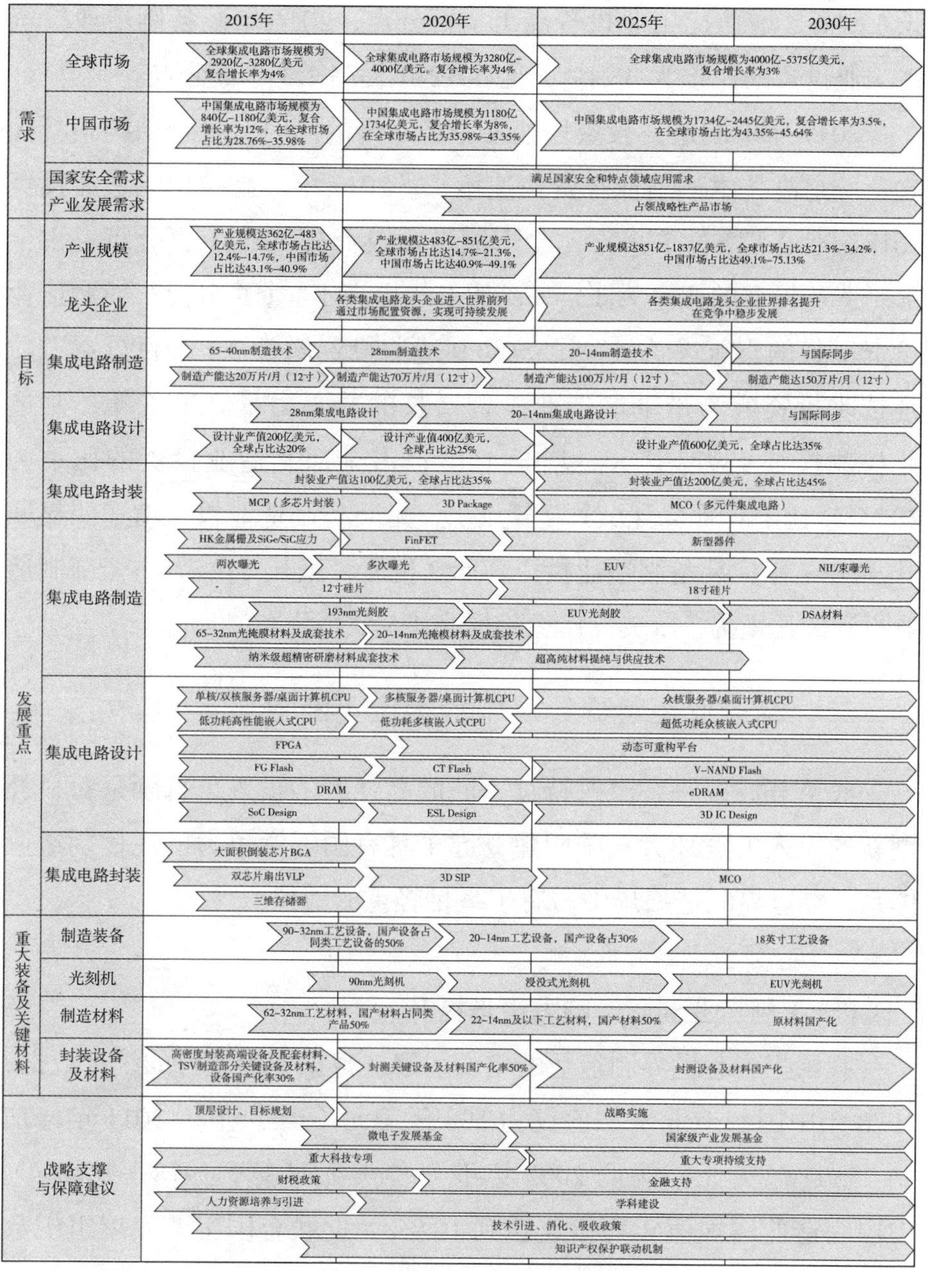

		2015年	2020年	2025年	2030年
需求	全球市场	全球集成电路市场规模为2920亿~3280亿美元，复合增长率为4%	全球集成电路市场规模为3280亿~4000亿美元。复合增长率为4%	全球集成电路市场规模为4000亿~5375亿美元，复合增长率为3%	
	中国市场	中国集成电路市场规模为840亿~1180亿美元，复合增长率为12%，在全球市场占比为28.76%~35.98%	中国集成电路市场规模为1180亿~1734亿美元，复合增长率为8%，在全球市场占比为35.98%~43.35%	中国集成电路市场规模为1734亿~2445亿美元，复合增长率为3.5%，在全球市场占比为43.35%~45.64%	
	国家安全需求	满足国家安全和特点领域应用需求			
	产业发展需求	占领战略性产品市场			
目标	产业规模	产业规模达362亿~483亿美元，全球市场占比达12.4%~14.7%，中国市场占比达43.1%~40.9%	产业规模483亿~851亿美元，全球市场占比达14.7%~21.3%，中国市场占比达40.9%~49.1%	产业规模851亿~1837亿美元，全球市场占比达21.3%~34.2%，中国市场占比达49.1%~75.13%	
	龙头企业	各类集成电路龙头企业进入世界前列通过市场配置资源，实现可持续发展		各类集成电路龙头企业世界排名提升在竞争中稳步发展	
	集成电路制造	65~40nm制造技术	28nm制造技术	20~14nm制造技术	与国际同步
		制造产能达20万片/月（12寸）	制造产能达70万片/月（12寸）	制造产能达100万片/月（12寸）	制造产能达150万片/月（12寸）
	集成电路设计		28nm集成电路设计	20~14nm集成电路设计	与国际同步
		设计业产值200亿美元，全球占比达20%	设计业产值400亿美元，全球占比达25%	设计业产值600亿美元，全球占比达35%	
	集成电路封装		封装业产值达100亿美元，全球占比达35%	封装业产值达200亿美元，全球占比达45%	
		MCP（多芯片封装）	3D Package	MCO（多元件集成电路）	
发展重点	集成电路制造	HK金属栅及SiGe/SiC应力	FinFET	新型器件	
		两次曝光	多次曝光	EUV	NIL/束曝光
			12寸硅片	18寸硅片	
			193nm光刻胶	EUV光刻胶	DSA材料
		65~32nm光掩膜材料及成套技术	20~14nm光掩膜材料及成套技术		
		纳米级超精密研磨材料成套技术		超高纯材料提纯与供应技术	
	集成电路设计	单核/双核服务器/桌面计算机CPU	多核服务器/桌面计算机CPU	众核服务器/桌面计算机CPU	
		低功耗高性能嵌入式CPU	低功耗多核嵌入式CPU	超低功耗众核嵌入式CPU	
		FPGA		动态可重构平台	
		FG Flash	CT Flash	V-NAND Flash	
		DRAM		eDRAM	
		SoC Design	ESL Design	3D IC Design	
	集成电路封装	大面积倒装芯片BGA			
		双芯片扇出VLP	3D SIP	MCO	
		三维存储器			
重大装备及关键材料	制造装备	90~32nm工艺设备，国产设备占同类设备的50%	20~14nm工艺设备，国产设备占30%	18英寸工艺设备	
	光刻机		90nm光刻机	浸没式光刻机	EUV光刻机
	制造材料	62~32nm工艺材料，国产材料占同类产品50%	22~14nm及以下工艺材料，国产材料50%	原材料国产化	
	封装设备及材料	高密度封装高端设备及配套材料，TSV制造部分关键设备及材料，设备国产化率30%	封装关键设备及材料国产化率50%	封测设备及材料国产化	
战略支撑与保障建议		顶层设计、目标规划		战略实施	
			微电子发展基金	国家级产业发展基金	
			重大科技专项	重大专项持续支持	
		财税政策		金融支持	
		人力资源培养与引进		学科建设	
			技术引进、消化、吸收政策		
			知识产权保护联动机制		

图 3-5　集成电路及专用设备技术路线图

资料来源：《中国制造 2025》十大重点领域技术路线图。

长 13.4%，增速比工业投资高 1 个百分点；2016 年装备制造业投资
占工业投资的比重为 33.1%，比 2012 年提高 1.3 个百分点。

2017 年，制造业投资增速在企稳回升的同时，投资结构不断优
化。一是高技术制造业投资快速增长。2017 年，高技术制造业投资
26187 亿元，增长 17%，比全部制造业投资高 12.2 个百分点；占全
部制造业投资的比重为 13.5%，比上年提高 1.4 个百分点；对制造业
投资增长的贡献率为 43%，拉动制造业投资增长 2.1 个百分点。二
是技改投资成为带动制造业投资增长的重要力量。2017 年，制造
业技改投资 93973 亿元，增长 16%；占全部制造业投资的比重为
48.5%，比上年提高 4.6 个百分点。三是装备制造业投资增速明显回
升。2017 年，装备制造业投资 80582 亿元，增长 8.6%，占全部制造
业投资的比重为 41.6%，比上年提高 1.5 个百分点。

二、制造业在世界经济中的地位不断提高

改革开放以来，经过持续不断的高强度的投入，特别是对科技
创新的投入力度加大，中国建立起了具有国际竞争力的现代制造业
体系，在世界制造格局中占有了举足轻重的地位。

（一）制造业国际影响力稳步提升

我国担当起世界制造业的增长引擎。根据世界银行的统计数据，
1978 年中国制造业增加值仅为 600 亿美元（当年价），2011 年增加
到 23307 亿美元。按照 2005 年不变价美元计算，1978—2010 年，
中国制造业增加值年均增速达到 10.9%。据联合国工业发展组织数
据，2013—2016 年，世界制造业年度增速在 2%—4% 区间徘徊，而
中国制造业年均 6.7% 的增速，在世界主要经济体中位居前列，是推

动全球制造业持续增长的重要力量。

我国制造业在世界的份额继续扩大。1990 年，中国制造业增加值占世界的比例不到 3%，2000 年达到 6%，2006 年超过 10%，2011 年超过 20%，2013 年达到 20.8%，2015 年达到 27% 左右（见图 3-6）。2000 年，中国制造业增加值超过德国居世界第三，2006 年超过日本居世界第二，2009 年超过美国，成为世界第一制造业大国。2017 年，中国制造业产值几乎等于美国、日本、德国之和。2017 年，财富杂志发布的世界五百强名单，中国公司有 115 家，其中来自中国大陆地区 109家。据联合国工业发展组织工业竞争力指数最新结果，中国与德国、日本、韩国、美国等国家一并成为全球五个最具工业竞争力的国家。

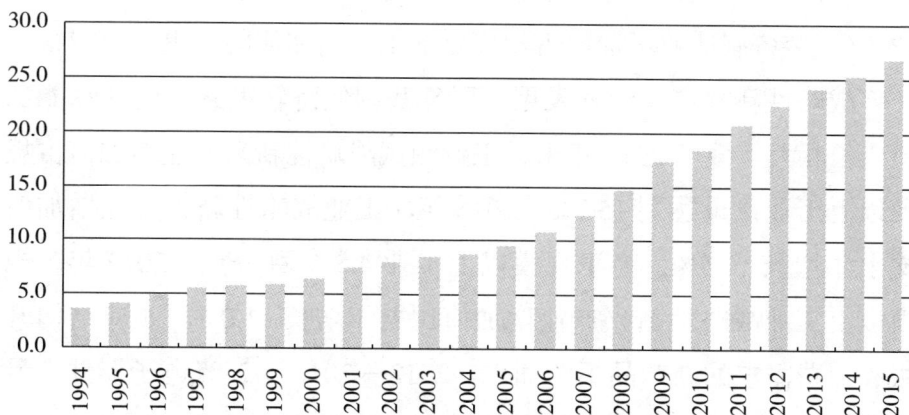

图 3-6 中国制造业增加值占世界的份额（%）

资料来源：世界银行《世界发展指标》。

建立起完备先进的制造业体系。我国已经建立起由原材料能源工业、装备工业、消费品工业、国防科技工业、电子信息产业等组成的门类齐全的工业体系，主要制成品产量居世界前列。按照国际标准工业分类，在 22 个大类中，我国产品产量有 12 个大类名列第一；在 500 多种主要工业产品中，有 220 多种产品产量居全球第一位。2012 年，在世界同类产品总产量中，我国粗钢产量已占 46.3%，煤炭产量占到一半，水泥产量占 60% 以上，化纤产量占 70%，汽车产量占 25%，造船完工量占到 41%。

（二）制造业转型升级持续推进

装备制造业和高技术制造业在工业中的比重不断提高，工业结构优化升级成效显著。2013—2016 年，装备制造业和高技术制造业增加值年均分别增长 9.4% 和 11.3%，增速比规模以上工业高 1.9 和 3.8 个百分点。装备制造业和高技术制造业在工业中的比重逐年提升。2017 年，高技术制造业增加值占规模以上工业增加值的比重为 12.7%，装备制造业增加值占规模以上工业增加值的比重为 32.7%。

战略性新兴产业快速发展，引领我国经济转型升级的新动能加快成长壮大。截至 2015 年末，工业领域战略性新兴产业增加值占规模以上工业比重达到 15.7%。2016 年，工业战略性新兴产业增加值比上年增长 10.5%，高于规模以上工业 4.5 个百分点。2017 年，规模以上工业战略性新兴产业增加值比上年增长 11.0%。顺应结构升级和消费需求的新产品不断涌现。2013—2016 年，光电子器件产量年均增长 27.1%，移动通信基站设备年均增长 33.1%，太阳能电池年均增长 22.1%，环境污染防治专用设备年均增长 12.7%。

产品竞争力提升。装备核心电子器件市场占有率从不足 30% 提升到 85% 以上；8 万吨模锻压力机、龙门五轴车铣复合机床等 45 种主机产品达到或接近国际先进水平；手机芯片解决方案带动国产手机在全球市场占有率超过 40%；在移动通信领域，形成了 TD-LTE 完整产业链，4G 基站产品占全球市场份额超过 50%；汽车大型覆盖件自动冲压线实现商用，数控系统国内市场份额达 45%，机床产业正迈入全球"第二集团"。此外，中高档数控系统在航空航天、机器人等领域扩大应用，功能部件实现突破。

（三）制造业的薄弱环节较为明显

中高端工业品仍需大量进口。2017 年，我国进口超过 2000 亿元的中高端工业品只有三项：集成电路；汽车 + 汽车底盘 + 汽车零配件；液晶显示板。其中，京东方的液晶显示板只是在出货量上做到了世界第一，主要集中于中低端平板电脑、中低端手机等，在苹果、三星、华为的旗舰手机上，都还没有实现大批量供货。2017 年，医药品进口增长 24.1%；二极管及类似半导体器件进口增长 5.5%；金属加工机床进口增长 19%。这三个领域是我国目前发展最为困难的领域，也是与发达国家差距非常大的产业。以机床工具领域为例，企业长期利润率较低，人才流失严重，研发投入不足，现在整个机床行业，缺乏业绩良好的领军企业，缺乏亮点企业。

核心技术环节存在短板制约。我国之所以要强力推进《中国制造 2025》，主要原因在于我国与美国等发达国家在高科技领域差距十分巨大。国产大飞机 C919 只相当于 50 年前美国的波音 737，中国战机歼 –20 和美国的 F–22 相比还有 10 年左右的差距，最关键的是航空发动机的问题。我国至今拿不出一款代表中国高端制造的量产型发动机。半导体材料是电子信息产业的最核心技术。美国半导体生产已多年占全球市场近一半的份额，仅英特尔一家的研发开支就已经达到整个中国芯片业的 4 倍之多。根据美国半导体行业协会（SIA）的统计，整个中国市场每年半导体销售额约 1000 亿美元，中国自给率不到 10%，美国公司占有率接近 60%。2013 年，麦肯锡发布了中美科技差距雷达图，中国要赶上美国现在的科技成就，至少要花上 20 年（见图 3-7）。

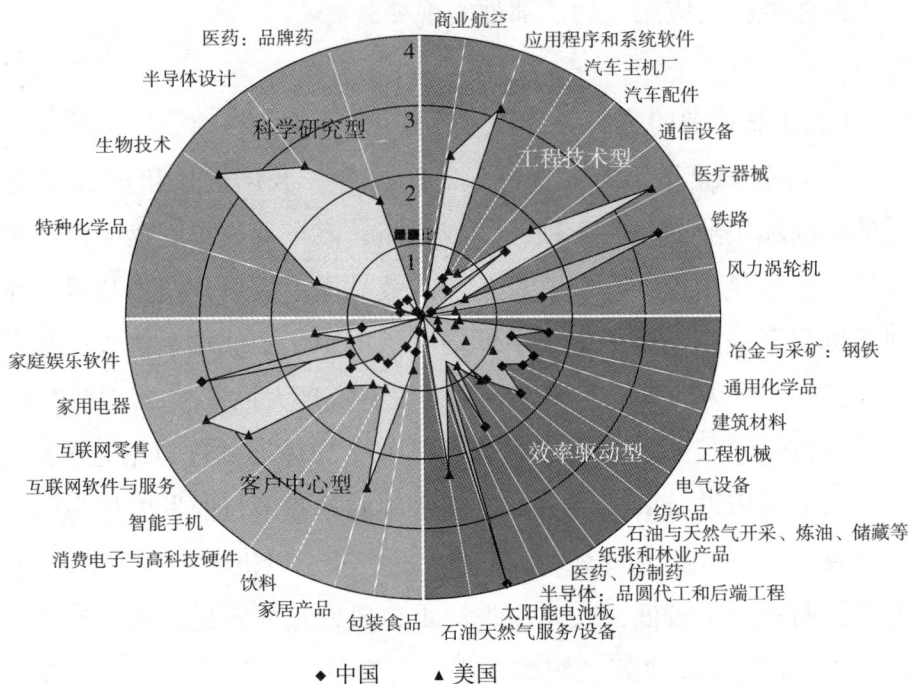

图 3-7 中美科技差距雷达图

资料来源：麦肯锡全球研究院。

第四节 服务业投资壮大经济发展新动能

一、改革开放以来服务业投资高速增长

1982—2003 年，国有经济的服务业投资由 339 亿元增至 14891 亿元，年均增长 19.7%。其中，地质水利投资增长 27.6%，交通通信

投资增长 20.7%，批发零售投资增长 6.8%，金融业投资增长 10.7%，房地产投资增长 21.9%，卫生投资增长 18.1%，教育投资增长 20.2%。20 多年里，地质水利投资占国有投资比重由 2.5% 上升到 17.5%，交通通信投资比重由 10.6% 上升到 22.6%，房地产投资比重由 2.4% 上升到 6.4%，教育投资比重由 3.2% 上升到 6.4%（见图 3–8）。除批发零售和金融业投资比重下降外，其他服务业投资比重均有不同程度的增加，其中，又以地质水利和交通通信投资比重上升最为显著。

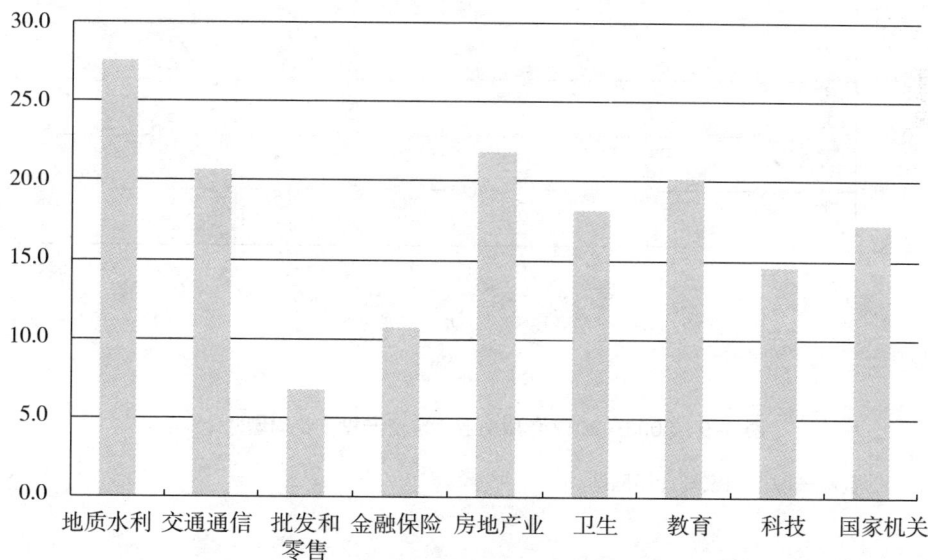

图 3–8　1982—2003 年服务业各行业投资平均增速（%）

资料来源：国家统计局网站。

2003—2017 年，在全部固定资产投资中，服务业投资由 28649 亿元增至 413430 亿元，年均增长 21%。其中，交通投资增长 18.5%，水利、环境和市政设施投资增长 23.6%，房地产投资增长 19.8%，批发零售投资增长 24.2%，住宿餐饮投资增长 23.4%，居民服务投资增长 30.4%，科技投资增长 24.3%，教育投资增长 15.5%，卫生投资增长 24%，文体投资增长 23%（见图 3-9）。总体来讲，服务业保持持续快速增长势头，交通、水利、公用事业等基础设施，以及教育、卫生、文化体育、居民服务等新兴服务业投资增速都比较快。

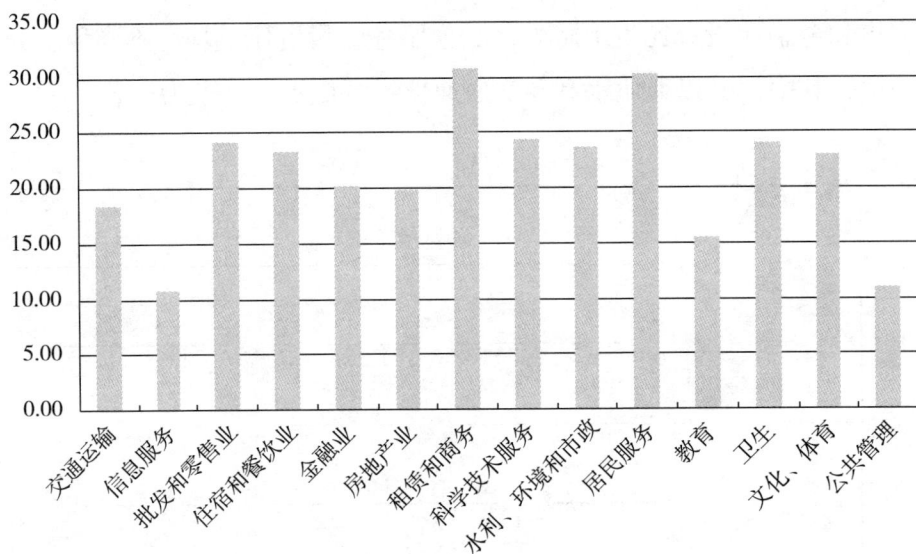

图 3-9　2003—2017 年服务业固定资产投资年均增速（%）

资料来源：国家统计局网站。

这一时期服务业结构变动较大，交通投资占全部固定资产投资的比重由 12.4% 降至 9.7%，下降 2.7 个百分点；信息服务投资比重由 3.6% 降至 1.1%，下降 2.5 个百分点；房地产投资比重由 24.2% 降至 22.1%，下降 2.1 个百分点；教育投资比重由 3.2% 降至 1.7%，下降 1.5 个百分点；水利、环境和市政设施投资比重由 9.2% 提高到 13%，提高了 3.8 个百分点；卫生投资比重由 0.8% 提高到 1.2%，提高了 0.4 个百分点；文化体育投资比重由 1.05% 提高到 1.38%，提高了 0.33 个百分点。由于前期高强度的投入和较大基数，使交通投资比重有所下降，而城镇化快速发展，使得与其密切相关的水利、环境和市政设施投资比重大幅度上升。

基础设施领域投资快速增长。党的十八大以来，各地区不断加大基础设施领域投入，补短板效应凸显。2013—2016 年，全国基础设施累计完成投资 38 万亿元，年均增长 19.7%，增速比全部投资高 4.9 个百分点；2016 年占全部投资的比重为 19.9%，比 2012 年提高 3.7 个百分点。2013—2016 年，交通运输业投资年均增长 14.8%，投资收效显著。水利管理业投资年均增长 18.1%，一批重大水利设施建成使用。信息传输业投资年均增长 18%，新一代信息基础设施重大工程包等示范工程取得新进展。生态保护和环境治理业投资年均增长 29.7%，生态治理力度不断加大。公共设施管理业投资年均增长 24.6%，城乡建设同步推进。

幸福产业投资方兴未艾。随着居民消费结构的升级，旅游、文化、体育、健康养生、教育培训等民生领域投资快速增长，有效供给持续增加，人民生活不断改善，带动经济转型升级稳步前行。近年来，旅游业的快速发展有效提升了行业对资金的吸引力，2013—2016 年公园和旅游景区管理业投资年均增速高达 34%；文化及相关领域服务业、教育产业亮点纷呈，2013—2016 年上述两大领域投资年均增长 25.6% 和 19.2%；随着全民健身、群众性体育活动的广泛开展，医学研究及保健、养老服务等产业的旺盛需求，2013—2016年健康服务业（含体育、健康及养老）领域投资年均增长 20.3%。

二、服务业结构升级步伐不断加快

长期高强度的投入，推动我国服务业全面快速发展，服务业在优化结构、提高质量、促进就业、拉动消费、改善民生等方面发挥了重要作用，成为拉动国民经济增长的主动力和新引擎。

（一）基础设施条件大幅度改善

农林水利设施条件得到极大改善，增强了防洪、防涝、抵御自然灾害的能力。2016年，我国共有水库97988座，总库容8581亿立方米，分别比1990年增加14601座和3921亿立方米；水土流失治理面积由1990年的5300万公顷增加到2015年的11555万公顷；堤防长度由22万公里增加到29.9万公里，堤防保护面积由3200万公顷增加到4108.7万公顷；建设灌区由5363处增加到7728处，灌区有效灌溉面积由2123.1万公顷增加到2990万公顷。南水北调工程东线、中线调水线路建设稳步推进，2013年11月15日，东线一期工程正式通水运行，2014年12月12日，中线一期工程正式通水运行。江水进京后，北京年均受水到达10.5亿立方米，人均水资源量增加50多立方米。

交通建设突飞猛进，综合交通体系逐渐形成。铁路营业里程由1978年的5.2万公里增至2016年的12.4万公里，增加7.2万公里。这些新增里程大部分是采用先进技术和设备的电气化铁路营业里程。高速铁路迎来了史无前例的大发展，截至2017年底，高速铁路运营线路共计92条（段），运营总里程接近3万公里，位居世界第一位。我国高铁驶出国门，参与多国建设，成为独具特色、彰显国力的中国名片。公路通车里程由1978年的89万公里增至2016年的470万公里，增长4.3倍，其中高速公路由1988年的0.01万公里增至2016年的13.1万公里。定期通航机场由1990年的94个增加到2016年的216个，定期航班航线由437条增加到3794条。高效、便捷的铁路网、公路网、航空运输网、城际铁路网、航道网逐渐形成。

能源生产能力大幅度提高，主要能源产品供应保障能力显著增强。2016 年，我国能源生产总量已达 34.6 亿吨标准煤，是改革开放初期的 5.5 倍。2016 年，我国电力发电装机容量 16.4 亿千瓦，是改革开放初期的 56.7 倍。在电力发电装机容量中，火电装机容量 10.5 亿千瓦，水电装机容量 3.32 亿千瓦，核电装机容量 3364 万千瓦，风电装机容量 1.48 亿千瓦，太阳能装机容量 7742 万千瓦。我国是世界上少数几个拥有完整核工业体系的国家之一。我国自 20 世纪 80 年代开始发展核电，目前已形成了浙江秦山、广东大亚湾和江苏田湾等核电基地。截至 2016 年底，我国已投入商业运行的核电机组共 35 台，运行装机容量为 33632MWe，占全国电力装机约 2.04%。我国电网建设进入大规模跨省跨区送电和全国互联的新阶段。总投资达 5265 亿元的西电东送工程，是在我国电力建设史上投资规模最大的电源、电网建设工程。

（二）公共服务水平不断提升

教育发展水平全面提高。随着"农村寄宿制学校建设工程"等一系列重大工程项目和政策的推进，我国教育面貌发生了深刻变化。截至 2016 年末，我国共有普通高等学校 2596 个，比 1978 年增加 1998 个；特殊教育学校 2080 所，比 1978 年增加 1788 所。普通中学、职业中学、普通小学数量虽然明显减少，但是，这与适龄人口减少、人口居住更加集中、优化办学资源有关。2003 年以来，国家实施农村中小学危房改造、农村寄宿制学校建设和农村中小学现代远程教育工程。支持 2.2 万多所农村中小学改造危房 4800 万平方米，建设 7000 多所寄宿制学校，远程教育已覆盖 36 万所农村中小学。实施职业教育基础能力建设工程，累计投入 35 亿元，支持 1482 所县级职教中心和中等职业学校建设。

卫生软硬件条件实现飞跃。截至 2016 年末，我国拥有卫生机构 98.3 万个，比 1978 年增加 81.4 万个；卫生机构床位 741 万张，比 1978 年增加 537 万张；疾病预防控制中心 3478 个，比 1978 年增加 489 个；专科疾病防治院所 1310 个，比 1978 年增加 347 个；妇幼保健院 3011 个，比 1978 年增加 507 个。2002 年以来，国家共安排国债资金 86.8 亿元，基本建成全国疾病预防控制体系和突发公共卫生事件医疗救治体系。投入资金 94 亿元，改造和新建 1.88 万家乡镇卫生院、786 所县医院，为 1.17 万个乡镇卫生院配置医疗设备。20 世纪 80 年代以前，我国不仅医院的数量少，医疗服务的质量也急需提升。目前，医疗卫生机构的软硬件水平都实现了质的飞跃，各种先进检查仪器在稍大的医院已经普及，医疗技术发生天翻地覆的变化。全国已拥有一批环境优美、设施先进、科室齐全、技术精湛的大型现代化医院和专科医院。覆盖城乡的基层医疗卫生服务体系基本建成。医疗卫生服务设施条件明显改善，服务可及性进一步增强。

公共文化建设取得成效。2016 年，我国共有省级和地市级文化馆 389 个，比 1978 年增加 297 个；县市级文化馆 2933 座，比 1978 年增加 185 座；公共图书馆 3153 个，比 1978 年增加 1935 个；博物馆 4109 个，比 1978 年增加 3760 个。到"十五"期末，"县县有图书馆"、文化馆的目标基本实现。"十一五"期间，国家又实施乡镇综合文化站建设规划，投资 39.5 亿元，新建和扩建 2.6 万个农村乡镇综合文化站，到 2010 年基本实现"乡乡有综合文化站"的建设目标。近年来，文化部和财政部联合实施了全国文化信息资源共享工程、送书下乡、流动舞台车工程等一些重大有影响的文化工程，为城乡基层提供了丰富的公共文化资源。到"十二五"末，初步建成了包括国家、省、地市、县、乡、村和城市社区在内的六级公共文化服务网络，通过农村广播电视村村通、户户通等五大工程，迅速提升了农村公共文化服务能力。

（三）新兴服务业茁壮成长

电子商务规模持续扩大。党的十八大以来，电子商务进入黄金发展期。2016 年，全社会电子商务交易规模达到 26.1 万亿元，交易额是 2013 年的 2.5 倍，年均增长 36.4%。在电子商务的带动下，快递业、包装服务业等行业快速成长。2013—2016 年，全国邮政业务收入和快递业务收入年均增长分别为 28.4% 和 39.3%，2016 年新增快递业务收入已经占到全国邮政新增业务收入的 89.9%；规模以上包装服务业企业营业收入年均增长 22.0%。

分享经济蓬勃兴起。分享经济渗透到交通、住宿、金融、餐饮、物流、教育、医疗等多个领域和细分市场。以"货车帮"为代表的物流平台实现了货运车辆的共享，提高了社会物流效率；以"摩拜单车""滴滴出行"为代表的出行共享平台，为人们出行带来更多便利；以"猪八戒""知乎"、微信公众号为代表的知识服务平台，提供了服务技能交易、知识变现和知识分享的新渠道；以"蚂蚁短租""小猪短租"为代表的房屋分享平台，大幅提高了空置房使用率；以"陆金所"为代表的 P2P 网贷平台，拓展了中小微企业融资空间，拓宽了居民投资渠道。

科技服务业加快孕育成长。2013—2016 年，规模以上与科技服务业相关企业营业收入年均增长 11.2%。科技研发投入稳步提升。2016 年，研究与试验发展（R&D）经费支出 15500 亿元，与 2012

年相比，年均增长 10.8%。其中，基础研究经费年均增长 12.5%；创业创新服务体系逐步形成。截至 2016 年，国家级科技企业孵化器有 863 家，科技部备案的众创空间 1337 家，星创天地 638 家。技术推广和市场交易更趋活跃。2016 年，技术合同成交金额为 11407 亿元，比 2012 年增长 77.2%，2013—2016 年，规模以上技术推广服务、科技中介服务企业营业收入年均增长分别为 12.6% 和 15.0%。

战略性新兴服务业发展优势日益凸显。2013—2016 年，规模以上战略性新兴服务业企业营业收入年均增长 13.5%，高出规模以上服务业年均增速 3 个百分点。节能环保服务业快速兴起。2013—2016 年，规模以上生态监测企业营业收入年均增长 15.8%；环境治理业企业营业收入年均增长 17.0%；与城乡生活垃圾综合利用有关的环境卫生管理类企业营业收入保持年均 17.1% 的高速增长；与水资源管理有关的企业营业收入年均增速高达 18.8%。

第五节　城镇基础设施投资有力推动城镇化发展

一、城建投资增长超前于投资和经济增长

根据《中国城市建设统计年鉴》，1978—2016 年，我国城市市政公用设施建设投资由 12 亿元增至 17460 亿元，年均增长 22.5%，分别高于同期全社会投资和 GDP 现价增长率 2.9 个和 7.5 个百分点，城市基础设施投资明显超前于投资和经济增长。

改革开放以来，我国城市建设投资出现了五次较为明显的周期变化。第一周期是 1980—1983 年，增速由 1980 年的 1.4% 升至

1982 年的 39.5%，后又下降至 1983 年的 3.7%；第二周期是 1983—
1989 年，增速由 1983 年的 3.7% 升至 1985 年的 53.5%，再又下降
到 1989 年的 –5.5%；第三周期是 1989—1999 年，增速由 1989 年
的 –5.5% 提高到 1993 年的 84.3%，又下降到 1999 年的 7.7%；第
四周期是 1999—2006 年，增速由 1999 年的 7.7% 提高到 2003 年
的 42.9%，又下降到 2006 年的 2.9%；第五周期是 2006—2016 年，
增速由 2006 年的 2.9% 提高到 2009 年的 44.4%，又下降到 2015 年
的 –0.3%（见图 3–10）。

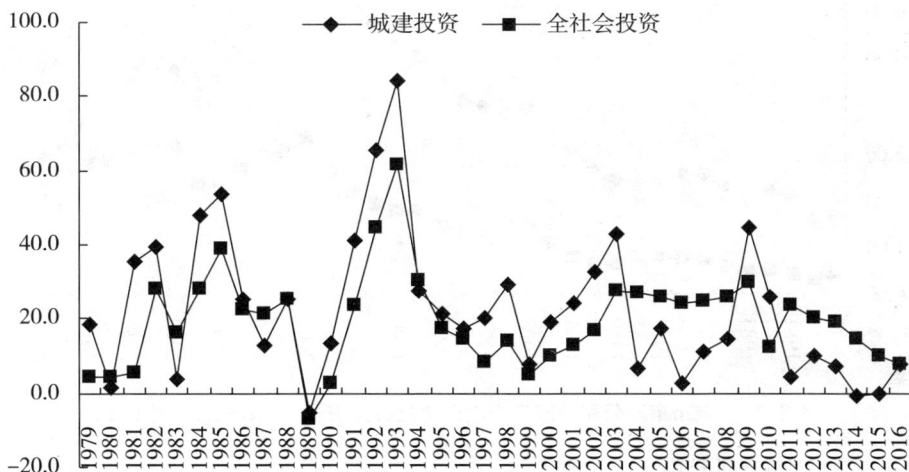

图 3-10　城建投资和全社会投资增长率（%）

资料来源：《中国统计年鉴 2017 年》《中国城市建设统计年鉴 2016 年》。

改革以来，城建投资增速与全社会投资增速的相关性很高，相
关系数达到 0.72；城建投资增速与 GDP 增速的相关系数也达到
50%，有一定的相关性。这表明，城建投资与投资和经济增长关系
密切，城建投资是我国经济增长的重要推动力量，是工业化和城镇
化的重要推动力量。

　　城市市政公用设施建设投资占全社会固定资产投资的比例由 1978 年的 1.44% 提高到 2016 年的 2.88%，在 2003 年曾经达到 8% 的高点，之后趋于下降，年均 3.9%；城市市政公用设施建设投资占 GDP 的比例由 0.33% 提高到 2.53%，在 2003 年曾经达到 3.29% 的高点，之后趋于下降，年均 1.7%（见图 3-11）。

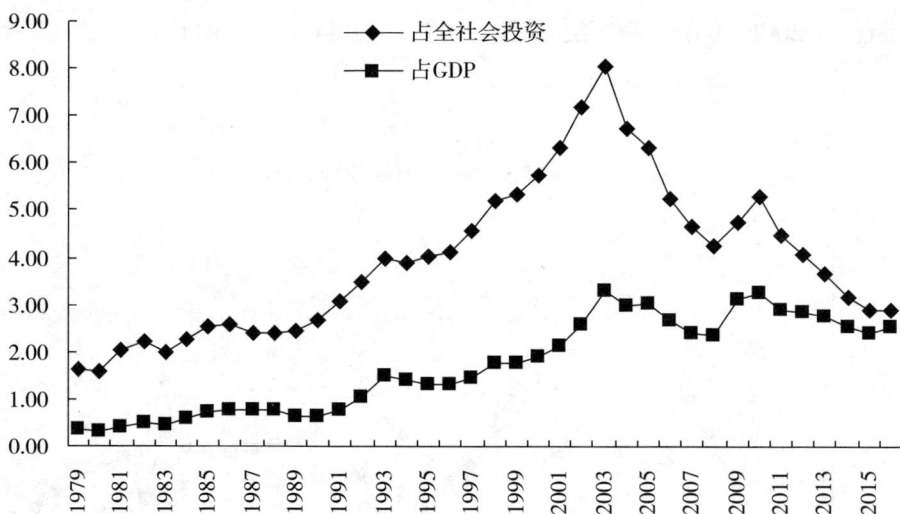

图 3-11　城市市政公用设施建设投资全社会投资及占 GDP 的比例（%）

资料来源：同上图。

　　上文统计口径为 657 个设市城市，我们将 1627 个县城和 19683 个建制镇的相关数据进行汇总，得到全部城镇基础设施投资规模如表 2-3 所示。2006—2016 年，我国全部城镇基础设施投资由 7076 亿元增加至 22383 亿元，占全社会投资的比例平均为 5.3%，占 GDP 的比重平均为 3.5%（见表 3-3）。世界银行《1994 年世界发展报告》中指出，发展中国家对新建基础设施的投资相当于其国民产出的 4%

和投资总额的 1/5。[①] 长期以来，一些学者将这一指标作为评价我国城镇基础设施规模合理性的标准。如果以这一标准衡量，我国近年来城镇基础设施投资占 GDP 的比例略低于世行标准，而占全部投资的比例则明显偏低。

但是，由于世界银行报告中所指的基础设施包括电力、电信、铁路、港口、机场等我国市政基础设施统计中不包括的内容，所以，世界银行的统计口径明显大于我国城镇基础设施的统计口径。[②] 如果将上述行业投资加入城镇基础设施投资中去，2016 年，我国基础设施占全部投资和 GDP 的比例达到 20.7% 和 15.2%。可见，同口径比例，我国基础设施占 GDP 的比例远高于所谓世行标准，占全部投资比例与世行标准持平。

表 3-3 城镇基础设施投资及占全社会投资和 GDP 的比例

年份	城镇基础设施投资（亿元）	占全社会投资（%）	占 GDP 比例（%）
2006	7076.1	6.4	3.3
2007	7844.8	5.7	2.9
2008	9239.6	5.3	2.9
2009	13120.8	5.8	3.9
2010	16961.5	6.7	4.2
2011	17962.1	5.8	3.8
2012	20627.5	5.5	4.0
2013	21786.2	4.9	3.8
2014	21426	4.2	3.4

[①] 世界银行：《1994 年世界发展报告——为发展提供基础设施》，中国财政经济出版社 1994 年版，第 1 页。

[②] 2011 年，我国电力、电信、铁路、港口、机场投资就达 3.9 万亿元，占全部投资和 GDP 的比例分别达到 12.5% 和 8.2%。

续表

年份	城镇基础设施投资（亿元）	占全社会投资（%）	占 GDP 比例（%）
2015	20823	3.7	3.1
2016	22383	3.7	3.2
年均	—	5.3	3.5

资料来源：《中国城乡建设统计年鉴 2016 年》，中国计划出版社 2017 年版。

　　城市基础设施投资主要集中在供水、燃气、集中供热、公共交通、道路桥梁、排水、防洪、园林绿化和市容环境等领域。1979—2016 年，上述行业投资平均分别占全部市政公用设施投资的 12.5%、6%、3.1%、9.7%、37.8%、7.6%、1.5%、5.9% 和 2.4%。1979—2016 年间，供水行业投资比例由 23.9% 迅速下降到 3.1%，燃气行业投资比例由 4.2% 上升到 1991 年的 14.5%，之后逐步下降到 2016 年的 2.3%；集中供热投资比例变化不大；公共交通投资比例由 1979 年的 12.7% 下降到 2003 年的 2.3%，之后，由于城市轨道交通投资的迅猛增长，投资比例趋于上升；道路桥梁投资比例由 21.8% 上升到 43.3%；排水投资由 1979 年的 8.5% 下降到 2016 年的 7%；园林绿化投资比例明显上升，而垃圾等市容环境投资比例则保持平稳（见表 3-4）。市政建设投资的重点主要在道路桥梁、公共交通、园林绿化等地上的设施建设方面，而供水、排水、集中供热等地下设施投资则相对薄弱。

表 3-4　各类市政设施投资占城市基础设施投资的比例（%）

	供水	燃气	集中供热	公共交通	道路桥梁	排水	防洪	园林绿化	市容卫生	其他
1978	39.2				24.2					36.7

续表

	供水	燃气	集中供热	公共交通	道路桥梁	排水	防洪	园林绿化	市容卫生	其他
1985	12.7	12.8		9.4	29.1	8.8	1.4	5.2	3.1	17.7
1988	20.4	9.9	2.5	5.3	31.4	8.8	1.4	3.0	2.3	14.9
1991	17.7	14.5	3.7	5.7	30.3	9.4	1.2	2.9	2.1	12.5
1993	13.4	6.7	2.1	4.2	36.8	7.1	1.1	2.5	2.0	24.1
1998	10.9	5.5	2.5	5.8	41.7	10.5	2.4	5.3	2.5	12.8
2000	7.5	3.7	3.6	8.2	39.0	7.9	2.2	7.6	4.5	15.7
2001	7.2	3.2	3.5	8.3	36.4	9.5	3.0	6.9	2.2	19.8
2002	5.5	2.8	3.9	9.4	37.9	8.8	4.3	7.7	2.1	17.6
2003	4.1	3.0	3.3	6.3	45.7	8.4	2.8	7.2	2.2	17.0
2004	4.7	3.1	3.6	6.9	44.7	7.4	2.1	7.5	2.3	17.6
2005	4.0	2.5	3.9	8.5	45.4	6.6	2.1	7.3	2.6	16.9
2006	3.6	2.7	3.9	10.5	52.0	5.8	1.5	7.4	3.0	9.6
2007	3.6	2.5	3.6	13.3	46.6	6.4	2.2	8.2	2.2	11.5
2008	4.0	2.2	3.7	14.1	48.6	6.7	1.6	8.8	3.0	7.2
2009	3.5	1.7	3.5	16.3	46.5	6.9	1.4	8.6	3.0	8.7
2010	3.2	2.2	3.2	13.6	50.1	6.7	1.5	10.1	2.3	7.1
2011	3.1	2.4	3.1	13.9	50.8	5.5	1.7	11.1	2.8	5.5
2012	2.7	2.7	4.1	13.5	48.4	4.6	1.6	11.8	1.9	8.7
2013	3.2	2.6	3.6	15.0	51.1	4.8	0.0	10.1	2.5	7.1
2014	2.9	2.6	3.5	19.8	47.1	5.5	0.0	11.2	3.0	4.3
2015	3.8	2.2	3.2	22.9	45.8	6.1	0.0	9.8	2.5	3.8
2016	3.1	2.3	2.8	23.4	43.3	7.0	0.0	9.6	2.5	4.3

资料来源：同上表。

二、城镇化的规模和质量大幅度提升

城镇化率的提升以及城镇人口的增加必然带来城镇基础设施、公共服务设施、住房等需求的增加，这就需要大量增加投资。投资对城镇化的适应程度高低决定了城镇化的规模和质量。总体来讲，我国城镇基础设施投资对城镇化的总体适应性较强。20世纪90年代以前，投入强度相对较弱，之后逐渐增强，特别是2000年以后，投入强度明显增大，对城镇化的保障程度越来越好。

改革开放后的30多年，我国城镇化水平显著提高。1978年，我国的城镇化率只有17.9%，到1990年城镇化率提高到26.4%。20世纪90年代以后，城镇化进程发展更快，城镇化率由1991年的27%迅速提高到2017年的58.5%，年均提高1个百分点以上（见图3–12）。城镇常住人口已由改革开放之初的1.7亿人，升至2017年的8.1亿人。与改革开放之初相比，城镇人口增加了6.4亿人，是世

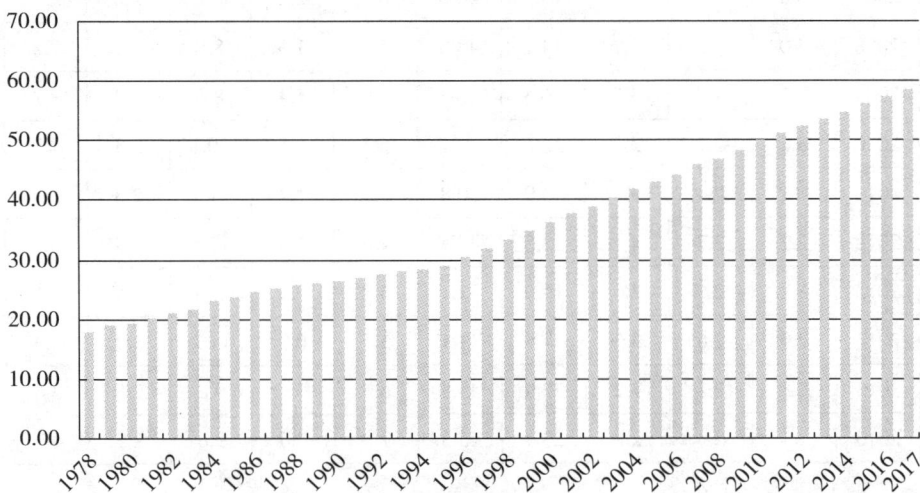

图3–12　1978—2017年我国的城镇化率（%）

资料来源：《中国统计年鉴2017年》《2017年统计公报》。

界上城镇人口数量最多的国家。与发达国家城镇化快速发展时期相比，我国的城镇化速度明显超前。按照联合国经社理事会的统计，发达国家在1950年的时候，城镇化水平就达到了50%以上，而欠发达国家将要在2019年才能达到这一标准。我国2010年城镇化水平已达到50%，也就是说有一半以上人口居住在城镇，这是一个历史性的跨越，表明我国已经进入了城市社会。

随着城市基础设施的不断完善，城市规模也在不断扩大。截至2016年，我国共有设市城市657个。与1978年相比，我国城市总数增加了464个，超大城市数量不断增加，中等城市明显增加。城区常住人口500万—1000万人的城市11个，包括武汉、成都、南京、佛山、东莞、西安、沈阳、杭州、苏州、哈尔滨、香港。北京、上海、广州、深圳、重庆、天津人口在1000万人以上。2016年，我国城市城区总人口达4.03亿人，是1978年的5.2倍；占全国总人口的比重由1978年的7.1%提高到2016年的29.1%。城市区域范围不断扩大，2016年，城市建成区面积达5.43万平方公里，是1981年的7.3倍；城市建设用地面积5.27万平方公里，是1981年的7.8倍（见表3-5）。

表3-5　全国城市数量及人口、面积情况

	城市个数（个）	城区人口（亿人）	建成区面积（万平方公里）	城市建设用地（万平方公里）
1978	193	0.77	—	—
1981	226	1.44	0.74	0.67
1985	324	2.09	0.93	0.85
1991	479	2.95	1.4	1.29
1995	640	3.78	1.92	2.2

	城市个数（个）	城区人口（亿人）	建成区面积（万平方公里）	城市建设用地（万平方公里）
2001	662	3.57	2.4	2.4
2005	661	3.59	3.25	2.96
2013	658	3.77	4.78	4.71
2016	657	4.03	5.43	5.27

资料来源：《中国城市建设统计年鉴 2016 年》，中国计划出版社 2017 年版。

通过长期不懈的基础设施投资，我国城市市政设施建设取得明显成果。城市供水能力增强。2016 年，城市供水管道长度达到 75.6 万公里，1978—2016 年均增长 8.3%。管道天然气广泛应用于居民生活、工业、商业、汽车等各个领域。2016 年，天然气管道长度达到 55.1 万公里，年均增长 20%。城市道路建设大幅增加。2016 年，城市道路长度达到 38.2 万公里，年均增长 7.2%。1978—2016 年，全国城市生活垃圾无害化处理厂由 12 座增加到 940 座。城市污水处理快速发展。1978—2016 年，全国城市排水管道长度由 1.9 万公里提高到 57.7 万公里；污水处理厂数量由 1978 年的 37 座，发展到 2016 年的 2039 座（见表 3–6）。截至 2017 年底，全国共有 35 座城市的 169 条轨道交通线路开通运营，合计总里程达 5082.8 公里，车站 3268 座，线路形式有地铁、轻轨、快轨、城际铁路、磁悬浮等。

表 3–6　各类市政设施发展水平

	供水管道长度（公里）	天然气管道长度（公里）	供热水管道长度（公里）	城市道路长度（公里）	排水管道长度（公里）	污水处理厂（座）	垃圾处理厂（座）	公园绿地面积（公顷）
1978	35984	560	280	26966	19556	37	12	21637

	供水管道长度（公里）	天然气管道长度（公里）	供热水管道长度（公里）	城市道路长度（公里）	排水管道长度（公里）	污水处理厂（座）	垃圾处理厂（座）	公园绿地面积（公顷）
1985	67350	2312	954	38282	31556	51	14	32766
1988	86231	6186	2193	56818	50678	69	29	52047
1991	102299	8054	3952	88791	61601	87	169	61233
1993	123007	8889	5161	104897	75207	108	499	73052
1998	225361	25429	27375	145163	125943	398	655	120326
2000	254561	33655	35819	159617	141758	427	660	143146
2001	289338	39556	43926	176016	158128	452	741	163023
2002	312605	47652	48601	191399	173042	537	651	188826
2003	333289	57845	58028	208052	198645	612	575	219514
2004	358410	71411	64263	222964	218881	708	559	252286
2005	379332	92043	71338	247015	241056	792	471	283263
2006	430426	121498	79943	241351	261379	815	419	309544
2007	447229	155271	88870	246172	291933	883	458	332654
2008	480084	184084	104551	259740	315220	1018	509	359468
2009	510399	218778	110490	269141	343892	1214	567	401584
2010	539778	256429	124051	294000	369553	1444	628	441276
2011	573774	298972	133957	308897	414074	1588	677	482620
2012	591872	342752	147390	327081	439080	1670	701	517815
2013	646413	388466	165877	336304	464878	1736	765	547356
2014	676727	434571	174708	352333	511179	1807	818	582392
2015	710206	498087	192721	364978	539567	1944	890	614090
2016	756623	551037	201390	382454	576617	2039	940	653555
增长（%）	8.3	19.9	18.9	7.2	9.3	11.1	12.2	9.4

资料来源：同上表。

第六节　投资推动工业化和城镇化的经验和启示

一、发挥投资在结构转型中的作用

改革开放以来，投资在产业体系建设、产业结构优化升级方面发挥了十分重要的作用。上期的投资扩张对应着下期的产能供给，今天的投资结构就是明天的产业结构，无论是改革开放初期轻纺工业的发展，入世以后加工贸易的发展，还是随着收入增加和内需扩大，房地产和汽车产业的发展，以及基础设施带动的重化工业发展，投资结构调整都是主要的推动力量。党的十八大以来，投资在优化供给结构中发挥了关键性的作用，推动产业结构不断迈向中高端。高新技术产业、战略性新兴产业、现代服务业的投资和产出比重不断提升，而传统制造业和农业的投资和产出比重逐渐下降。机器人、物联网、大数据、人工智能等新一代信息技术与实体经济深度融合，工业的数字化、智能化水平提高；工业领域的产品创新、工艺创新、商业模式创新更加活跃，产品质量水平将不断提高，持续向全球价值链的中高端攀升，在更多产品和产业领域成为世界的并跑者和领跑者。投资结构调整是产业转型发展的先决条件，正是由于投资方向不断向中高端迈进，我国的产业转型才能不断向前推进。

二、全面提升基础设施的保障能力

我国的工业化过程也是基础设施不断完善的过程，基础设施投资既是拉动短期经济增长、熨平经济周期的重要手段，也是改善发展环境、发展增长潜力的基本条件。在不同发展阶段，基础设施投资重点有所不同，从而有利于解决经济发展中的瓶颈与短板制约。随着工业化和城镇化的推进，基础设施的水平和保障能力不断提升。改革开放初期，为填补基础产业和基础设施缺口，国家集中力量建设了一批能源、交通等国家重点项目。20 世纪 90 年代以后，国债资金对基础产业和基础设施投资的拉动作用非常突出，主要用于农业、水利、交通、通信、城市基础设施等项目。2008 年国际金融危机以后，基础设施投资力度进一步加大，无论是城市轨道、高速公路、高速铁路，还是民航、海运都取得跨越式发展。各种运输方式衔接效率显著提升，综合交通运输通道和枢纽布局进一步完善，综合交通基础设施网络化水平进一步提升。投资不断向基础设施领域倾斜，同时注重阶段性地补短板，有力地保障了经济的可持续发展。

三、以改善民生作为基本的出发点

改革以来，改善民生一直都是投资结构调整优化的基本出发点。改革开放初期加大食品工业投资，乳制品、肉类、食用油加工等产品逐步满足了人们的基本生活要求，饮食结构发生了改变，由吃饱到吃好；增加化学纤维的投资，满足了服装面料的大量需求，现代化的服装生产美化了人们的服饰；1998 年以后，房地产投资逐步成为国民经济的支柱，不断满足着人们多元化的住房需求；汽车工业吸引外资和民营投资的发展，使家庭轿车的梦想迅速成为现实。党的十八大以来，以提高人民精神文化素质为目标的教育和文化投资迅猛增长，人们的精神生活消费空前提升；以提高人民身体素质和老年生活质量的医疗健康养老产业投资快速发展，使得中国的平均寿命大幅提高。在上述过程中，投资不是为了少数人的利益诉求，而是始终为了满足广大民众日益增长的物质和精神需求，民众福祉始终是投资的基本出发点和立足点。

四、不断加大投资的对外开放步伐

从 1980 年开放深圳、珠海、汕头、厦门四个经济特区到 2001 年中国加入世贸组织；从大规模的外商投资的"引进来"到"一带一路"对外承接劳务、直接投资"走出去"，通过不断地扩大开放，我国已连续多年成为吸收外商直接投资最多的发展中国家和最大的对外投资国之一。改革开放以来，我国兴建了一大批独资或合资的外向型加工工业企业，引进了发达市场经济国家的资金、技术装备和管理模式，迅速提高了中国工业技术装备水平和管理水平，利用外资从追求量的扩大转向质的提高，外商投资领域也从一般制造业向高新技术产业和金融、物流等现代服务业拓展。近年来，逐渐成长起来的中国跨国公司正以更加积极的姿态走向世界，我国在上海、广东、天津、福建建立了自由贸易园区，与国外共建自由贸易区，积极推进"一带一路"合作建设，参与境外基础设施建设和产能合作，在铁路、电力、通信、油气等领域对外合作取得重要成果。

五、发挥政府调控和市场机制合力

产业结构和投资结构的不合理、不协调是常态，基础设施瓶颈、公共服务的短板、制造业的产能不足或过剩贯穿改革开放以来我国工业化和城镇化的全过程。是政府运用产业政策等宏观经济政策进行投资结构调整，还是充分发挥市场机制和竞争政策的作用，由投资主体自主决策选择投向，这是一个复杂的问题。总体来讲，政府作为经济活动的管理者、公共权力的行使者，应该直接或间接提供公共产品和服务；同时，根据经济形势变化，调节全社会投资，保持宏观经济稳定。市场是资源配置最有效的手段，市场机制可以灵活反映供给和需求结构，推动投资更有活力、更有效率、更有效益。市场这只"无形的手"要在政府"有形的手"的引导下发挥作用。对于战略性新兴产业、高新技术产业、新兴服务业，必须运用财政、金融、产业政策进行扶持，为这些产业投资的发展创造有利的政策环境，只有这样才能推动工业化和城镇化不断向更高阶段迈进。

六、激发多元投资主体的发展动力

改革开放以来，我国面临着艰巨的工业化和城镇化的发展任务，需要充分发挥政府在促进、带动和引导经济发展的作用，为建设社会主义市场经济奠定坚实基础。政府投资主动参与国民经济的重大结构调整和比例协调，防止经济过热或克服经济疲软，实现国民经济的持续稳定和协调发展；国有企业始终控制着国民经济的命脉，国有企业投资在基础设施和公共服务领域发挥了主导作用，国有企业改革及其投资的快速增长，培育了一批经济效益好、竞争力强的优势企业，弥补了市场缺陷，成为实现共同富裕的重要保障；民营经济和外商经济迅速崛起，在全社会投资中占有越来越大的比例，大大增强了我国经济发展的活力和动力，促进了社会经济稳定发展和国家竞争力的提升。民营投资比例迅速上升，对全社会投资增长的贡献率超过了国有经济，在满足人民的生产、生活需求，促进就业和民生改善等方面发挥着不可替代的作用。各类投资主体分工明确且相互配合，在经济发展中发挥着各自独特与不可替代的作用，为我国的工业化和城镇化提供了不竭的动力。

附表 1 1982—2005 年国有经济行业投资（亿元）

	1982	1985	1987	1990	1993	1995	1998	2000	2003	2004	2005
总计	845.3	1680.5	2448.8	2986.3	7925.9	10898.2	15369.3	16504.4	20402.9	23236.1	27214.2
农业	23.8	26.1	32.8	34.1	64.3	93.0	237.1	357.4	379.2	405.2	519.7
采掘业	133.9	252.4	319.2	437.6	713.4	878.6	1072.0	640.8	503.4	630.2	743.8
制造业	278.4	519.3	826.2	900.2	2006.3	2451.5	1785.7	1575.0	1894.4	2019.9	2590.5
电力	55.2	142.0	261.8	409.7	851.9	1196.2	1845.6	2362.9	2405.0	2921.0	3645.0
建筑业	15.1	30.1	25.7	18.1	153.9	166.5	171.5	241.8	330.0	315.0	337.0
地质水利	21.5	26.1	29.8	48.4	105.7	173.7	460.8	603.2	3574.3	3970.7	4892.0
交通通信	89.5	234.5	289.7	340.4	1334.5	2323.7	4759.9	4993.1	4620.8	5665.8	6816.0
批发零售	48.9	58.2	74.8	64.6	253.2	249.2	91.1	217.2	195.2	193.7	203.6
金融保险	7.3	8.6	16.1	16.8	51.8	73.6	137.4	81.3	61.8	64.3	55.5
房地产业	20.4	65.4	197.1	276.8	70.8	123.1	1491.3	1494.1	1301.3	1445.0	1409.0
卫生	9.2	19.4	21.6	23.1	72.2	106.6	150.0	168.4	305.4	364.0	460.7
教育	27.3	66.4	82.7	89.8	213.1	353.5	492.1	636.4	1299.0	1576.0	1662.0
科技	11.7	23.5	29.2	23.2	172.9	284.6	76.6	129.8	205.6	212.3	273.0
国家机关	59.5	58.0	74.9	69.2	330.5	508.1	950.0	933.1	1665.0	1875.0	2022.0
第一产业	23.8	26.1	32.8	34.1	64.3	93.0	237.1	357.4	379.2	405.2	519.7
第二产业	482.5	943.8	1432.9	1765.7	3725.5	4692.7	4874.8	4820.5	5132.8	5886.2	7316.3
其中：工业	467.4	913.6	1407.2	1747.6	3571.6	4526.2	4703.3	4578.7	4802.8	5571.2	6979.3
第三产业	339.0	710.6	983.1	1186.5	4136.1	6112.5	10257.4	11326.5	14890.9	16944.8	19378.1

附表 2 2003—2016 年全社会产业投资结构（亿元）

	2003	2004	2005	2006	2007	2008	2009	2010	2011	2012	2013	2014	2015	2016
全社会	55566.6	70477.4	88773.6	109998.2	137323.9	172828.4	224598.8	251683.8	311485.1	374694.7	446294.1	512020.7	561999.8	606465.7
农业	1652.3	1890.7	2323.7	2749.9	3403.5	5064.5	6894.9	7923.1	8757.8	10996.4	13478.8	16573.8	21042.7	24853.1
采矿业	1775.2	2395.9	3587.4	4678.4	5878.8	7705.8	9210.8	11001	11747	13300.8	14650.8	14538.9	12970.8	10320.3
制造业	14689.5	19585.5	26576	34089.5	44505.1	56702.4	70612.9	88619.2	102712.9	124550	147705	167025.3	180370.4	187962.1
电力	3962.4	5795.1	7554.4	8585.7	9467.6	10997.2	14434.6	15679.7	14659.8	16672.7	19634.7	22829.7	26722.8	29747.8
建筑业	924.4	964	1119	1125.5	1302.3	1555.9	1992.5	2802.2	3357.1	3739	3669.8	4125.8	4956.6	4614.9
交通运输	6289.4	7646.2	9614	12138.1	14154	17024.4	24974.7	30074.5	28291.7	31444.9	36790.1	43215.7	49200	53890.4
信息传输	1660.7	1657.7	1581.8	1875.9	1848.1	2162.6	2589	2454.5	2174.5	2692	3084.9	4110.1	5521.9	6325.5
批发零售	922.7	1273	1716.4	2265.3	2880.3	3741.8	5132.8	6032.2	7439.4	9810.7	12720.5	15800.2	18924.9	18166.9
住宿餐饮	423	560.8	808.8	1095.7	1519.4	1959.2	2625.4	3366.8	3956.6	5153.5	6041.1	6230.1	6546.7	5976.3
金融业	90.2	136	109.5	121.4	157.6	260.6	360.2	489.4	638.7	923.9	1242	1363	1367.3	1310.2
房地产业	13143.4	16678.9	19505.3	24524.4	32438.9	40441.8	49358.5	64877.3	81686.1	99159.3	118809.4	131348.2	134284.3	142359.4
租赁商务	375.5	420.8	549.6	725.6	949.3	1355.9	2036.2	2692.6	3382.8	4700.4	5893.2	7965.2	9448	12341.9
科学研究	285.8	333.1	435.1	495.3	560	782	1200.8	1379.3	1679.8	2475.8	3133.2	4219.1	4752	5567.8
公用事业	4365.8	5071.7	6274.3	8152.7	10154.3	13534.3	19874.4	24827.6	24523.2	29621.6	37663.9	46225	55679.6	68647.6
居民服务	241.6	313.7	363.5	389.5	434.7	522	801.9	1114.1	1443.3	1905	2099.3	2371.7	2730.3	2750.9
教育	1671.1	2024.8	2209.2	2270.2	2375.6	2523.8	3521.2	4033.6	3894.6	4613	5433	6708.7	7726.8	9326.7
卫生	405.8	516.7	661.8	769	885	1155.6	1858.6	2119	2330.3	2617.2	3139.3	3991.5	5175.6	6282.1
文化体育	531.5	773.4	857	955.4	1243.4	1589.9	2383.4	2959.4	3162	4271.3	5231.1	6178.4	6728.3	7834.2
公共管理	2153.7	2437.4	2926.8	2990.5	3166.1	3748.5	4735.9	5676.6	5647.8	6047.4	5874.1	7200.5	7851.1	8187.7

附表 3 2003—2017 年固定资产行业投资（亿元）

	2003	2004	2005	2006	2007	2008	2009	2010	2011	2012	2013	2014	2015	2016	2017
全部	45811.7	59028.2	75095.1	93368.7	117464.5	148738.3	193920.4	243797.8	302396.1	364854.2	435747.4	501264.9	551590.0	596500.8	631684.0
农业	535.0	645.1	842.8	1118.2	1460.1	2250.4	3356.4	3926.2	6819.2	8772.4	11401.2	14574.0	19062.3	22773.9	24638.0
采矿业	1551.9	2126.3	3234.3	4152.5	5256.1	6846.8	8170.8	9694.7	11746.9	13298.8	14648.8	14537.2	12970.2	10319.7	9209.0
制造业	10744.0	14657.2	20406.6	26336.1	35476.7	46368.3	58706.1	74485.2	102566.3	124403.9	147584.4	166897.7	180233.4	187836.0	193616.0
电力	3803.9	5525.1	7286.6	8260.7	9088.9	10489.1	13545.5	14591.3	14659.2	16671.9	19628.9	22825.0	26709.6	29736.0	29794.0
建筑业	528.0	526.3	664.3	795.7	992.5	1195.8	1569.1	2241.7	3239.9	3685.3	3532.3	4034.1	4896.7	4577.4	3648.0
交通运输	5669.0	7091.5	8860.4	11224.5	12997.1	15700.5	23271.3	27883.1	27765.9	30881.4	36329.4	42889.5	48974.8	53628.5	61186.0
信息传输	1645.7	1638.0	1561.6	1772.0	1819.4	2131.3	2543.5	2392.9	2174.2	2691.3	3084.9	4103.0	5516.4	6318.7	6987.0
批发零售	791.4	1117.2	1532.1	1896.5	2450.6	3193.0	4491.0	5233.4	7379.7	9762.9	12601.1	15552.6	18681.4	17939.1	16541.0
住宿餐饮	321.3	438.1	675.9	938.7	1329.9	1735.0	2328.6	2980.2	3918.8	5107.6	6012.4	6188.7	6504.2	5947.4	6106.0
金融业	86.2	97.6	105.6	118.7	151.9	252.8	348.5	477.7	638.7	923.9	1242.0	1363.0	1367.3	1310.2	1121.0
房地产业	11105.3	14547.0	17098.2	21586.2	28619.2	35914.2	43127.6	57633.1	75663.7	92639.4	111379.6	123558.2	126706.2	135283.7	139733.0
租赁商务	309.8	361.7	486.2	662.6	860.7	1255.1	1880.4	2486.5	3379.9	4694.7	5874.6	7953.5	9435.8	12315.7	13304.0
科学技术	281.7	311.8	424.5	465.1	521.2	717.6	1084.0	1269.2	1679.8	2475.8	3133.2	4219.1	4751.5	5567.8	5932.0
公用事业	4220.2	4890.8	6097.9	7506.7	9276.0	12279.1	17878.9	22333.7	24520.8	29618.4	37662.7	46224.4	55679.0	68647.2	82105.0
居民服务	65.6	107.6	135.5	183.6	235.8	312.7	518.6	757.1	1219.1	1685.8	1994.4	2275.6	2628.2	2676.6	2686.0
教育	1474.1	1803.0	1966.9	2128.8	2220.9	2355.4	3242.5	3718.1	3890.4	4608.2	5399.9	6705.6	7723.2	9323.7	11083.0
卫生	357.7	446.9	591.8	708.0	809.4	1065.9	1698.0	1959.5	2330.2	2617.0	3138.3	3991.0	5174.7	6281.6	7327.0
文化体育	479.6	531.2	685.8	858.2	1129.8	1436.5	2125.4	2605.9	3155.6	4268.1	5225.5	6174.1	6724.1	7830.1	8732.0
公共管理	1841.3	2165.6	2438.1	2655.8	2768.4	3239.0	4034.2	4761.6	5647.8	6047.4	5873.7	7198.6	7850.9	8187.6	7931.0

第四章　投资重心由沿海向全国展开

改革开放以来，我国投资布局由非均衡发展到均衡发展，从政府引导区域布局到区域经济市场化协调发展，投资重心由沿海向全国全面展开，从东部沿海城市逐步扩展到东部地区，再扩展到中部、西部、东北地区。当前正围绕全国各主体功能区建设、"4+3"战略[①]、国家级城市群战略、特殊类型地区发展战略等，进一步完善投资区域布局，推进形成多点支撑、点面轴带结合、协调互动的区域发展新格局。

第一节　以效率优先为导向重点加大东部地区投资（1978—1990年）

1978年党的十一届三中全会作出了改革开放的重大决策，在产业发展和生产力布局上，改变"三线建设"[②]时期的均衡布局战略，

---

① "4+3"战略是指东中西部及东北地区"四大板块"以及"一带一路"建设、京津冀协同发展、长江经济带"三个支撑带"。

② "三线建设"是指自1964年起我国在中西部地区13个省、自治区进行的一场以战备为指导思想的大规模国防、科技、工业和交通基本设施建设，是为加强战备、逐步改变我国生产力布局的一次由东向西转移的战略大调整，建设重点为西南、西北地区。

实行以效率优先为导向的非均衡发展战略，充分发挥东部沿海地区的经济技术区位优势，优先发展东部地区，并以东部的发展带动中部和西部的发展。东部沿海地区率先实行改革开放，以相对雄厚的工业基础、良好的区位优势和人才、市场等条件，吸引了大量投资。从 1978 年到 1990 年，我国的投资布局逐渐从区域均衡分布转到集中于东部沿海城市、东部地区，带来了东部地区经济的高速增长。

一、改革开放前的投资均衡布局导致投资效率偏低

（一）改革开放前的投资均衡布局

20 世纪 50 年代初，我国经济建设以恢复沿海、东北老工业基地为重点，投资（以基建投资为主）集中于少数地区，形成了短暂的投资集聚格局。

20 世纪 60 年代国际形势严峻，中苏交恶，美国干扰我东部沿海发展，国家考虑建设战略后方，对区域发展政策进行重大调整。在中西部十三省区大规模建设"三线"战略基地，把东部的好企业搬迁到"三线"去。在"三线"集中建设的十年里（1965—1975 年），"三线"基建投资占全国投资比重达到 43.5%[1]。在 1964—1971 年，有 15 万人、4 万台设备、380 个项目从东部迁到"三线"[2]。

"三线建设"使得内地基建投资一度超过沿海地区，形成了沿海与内地均衡发展格局。表 4-1 显示，1953—1964 年东部和东北地区累计基建投资占比超过一半（51.8%），1965—1971 年这一比例降至

---

[1] 彭敏：《当代中国的基本建设》上册，中国社会科学出版社 1989 版。
[2] 李彩华、姜大云：《区域发展视域下三线建设调整之经验启示》，《东北师大学报（哲学社会科学版）》2011 年第 3 期。

37.7%。其中，西部地区基建投资占比提升到 36.8%，高于东部地区的 25.6%。此后，西部地区基建投资逐渐下降，1972—1977 年西部地区基建投资占比降至 23.7%。

表 4-1　各阶段四大经济区域的基建投资占比（1953—1990 年，%）

	1953—1964	1965—1971	1972—1977	1978—1990
东部地区	32.4	25.6	35.1	47.1
中部地区	25.5	25.5	25.5	21.3
西部地区	22.7	36.8	23.7	17.9
东北地区	19.4	12.1	15.7	13.7

资料来源：根据魏也华和马润潮（1994）[①] 等有关资料整理。

（二）投资均衡布局影响整体投资效率

"三线建设"是当时国家出于国防战备考虑作出的决策，投资均衡布局改善了我国工业及交通布局集中于东部的状况，推动了中西部地区经济社会发展，缩小了内地与沿海地区的发展差距，也为后来的西部大开发、区域协调发展打下了基础。但是，在投资资金短缺、中西部地区基础设施等配套条件较差的情况下，投资向"三线"地区倾斜的均衡布局战略，忽视了有较好发展基础的沿海地区的发展，没有充分发挥各地区的比较优势，导致整体投资效率低下。同时，以靠山、分散为建设方针的区位布局过于分散，违背了产业应集聚发展、资源应集约利用的客观规律。

---

① 魏也华、马润潮：《我国基本建设投资区域分布的变化》，《地理科学》1994 年第 1 期。

二、以经济特区、沿海开放城市为支撑引导投资向东部地区集中

（一）遵循"两个大局"和积极利用沿海区位优势的政策取向

1978 年改革开放重大决策提出后，邓小平同志先后在 1985 年提出"共同富裕"思想、1988 年提出"两个大局"战略思想。为破解改革开放前均衡布局导致的投资低效问题，国家采取了由内地转向沿海的非均衡区域经济发展战略。"六五"计划明确提出，积极利用沿海地区的现有经济基础，充分发挥沿海地区的特长，带动内地经济发展，内陆地区则加快能源、交通和原材料工业建设，支援沿海地区经济的发展。为提高整体资源配置效率，国家通过设立经济特区、建设沿海开放城市、兴办沿海经济开发区等政策，引导投资向东部优势地区集中，支持沿海地区率先发展。

设立经济特区。经济特区是在对外经济活动中采取较国内其他地区更加开放和灵活的特殊政策，以吸引外国资金为主、促进改革发展的特殊经济地区。1979 年 7 月 15 日，中共中央、国务院允许广东、福建试行特殊政策和灵活措施，扩大对外经济往来，并决定在深圳、珠海、汕头和厦门试办"出口特区"。1980 年 8 月，国家决定在深圳、珠海、汕头、厦门四市分别划出一定区域设置"经济特区"，作为改革"试验田"、对外开放"窗口"和现代化建设排头兵，为其他地区发展提供示范和借鉴，并制订了一系列适合特区性质和要求的政策措施，由此广东、福建成为我国最早实行对外开放的两个省份。此后 1988 年，海南经济特区成立。兴办经济特区有力地推动了我国改革开放，带动了东部地区经济发展，尤其是深圳特区对于带动珠江三角洲地区发展发挥了重要的引领作用。

　　建设沿海开放城市。开放一些沿海城市是对外开放的又一战略决策。1984 年 5 月，中共中央、国务院决定，进一步开放天津、上海、大连、秦皇岛、烟台、青岛、连云港、南通、宁波、温州、福州、广州、湛江和北海 14 个沿海港口城市，实行经济特区的某些特殊政策。扩大开放城市的权限，放宽利用外资建设项目的审批权限，增加外汇使用额度和外汇贷款。对"三资"企业在税收、外汇管理上给予优惠待遇，允许逐步兴办经济技术开发区。通过这些交通方便、基础良好、技术和管理水平较高的港口城市开展对外经济技术合作，积极吸引外资，消化吸收先进技术和管理经验，加快这些城市经济的发展，从而带动内地经济的发展。

　　兴办经济技术开发区。经济技术开发区是我国最早在沿海开放城市设立的以发展知识密集型和技术密集型工业为主的特定区域，可以实行经济特区的某些较为特殊的优惠政策和措施。1984—1988 年，国家在 12 个沿海开放城市设立第一批共 14 个国家级开发区，包括大连、宁波、秦皇岛、青岛、烟台、湛江、广州、天津、连云港、南通、福州、闵行、虹桥、漕河泾经济技术开发区。经济技术开发区作为我国对外开放的"四窗口"（技术、管理、知识和对外政策）进行积极探索、锐意创新、大胆实践，成为当时我国经济最有活力、最具潜力的经济增长点和我国最具吸引力的投资热土。

　　扩大沿海开放区域。1985 年初，中央提出沿海地区经济发展战略，决定为加大对内搞活经济、对外实行开放的步骤，把长江三角洲、珠江三角洲和闽南厦门、漳州、泉州三角地区开辟为沿海经济开放区，并要求这些开放区逐步形成"贸—工—农型"生产结构，按出口贸易的需要发展加工工业，按加工的需要发展农业和其他原材料产业。1988 年 3 月，国务院进一步扩大了长江、珠江三角洲和闽南三角洲地区经济开放区的范围，并把辽东半岛、山东半岛、环渤海地区的一些市、县和沿海开放城市的所辖县列为沿海经济开放区。在这些地区提供5年内进口技改设备免征关税、外资企业只征八折企业所得税等优惠待遇，显著地刺激了沿海地区技改投资，吸引外资加快进入。

至此，我国形成了由经济特区、沿海开放城市、沿海经济开放区构成的沿海对外开放前沿地带，开放区域达293个市县（占全国12%）、42.6万平方公里（占全国4.4%）、2.2亿人口（占全国20%），一个多层次、全方位、宽领域的对外开放新局面初步形成，沿海与内地形成优势互补、相得益彰的局面。

（二）效率优先导向下投资向东部沿海地区集中

东部沿海地区经济区位良好、人力资源充沛、加工技术水平相对较高，形成了较高的全要素生产率。20世纪80年代国家对各省实行财政"分灶吃饭"，经济较发达地区财政上缴负担变轻，发展动力增强。在效率优先政策取向下，资本、劳动力、技术以及重大项目不断向东部沿海地区集中，充分发挥了规模效应、范围经济和产业集群效应，使得东部沿海地带加速发展。国家注重发挥中西部的资源优势，把耗能、用料、三废较高的能源、原材料等产业的建设重心移到中西部。

1. 高精尖新项目向东部集中，中西部以能源、交通和原材料工业为主

这一时期，国家把传统工业技术改造、改扩建的投资重点安排在东部，率先改造提升上海、天津、大连等工业城市。上海宝钢二期工程自1989年起陆续建成投产，国外引进的设备比例高达四成，

达到了当时国际一流的技术水准。

国家将"高、精、尖、新"的重大项目布局在东部沿海地区，重点生产耗能低、三废少、技术含量高、出口创汇多的产品。"七五"期间专门安排125亿元投资用于建设广东、福建四个经济特区。安排专项资金建设广东核电站，在沿海用电负荷地区，建设一批火电厂。优先在沿海开放城市及其他东部经济发达地区的城市增装市内电话，实现长途电话自动或半自动接续，加快发展国际通信。

与此同时，国家把能源、原材料领域的投资重点安排在中西部地区，建设沟通东西的交通干道，承接东部产业转移。严控华东、东北等能源紧张地区高能耗品生产，并将其逐步转移到水电资源充足的西部地区。以煤炭建设为例，"六五"到"七五"时期，华东地区建设规模占比由23.1%降至21.9%，华北占比由41.4%降至38.8%，而中南、西北、西南地区占比由12.9%升至16.5%，东北及内蒙古东部地区占比略有上升（见表4-2）。国家加快建设连接内陆与东部地区的交通网络，推进青藏公路、天山公路、兰州—宜川公路、连接内蒙古东与河北的双井子—平泉公路、沟通皖东与苏北的泗县—浦口公路等重大交通工程。

表4-2　"六五""七五"时期各地区煤炭建设总规模占比（%）

煤炭建设总规模	"六五"时期	"七五"时期
华北地区	41.4	38.8
东北和内蒙古东部地区	22.6	22.8
华东地区	23.1	21.9
中南、西北、西南地区	12.9	16.5
合计	100	100

资料来源：根据"六五"和"七五"时期规划整理。

2. 东部沿海地区的投资快速增长，比重持续上升

沿海城市投资占全国投资的比重不断上升。1986—1990 年，四个经济特区投资增速年均高达 20.5%，远高于同期全国 9.7% 的平均投资增速。深圳、汕头、厦门的投资增速分别为 25.8%、19.2%、15.4%（见表 4-3），占全国投资的比重由 1986 年的 1.8% 提高到 1990 年的 2.5%。部分（11 个）沿海开放城市投资增速为 10.9%，比全国投资增速高 1.2 个百分点，占全国投资的比重由 1986 年的 12.9% 提高到 1990 年的 13.4%。

表 4-3　1986—1990 年东部沿海城市投资情况

区域	投资额（亿元）		1986—1990 年年均增速（%）
	1986 年	1990 年	
4 个经济特区市合计	53.82	113.31	20.46
深圳	24.86	62.34	25.84
珠海	8.53	12.12	9.18
汕头	10.54	21.30	19.22
厦门	9.89	17.56	15.42
部分沿海开放城市合计	394.94	597.10	10.89
天津	71.91	87.69	5.08
上海	146.93	227.08	11.50
大连	31.70	44.51	8.85
秦皇岛	7.57	13.59	15.76
青岛	16.81	28.46	14.07
连云港	8.92	10.68	4.60
南通	14.11	20.78	10.16
宁波	22.01	39.28	15.58
温州	10.59	17.63	13.57
广州	52.48	90.59	14.62

续表

区域	投资额（亿元）		1986—1990 年年均增速（%）
	1986 年	1990 年	
湛江	11.90	16.81	9.02
全国总计	3067.6	4449.3	9.74

资料来源：根据历年各城市统计年鉴相关数据整理。

　　在效率优先导向下，投资向东部沿海区域集聚，东部地区投资占比不断提高。按经济区域分，从 1981 到 1990 年，东部投资额占比快速提升，东北、中部、西部的投资额占比均下降。东部地区的投资占全国比重由 1981 年的 47.3% 升为 1990 年的 51.3%，东北地区的投资比重则由 14.2% 降为 12.1%，中部地区的投资比重由 19% 降为 18.4%，西部地区的投资比重由 19.6% 降为 18.2%（见图 4-1）。

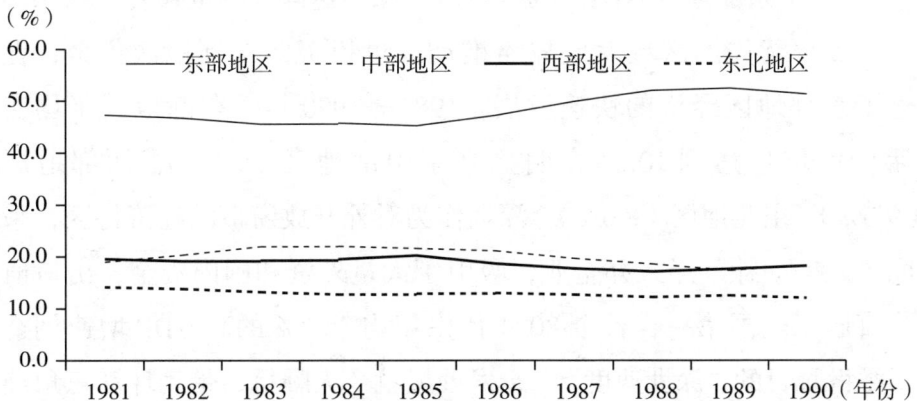

图 4-1　1981—1990 年各区域投资占比变化

资料来源：根据历年《中国统计年鉴》相关数据计算。

　　1981—1990 年期间，沿海省份的投资占全国总投资额的比重增幅较大。广东投资比重增加 2.85 个百分点，浙江、江苏、福建分别增加 2.24、1.82 和 0.52 个百分点。值得注意的是，上海投资占比降低了 0.58 个点，这是因为上海在改革开放前的投资比重较高，随着沿海开放城市增加和开放深度拓宽，上海在投资上的中心作用被分散。东北和中部省份投资占比降幅较大。河北投资比重下降 1.45 个百分点，黑龙江、湖南、贵州、辽宁分别下降了 1.23、0.78、0.55 和 0.49 个百分点。1981—1990 年间投资向东部集聚、内陆地区投资份额向东部转移的过程，从中可以看出，投资主要集中在东部地区。

三、非均衡发展战略推动东部地区经济率先加快发展

伴随着投资的增长，东部地区的 GDP 增速、人均可支配收入、产业结构、人口规模等指标快速提升，发展水平迅速提高。

（一）东部地区 GDP 快速增长，"深圳速度"举世瞩目

效率优先的区域发展战略推动大量投资向东部地区集聚，促进了东部地区经济的快速发展。1981—1990 年，东部地区年均实际 GDP 增速达到 10.2%，明显高于中部地区（9.1%）、西部地区（9.0%）、东北地区（8.0%）。深圳作为对外开放窗口的经济特区，采取"三来一补"形式办企业，吸引了大量外资和国内资金，出口值一直居于全国第一，整个 80 年代以年均 35.7% 的高 GDP 增速创造了举世瞩目的"深圳速度"[1]，发展成就令人瞩目，带动珠江三角洲地区成为我国经济发展最快、最发达的地区。

---

[1] "深圳速度"一词来源：1984 年，中国建筑在深圳国贸大厦工程实现三天施工一个结构层、"三天一层楼"的"深圳速度"，一度成为各地披星戴月追逐的效率目标。

（二）东部地区居民收入更快增长，人民生活大为改善

改革开放激发了东部地区劳动者的积极性，提升了劳动生产率和居民收入。中国城镇居民家庭收支调查资料显示，1990 年东部地区城镇居民平均年现金收入（由会计科目为"全部收入"和"借贷收入"的两类收入组成）为 2069 元，高于全国水平近 20%，其中深圳、广州、厦门、上海、宁波等沿海城市人均收入明显较高，分别为 4815 元、3061 元、2776 元、2589 元、2358 元。深圳收入是最低者（呼和浩特，1377 元）的近四倍，一大批家庭年存款过万元。其他地区居民收入均低于全国水平，西部为 1596 元，东北为 1554 元，中部为 1549 元。[①]

从收入增速看，1981—1990 年，东部地区城镇居民人均收入年均增长 14.5%，分别快于中部和西部增速 2.2 个、1.9 个百分点。分阶段来看，1981—1985 年，东部地区城镇居民人均收入增速领先中部、西部 1.6 个、0.8 个百分点；1985—1990 年，东部地区居民收入增速提升更快，领先中部、西部的百分点扩大到 2.7 个、2.8 个百分点（见表 4-4）。

表 4-4　1978—1990 年各区城镇居民人均收入变化

年	城镇居民人均收入（元）		
	东部	中部	西部
1981	481	409	435
1985	803	647	708
1990	1621	1161	1265
阶段 1：1981—1985 年年均增长（%）	13.7	12.1	12.9

[①] 资料来源：国家统计局城市社会经济调查总队，《1990 年中国城镇居民家庭收支调查资料》，中国统计出版社 1991 年版。

年	城镇居民人均收入（元）		
	东部	中部	西部
阶段2：1985—1990年年均增长（%）	15.1	12.4	12.3
合计：1981—1990年年均增长（%）	14.5	12.3	12.6

资料来源：国家统计局统计科学研究所，《研究参考资料》1999年第169期。

（三）东部地区产业结构快速升级

东部地区率先积累了丰厚的工业资本以及高技能人力资本，更多投资进入高端制造业和第三产业，促进了产业结构的升级。从1978到1990年，东部地区二三产业占比升至77.7%，增加3.8个百分点。中部地区二三产业占比升至65.9%，提高4.3个百分点；西部地区二三产业占比升至65.7%，提高0.8个百分点；东北地区基期工业化水平非常高，1978年第二产业占比高达57.6%，随后第二产业占比不断降低，抵消了第三产业占比的增加，综合结果是二三产业占比降低为77.4%，减小了0.3个百分点（见表4-5）。

表4-5 1978—1990年各区域二三产业增加值占比变化

	二三产业GDP占比（%）		1990年比1978年比重增加
	1978	1990	（百分点）
东部地区	73.9	77.7	3.8
中部地区	61.6	65.9	4.3
西部地区	64.9	65.7	0.8
东北地区	77.7	77.4	-0.3

资料来源：根据历年《中国统计年鉴》相关数据计算。

（四）孔雀东南飞，东部地区快速积累人力资本

国家经济政策向东部沿海地区倾斜，吸引了大量外资企业，涌

现出大量集体企业和私营企业，推动了沿海地区的快速发展，也同时吸引了大批富有活力的企业家、大中专学生、科研人员和其他劳动者到东部经商办企业、务工，在全国形成"孔雀东南飞"的人力资本流动盛况，推动了沿海城市人口规模的增长、人力资本质量的提升和经济活力的增强。1978—1990年，东部地区常住人口年均增加1.51%，高于全国（1.44%）、西部（1.4%）、东北（1.11%）的人口增速，略低于中部（1.54%）。广东、北京、福建等省人口增速超过1.8%。其中，深圳市人口年均增加17%，约4年翻一番。

第二节　兼顾效率与公平引导投资推动区域协调发展（1991—2006年）

20世纪80年代的区域非均衡发展战略导致区域发展差距不断扩大。为缩小区域发展差距，1991年以来国家实施了"效率优先，兼顾公平"的协调发展战略，通过均衡设立各类开发区、实施四大区域发展战略、引导社会资本等方式，推动区域经济协调发展。

一、区域发展差距快速扩大，要求区域协调发展

区域发展差距在1980—1990年快速扩大。从各省的人均收入或民生支出的加权变异系数来看，城镇人均可支配收入变异系数由1980年的0.13扩大为1990年的0.21，同期农村居民人均纯收入变异系数由0.2扩大为0.27，居民人均教育支出由1985年的0.28扩大为1990年的0.39，同期居民人均医疗支出由0.24扩大为0.27（见表4-6）。

表 4-6　省际发展差距指标

	加权变异系数		
	1980	1985	1990
城镇居民人均可支配收入	0.13	—	0.21
农村居民人均纯收入	0.2		0.27
城乡居民人均教育支出	—	0.28	0.39
城乡居民人均医疗支出		0.24	0.27

资料来源：金相郁、郝寿义：《中国区域发展差距的趋势分析》，《财经科学》2006 年第 7 期。

　　区域差距的扩大对经济社会协调发展、社会和谐稳定带来不利影响，要求国家在提高资源配置效率的同时，注重"先富带后富"，实现共同发展、共同富裕。因此，以"效率优先，兼顾公平"为特征的区域协调发展战略被正式提出。"八五"计划提出，正确处理发挥地区优势与全国统筹规划、沿海与内地、经济发达地区与较不发达地区之间的关系，促进地区经济朝着合理分工、各展其长、优势互补、协调发展的方向前进。为因地制宜地实施新的区域协调发展战略，国家在投资布局和政策导向上逐步从原来东中西三大地带为主的经济格局，演变为东部、东北、中部、西部四大板块的经济格局。

二、以国家级平台为重点，引领各地区加大投资力度

（一）国家级平台成为各地区扩大投资的重要载体

　　"八五"计划提出继续完善和发展区域合作，以省、区、市为基础，以跨省、区、市的横向联合为补充，发展各具特色、分工合理的经济协作区。1994 年的分税制改革激发了地方政府发展地方经济的热情，各地政府出台多种优惠政策招商引资，积极设立开发区、

产业园区等平台承接投资项目。"九五"计划提出，引导地区经济协调发展，形成若干各具特色的区域经济，促进全国经济布局合理化，积极推动地区间优势互补、合理交换和经济联合，并逐步增加对中西部地区基建和资源开发项目的财政支持和建设投资，加强东部与内陆地区的合作往来，鼓励向中西部地区投资。在区域均衡发展的政策导向下，我国陆续设立国家级新区和综改区，成立一批国家级经济开发区和国家级高新区，国家级平台成为各地区扩大投资的重要载体，改革开放从区域性试验进入全面展开阶段。

建立浦东新区、滨海新区两个国家级新区和综合配套改革试验区。国家级新区是承担国家重大发展和改革开放战略任务的综合功能区，是新一轮开发开放和改革的区域。国家级新区作为区域增长极，以自身高速增长带动周边发展，改变整体区域发展态势，强调创新驱动，集聚国家产业基地、研发机构和高新技术企业，提供优质科技金融服务。国家综合配套改革试验区（国家级综改区）是为了顺应经济全球化与区域经济一体化趋势和完善社会主义市场经济体系，由国家设立的以制度创新为主要动力、以全方位改革试点为主要特征的实验区，是继深圳等第一批经济特区后建立的"新特区"。国家级综改区不享受特殊优惠政策，只具有体制改革先行先试权，率先解决影响经济社会、经济环境融合发展的核心问题。1990 年，中央决定加快上海浦东地区的开发，在浦东实行经济技术开发区和经济特区的政策，重点发展金融业和加强外向型经济体建设，打造具有国际竞争力的金融平台和航运枢纽。1992 年，浦东新区正式成立，以上海"四个中心"的核心区、综合改革的试验区、开放和谐的生态区为发展目标，对长三角经济增长起到重要示范带动作用。2005 年 10 月，党的十六届五中全会把天津滨海新区开发开放正式纳入国家发展战略。2005年6月，国务院批准上海浦东为国家级综改区，全面有效推进综合配套改革试点，在全国率先建立制度比较完备、运行比较高效的社会主义市场经济体制。2006年5月，国务院批准滨海新区为国家级综改区，确定了"依托京津冀、服务环渤海、辐射"三北"、面向东北亚"，努力建设成为我国北方对外开放的门户、高水平的现代制造业和研发转化基地、北方国际航运中心和国际物流中心，逐步成为经济繁荣、社会和谐、环境优美的宜居生态型新城区的发展目标和功能定位。

国家级经济技术开发区加快向内陆地区扩展。国家级经济技术开发区（以下简称为经开区）发挥对外窗口和区域带动作用，是所在城市及周边地区扩大出口贸易的核心区域。根据商务部《国家级经济技术开发区发展报告》，截至2005年，全国共有54家国家级经济技术开发区，其中东部32家、中部9家、西部13家。同20世纪80年代相比，1991—2005年设立的经开区更多位于内陆地区省会城市，吸引基础设施投资，发展高技术产业，成为所在省的区域经济增长极，带动所在地区周边区域发展。内陆经开区注重积累工业资本，优先承接东部地区产业转移，对接或承接东部创新要素、总部基地和研发平台。各省市县也设立了多层次多功能的经开区，经开区系统成为各级政府加大投资的重要抓手。

设立国家级高新技术产业开发区。国家级高新技术产业开发区通过实施高新产业优惠政策，推动高技术成果转化，促进先进技术外溢到周边区域。1988年，国家批复第一家国家级高新区——中关村科技园（中关村国家自主创新示范区），1991年批复26家高新区，1992年批复25家，1994年和1997年各批复1家。1992年，国家决定推进改革沿江、沿边、内陆省会城市扩大开放，并扩大沿海开放城市政策的覆盖范围，在 5 个长江沿岸城市、13 个边境市县、11 个内陆省会实施沿海开放城市政策。这次开放的沿江（边）和内陆省会城市涉及 12 个省、自治区和 16 个市。

随着国家级平台在全国均衡覆盖，我国逐步形成了 7 个实力相对均衡、投资分散多元的跨省经济区域：长三角及沿江地区、环渤海地区、东南沿海地区、中部地区、西北地区、西南及华南地区、东北地区。

（二）发行国债应对危机，加强中西部地区基础设施建设

1997 年亚洲金融危机爆发，1998 年出口出现负增长。当 1998 年 10 月出口增速低至 –17%，加工工业开工率平均仅为 60%，绝大多数生产、消费资料供大于求[①]。为应对外部冲击，中央决定扩大内需。一是扩大财政支出，加大对交通运输、仓储和邮政业以及水利、环保和公共设施管理业等领域投资。二是实施宽松的货币政策，1997—2002 年连续 6 次下调一年期贷款基准利率，由 10.1% 降至 5.3%，1998—1999 年两度降低存款准备金率，由 13% 降至 6%。三是在应对危机中促进区域协调发展，国债资金重点支持中西部地区的基础设施建设。

1998—2004 年，国家累计安排国债项目资金 8643 亿元，主要用于国家预算内基础设施专项投资，重点向中西部倾斜。2001 年发行 500 亿元西部大开发特别国债，同年，中西部地区国债项目投资额占 50%，高于中西部地区一般投资额占比约 12 个百分点。

国债资金一是用于建设大江大河防洪水利工程、重点海堤加固

---

① 资料来源：郑新立：《扩大内需与优化产业结构》，《经济时刊》1999 年第 5 期。

工程、长江和黄河中上游水土保持工程、天然林保护工程等农林水利领域。二是投向中西部交通通信领域，例如青藏铁路、南疆线、内昆线、京九南段等铁路项目，三纵三横国道主干线、京沈路段、京沪路段等公路项目，南昌、绵阳、兰州机场等民航项目，西江航运、湘江航运等航道项目，以及星罗散布的传输干线、通信支撑网等通信项目。三是着力建设中西部城市基础设施工程、城乡电网改造工程，推进西电东送战略，开展西气东输工程。

三、投资建设兼顾四大区域，推动区域协调发展

2000—2005 年，国家相继部署西部大开发、振兴东北老工业基地、促进中部地区崛起，鼓励东部地区率先发展，形成东中西互动、优势互补、相互促进的格局。

（一）2000 年实施西部大开发战略

西部大开发涉及占全国 71.4% 国土面积、人口占全国 26.9% 的西部 12 个省市区。西部地区自然资源丰富，市场潜力大，战略位置重要，但经济发展相对落后。当时的人均 GDP 不到东部地区平均水平的 40%，迫切需要加快改革开放和现代化建设。1999 年 11 月，中央经济工作会议部署实施西部地区大开发战略。2000 年 10 月，中共中央"十五"计划的建议把实施西部大开发、促进地区协调发展作为一项战略任务。国家"十五"计划提出，实施西部大开发战略，加快中西部地区发展，合理调整地区经济布局，促进地区经济协调发展。国家加大对西部的财政转移支付和建设资金投入，在外贸、财税、土地、雇工方面实施优惠措施，吸引社会资金参与西部开发建设。2006 年 12 月，国务院通过《西部大开发"十一五"规划》。

为推进西部大开发，2000 年新开工了宁西铁路、渝怀铁路等"十大工程"，全面启动和实施"西电东送"、"西气东输"等重大工程。2001 年，西部大开发战略的标志性工程青藏铁路全线正式开工建设。国家在投资安排上向中西部地区特别是西部地区倾斜，用于西部地区的国债投资达 430 多亿元，同时还安排了相当数量的中央预算内投资和中央专项建设基金。2000—2005 年，西部地区固定资产投资由 6111 亿元增加至 17645 亿元，年均增长 23.6%，高于全国增速 1.7 个百分点，占全国固定资产投资的比重从 19.2% 提高到 20.3%。资金的主要投向：一是加快水利、交通、通信和城市基建，部署西电东送、西气东输、水资源开发等重点工程。二是夯实西部地区农业基础，发展绿色食品、药用作物、生态旅游等产业。三是加大对资源产业的投资，发挥西部地区的石油、天然气、水电、金属矿等资源优势。同时，中央要求东部发挥辐射带动作用，与中西部进行全方位的经济技术对接。

在投资带动下，西部地区快速发展。"十五"期间主要经济指标优于全国平均水平。2000—2005 年，西部地区 GDP 年均增长 14.9%，高于全国 2 个百分点，人均 GDP 从 2000 年的 4639 元提高到 2005 年的 9309 元，年均增长 14.9%，增速快于全国 2.7 个百分点[①]。产业结构升级速度快于全国，二产增加值年均增速快于全国 2 个百分点，三产增加值年均增速快于全国 3.5 个点。

（二）2003 年实施东北地区等老工业基地振兴战略

20 世纪 90 年代以前，东北地区是我国经济较发达的地区，也

---

① 资料来源：国家发改委国土开发与地区经济研究所区域经济室：《我国区域四大板块经济发展"十五"总结及"十一五"展望》，《经济研究参考》2006 年第 82 期。

是我国重要的工业基地。随着改革开放的深入，东北地区的经济发展速度逐渐落后于东部沿海地区。2003 年，中共中央、国务院发布《关于实施东北地区等老工业基地振兴战略的若干意见》，重点解决东北地区市场机制不健全、国企单打独斗、产业结构滞后、企业承担社会重负、资源型产业难以可持续发展等结构性问题，并在社会保障试点、增值税转型、豁免企业历史欠税、国企改革、国债或专项资金倾斜等方面给予一系列政策措施支持。

2004—2006 年，东北三省的投资每年增速均高于 30%。2006 年东北地区投资增速达 37.0%，高出全国 13.1 个百分点，东北地区投资占全国比重由 2003 年的 7.7% 提高到 2006 年的 9.7%。政府在投资领域主要采取了以下改革措施。一是积极推行投资主体多元化，打破地区、部门、所有制投资门槛。加快国有企业股份制改造，鼓励国企与境外企业创办合资合作企业。二是营造有竞争力的投资环境，落实已出台的鼓励民营经济发展的政策，切实实行政企分开，简化东北地区老工业基地调整改造项目审批程序。三是积极加大技改投入，优化工业结构。从已有投资专项中切出东北老工业基地技改专项，鼓励企业应用高技术国产装备进行技改。国有资本经营预算资金适当向东北地区倾斜，加大高新产业投入、自主研发投入、老工业基地信息化改造投入。四是加快基础设施建设。组建东北交通基建协调小组，推进综合交通运输体系建设。加大能源基础设施投资，推进风电基地建设、煤电外送通道工程、电网建设及改造、智能电网建设试点等，同时杜绝盲目投资和低水平重复建设。

振兴战略促进东北地区快速发展。2004—2006 年，东北地区 GDP 年增速达 12.6%，比 2001—2003 年的增速提高 2.6 个百分点。2006 年，东北装备制造业产值增幅超过 30%，利润增幅高于全国水平。东北地区陆续建成哈大客运专线、东北东部铁路通道、长春—吉林城际铁路、长春新机场等一批促进地区经济发展的重大基建项目。

（三）2005年实施促进中部地区崛起计划

地处承东启西的中部地区"三农"问题较突出、贫困问题较严重、产业结构畸轻畸重，经济社会发展相对滞后。为促进中部地区加快发展，形成东中西互动、优势互补、相互促进、共同发展的新格局，2005年中共中央"十一五"规划开始提出促进中部地区崛起，中部地区要抓好粮食主产区建设，发展有比较优势的能源和制造业，加强基础设施建设，加快建立现代市场体系，在发挥承东启西和产业发展优势中崛起。2006年4月15日，中共中央、国务院发出《关于促进中部地区崛起的若干意见》，提出促进中部地区崛起的总体要求：建设成全国重要的粮食生产基地、能源原材料基地、现代装备制造及高技术产业基地和综合交通运输枢纽，使中部地区在发挥承东启西和产业发展优势中崛起。

2006年，中部地区全社会固定资产投资同比增长29.4%，高于全国5.5个百分点。中部地区投资主要围绕四个方向：一是加强粮食主产区建设，增加农业基建投入。二是加强山西、河南等地大型煤炭基地建设，推广煤电联营、坑口电站模式。三是重点投资培育农业机械、矿山机器和输变电设备等装备制造业和光伏、新材料、软件等高技术产业。四是完善综合交通运输体系，投资建设干线公路和铁路、区域枢纽机场、物流中心、内河航道等交通基础设施。

四、中西部地区投资占比明显上升，区域投资协调并进

"九五"时期以来，东部地区的投资增速一直低于内陆地区，使得东部地区投资占比逐渐下降，由 1995 年的 59.4% 逐渐降到 2006 年的 50.6%，下降 8.8 个百分点。同期，中部地区投资比重上升 3.2 个百分点，西部地区上升 4.6 个点，东北地区上升 0.9 个点。

这一阶段许多中西部省份投资额比重快速上升，而广东、上海、北京等东部省份投资比重出现下降。如 1991—2006 年投资占比增幅前五的省份有内蒙古（增加 1.4 个百分点）、江西（增加 0.79 个百分点）两个内陆省份，同期投资占比跌幅前五的省份有广东（降低 1.9 个点）、上海（降低 1.1 个点）、北京（降低 0.7 个点）3 个东部省份。这与上一阶段截然不同，1981—1990 年，投资比重增幅前五的省份依次为广东（增加 2.4 个点）、浙江（增加 2.2 个点）、江苏（增加 1.8 个点）、安徽（增加 1.2 个点）、福建（增加 0.52 个点），除安徽外均为东部沿海省份，投资占比降幅前五的省份依次为河北（降低 1.5 个点）、黑龙江（降低 1.2 个点）、天津（降低 0.88 个点）、湖南（降低 0.78 个点）、山东（降低 0.76 个点），除天津、山东外均是内陆省份。

第三节　按照主体功能区引导投资均衡发展
（2007—2012 年）

一、东部产业转移以拓展升级空间

（一）东部地区转型升级需要转移部分产业

经过长期发展，东部地区凭借劳动力资源丰富、资本聚集程度高、出口运输成本低、经济基础设施好等区位优势，在市场力量和政策支持下，已成为竞争实力较强、经济规模较大、开发密集度较高的区域。尤其是 2001 年我国加入世界贸易组织后，国际市场的进一步打开为东部沿海省份参与国际分工带来了重大机遇。东部地区依靠有利的区位，承接了发达国家的大量产业转移，发展了大量以劳动密集型产业为主的加工工业和相关产业的生产制造环节，使我国一度成为"世界工厂"。

然而，东部地区也面临新的问题和挑战。一方面，东部地区资源和环境的承载压力日益加大。随着开发强度的不断增大，东部地区的人口密度、人均投资规模和单位土地投资强度远高于中西部和东北地区，资源和环境开发的空间缩小，要求优化产业和人口布局，提高资源和环境的开发利用效率，转向集约式发展。另一方面，东部地区还面临着要素成本优势减弱的问题。沿海省份的土地由于资源稀缺，综合地价和工业地价持续攀升，达到了中西部地区的数倍。如 2010 年杭州的综合地价是西部地区最高的成都的 3.5 倍，是武汉的 7.6 倍、重庆的 8.3 倍；深圳、上海、北京的工业地价是武汉、成都、重庆的 2~3 倍多。同时，务工人员对工资收入、就业环境、居住条件、未来发展以及医疗保障、权益维护等方面福利保障的要求逐渐提高。随着越来越多的人选择在中西部地区就近务工，东部地区开始出现劳动力成本大幅上升和"用工荒"现象。

这种情况下，东部地区转变经济发展方式、优化经济结构、提升参与全球分工与竞争层次的需求日益增加，需要对外转移部分技术资金密集度较低的产业。

（二）中西部和东北地区已具备承接产业转移的条件

随着四大区域协调发展战略的深化推进和继续落实，我国中部、西部和东北地区的经济和社会基础设施进一步完善，为承接东部地区产业转移提供了条件。从全社会投资来看（见图4-2），东部地区的投资增速在1996年以后显著低于中、西部和东北地区，而这一趋势在"十一五"时期更加明显，2006—2010年，东部地区的投资增速比其他三个地区低10个百分点以上。

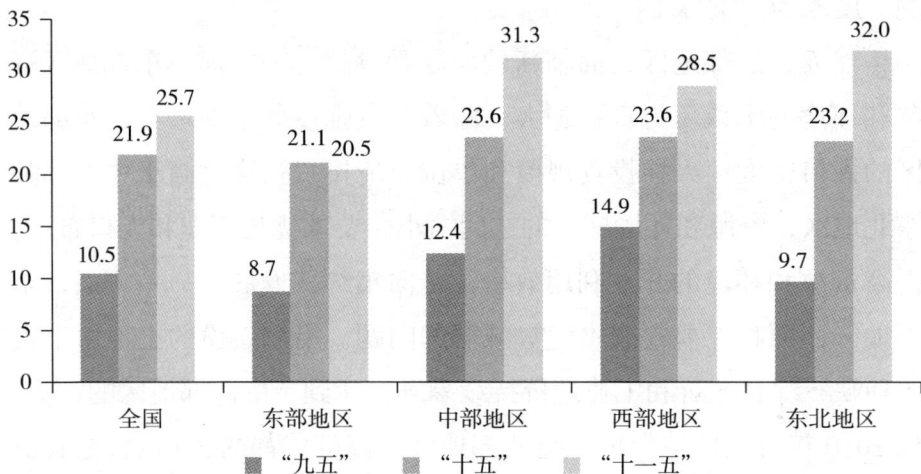

图4-2 "九五"至"十一五"时期的全国和各区域投资增速（%）

资料来源：根据历年《中国统计年鉴》数据计算。

从具体行业来看，2004—2011年全社会投资中能源、交通、通信三个行业的投资，中西部和东北地区的投资年均增速都快于东部地区，东部地区的投资比重呈下降趋势，内陆地区尤其是西部地区的比重明显上升。以交通为例，西部地区铁路和高速公路与一、二级公路的路网密度都得到极大提高。在2001—2005年增加的全国铁路运营里程中，近1/3由西部地区贡献；2006—2010年增加的全国铁路运营里程中，西部地区占近一半（44.2%）。1997年，一些中西部地区的省份还没有高速公路，而在2001—2005年增加的全国高速、一级和二级公路里程中，西部地区占 24.3%，2006—2010 年增加的里程中，西部地区占 30%（见表 4-7）。

表 4-7　2000—2010 年间各区域铁路、公路路网密度变化情况

	铁路营业里程增加（公里）		铁路路网密度（公里 / 万平方公里）		
	2005 比 2000	2010 比 2005	2000	2005	2010
合计	16200	12655.8	89.1	116.1	137.3
东部地区	5568.2	3038.6	105.6	168.3	202.5
中部地区	4254.2	3317.0	128.5	169.9	202.2
西部地区	5033.9	5600.1	57.0	72.3	89.4
东北地区	1343.9	700.2	153.0	170.1	179.0
	二级及以上公路里程增加（公里）		二级及以上公路路网密度（公里 / 百平方公里）		
	2005 比 2000	2010 比 2005	2000	2005	2010
合计	127446	110098	2.9	5.1	6.9
东部地区	39983	41565	8.7	13.2	17.9
中部地区	41622	23350	4.4	8.4	10.7
西部地区	30927	32844	1.0	1.9	2.9
东北地区	14914	12339	2.9	4.5	6.1

注：不包括北京、上海、天津三大直辖市和西藏、青海、新疆三个省区。

资料来源：根据历年《中国统计年鉴》数据计算。

同时，中西部和东北地区的招商引资竞争激烈，政策支持力度持续加大，也为东部地区的产业转移创造了有利条件。各地政府纷纷采取"大招商、招大商"的战略，建立项目库进行项目招商，政府还直接组织长三角、珠三角甚至境外企业举办招商洽谈会，与东部地区广泛开展经济交流与合作，采取合作建厂、共建产业园等方式吸纳东部产业转移。如成都为争取富士康项目，引进接洽耗时 5

年，期间省、市领导多次前往富士康总部进行商谈、沟通；重庆为引进全球最大笔记本电脑生产基地，市长带队前往新加坡惠普亚太地区总部、美国惠普总部进行沟通、交流。惠普落户重庆后，全球笔记本电脑配套商和产业链上下游相关服务商也开始纷纷向重庆集聚，与惠普进行配套。

因此，中西部和东北地区通过优化本地投资建设环境和加大招商引资力度，促进了基础设施投资和产业投资在这些地区的集聚，投资增速明显加快。

（三）金融危机的外部冲击加快了投资的区域转移

2008 年，金融危机导致全球进出口贸易大幅下滑，全球市场的进口需求骤减，对我国尤其是以加工和出口贸易为主的东部地区经济产生巨大冲击。2005—2007 年，我国货物和服务贸易净出口对 GDP 的增长贡献率分别为 12.5%、15.1% 和 10.6%，而在 2009—2012 年，该指标下降为 –42.6%、–11.2%、–8.1% 和 1.7%（见图 4–3 ）。

在此情况下，东部地区的产业竞争加剧，优胜劣汰现象明显。大批技术含量低、附加值较低的中小企业面临破产或被兼并，部分具备一定实力的企业在困境下也开始寻找更低要素价格的地区进行规模化生产。在金融危机的冲击下，东部地区作为全国最具竞争实力的区域，必须率先实现经济结构优化升级和增长方式转变，加快形成一批自主知识产权、核心技术和知名品牌，提高产业素质和竞争力。如上海、北京开始将发展战略重点转向现代金融、租赁与商务服务等生产性服务业以及高端制造业，广东大力实施"腾笼换鸟"战略以推动结构转型升级，从而使东部

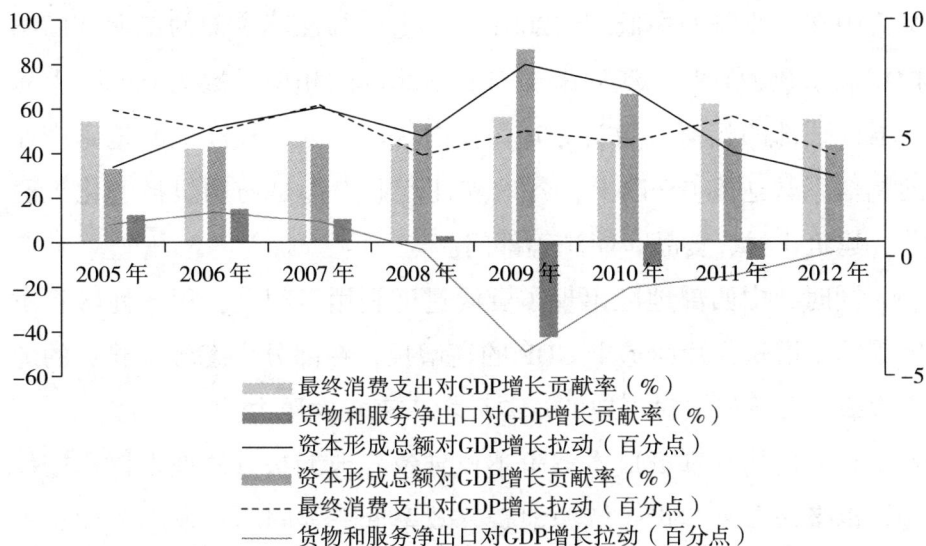

图4-3　2005—2012年三大需求对我国GDP增长贡献率

资料来源：根据《中国统计年鉴》相关数据计算。

地区开始主动将一些传统制造业，尤其是纺织服装、电子装配、汽车装配、有色金属等劳动密集型和高能源、高资源消耗型行业，向区域内不发达地区和中西部地区转移，以便为"高端产业"的进入腾出发展空间。

因此，全球金融危机发生后，由于国际市场需求出现萎缩，以及周边国家竞争加剧，促使东部地区产业结构转型、升级步伐加快，推动东部地区产业投资加快向其他地区转移。

（四）优化结构和保护环境需要区域发展因地制宜

地方政府通过各种优惠政策招商引资，"你追我赶"地发展本地经济，也带来较为严重的产业结构同构问题。如在东部地区，长三角地区工业专利的70%集中在传统产业，高新技术产业专利的80%

又集中在产业链的中低端。2001 年，上海与江苏南部的工业部门结构相似系数为 0.84，江苏南部与浙江北部的相似系数为 0.93，上海与浙江北部的相似系数为 0.70。在中西部地区，长江上游地区产业的相似系数达到 0.9 以上，各地支柱产业大都是通用机械、化工医药、建筑建材、食品、能源等部门。

同时，中西部地区出现了资源过度利用等问题。很多地区将发展等同于增长，片面追求 GDP 的高增长，在部分生态环境脆弱的地方大搞投资建设，对当地的资源环境带来较大压力。

产业同构化和低成本竞争不仅导致各地无法有效地发挥比较优势，也带来重复建设、资源浪费、效率低下等问题，还因恶性竞争对其他省市的产业发展带来负面影响。在这种情况下，从全国来看，除了需要继续坚持推进西部大开发，振兴东北地区等老工业基地，促进中部地区崛起，鼓励东部地区率先发展的区域发展总体战略外，更需要因地制宜的空间开发和投资政策，以促进各区域经济社会协调可持续发展。

二、引导投资向重点开发区域集中

（一）以实施主体功能区战略为导向，分类进行区域开发

"十一五"规划明确提出了推进形成主体功能区战略，首次在国家规划文件中提出了主体功能区域的划分和区域互动机制的构建，即"将国土空间划分为优化开发、重点开发、限制开发和禁止开发四类主体功能区，按照主体功能定位调整完善区域政策和绩效评价，规范空间开发秩序，形成合理的空间开发结构"。2010 年，国务院常务会议原则通过并正式发布《国务院关于印发全国主体功能区规划的通知》（以下简称《规划》），对四类主体功能区域的具体功能

定位和重点发展方向作出了具体部署（见附表4-1）。其中，优化开发区域特点是经济比较发达、人口比较密集、开发强度较高、资源环境问题更加突出，应该优先进行工业化城镇化开发的城市化地区；重点开发区域是有一定基础、资源环境承载能力较强、发展潜力较大、集聚人口和经济的条件较好，从而应该重点进行工业化城镇化开发的城市化地区；限制开发区域分农产品主产区和重点生态功能区；禁止开发区域是依法设立的各级各类自然文化资源保护区域，以及其他禁止进行工业化城镇化开发、需要特殊保护的重点生态功能区。

《规划》确立了未来国土空间开发的主要目标和战略格局：一是构建"两横三纵"为主体的城市化战略格局。在优化提升东部沿海城市群的基础上，在中西部一些资源环境承载能力较好的区域，培育形成一批新的城市群，促进经济增长和市场空间由东向西、由南向北拓展。二是构建"七区二十三带"为主体的农业战略格局。这是结合我国农业自然资源状况的特点和基础，以及这几年主要农产品向优势产区集中的新变化提出来的，对于保障全国耕地数量质量和农产品供给安全至关重要。三是构建"两屏三带"为主体的生态安全战略格局。这一战略把国家生态安全作为国土空间开发的重要战略任务和发展内涵，充分体现了尊重自然、顺应自然的开发理念。在现代化建设中保持必要的"净土"，对于实现可持续发展具有重要的战略意义。

《规划》还按照推进形成主体功能区的要求，提出了分类管理的区域政策。分别阐述了财政、投资、产业、土地、农业、人口、民族、环境、应对气候变化等政策方向和措施，提出实行各有侧重的绩效考核评价办法。

（二）坚持实施区域发展总体战略，支持内陆地区基础设施建设、承接产业转移

"十一五"规划提出坚持实施推进西部大开发、振兴东北地区等老工业基地、促进中部地区崛起、鼓励东部地区率先发展的区域发展总体战略，健全区域协调互动机制，形成合理的区域发展格局。这"四大板块"共同推进的战略思路，相对于"十五"规划仅有的西部大开发战略，更加注重区域协调发展，明确区域发展方向和途径，推动区域间基本公共服务均等化。

具体政策上，在西部地区，规划重点强调了加强基础设施建设和发展特色产业。如建成"五纵七横"西部路段和八条省际公路，建设电源基地和西电东送工程，加强清洁能源、优势矿产资源开发及加工，支持发展先进制造业、高技术产业及其他有优势的产业。在东北地区，规划提出要发展现代农业、重工业和高技术产业，加强东北东部铁路通道和跨省区公路运输通道等基础设施建设。在中部地区，规划强调应依托现有基础，提升产业层次，并构建综合交通运输体系。如加强现代农业特别是粮食主产区建设，加大农业基础设施建设投入，增强粮食等大宗农产品生产能力，促进农产品加工转化增值；加强大型煤炭基地建设，发展坑口电站和煤电联营；加快钢铁、化工、有色、建材等优势产业的结构调整，形成精品原材料基地；支持发展矿山机械、汽车、农业机械、机车车辆、输变电设备等装备制造业以及软件、光电子、新材料、生物工程等高技术产业；并重点建设干线铁路和公路、内河港口、区域性机场，加强物流中心等基础设施建设。在东部地区，规划提出应率先实现经济结构优化升级和增长方式转变，优先发展先进制造业、高技术产业和服务业，着力发展精加工和高端产品，促进加工贸易升级，发展现代农业，提高土地和能源等资源的利用效率。

除了对"四大板块"提出具体发展方向外，规划的区域发展总体战略还特别提出支持革命老区、民族地区和边疆地区发展，并要健全区域协调互动机制。国家继续在经济政策、资金投入和产业发展等方面，加大对中西部地区的支持，体现出多头并进、重点帮扶的区域协调发展理念。

从区域发展总体战略和主体功能区战略的关系来看，两个战略相辅相成，共同构成了我国国土空间开发的战略格局。在"四大板块"中，都有城市化地区、农业地区和生态地区，也都有四类具体开发模式。

（三）设立多个国家级新区，培育多个经济增长极，辐射周边区域发展

2010年5月，国务院正式印发《关于同意设立重庆两江新区的批复》，批准设立重庆两江新区，并赋予其统筹城乡综合配套改革试验的先行区，内陆重要的先进制造业和现代服务业基地，长江上游地区的经济中心、金融中心和创新中心等，内陆地区对外开放的重要门户，科学发展的示范窗口等五大功能定位。

自2006年时隔4年，以设立重庆两江新区而再次启动国家级新区建设后，国家开始加速国家级新区的建设，相继批准设立浙江舟山群岛新区、兰州新区、广州南沙新区，到2012年底共批准设立了6个国家级新区（见表4-8）。新区的设立不仅旨在带动当地基础设施建设和产业发展，更希望培育新的区域增长极，辐射周边区域，激发各省市的经济发展动力，通过管理

体制创新和改革、高效利用土地等措施，为其他地区的转型发展作出示范。

表4-8　我国国家级新区设立情况（截至2012年12月）

序号	成立时间	新区名称	基本情况
1	1992年10月	上海浦东新区	面积：1210.41平方公里。 战略定位：科学发展的先行区、"四个中心"（国际经济中心、国际金融中心、国际贸易中心、国际航运中心）的核心区、综合改革的试验区、开放和谐的生态区。
2	2006年3月	天津滨海新区	面积：2270平方公里。 战略定位：我国北方对外开放的门户、高水平的现代制造业和研发转化基地、北方国际航运中心和国际物流中心，经济繁荣、社会和谐、环境优美的宜居生态型新城区。
3	2010年6月	重庆两江新区	面积：1200平方公里。 战略定位：统筹城乡综合配套改革试验区的先行区、内陆重要的先进制造业和现代服务业基地、长江上游地区的金融中心和创新中心、内陆地区对外开放的重要门户、科学发展的示范窗口。
4	2011年6月	浙江舟山群岛新区	面积：陆地1440平方公里、海域20800平方公里。 战略定位：大宗商品储运中转加工交易中心、东部地区重要的海上开放门户、海洋海岛综合保护开发示范区、重要的现代海洋产业基地、陆海统筹发展先行区。
5	2012年8月	兰州新区	面积：1700平方公里。 战略定位：西北地区重要的经济增长极、国家重要的产业基地、向西开放的重要战略平台和承接产业转移示范区。
6	2012年9月	广州南沙新区	面积：803平方公里。 战略定位：粤港澳优质生活圈、新型城市化典范、以生产性服务业为主导的现代产业新高地、具有世界先进水平的综合服务枢纽和社会管理服务创新试验区。

三、区域发展差距扩大趋势得到一定程度的抑制

（一）内陆地区投资比重上升

在区域协调发展的政策作用下，这一时期我国投资格局发生了明显变化。内陆地区投资占比稳步上升，投资增速普遍高于东部地区。2007年，东部地区的投资在全国占比降至48.1%，首次低于内陆地区，并在后续年份呈持续下降趋势，2012年降至41.2%；内陆地区的投资占比在2000年为45.2%，2007年达到51.9%，经过逐年上升，2012年达到58.8%（见图4-4）。在投资增速方面，2007—2012年东部地区的平均投资增速为18.6%，而中部、西部和东北地区的平均增速为27.1%、26.2%和25.6%，明显高于东部地区。

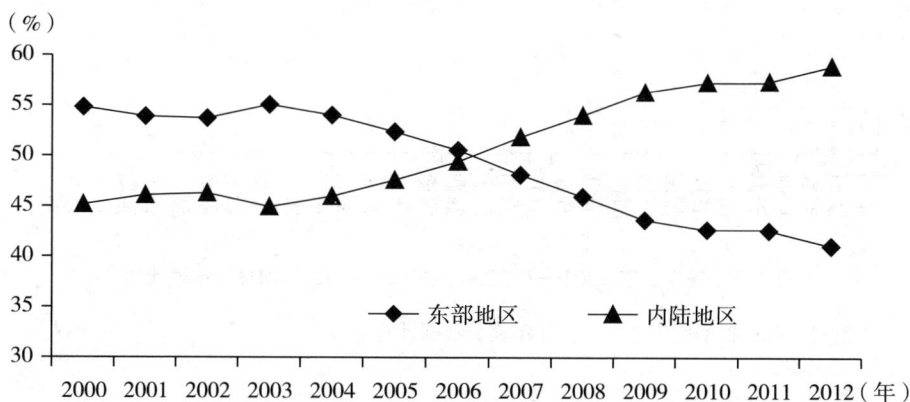

图 4-4　2000—2012 年全社会投资的空间分布变化（%）

资料来源：根据历年《中国统计年鉴》数据计算。

从具体省份来看，投资增速排名靠前的也多为内陆地区省份。2001—2005年，地处东部地区的山东、江苏两个投资大省年均投

资增速还处于全国前列，而在 2006—2012 年间，东部地区几个投资大省的投资增速均较低，广东、浙江、北京、上海四省市年增速均位于全国后四位，山东、江苏略高于倒数第五位的西藏排在倒数第六、第七位。2006—2013 年间，投资增速居于前十位的省份除海南外均为内陆省份（见图 4-5）。河南、辽宁两省在 2005 年的投资规模分别不到广东和浙江的 2/3，而在 2010 年时两省的投资规模均已超过广东、浙江，成为仅次于山东、江苏的第三大、第四大投资省份。

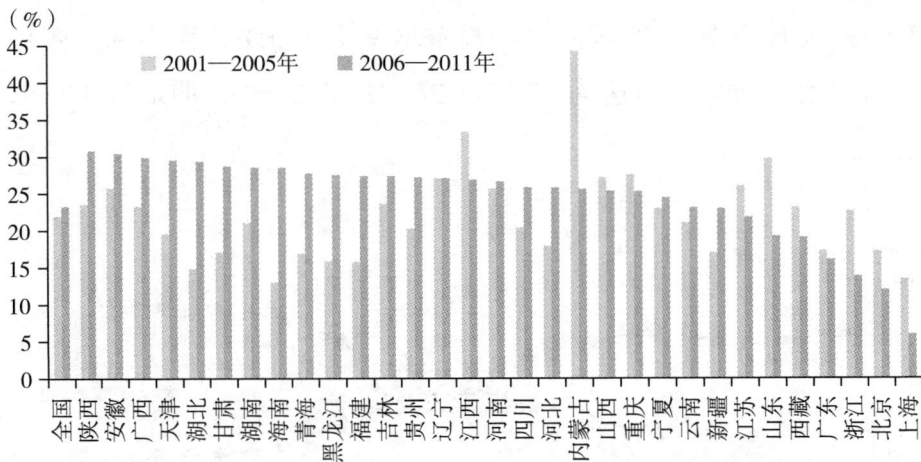

图 4-5 各省区市 2001—2005 年、2006—2012 年均投资增速比较

资料来源：根据历年《中国统计年鉴》数据计算。

从发展成效看，内陆地区经济发展明显加快，经济发展动力强劲，而东部地区发展速度相对放缓，区域经济发展差距扩大的趋势得到抑制。2007 年以前，东部省份的平均增速始终高于三大内陆地区。2008 年，东部省份的平均 GDP 增速为 11.4%，而东北、中部、西部省份的平均 GDP 增速分别为 13.7%、12.3%、12.6%，首次全部超过东部省份。2009—2012 年，尽管四大板块 GDP 增速走势相同，但东部地区始终低于内陆地区（见表 4-6）。这说明 2007 年以后，内陆地区发展步伐加快，区域投资格局的优化促进了区域发展的协调。

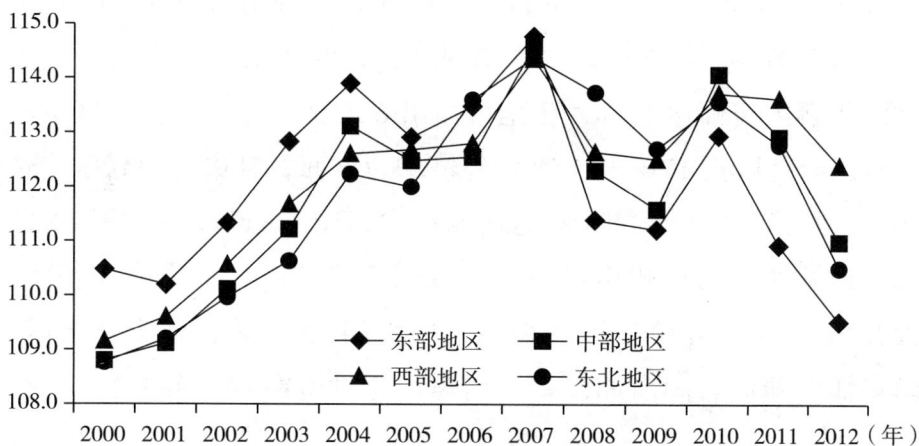

图 4-6　2000—2012 年各区域的平均 GDP 指数（上年 =100）

资料来源：国家统计局网站。

（二）区域合作广度深度不断拓展

国家级新区对促进经济发展、扩大对外开放、推动改革创新发挥了重要作用，引领区域投资和经济增长[①]。以 2015 年为例，各国家级新区继续保持良好发展态势，地区生产总值、全社会固定资产投资、地方一般预算收入分别为 3.4 万亿元、2.3 万亿元、0.36 万亿元，

————————

[①] 国家级新区的数据来自国家发展改革委网站《国家级新区保持良好发展态势，成为引领经济增长新引擎》(2016 年 3 月 10 日)；《关于国家级新区发展情况的调研报告》(2016 年 9 月 21 日)。

分别占全国总量的 5%、4%、4.5% 左右，在本地区乃至全国经济发展中发挥着示范引领作用。具体来看，固定资产投资方面，广州南沙新区完成 620 亿元，增长 54%；陕西西咸新区完成 1480 亿元，增长 30%；贵安新区、湘江新区分别增长 23%、22%。外贸外资方面，浦东新区进出口总额高达 2700 亿美元，实际到位外资 56 亿美元，增长 25%；广州南沙新区进出口总额 248 亿美元，增长 18%。地方财政收入高速增长，兰州新区增长 49%；南京江北新区增幅达 19%，比全市高出 6 个百分点；两江新区、滨海新区分别增长 17% 和 15%。经济增速方面，甘肃兰州新区增长 30%，大幅高于全省 8.1% 的增速；广州南沙新区增长 13.5% 左右，连续两年居广州市第一位；贵州贵安新区、重庆两江新区、天津滨海新区增长分别达 20%、13% 和 13%；上海浦东新区、南京江北新区、湖南湘江新区增速均超过所在省（市）2 个百分点以上。

同时，国家级新区对推动产业转型升级、激发创新创业活力发挥了重要作用。较为发达的东部沿海新区大力发展先进制造业和现代服务业。如上海浦东新区，2015 年第三产业增加值增长 12% 左右，占地区生产总值的比重达 70%，其中金融业增长 27% 左右，占比达 25% 左右，新增持牌金融机构 52 家，新增股权投资、融资租赁、财富管理等新兴金融机构 3072 家，增长 84%，联想、万达、海尔、小米等企业在浦东设立互联网金融平台。同时，浦东新区积极引导科研机构、企业、民间资本、海外人才等共建创新型孵化器，全年认定孵化器和众创空间 33 家，获得专利授权 12000 件左右，其中发明专利约 4500 件，增长 43%，完成高新技术成果转化项目 139 项。又如天津滨海新区，2015 年规模以上工业总产值达 15500 亿元，新兴产业逐渐成为拉动经济增长的新动力，航空航天、环保、生物医药保持较快增速。再如浙江舟山群岛新区，海洋经济实现较快增长，海洋装备高附加值订单占比提高到 30%以上。

而内陆地区也充分抓住新业态发展机遇，鼓励创业创新，努力实现转型升级。如贵安新区大力发展大数据、装备制造、智能终端等产业，大数据产业发展尤为迅猛，2015 年直管区信息产业规模总量达 130 亿元，较 2014 年增长 52.9%。大连金普新区成功签约投资 55 亿美元的英特尔非易失性存储器项目、华晨专用车基地 3 座厂房、奥镁中国研发中心等项目竣工投产。四川天府新区吸引 200 多家创新创业孵化企业、230 多家创投机构、20 多家专业科技中介服务机构入驻。

此外，随着区域合作与发展逐步深化，经济增长极对区域增长的引擎作用明显增强。在东部，主体功能区确定的三大"优先开发区域"通过改革实践，继续引领全国地区发展。如在珠三角地区，围绕推动"深莞惠""珠中江"及"广佛肇"三个经济圈建设，大力推动珠三角 9 个城市从基础设施到要素流动、环境保护、社会管理的一体化，特别是广佛同城化速度进一步加快。长三角地区通过推动在综合交通、科技创新、市场体系、生态环保、公共服务等重点领域实现联动发展。京津冀地区也在战略规划、产业发展、政策法规等方面积极沟通和衔接，不断加快合作步伐。在中西部地区，在区域政策的有力支持下，培育形成了广西北部湾地区、安徽皖江城市带、重庆两江新区等一批新的经济增长极，晋陕豫黄河金三角、成渝地区、郑汴地区、西咸地区等从地方实际出发大胆探索一体化发展路径，也取得了积极进展。中西部地区的经济增长成为有效抵御国际金融危机的中流砥柱，为国民经济可持续发展提供了持久动力[1]。

第四节 以问题为导向推动区域经济更加协调发展（2013 年以来）

一、区域经济发展面临新形势新问题

区域发展政策的调整使经济发展格局发生了明显变化，区域发展的协调性增强，但资源环境压力增大，传统产业出现产能过剩，民间投资意愿下滑，老少边贫地区发展缓慢，各种深层次问题和新矛盾急需解决。

（一）资源环境压力日益增大

经过多年的经济快速增长（1981—2012 年年均增速达到 10%），我国经济总量自 2010 年起超过日本位居全球第二位，但经济增长对物质要素的需求快速增加，资源环境压力越来越大。如我国是煤炭生产大国，也是煤炭消费大国，自 2009 年起由煤炭净出口国转变成为净进口国且进口量一路攀升，2012 年起消费量超过世界消费总量的一半。自 2009 年我国石油对外依存度突破 50% 的国际"警戒线"达到 50.6% 后，石油对外依存度一直居高不下，2011 年提

---

[1] 范恒山：《我国促进区域协调发展的理论与实践》，《经济社会体制比较》2011 年第 6 期。

高到 55.3%，超过美国成为第一大石油进口国和消费国，2017 年石油对外依存度更是升至 67.4%，大大超过《能源发展"十二五"规划》要求的"石油对外依存度控制在 61% 以内"的预期水平。2003 年我国进口铁矿石 1.5 亿吨，超过日本成为第一进口大国，此后对外依存度持续上升，2004 年对外依存度超过 50%，2009 年上升至 72.2%，2016 年更是达到 87.3%（见图 4-7）。

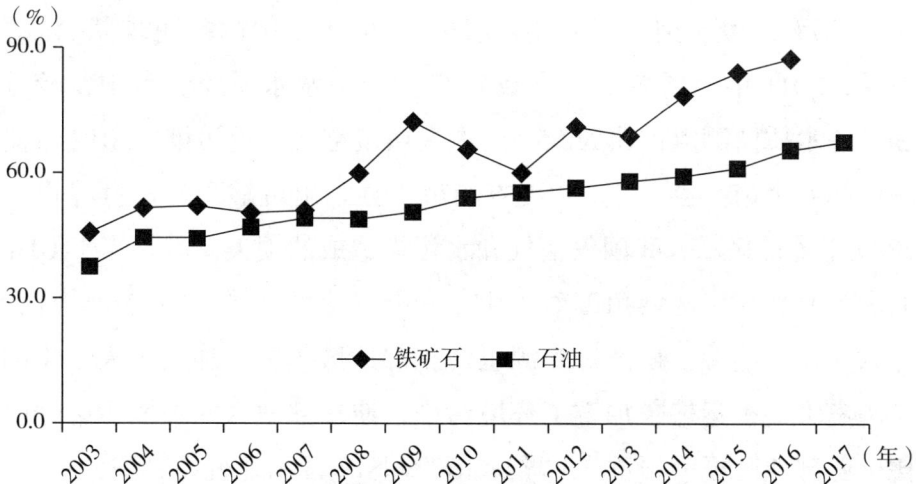

图 4-7　2003—2017 年我国石油、铁矿石进口依存度

资料来源：根据历年《中国统计年鉴》相关数据计算。

能矿资源的大量消耗和对外依存度不断攀升，不仅导致能矿资源的供应受制于人，进口价格暴涨[①]，更严重的是导致污染排放物大增，大气与地表水、土壤遭到严重污染，许多地区主要污染物排放

[①] 如铁矿石的进口价格从 2000 年的 26.6 美元/吨上涨到 2008 年 131.1 美元/吨，最高时曾高达近 200 美元/吨。其中 2005 年暴涨 71.5%，2010 年上涨 61%。

量超过环境容量，地面沉降，垃圾围城，生态环境遭到严重破坏。《2008 年中国环境状况公报》显示，我国七大水系水质总体为中度污染，409 个断面中，Ⅳ类占 18%，Ⅴ类占 6%，劣Ⅴ类占 21%。其中，珠江、长江水质总体良好，松花江为轻度污染，黄河、淮河、辽河为中度污染，海河为重度污染。28 年重点湖泊有 16 个水质为Ⅴ类和劣Ⅴ类，分别占 17.9% 和 39.3%。《2011 年中国水资源公报》显示，2011 年全国 18.9 万公里河流Ⅳ类水河长占 12.9%，Ⅴ类水河长占 5.7%，劣Ⅴ类水河长占 17.2%。《2011 年中国环境现状公报》显示，2011 年全国 200 个城市 4727 个地下水水质监测点中，较差和极差水质监测点占比为 55%。许多城市空气严重污染，2012 年监测的 466 个市（县）中，46.1% 的市（县）出现酸雨。据世界银行 2009 年统计显示，我国仅空气和水污染造成的损失，就相当于 GDP 的 8%~10%。从区域角度看，由于重化工业主要集中于东部地区，导致人口、能源、矿产等资源也向东部地区集中，加大了人、物的长距离大规模运输，加重了环境污染，使东部地区的环境污染程度比中西部地区更为严重[1]，导致东部地区建设用地日益紧张，土地、劳动力成本快速上升。

（二）传统行业产能过剩严重

自 20 世纪 90 年代以来，我国经济一直饱受产能过剩的困扰，"十一五"后期开始产能过剩问题更为严重。如水泥、电解铝 2009 年产能利用率仅为 67.1%、61.2%，钢铁行业 2012 年产能利用率降

---

[1] 如在全国城市出现大范围、长时间严重雾霾的同时，雾霾日数变化呈东增西减趋势，中东部大部分地区年雾霾日数为 25 天至 100 天，局部地区超过 100 天。

低为 72%（见表 4-9）。

表 4-9　近年来我国部分行业产能利用率情况（%）

	2009	2010	2011	2012	2013	2014	2015
钢铁	81.1	82	80.5	72	74.9	<70	67
水泥	67.1	65.2	64.5	73.7		<70	<70
电解铝	61.2	59.6	58.6	71.9	68.9	71	78
平板玻璃				73.1			69
船舶		75		75	65	<60	<60
煤炭	91.8	89.3	87.2	88.6	87.7	74	65
风电设备				67			<60
光伏				57	77		
多晶硅				35		84.6	90.9

资料来源：根据有关资料整理。

　　这一轮产能过剩与以往不同，过去的过剩是个别行业出现的周期性过剩，这一轮是大范围、长期性、持续性的产能过剩，是消费结构转型升级下出现的"低多高缺"结构性过剩和市场需求消失的衰退性过剩。由于市场需求萎缩和供给市场的激烈竞争，传统行业的利润率越来越低，企业尤其是民营企业投资意愿持续下降，民间投资增速出现大幅下滑，由 2012 年的 24.8% 下降到 2015 年的 10.1%、2016 年的 3.2%。生产萎缩与投资增速下滑并行，导致近年来我国经济增速从 10% 左右持续下滑到 7% 以下。尤其是东部经济比较发达的地区，由于消费结构转型升级更快，传统产能过剩更严重，大量低端产能占用稀缺的土地资源，不利于产业结构转型升级，急需向外转移，为新的高端产业发展留出发展空间。

（三）老少边贫等特殊类型地区发展缓慢

尽管到"十二五"初期我国区域发展的协调性有所增强，东部地区 GDP 占比由 2005 年的 55.5% 下降为 2012 年的 51.3%，下降了 4.2 个百分点，中部和西部地区占比则分别由 18.8% 和 17.1% 提高到 20.2% 和 19.7%，分别提高 1.4 个和 2.6 个百分点，但区域发展不平衡问题仍然突出，尤其是老少边贫地区经济发展缓慢，传统扶贫开发政策虽有成效但不尽如人意，贫困人口规模仍然较大，贫困地区居民收入水平低，基本公共服务供给不足、保障程度低，与发达地区和城市的发展差距大。按照 2012 年年人均纯收入 2625 元的贫困线标准，2012 年有贫困人口 9899 万人。按照 2013 年人均纯收入 2736 元的新贫困线标准，2013 年我国还有 8249 万贫困人口，贫困发生率为 8.5%，且主要集中于中西部地区。其中，中部地区占 32.4%，西部地区占 51.0%；中部和西部地区的贫困发生率分别为 9.1% 和 14.5%，东部地区仅 3.3%（见表 4-10），14 个集中连片特殊困难地区都处在中西部地区。

表 4-10　2013 年我国贫困人口的区域分布情况

	贫困人口（万人）	贫困发生率（%）	占全国比例（%）
全国	8249	8.5	
东部地区	1045	3.3	12.7
中部地区	2669	9.1	32.4
西部地区	4209	14.5	51.0
东北地区	326	5.7	4.0

资料来源：根据国务院扶贫办《扶贫开发建档立卡工作方案》数据计算。

老少边贫地区经济社会发展相对滞后和规模庞大贫困人口的存

在，与实现共同富裕、全面建成小康社会的要求不相适应，也不利于国内市场需求的扩大和东部地区传统产业转移和新兴产业发展，是我国经济社会发展中突出的短板。尤其是在国际贸易增速减缓、贸易保护主义盛行、我国出口面临发达国家再工业化和发展中国家低成本竞争的压力下，提高包括老少边贫地区在内的中西部地区居民收入水平，不断提高其消费能力，不仅是促进全体人民共享改革发展成果、实现共同富裕的内在要求，对于扩大内需、推动传统产业升级、促进区域协调发展，也具有重要的现实意义。

二、实施区域协调互动和推动特殊类型地区发展等战略

党的十八大以来，国家在区域发展方面采取了一系列对策措施，在继续实施四大区域协调发展战略的同时，提出了一系列新的区域发展战略，培育经济新增长极，优化经济发展空间格局，促进区域协调协同、良性互动、共同发展，扩大国内需求，拓展产业发展空间，推动国民经济平稳健康发展。

（一）实施"4+3"板块与轴带相结合的区域发展战略

东、中、西部及东北"四大板块"战略是以发展水平[①]、地理位置及行政区划为基础进行的划分，虽然实现了政策"全覆盖"，但也在一定程度上割裂了各区域间的经济联系，不利于区域协调发展。为了提高政策的精准性，加强东中西地区的经济联系，实现互动发展，国家在有序推进"四大板块"战略的同时，提出了"一带一路"

[①] 过去东、中、西部及东北"四大板块"战略是按照发达地区（东部）、欠发达地区（西部）、问题区域（东北）的不同发展程度制定的区域发展战略。

倡议、京津冀协同发展、长江经济带"三个支撑带"战略，形成"四大板块"＋"三个支撑带"的区域协调发展战略布局。长江经济带涉及沿海开放、中部崛起、西部开发三大区域战略，丝绸之路经济带也涉及东中西部，两大战略都打破了行政区划，能够更好地促进不同发达水平的区域协调互动发展。

（1）"一带一路"倡议。2013年9月和10月，国家主席习近平在出访中亚和东南亚国家期间，先后提出共建"丝绸之路经济带"和"21世纪海上丝绸之路"（以下简称"一带一路"）的重大倡议，并得到国际社会高度关注和相关国家的响应。2013年11月，党的十八届三中全会《中共中央关于全面深化改革若干重大问题的决定》提出"加快同周边国家和区域基础设施互联互通建设，推进丝绸之路经济带、海上丝绸之路建设，形成全方位开放新格局"。"一带一路"以基础设施建设为着眼点，期望通过加强交通、能源和网络等基础设施的互联互通建设，促进经济要素有序自由流动、资源高效配置和市场深度融合，发挥各国比较优势，推动经济联系与合作。

为支持基础设施建设，2013年10月2日习近平主席提出筹建"亚洲基础设施投资银行"倡议，2015年12月25日亚投行正式成立，法定资本1000亿美元，截至2018年5月2日拥有正式成员国86个。2014年12月29日，由国家外汇储备、中国投资有限责任公司、中国进出口银行、国家开发银行共同出资的丝路基金正式成立，丝路基金重点投资于基础设施、资源开发、产业合作、金融合作等领域并提供相应的投融资服务。

2015年3月28日，发展改革委、外交部、商务部联合发布了《推动共建丝绸之路经济带和21世纪海上丝绸之路的愿景与行动》，提出了"一带一路"的框架思路、合作重点、合作机制、我国各地方开放态势。我国各地区也从优质产能合作、贸易合作等方面出台相应鼓励和引导政策与措施。

"一带一路"倡议为内陆地区的对外开放搭建了一个全新的平台，有利于中西部地区充分利用"一带一路"的区位优势，培育内陆开放新高地和新的经济增长点，带动区域快速发展。

（2）**京津冀协同发展战略**。京津冀涵盖京津两大直辖市和河北11个地级市，人口超过1亿人，GDP占全国的10%左右，三地本可在经济、教育、科技等资源实现共享、互动发展，形成"1+2>3"的效果，但现实却是河北人均GDP仅是京津两地的40%左右，人均收入仅为京津一半，京津两市大城市病突出，周边河北中小城市则过于弱小。为让京津优质资源能辐射带动周边地区，实现三地良性互动发展，2013年8月，习近平总书记在北戴河主持研究河北发展问题时提出要推动京津冀协同发展。2014年2月，习近平总书记到北京市考察工作时提出京津冀协同发展的重大国家战略。2015年4月30日，中共中央政治局召开会议审议通过《京津冀协同发展规划纲要》。2017年4月1日，中共中央、国务院决定在河北雄县、容城、安新等3个县及周边部分区域设立国家级新区——雄安新区，作为北京非首都功能疏解集中承载和京津冀世界级城市群的重要一极，2018年4月，中共中央、国务院批复了《河北雄安新区规划纲要》。

推动京津冀协同发展是一个重大国家战略。核心是有序疏解北京非首都功能，调整经济结构和空间结构，通过在京津冀交通一体化、生态环境保护、产业升级转移等重点领域取得突破，引领经济发展新常态，释放新的增长动力，走出一条内涵集约发展的新路子，探索出一种人口经济密集地区优化开发的模式。促进京津冀区域一体化协调发展，形成新增长极，为全国其他地区推动区域协调发展探索形成可复制可推广的经验。

（3）长江经济带战略。长江经济带覆盖上海、江苏、浙江、安徽、江西、湖北、湖南、重庆、四川、云南、贵州等11省市，面积约205万平方公里，人口和生产总值均超过全国的40%。2014年9月，国务院印发《关于依托黄金水道推动长江经济带发展的指导意见》，依托黄金水道推动长江经济带发展，打造中国经济新支撑带，并部署将长江经济带建设成为具有全球影响力的内河经济带、东中西互动合作的协调发展带、沿海沿江沿边全面推进的对内对外开放带和生态文明建设的先行示范带。2016年3月25日，中共中央政治局召开会议审议通过《长江经济带发展规划纲要》。《纲要》提出了保护和修复长江生态环境、建设综合立体交通走廊、创新驱动产业转型、新型城镇化、构建"东西双向、海陆统筹"的对外开放新格局等多项主要任务，确立了长江经济带"一轴、两翼、三极、多点"的发展新格局。

推动长江经济带发展旨在走出一条生态优先、绿色发展之路，挖掘中上游广阔腹地蕴含的巨大内需潜力，促进经济增长空间从沿海向沿江内陆拓展，形成上中下游优势互补、协作互动格局，缩小东中西部发展差距，实现经济提质增效和绿色发展。

（二）推进以城市群为重点的新型城镇化发展

城市是人口聚集、产业聚集的重要空间载体。提高城市化水平有利于获得产业聚集和人口聚集所带来的规模效益，进而辐射、带动周边地区的发展。城市群是以中心城市为核心、向周围辐射构成

若干中小城市的集合。发展城市群可在更大范围内实现资源的优化
配置，增强辐射带动作用，促进城市群内部各城市自身的发展，因
而城市群是推动区域经济发展的重要引擎和增长极，有助于解决中
西部地区 1 亿流动人口就近城镇化的问题。2014 年中共中央、国务
院印发的《国家新型城镇化规划（2014—2020 年）》提出，优化城
镇化空间布局和城镇规模结构，发展集聚效率高、辐射作用大、城
镇体系优、功能互补强的城市群，使之成为支撑全国经济增长、促
进区域协调发展、参与国际竞争合作的重要平台。随后围绕推进新
型城镇化发展，国家和地方出台户籍制度改革、非户籍人口城市落
户、支持农业转移人口市民化等一系列改革举措和支持政策。2015
年中央城市工作会议指出，要优化提升东部城市群，在中西部地区
培育发展一批城市群、区域性中心城市，促进边疆中心城市、口岸
城市联动发展。党的十九大报告提出，实施区域协调发展战略，以
城市群为主体构建大中小城市和小城镇协调发展的城镇格局。自
2015 年 4 月国务院批复第一个跨区域城市群规划——《长江中游城
市群发展规划》以来，到 2018 年 3 月底止，国务院已先后批复了 9
个国家级城市群发展的重大规划，确立了各城市群在引领区域发
展中的战略定位（见表 4-11），以及相应的扶持、引导政策和对
策措施。

表 4-11　党的十八大以来获批的国家级城市群名单

城市群	国务院批复/国家发改委印发时间	简介
长江中游城市群	2015 年 3 月 26 日/4 月 13 日	国土面积：约 31.7 万平方公里。 战略定位：中国经济新增长极，中西部新型城镇化先行区，内陆开放合作示范区，"两型"社会建设引领区。

续表

城市群	国务院批复/国家发改委印发时间	简介
哈长城市群	2016年2月23日/3月7日	国土面积：约26.4万平方公里。 战略定位：东北老工业基地振兴发展重要增长极，北方开放重要门户，老工业基地体制机制创新先行区，绿色生态城市群。
成渝城市群	2016年4月12日/4月27日	国土面积：约18.5万平方公里。 战略定位：全国重要的现代产业基地，西部创新驱动先导区，内陆开放型经济战略高地，统筹城乡发展示范区，美丽中国的先行区。
长江三角洲城市群	2016年5月22日/6月1日	国土面积：约21.17万平方公里。 战略定位：最具经济活力的资源配置中心，具有全球影响力的科技创新高地，全球重要的现代服务业和先进制造业中心，亚太地区重要国际门户，全国新一轮改革开放排头兵，美丽中国建设示范区。
中原城市群	2016年12月28日/12月29日	国土面积：约28.7万平方公里。 战略定位：中国经济发展新增长极，全国重要的先进制造业和现代服务业基地，中西部地区创新创业先行区，内陆地区双向开放新高地，绿色生态发展示范区。
北部湾城市群	2017年1月20日/2月10日	陆域面积：约11.66万平方公里。 战略定位：面向东盟国际大通道的重要枢纽，"三南"开放发展新的战略支点，21世纪海上丝绸之路与丝绸之路经济带有机衔接的重要门户，全国重要绿色产业基地，陆海统筹发展示范区。
关中平原城市群	2018年1月9日/2月2日	国土面积：约10.71万平方公里。 战略定位：向西开放的战略支点，引领西北地区发展的重要增长极，以军民融合为特色的国家创新高地，传承中华文化的世界级旅游目的地，内陆生态文明建设先行区。
呼包鄂榆城市群	2018年2月22日/2月27日	国土面积：17.5万平方公里。 战略定位：全国高端能源化工基地、向北向西开放战略支点、西北地区生态文明合作共建区、民族地区城乡融合发展先行区。

城市群	国务院批复/国家发改委印发时间	简介
兰州——西宁城市群	2018年2月22日/3月13日	国土面积：9.75万平方公里。 战略定位：着眼国家安全，立足西北内陆，面向中亚西亚，培育发展具有重大战略价值和鲜明地域特色的新型城市群。 发展定位：维护国家生态安全的战略支撑，优化国土开发格局的重要平台，促进我国向西开放的重要支点，支撑西北地区发展的重要增长极，沟通西北西南、连接欧亚大陆的重要枢纽。

资料来源：根据国家发改委网站数据整理。

（三）全力脱贫攻坚和扶持特殊类型地区发展

为加快贫困地区发展，消除贫困，改善民生，促进共同富裕，党的十八大以来，以习近平同志为核心的党中央高度重视扶贫开发工作，将扶贫开发提升至治国理政新高度，大力实施精准扶贫，加大扶贫投入，创新扶贫方式，出台一系列重大政策措施，确保到2020年所有贫困地区和贫困人口一道迈入全面小康社会。2015年11月23日，中央政治局会议审议通过《关于打赢脱贫攻坚战的决定》，要求确保到2020年我国现行标准下7000多万农村贫困人口实现脱贫，贫困县全部摘帽，解决区域性整体贫困。并制定了一系列政策保障支撑体系以确保打赢脱贫攻坚战：中央财政专项扶贫资金规模实现较大幅度增长，中央预算内投资进一步向贫困地区和贫困人口倾斜，各部门安排的各项惠民政策、项目和工程最大限度地向贫困地区、贫困村、贫困人口倾斜；国家安排的公益性建设项目取消县级和西部连片特困地区地市级配套资金，并加大中央和省级财政投资补助比重；设立扶贫再贷款，对易地扶贫搬迁项目的政策性长期贷款，中央财政给予 90% 的贷款贴息；新增建设用地计划指标优先保障扶贫开发用地需要，专项安排国家级贫困县年度新增建设用地计划指标，易地扶贫搬迁建设用地增减挂钩指标在省域范围内使用。

《全国"十三五"易地扶贫搬迁规划》提出安排中央预算内投资 800 亿元、专项建设基金 500 亿元、地方政府债务资金约 1000 亿元、低成本长期贷款 3400 多亿元等用于易地扶贫搬迁的住房、配套基础设施、公共服务设施建设。

《"十三五"脱贫攻坚规划》提出，以革命老区、民族地区、边疆地区、集中连片特困地区为重点，整体规划，统筹推进，持续加大对集中连片特困地区的扶贫投入力度，切实加强交通、水利、能源等重大基础设施建设，加快解决贫困村通路、通水、通电、通网络等问题，提升贫困地区区域发展能力。

2015 年 12 月 23 日，中办、国办印发《关于加大脱贫攻坚力度支持革命老区开发建设的指导意见》提出，贫困地区是全国全面建成小康社会的短板，而贫困老区更是短板中的短板，要推动相关资源要素向贫困老区优先集聚，民生政策向贫困老区优先覆盖，重大项目向贫困老区优先布局，中央财政专项扶贫资金分配向贫困老区倾斜，尽快增强贫困老区发展内生动力。

党的十八大以来，国务院扶贫办、国家发展改革委出台了一系列集中连片特困地区区域发展与扶贫攻坚规划、革命老区和苏区振兴发展规划等指导老少边贫地区消除贫困、振兴发展的规划，从财政、金融、项目、土地等方面给予一系列倾斜政策支持。

（四）培育国家级新区和自贸区增长极

面对经济减速、动能转换、落后地区发展缓慢等问题，国家通过选择一些条件较为成熟的区域搭建试验平台进行先行先试，以解决区域重大问题，并积累经验，探索路径。

国家级新区对地方经济增长和发展具有十分明显的引领和带动作用，党的十八大后国家继续推进国家级新区带动战略，且根据区域协调发展要求在各区域加速成立国家级新区进行试点示范，以培育新的增长极，带动地区经济高质量发展。2014—2017 年，国务院又先后批复了 13 个国家级新区（见表 4-12），至此国家级新区已达到 19 个，其中东部地区 8 个，中部地区 2 个，西部地区 6 个，东北地区 3 个。

表 4-12　十八大以来我国国家级新区设立情况

序号	成立时间	新区名称	基本情况
1	2014 年 1 月	陕西西咸新区	国土面积：882 平方公里。战略定位：我国向西开放的重要枢纽、西部大开发的新引擎和中国特色新型城镇化的范例。
2	2014 年 1 月	贵州贵安新区	国土面积：1795 平方公里。战略定位：经济繁荣、社会文明、环境优美的西部地区重要的经济增长极、内陆开放型经济新高地和生态文明示范区。
3	2014 年 6 月	青岛西海岸新区	国土面积：陆域约 2096 平方公里、海域约 5000 平方公里。战略定位：海洋科技自主创新领航区、深远海开发战略保障基地、军民融合创新示范区、海洋经济国际合作先导区、陆海统筹发展试验区。
4	2014 年 6 月	大连金普新区	国土面积：2299 平方公里。战略定位：我国面向东北亚区域开放合作的战略高地、引领东北地区全面振兴的重要增长极、老工业基地转变发展方式的先导区、体制机制创新与自主创新的示范区、新型城镇化和城乡统筹的先行区。
5	2014 年 10 月	四川天府新区	国土面积：1578 平方公里。战略定位：以现代制造业为主的国际化现代新区、内陆开放经济高地、宜业宜商宜居城市、现代高端产业集聚区、统筹城乡一体化发展示范区。

序号	成立时间	新区名称	基本情况
6	2015 年 4 月	湖南湘江新区	国土面积：490 平方公里。战略定位：高端制造研发转化基地和创新创意产业集聚区、产城融合城乡一体的新型城镇化示范区、全国"两型"社会建设引领区、长江经济带内陆开放高地。
7	2015 年 6 月	南京江北新区	国土面积：788 平方公里。战略定位：自主创新先导区、新型城镇化示范区、长三角地区现代产业集聚区、长江经济带对外开放合作重要平台。
8	2015 年 9 月	福州新区	国土面积：800 平方公里。战略定位：两岸交流合作重要承载区、扩大对外开放重要门户、东南沿海重要现代产业基地、改革创新示范区和生态文明先行区。
9	2015 年 9 月	云南滇中新区	国土面积：482 平方公里。战略定位：我国面向南亚东南亚辐射中心的重要支点、云南桥头堡建设重要经济增长极、西部地区新型城镇化综合试验区和改革创新先行区。
10	2015 年 12 月	哈尔滨新区	国土面积：493 平方公里。战略定位：中俄全面合作重要承载区、东北地区新的经济增长极、老工业基地转型发展示范区和特色国际文化旅游聚集区。
11	2016 年 2 月	长春新区	国土面积：499 平方公里。战略定位：创新经济发展示范区、新一轮东北振兴重要引擎、图们江区域合作开发重要平台、体制机制改革先行区。
12	2016 年 6 月	江西赣江新区	国土面积：465 平方公里。战略定位：长江中游新型城镇化示范区、中部地区先进制造业基地、内陆地区重要开放高地、美丽中国"江西样板"先行区。
13	2017 年 4 月	河北雄安新区	国土面积：起步区 100 平方公里、中期 200 平方公里、远期控制区 2000 平方公里。战略定位：北京非首都功能疏解集中承载地、京津冀世界级城市群的重要一极、现代化经济体系的新引擎、推动高质量发展的全国样板。

资料来源：根据国家发改委网站数据整理。

为促进贸易和投资便利化，在构建开放型经济新体制、建设法治化营商环境等方面进行先行先试，党的十八大提出要加快实施自由贸易区战略，《中共中央关于全面深化改革若干重大问题的决定》提出加快自由贸易区建设，以周边为基础加快实施自由贸易区战略，形成面向全球的高标准自由贸易区网络。自 2013 年 9 月 18 日国务院批复成立中国（上海）自由贸易试验区以来，截至 2018 年 5 月，国务院先后批复成立了上海、广东、天津、福建、辽宁、浙江、河南、湖北、重庆、四川、陕西和海南等 12 个自由贸易试验区。

三、投资进一步向内陆地区倾斜

党的十八大以来，一系列促进区域协调互动、推动特殊类型地区发展的区域发展战略和政策的实施，对改善区域投资结构、促进区域经济协调发展产生了积极效果。

（一）中西部地区投资增速高于东部地区

随着国家区域协调发展政策的不断实施和国家对中西部地区在基础设施、公共服务设施投资建设上的倾斜支持①，中西部内陆地区的成本优势逐渐凸显，交通条件等投资环境得到极大改善，中西部地区逐渐成为承接东部地区产业转移、吸引企业投资热土，投资增速超过东部地区，投资比重也不断提高。

---

① 以交通基础设施投资（交通运输、仓储和邮政业投资）为例，2008 年，东部地区交通基础设施的投资为 5860.9 亿元，分别是中部地区（2156.4 亿元）、西部地区（3390.6 亿元）的 2.72 倍和 1.73 倍；而 2016 年，东部地区交通基础设施投资为 18614.8 亿元，仅是中部地区 10137.4 亿元的 1.84 倍，仅比西部地区的 17927.8 亿元多 3.8%。2009—2012 年，东、中、西部地区交通基础设施投资年均分别增长 14.1%、18.0% 和 20.9%，2013—2016 年分别增长 17.0%、24.8% 和 25.5%。

从利用省外资金情况看，中西部地区各地引资规模持续大幅增长。2013—2016 年，甘肃引进省外资金持续大幅增长，分别达到 4505.96 亿元、5835.31 亿元、7093.28 亿元和 7939.83 亿元，增速分别达到 63.7%、30%、21.56% 和 11.93%。2013—2016 年，安徽 6796.7 亿元、7942.4 亿元、8968.9 亿元和 9903.3 亿元，分别增长 28.6%、16.9%、12.9% 和 10.4%。2013—2015 年，江西引进省外资金分别达到 3859.6 亿元、4540.5 亿元和 5232.16 亿元，分别增长 21.0%、17.6% 和 15.2%。

从四大板块固定资产投资情况看，除东北地区外，中西部地区投资增速高于全国平均水平和东部地区。2013—2017 年，全国投资年均增长 11.6%。其中，东部地区增长 12.5%，中部地区增长 14.5%，西部地区增长 13.9%，中部地区分别比全国和东部地区增速高 2.9 个和 2.0 个百分点，西部地区分别高 2.3 个和 1.4 个百分点。占全国投资的比重，中部地区由 2012 年的 23.5% 提高到 2017 年的 26.1%，西部地区由 24.1% 提高到 26.7%；中西部地区合计比重由 47.6% 提高到 52.8%，比同期东部地区的比重提高幅度多 4 个百分点（参见表 4-13）。

表 4-13　2012—2017 年四大区域投资增速及比重变动

		2012	2013	2014	2015	2016	2017	2013—2017
增速（%）	全国	20.3	19.1	14.7	9.8	7.9	7.0	11.6
	东部地区	16.6	17.9	15.3	12.4	9.0	8.3	12.5
	中部地区	22.3	22.1	17.5	15.2	11.6	6.9	14.5
	西部地区	23.4	22.8	18.2	8.7	11.9	8.5	13.9
	东北地区	25.7	13.4	-1.4	-11.1	-23.4	2.8	-4.8

		2012	2013	2014	2015	2016	2017	2013—2017
占全国比重 （%）	东部地区	41.2	40.6	40.8	41.7	42.1	42.3	1.1（个百分点）
	中部地区	23.5	24.0	24.6	25.7	26.6	26.1	2.6（个百分点）
	西部地区	24.1	24.8	25.5	25.2	26.2	26.7	2.5（个百分点）
	东北地区	11.1	10.6	9.1	7.3	5.2	4.9	−6.2（个百分点）

注："2013—2017"比重变动一栏是各区域 2017 年所点比重与 2012 年所占比重的差额。

资料来源：根据历年《中国统计年鉴》及 2017 年国民经济和社会发展统计公报相关数据计算。

中西部地区省份近年来成为投资热土。从 2013—2017 年各省市区投资的年均增速看，年均增速排在前十位的省份除福建外都位于中西部地区，而排名靠后的省份则以东部发达地区为主（参见图 4-8）。贵州省近年来投资增速一直保持快速增长，是除西藏外增速最高的。尤其是 2016 年、2017 年在全国投资增速下滑到个位数的

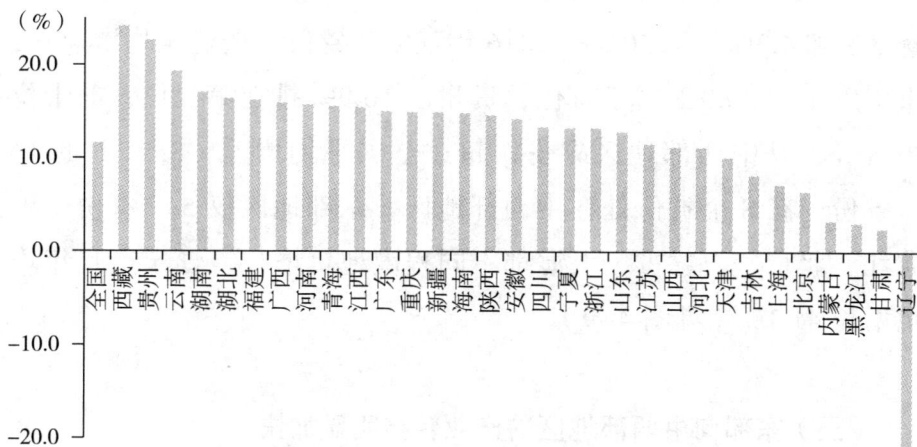

图 4-8　2013—2017 年各省市区投资年均增速排序

资料来源：根据历年《中国统计年鉴》相关数据计算。

情况下，贵州投资增速仍达到 20.6% 和 20.1%；云南投资增速也高达 19.4% 和 17.5%，安徽、江西、河南、湖北、湖南、广西、四川、陕西等省区也都保持在 10%~14% 的两位数增速。而北京、上海二大直辖市近年来投资增长缓慢，2015—2017 年北京分别仅增长 1.1%、8.3% 和 5.9%，上海分别增长 6.5%、5.6% 和 6.3%。

（二）部分中西部省份制造业投资比东部省份增长更快

制造业是我国产业转移的急先锋。自 2008 年广东率先实施"腾笼换鸟"战略以来，东部地区的制造业不断向中西部地区大量转移。近年来，中西部地区一些省份的制造业投资在全国制造业投资低迷状态下仍快速增长。2016 年，全国制造业投资仅增长 4.2%，而贵州、重庆分别增长 43.0%、19.5%，宁夏、四川、江西也分别增长了 14.6%、13.7% 和 13.5%，在除西藏外的全国各省份中排在前 5 位。东部地区的山东、广东分别增长 12.1% 和 9.3%，上海、浙江仅增长 0.5% 和 3.2%，海南、天津甚至减少 15.3% 和 4.3%。从 2014—2016 年三年各省份制造业年均增速看，重庆以年均 20.9% 居于首位，贵州以 16.9% 排在第三位，前十位中有 6 个是中西部地区省份，超过全国平均增速（8.4%）的 14 个省份中有 8 个省份处在中西部地区，东部地区仅 5 个省份，黑龙江、北京、内蒙古、上海都不同程度地负增长，辽宁更是年均负增长 41.1%（见图 4-9）。

（三）东部向中西部地区的产业转移明显加快

中西部内陆地区以生产要素低成本等优势，积极承接东部和国外产业转移。如重庆市 2014—2017 年，全市累计签约引进亿元以

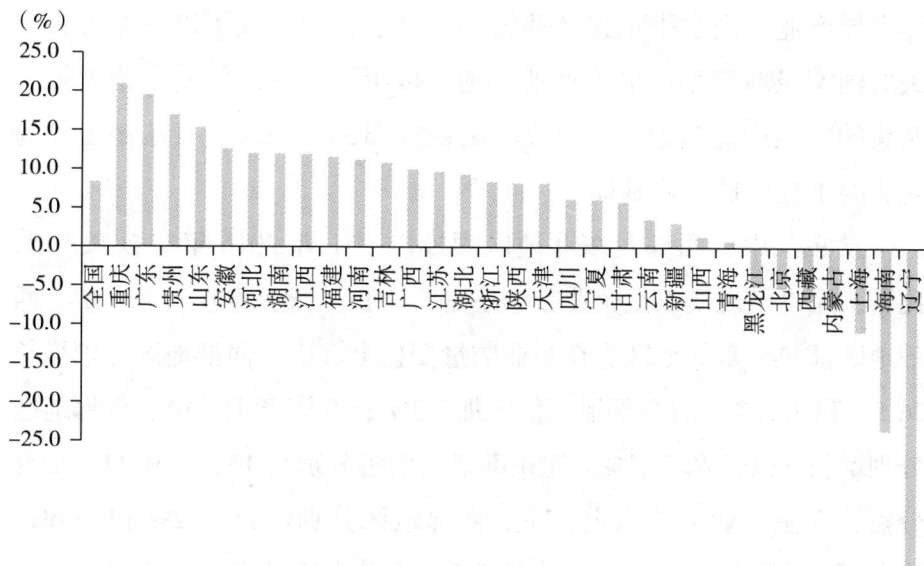

图 4-9 2014—2016 年各省市区制造业年均增速比较

资料来源：根据历年《中国统计年鉴》相关数据计算。

上工业投资项目 2152 个、协议投资额 1.88 万亿元。其中，东部沿海省市占比超过 60%。为推动汽车整车和核心零部件项目向重庆转移，近 4 年累计引进 77 个汽车整车及零部件重点项目，协议投资额 2103 亿元，形成"1+10+1000"世界级汽车产业集群[①]，2017 年汽车产量达 299.8 万辆，占全国产量约 10%，成为全国最大的汽车制造基地。在战略性新兴产业领域，重庆成功引进广数机器人、川崎机器人等 150 余家机器人及智能装备制造企业，2017 年全市生产工业机器人本体 3739 台、数控机床 2600 台。又如安徽，不断深化与央企、知名民企、外企合作，围绕电子信息、高端装备制造、新材料

---

① "1+10+1000"世界级产业集群即以长安为龙头，长安福特、长安铃木、北京现代、上汽通用五菱、小康、华晨鑫源等知名整车品牌厂商为骨干，上千家汽车零部件配套企业为支撑的汽车产业集群。

等主导产业，高水平承接产业转移，目前初步形成了以京东方为龙头的国家级新型平板显示产业基地，以惠而浦、西门子、格力等为龙头的家电产业基地，以日立、阿西亚布朗勃法瑞、日本精工等为龙头的工程机械产业基地。

从东、中、西部及东北地区规模以上工业 2016 年与 2012 年对比看，无论是规模以上企业数量还是资产和主营业务收入上，中、西部地区都快于东部地区。在企业数量变化上，中、西部地区分别增长 26.5% 和 23.4%，而东部地区仅增加 7.3%；在资产上，中、西部地区分别增长 52.1% 和 50.1%，比东部地区增幅分别高 13.3 个和 11.3 个百分点；在主营业务收入上，中、西部地区分别增长 41.2% 和 33.6%，比东部地区增幅分别高 16.1 个和 8.5 个百分点（见表 4-14）。

表 4-14 四大区域规模以上工业发展比较

年份 / 区域		东部地区	中部地区	西部地区	东北地区
2012 年	企业数（万个）	20.46	7.01	4.25	2.65
	资产总计（万亿元）	41.94	13.99	14.72	6.19
	主营业务收入（万亿元）	53.81	18.2	12.87	8.06
2016 年	企业数（万个）	21.95	8.87	5.24	1.8
	资产总计（万亿元）	58.21	21.29	22.09	7
	主营业务收入（万亿元）	67.33	25.7	17.18	5.68
2016 年比 2012 年增加（%）	企业数	7.3	26.5	23.4	−32.3
	资产总计	38.8	52.1	50.1	13.1
	主营业务收入	25.1	41.2	33.6	−29.5

资料来源：根据历年《中国统计年鉴》相关数据计算。

（四）中西部地区经济增速持续高于东部地区

在国家加大基础设施与公共服务设施投资、生态环境建设、精准扶贫等一系列政策推动下，中西部地区经济仍保持着较快发展速度，不少省份经济增速高于东部省份。如贵州省，2015—2017年GDP增速都超过10%，分别为10.7%、10.5%和10.2%；2015—2017年，重庆市GDP增速分别为11.0%、10.7%和9.3%，西藏分别为11.0%、10.1%和10.0%，江西分别为9.1%、9.0%和8.9%，云南、安徽、湖南也都保持在8.0%以上的增速。2016年GDP增速排在前10位的省份除天津、福建外均为中西部地区省份，2017年则只有福建还处在前10之内（见图4-10）。

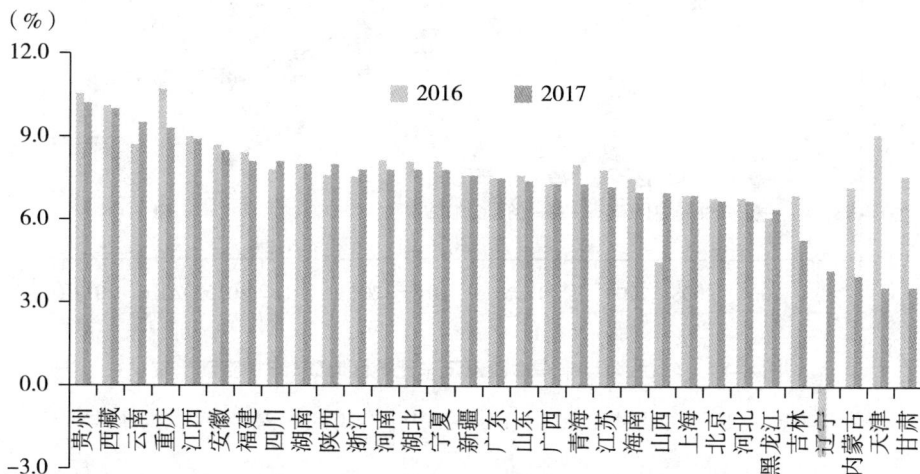

图4-10　2016、2017年各省市区GDP增速排序情况（%）

资料来源：根据《中国统计年鉴2017》、《2018中国统计摘要》相关数据计算。

"西快东慢"态势继续保持。受国际市场需求减缓、传统产能过剩严重、新旧动能转换尚未完成等因素影响，近年来外向型经济比重较高的东部地区经济增速持续减缓，重工业及资源型产业比重较大的东北地区经济增速大幅下滑，中部、西部地区仍保持经济较快增长。2013—2017 年，东部、中部、西部和东北地区经济平均增长 8.0%、8.5%、8.8% 和 5.2%，中部、西部地区年均增速比同期东部地区高 0.5 个和 0.8 个百分点，延续着 2008—2012 年中部、西部地区增速高于东部地区增速的发展态势（见图 4-11）。

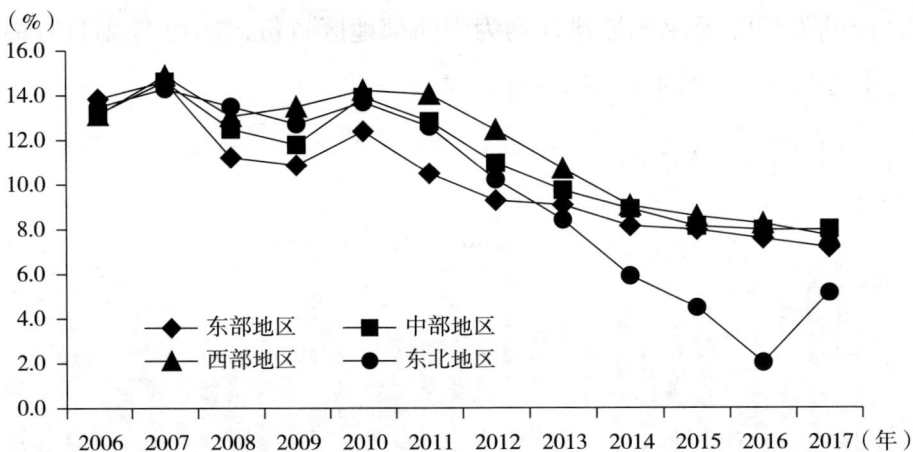

（%）

图 4-11　2006 年以来东中西部及东北地区 GDP 增速变动比较

资料来源：根据《中国统计年鉴 2017》、《2018 中国统计摘要》相关数据计算。

中西部地区经济总量在全国经济总量中的比重稳步上升。2017 年，东部、中部、西部、东北地区 GDP 占全国 GDP 的比重为 52.6%、21.0%、20.0%、6.5%，与 2012 年相比中、西部地区占比都有所提高。2017 年中西部地区 GDP 合计占全国 GDP 比重达到 41.0%，比 2012 年提高了 1.1 个百分点，比 2008 年提高了 3.6 个百分点（见表 4-15）。

表 4-15　2008—2017 年东中西部及东北地区 GDP 占比变化（%）

	2008	2012	2013	2014	2015	2016	2017
东部地区	54.1	51.3	51.2	51.1	51.6	52.6	52.6
中部地区	19.2	20.2	20.2	20.3	20.3	20.6	21.0
西部地区	18.1	19.7	20.0	20.2	20.1	20.1	20.0
东北地区	8.5	8.8	8.6	8.4	8.0	6.7	6.5
中西部合计	37.4	39.9	40.2	40.5	40.4	40.7	41.0

资料来源：根据历年《中国统计年鉴》、《2018 年中国统计摘要》相关数据计算。

　　人均 GDP 最高和最低省份之比持续缩小，区域发展的协调性持续增强。人均 GDP 最高和最低省份之比，2008 年为 6.79∶1，2012 年下降为 4.73∶1，2017 年进一步下降为 4.40∶1；在人均 GDP 最低的 10 个省区中，人均 GDP 最高值和该省区人均 GDP 之比高于 4∶1 的省区，2008 年有 8 个，2012 年为 4 个，2017 年则仅有 1 个（见表 4-16）。这表明，中西部地区比东部地区经济更快发展，我国地区间人均 GDP 的差异呈现普遍缩小的良性发展趋势。

表 4-16　人均 GDP 最高省份与最低 10 个省份的人均 GDP 比值

倒排序	1	2	3	4	5	6	7	8	9	10
2008	6.79	5.39	5.32	4.84	4.63	4.57	4.32	4.21	3.78	3.69
	贵州	甘肃	云南	西藏	安徽	广西	四川	江西	海南	湖南
2012	4.73	4.24	4.20	4.06	3.33	3.24	3.24	3.15	2.96	2.88
	贵州	甘肃	云南	西藏	广西	安徽	江西	四川	河南	海南
2017	4.40	3.73	3.40	3.29	3.18	3.07	3.02	2.92	2.91	2.89
	甘肃	云南	贵州	西藏	山西	广西	黑龙江	安徽	青海	四川

资料来源：根据历年《中国统计年鉴》、《2018 年中国统计摘要》相关数据计算。

（五）脱贫攻坚战略取得决定性进展

随着国家加大力度支持老少边贫地区改善基础设施条件，提高基本公共服务能力，培育发展优势产业和特色经济，革命老区、民族地区、边疆地区等地区基础设施条件得到明显改善，贫困人口大幅度减少，农村居民收入加快增长。

2013—2017 年，中央财政投入专项扶贫资金 2800 多亿元，推动全国农村贫困人口从 2012 年末的 9899 万人减至 2017 年的 3046 万人，累计减少 6853 万人，年均减少 1371 万人，完成易地扶贫搬迁 830 万人，150 多个贫困县脱贫摘帽，贫困发生率从 2012 年末的 10.2% 下降至 3.1%，累计下降 7.1 个百分点。

2013—2017 年，贫困地区农村居民收入年均实际增长 10.4%，实际增速比全国农村平均水平高 2.5 个百分点。2017 年，贫困地区农村居民人均可支配收入是全国农村平均水平的 69.8%，比 2012 年提高 7.7 个百分点，与全国农村平均水平的差距进一步缩小。①

2017 年年底，贫困地区 98.45% 的乡镇和 96.87% 的建制村实现了道路硬化。2013—2017 年改造建设了 4 万公里的资源路、旅游路、产业路，为贫困地区经济社会发展、农民脱贫致富创造了良好条件。

第五节　未来投资区域变化展望

未来我国区域协调发展仍存在诸多挑战和不确定因素，特别是

---

① 国家统计局："2017 年全国农村贫困人口明显减少贫困地区农村居民收入加快增长"，国家统计局网站 2018-02-01。

资源环境压力依然很大，区域投资环境差异明显，发展差距较大，老少边贫地区发展相对落后，区域协调发展的体制机制仍不完善，需要实施针对性更强的区域投资政策。

一、市场力量可能会推动东部地区投资比重继续缓慢上升

改革开放 40 年来，民营经济快速发展，成为经济社会发展的主要力量。截至 2017 年底，我国民营企业注册资本超过 165 万亿元，民营经济对国家财政收入的贡献占比超过 50%，GDP、固定资产投资占比均超过 60%，技术创新和新产品占比超过 70%，吸纳城镇就业超过了 80%，对新增就业贡献的占比超过 90%。从区域发展看，民营经济是影响区域发展格局的重要力量。过去东部地区经济之所以快速发展，关键是依靠良好的投资环境吸引了大量民间投资。尽管目前东部地区各类要素成本在上升，部分企业和产业向中西部内陆地区转移，但东部地区在人才、科技创新、产业配套、信息、物流、营商环境等方面，拥有中西部地区特别是内陆欠发达地区不可比拟的优势。随着新旧动能转换的持续推进，东部地区高端制造业、现代服务业将有巨大发展空间，投资增速过快下滑的趋势将会得到改变。西部一些省份和东北地区由于产业配套较差，传统产能比重较高，在吸引民间投资上优势不明显。在市场力量作用下，未来投资的区域发展格局很可能会延续"十二五"以来的变动趋势，东部地区投资比重会在保持稳定的前提下略有上升，中西部地区基本保持不变甚至小幅下降，东北地区可能会出现小幅下降。

二、政府投资应更多关注市场不能解决的突出问题与矛盾

促进区域协调发展，必须使市场在资源配置中起决定性作用。

但只依靠市场而不注重更好发挥政府作用，就会导致"强者愈强、弱者愈弱"的马太效应，区域发展的差距会进一步扩大，不利于经济的可持续健康发展。目前政府投资资金有限，国家预算资金占全部投资资金的比重仅占 5% 左右，有限的政府投资资金应该投入市场失灵领域，更好发挥引导放大效应，解决市场难以解决的一些突出问题和矛盾。包括集中投向教育、医疗、卫生、生态保护与环境治理等公共服务和贫困地区基础设施与公共设施建设，改善落后地区投资环境，鼓励和引导社会资本更多地投向落后地区。同时深化区域协调发展的体制机制改革，包括打破地区分割和隐形壁垒，健全各类生产要素自由流动的机制，完善基本公共服务均等化体制机制等。

三、通过跨区域、次区域规划推动形成区域协调发展新格局

我国地域辽阔，各地发展条件和要素禀赋差异大，区域间相互依赖程度不断加深，以东中西部及东北地区四大板块为主的区域政策已难以适应区域协调互动发展的新要求，需要进一步创新区域政策，提高区域政策针对性，推动形成东中西、南北方协调联动发展的新格局。

（一）实施精细化、区块化的区域发展规划

区域协调发展需要规划引领、政策推动。四大板块和"三个支撑带"的区域总体发展战略既实现了全覆盖，又进一步打通了板块间的联系，但政策所覆盖的范围太大，在目前地区间经济联系日益紧密、对区际间协调互动要求更高的发展阶段，宽泛的政策对具体

区域的发展难以有效发挥作用。为此，需要细化空间尺度，缩小规划范围和政策单元，制定更具针对性的区域发展规划，让规划目标更清晰，任务更明确，政策更精准，更有可操作性。

继续推进国家级新区建设。目前国务院已经批复设立了 19 个国家级新区，未来可根据新发展理念和高质量发展的要求，在东中西部及东北地区、沿海沿江沿边地区、发达与不发达地区等区域，根据创新引领、资源型地区转型、扩大开放、共同富裕等不同发展战略需要，选择不同的功能区块，制定不同的扶持引导政策，培育引领区域发展的增长极。

加快城市群建设发展。设立国家级城市群，制定国家级城市群发展规划，使其成为一个经济联系紧密、协作互动共进的城市群体，可以打破行政区划藩篱，促进要素自由流动，优化资源配置。我国城市群数量多、规模大，推进城市间协调互动的城市群有天然的基础和条件，但因行政分割、缺乏专业化分工合作和过度同质化竞争而未能成为联系密切、分工协作的一个有机整体，在功能、影响力以及带动力等方面尚不足以成为引领区域发展的城市群。目前国务院已批复设立了 9 个国家级城市群，未来应在沿海、沿江、沿边、沿线设立更多跨区域（省份）的国家级城市群，通过规划和政策贯通城市间的产业链、价值链，推动各城市间协调互动、优势互补、相互促进，以此带动周边区域发展，逐步实现全国各城市群的相互耦合。

（二）推动特殊问题区域加快发展

革命老区、民族地区、边疆地区、贫困地区、资源枯竭型地区是制约我国区域协调发展的特殊问题区域。推动这类特殊问题区域的发展，既是共同富裕的需要，也是扩大市场、拓展产业发展空间的需要。老少边贫地区往往自然条件较差，基础设施水平较低，民营经济不发达，产业结构单一，二三产业发展落后。资源枯竭型地区对资源型经济过度依赖，产业层次较低，新旧动能转换难度大。这些特殊问题区域缺乏经济增长动能，依靠市场力量难以走出发展困境，需要国家给予特殊的政策扶持。

对于老少边贫地区，国家需要加大分类指导，针对不同的地区制定相应的发展规划，在政府投资上要加大对交通、水利、电力等基础设施和民生工程建设的支持力度，破除发展瓶颈制约。通过财税、金融、土地等政策，加大对社会资本的支持和引导力度。对于资源枯竭型地区，要加快解决资源型企业历史遗留问题，建立新兴产业培育扶持机制，加快培育壮大接续替代产业，完善传统产业转型升级政策体系，加快推进产业结构调整和优化升级。

附表 4-1　国家层面主体功能区的区域名称和功能定位

功能区	区域名称	功能定位
优先开发区域	环渤海地区	北方地区对外开放的门户，我国参与经济全球化的主体区域，有全球影响力的先进制造业基地和现代服务业基地，全国科技创新与技术研发基地，全国经济发展的重要引擎，辐射带动"三北"地区发展的龙头，我国人口集聚最多、创新能力最强、综合实力最强的三大区域之一。
	长江三角洲地区	长江流域对外开放的门户，我国参与经济全球化的主体区域，有全球影响力的先进制造业基地和现代服务业基地，世界级大城市群，全国科技创新与技术研发基地，全国经济发展的重要引擎，辐射带动长江流域发展的龙头，我国人口集聚最多、创新能力最强、综合实力最强的三大区域之一。

续表

功能区	区域名称	功能定位
优先开发区域	珠江三角洲地区	通过粤港澳的经济融合和经济一体化发展，共同构建有全球影响力的先进制造业基地和现代服务业基地，南方地区对外开放的门户，我国参与经济全球化的主体区域，全国科技创新与技术研发基地，全国经济发展的重要引擎，辐射带动华南、中南和西南地区发展的龙头，我国人口集聚最多、创新能力最强、综合实力最强的三大区域之一。
重点开发区域	冀中南地区	重要的新能源、装备制造业和高新技术产业基地，区域性物流、旅游、商贸流通、科教文化和金融服务中心。
	太原城市群	资源型经济转型示范区，全国重要的能源、原材料、煤化工、装备制造业和文化旅游业基地。
	呼包鄂榆地区	全国重要的能源、煤化工基地、农畜产品加工基地和稀土新材料产业基地，北方地区重要的冶金和装备制造业基地。
	哈长地区	我国面向东北亚地区和俄罗斯对外开放的重要门户，全国重要的能源、装备制造基地，区域性的原材料、石化、生物、高新技术产业和农产品加工基地，带动东北地区发展的重要增长极。
	东陇海地区	新亚欧大陆桥东方桥头堡，我国东部地区重要的经济增长极。
	江淮地区	承接产业转移的示范区，全国重要的科研教育基地，能源原材料、先进制造业和科技创新基地，区域性的高新技术产业基地。
	海峡西岸经济区	两岸人民交流合作先行先试区域，服务周边地区发展新的对外开放综合通道，东部沿海地区先进制造业的重要基地，我国重要的自然和文化旅游中心。
	中原经济区	全国重要的高新技术产业、先进制造业和现代服务业基地，能源原材料基地、综合交通枢纽和物流中心，区域性的科技创新中心，中部地区人口和经济密集区。
	长江中游地区	全国重要的高新技术产业、先进制造业和现代服务业基地，全国重要的综合交通枢纽，区域性科技创新基地，长江中游地区人口和经济密集区。
	北部湾地区	我国面向东盟国家对外开放的重要门户，中国—东盟自由贸易区的前沿地带和桥头堡，区域性的物流基地、商贸基地、加工制造基地和信息交流中心。

续表

功能区	区域名称	功能定位
重点开发区域	成渝地区	全国统筹城乡发展的示范区，全国重要的高新技术产业、先进制造业和现代服务业基地，科技教育、商贸物流、金融中心和综合交通枢纽，西南地区科技创新基地，西部地区重要的人口和经济密集区。
	黔中地区	全国重要的能源原材料基地、以航天航空为重点的装备制造基地、烟草工业基地、绿色食品基地和旅游目的地，区域性商贸物流中心。
	滇中地区	我国连接东南亚、南亚国家的陆路交通枢纽，面向东南亚、南亚对外开放的重要门户，全国重要的烟草、旅游、文化、能源和商贸物流基地，以化工、冶金、生物为重点的区域性资源精深加工基地。
	藏中南地区	全国重要的农林畜产品生产加工、藏药产业、旅游、文化和矿产资源基地，水电后备基地。
	关中—天水地区	西部地区重要的经济中心，全国重要的先进制造业和高新技术产业基地，科技教育、商贸中心和综合交通枢纽，西北地区重要的科技创新基地，全国重要的历史文化基地。
	兰州—西宁地区	全国重要的循环经济示范区，新能源和水电、盐化工、石化、有色金属和特色农产品加工产业基地，西北交通枢纽和商贸物流中心，区域性的新材料和生物医药产业基地。
	宁夏沿黄经济区	全国重要的能源化工、新材料基地，清真食品及穆斯林用品和特色农产品加工基地，区域性商贸物流中心。
	天山北坡地区	我国面向中亚、西亚地区对外开放的陆路交通枢纽和重要门户，全国重要的能源基地，我国进口资源的国际大通道，西北地区重要的国际商贸中心、物流中心和对外合作加工基地，石油天然气化工、煤电、煤化工、机电工业及纺织工业基地。
限制开发区域	东北平原主产区	建设以优质粳稻为主的水稻产业带，以籽粒与青贮兼用型玉米为主的专用玉米产业带，以高油大豆为主的大豆产业带，以肉牛、奶牛、生猪为主的畜产品产业带。

功能区	区域名称	功能定位
限制开发区域	黄淮海平原主产区	建设以优质强筋、中强筋和中筋小麦为主的优质专用小麦产业带，优质棉花产业带，以籽粒与青贮兼用和专用玉米为主的专用玉米产业带，以高蛋白大豆为主的大豆产业带，以肉牛、肉羊、奶牛、生猪、家禽为主的畜产品产业带。
	长江流域主产区	建设以双季稻为主的优质水稻产业带，以优质弱筋和中筋小麦为主的优质专用小麦产业带，优质棉花产业带，"双低"优质油菜产业带，以生猪、家禽为主的畜产品产业带，以淡水鱼类、河蟹为主的水产品产业带。
	汾渭平原主产区	建设以优质强筋、中筋小麦为主的优质专用小麦产业带，以籽粒与青贮兼用型玉米为主的专用玉米产业带。
	河套灌区主产区	建设以优质强筋、中筋小麦为主的优质专用小麦产业带。
	华南主产区	建设以优质高档籼稻为主的优质水稻产业带，甘蔗产业带，以对虾、罗非鱼、鳗鲡为主的水产品产业带。
	甘肃新疆主产区	建设以优质强筋、中筋小麦为主的优质专用小麦产业带，优质棉花产业带。

第五章　投资领域的对外开放

投资领域对外开放贯穿了我国改革开放的始终。改革开放初期，由于经济发展水平较低，企业竞争力不强，资金匮乏，投资领域对外开放以利用外商直接投资（Foreign Direct Investment, 简称FDI）为主，对外直接投资（Outward Direct Investment, 简称ODI）的规模和案例都很少。外商直接投资解决了我国改革开放初期发展资金匮乏，客观上为我国在全球经济中实现比较优势发挥了重要的作用。新世纪以来，随着我国经济发展水平不断提高，企业竞争力增强，外汇储备增加，企业对外直接投资的意愿和能力显著增强，企业对外直接投资的规模和数量不断攀升，即使是在全球金融危机中也保持强劲增长。2015年，我国企业对外直接投资规模首次超过吸引外商投资规模，成为直接投资项下的净资本输出国。2017年，我国已成为仅次于美国的全球第二大利用外商直接投资国和对外直接投资国。

第一节　外商直接投资

改革开放早期，我国利用外资以对外借款为主，FDI在历年实际利用外资总额中所占的比重一直在30%—40%徘徊。自1992年

180

起，随着我国对外商直接投资开放的范围不断扩大，相关政策体系不断完善，FDI 一举取代对外借款，成为我国利用外资的最主要方式。2000 年初，FDI 在我国历年利用外资总额中所占的比重就已经超过 90%，并继续保持上升趋势，近几年这一比例已经接近 100%。

一、利用外商直接投资历史

从 1978 年启动改革开放至今，我国吸引外商直接投资大致可以分为四个阶段：改革开放开始至 1991 年的探索尝试阶段，1992 年至 2000 年的加速推进阶段，2001 年至 2010 年的稳定发展阶段，2011 年至今的优化发展阶段。

（一）探索尝试阶段：改革开放初期至 1991 年

改革开放之初，即明确了利用外资对经济发展的重大意义。1979 年 8 月，国务院设立外国投资管理委员会，1982 年 3 月合并成立对外经济贸易部。从 1979 年起，中央政府相继出台《中外合资经营法》、《中外合作经营企业法》、《外资企业法》、《关于鼓励外商投资的规定》、《指导吸引外商投资方向暂行规定》、《外商投资企业和外国企业所得税税法》等法规文件，逐渐建立起利用外资的基本框架，针对 FDI 的限制逐渐取消，允许外资进入的规模和领域不断扩大，并在用地、税收等方面向外资提供多种特殊的优惠政策。1980 年，中央决定设立深圳、珠海、汕头和厦门四个经济特区，吸引外商直接投资；1984 年，进一步开放天津、上海等 14 个沿海港口城市；1985 年，将长三角、珠三角和闽南三角开辟为沿海经济开放区；1986 年，成立环渤海经济区；1988 年，成立山东半岛经济区；1990 年，批准建立浦东新区，我国面向沿海的对外开放格局基本形成。

　　这一时期，我国外商直接投资从无到有，快速增长。由于起点低，历年 FDI 流入一直较低，始终在低位徘徊（见图 5-1）。1980 年，我国 FDI 流入 5700 万美元，1991 年升至 44 亿美元，占当年固定资本形成总额的比重为 4.1%。1991 年，我国 FDI 存量为 251 亿美元，占当年 GDP 的比重达 6.1%（见图 5-2）。这一阶段的外商直接投资

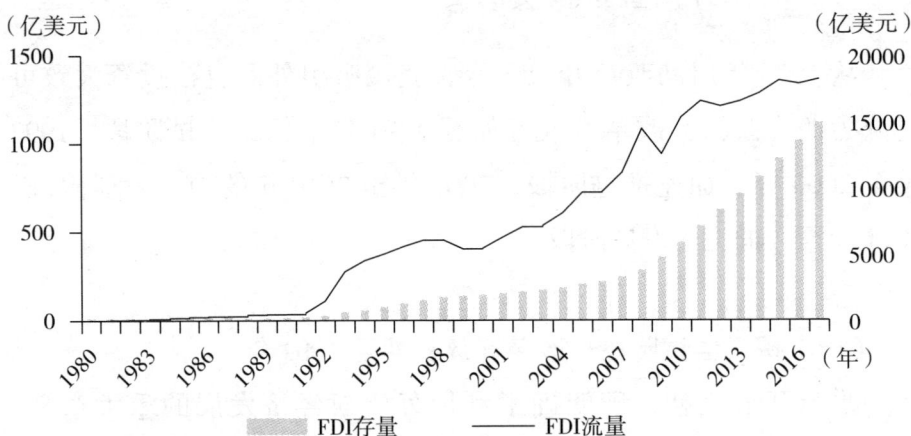

图 5-1　我国历年 FDI 流量（左）与存量（右）（单位：亿美元）

资料来源：UNCTAD。

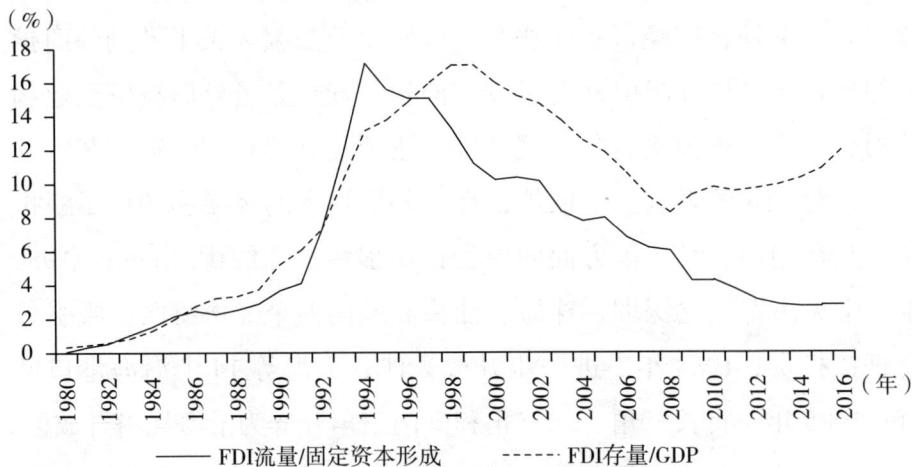

图 5-2　FDI 流量及存量的相对规模（%）

资料来源：UNCTAD。

主要集中在纺织、服装、食品饮料、塑料制品、电子元器件等以劳动密集型为主的中小工业项目，以及旅游宾馆、娱乐设施等第三产业。

（二）加速推进阶段：1992 年至 2000 年

1992 年，邓小平视察南方发表重要谈话，宣布实施社会主义市场经济改革，我国对外开放拉开崭新的序幕。1994 年，我国实施分税制改革，地方获得发展本地经济的动力，各地之间相互在基础设施和政策优惠上开展竞争，极大地释放出我国在吸引外资上所具有的潜力，FDI 流入迅速增加。这一时期，中央政府对涉及外国直接投资的重要法律法规和政策做了进一步修改和完善，并颁布《外商投资产业指导目录》，将外商投资产业分为鼓励类、限制类和禁止类，进行区别对待和管理。1997 年，相关部门修订《外商投资产业指导目录》，鼓励类外商投资范围扩大，并鼓励外商向中西部地区开展投资。1999 年，相关部门就进一步鼓励外商投资制定相关政策措施，鼓励外商投资于企业技术开发和创新，并加大对外商投资企业的金融支持力度。这一时期，我国对外开放的地域范围开始向中西部地区延伸。1992 年，国务院决定进一步开放重庆、岳阳等 5 个长江沿岸城市，太原、合肥等 18 个内陆省会城市。至 20 世纪 90 年代中期，我国全方位的对外开放格局已基本形成。

1992 年，我国 FDI 流入首次超过 100 亿美元，达 110 亿美元，是 1991 年的 2.5 倍。此后 FDI 流入一路攀升，1998 年增至 454.6 亿美元。受 1997 年亚洲金融危机的影响，FDI 流入在 1999 年至 2000 年短暂下滑，2000 年为 407 亿美元。1992—2000 年，我国 FDI 流入年均增长 18%。FDI 流入占固定资本形成的比重从 7.3% 升至 1994 年的 17.1%，随后逐渐降至 2000 年的 10.2%。同期内，FDI 存量从

361 亿美元升至 1933 亿美元，占 GDP 的比重从 7.3% 升至 16%，最高时曾达到 17%（1998 和 1999 年）。这一时期，大型跨国公司开始进入我国，带来了先进的技术和管理经验，项目规模不断扩大。外商更加看重企业的控制权，在建立新企业时独资经营倾向越来越明显，并在某些行业逐渐形成垄断，例如日化和汽车行业等。这一时期，外商直接投资主要集中在制造业，其次是房地产业，电力、燃气及水的生产和供应业。1997—2000 年，制造业利用 FDI 占所有 FDI 的比重平均在 60% 左右。80% 以上 FDI 流入分布在东部地区，主要集中在广东、江苏、福建和上海等地。FDI 来源地集中度有所下降，来自中国香港的 FDI 流入占比从 1992 年的 68% 降至 38%，来自美国、日本、中国台湾和新加坡等地的 FDI 流入逐渐增多。

（三）稳定增长阶段：2001 年至 2010 年

2001 年 12 月，我国成功加入世界贸易组织（简称 WTO）。我国相关政策开始向适应国际法规转变，对外商投资的开放由注重地域向注重行业变化，服务业对外开放不断扩大。2001 年 12 月，音像市场对外资开放。2002 年 4 月，货物贸易、服务贸易、知识产权、投资和透明度五大领域扩大开放。2006 年年底，加入 WTO 五年过渡期结束，金融业步入全面开放阶段。中央政府对外商投资法律法规进行全面清理，对不符合 WTO 规则的内容进行修订。2001 年，相关部门对《中外合资经营企业法》《中外合作经营企业法》《外资企业法》部分内容进行修订，取消对外商投资企业关于外汇自行平衡的限制，修改关于要求外商投资企业尽量先在中国购买的规定，取消关于外资企业必须全部或大部分产品用于出口的规定，修改外商投资企业生产计划备案的规定。2002 年，发布新的《外商投资产业指导目录》，将外商投资区分为鼓励类、允许类、限制类和禁止类，将鼓励类、限制类、禁止类外商投资项目列入《目录》，允许类项目则不列入，对外资开放领域继续扩大。2008 年起，我国将内外资企业税率进行统一，逐渐取消外商投资企业享受的超国民待遇，对外商直接投资的态度从盲目崇拜转向理性，更加注重外商直接投资对推动产业升级的作用。

　　这一时期，FDI 流入依旧稳步增长。2001—2010 年，FDI 流入从 469 亿美元增加至 1147 亿美元，年均增长 10%，除 2009 年受全球金融危机影响出现短暂下滑以外，一直保持增长。FDI 流入占固定资本形成的比重从 2001 年的 10.4% 逐渐降至 4.3%。同期内，FDI 存量从 2031 亿美元上升至 5878 亿美元，占 GDP 的比重从 15.2% 降至 9.8%。这一时期，FDI 仍旧以制造业为主，其次是房地产业、租赁和商务服务业。2004 年至 2005 年，制造业利用的 FDI 占总体 FDI 流入的比重超过 70%，此后逐渐下降。2010 年，上述三大行业利用 FDI 的占比分别为 46.9%、22.7% 和 6.7%。FDI 仍旧集中在东部沿海地区，但是中西部地区利用 FDI 的规模也快速上涨。FDI 主要来自中国香港、欧盟、日本、韩国和美国等地，值得注意的是，这一时期拉丁美洲英属维尔京群岛和开曼群岛对我国的 FDI 投资快速增加，很大一部分是基于政策套利的返程投资。

（四）优化发展阶段：2011 年至今

　　受全球金融危机冲击、美国鼓励制造业回归、欧洲债务危机恶化、其他发展中国家引资优惠力度加大以及我国用地和劳动力等要素成本上涨等因素影响，从 2011 年开始，我国利用外资增速显著下滑，历年 FDI 流入在一个相对平稳的区间振荡。这一时期，政府通过进一步优化营商环境，扩大对外开放领域，鼓励外商投资于符合我国产业结构调整优化方向的领域，促进引资、引技、引智相结合，更好发挥外商投资企业对促进实体经济发展的重要作用。

2013年9月，国务院宣布成立上海自由贸易试验区，并率先在自贸区内开展外商投资负面清单管理，这是我国吸引FDI的一个重大转折点，代表我国外商投资管理向基于负面清单的开放型管理体制过渡。负面清单之外的外商投资企业设立从审批制改为备案制，内外资企业统一注册资本制度。此后，我国又相继成立广东、天津、福建、辽宁、浙江、河南、湖北、重庆、四川、陕西、海南等11个自由贸易试验区，并对自贸区内外商投资准入负面清单进行多次修订精简。2011年、2015年、2017年，相关部门三次修订《外商投资产业目录》，不断扩大外商投资的范围，优化调整鼓励类条目。特别是2017年新修订的《外商投资产业目录》，首次将《目录》中部分鼓励类有股比要求的条目以及限制类条目、禁止类条目进行了整合，提出了在全国范围内实施的《外商投资准入特别管理措施（外商投资准入负面清单）》，统一列出股权要求等外商投资准入方面的限制性措施。内外资一致的限制性措施以及不属于准入范畴的限制性措施，不列入外商投资准入负面清单。外商投资准入负面清单是对外商投资实行准入前国民待遇加负面清单管理模式的基本依据。2018年6月底，发改委和商务部联合发布新的《外商投资准入特别管理措施（负面清单）》，大幅放宽外资市场准入，取消了汽车、飞机、船舶等制造业领域外资转入限制，在金融、运输等生产性服务业及种业等领域进一步扩大开放。在区域方面，出台《关于支持沿边重点地区开发开放若干政策措施的意见》，并两次修订《中西部地区外商投资优势产业目录》，有力提升了中西部和沿边地区承接产业转移的能力。从事

《中西部目录》的外商投资项目，主要可以享受三方面政策。一是在投资总额内进口自用设备实行免征关税政策；二是对于集约用地的项目优先供应土地，在确定土地出让底价时可按不低于所在地等别相对应的《全国工业用地出让最低标准》的70%执行；三是对于符合条件的西部地区外商投资企业可以享受企业所得税优惠政策。

这一时期，我国FDI流入显著放缓。2011年至2017年，我国FDI流入从1240亿美元升至1363亿美元，年均增长2.5%，FDI流量占固定资本形成的比重继续从3.7%降至2.8%。同期，FDI存量从7118亿美元升至14909亿美元，FDI存量占GDP的比重从9.6%升至12.1%。这一时期，随着我国对外开放领域不断扩大，利用FDI流入的行业分散程度显著提升，制造业利用FDI的比重持续降至2016年的24.6%，不过依旧是我国利用FDI流入的第一大行业，其次是房地产业、租赁和商务服务业、批发和零售业。这段时期内，金融业利用FDI的规模也显著增加，2011年不足20亿美元，2015年已经升至149.7亿美元。这一时期，FDI流入的技术含量越来越高。2016年，我国高技术产业引进FDI占整体FDI的比重为19.33%，比2012年提高4.94个百分点。自2013年以来，高技术产业引进FDI年均增长10.97%。这一时期，外商直接投资仍旧以东部沿海地区为主，中西部地区继续追赶。但是，FDI来源地区集中度相比上一阶段再次提高，中国香港在我国FDI来源地中的占比显著增加。

二、利用外商直接投资的特征

（一）FDI以绿地投资为主

外商直接投资主要包括两种方式：绿地投资和跨国并购。前者是指外资企业在东道国境内直接投资建立新工厂、新分部的投资模式；后者是指外资企业通过收购东道国现有企业的股权或资产的投资模式。我国利用 FDI 的方式以绿地投资为主，外资并购占 FDI 的比重一直很低。这一方面是因为改革开放以后，我国经济长期高速增长，工程建设速度快，外国投资者倾向于采用绿地投资的方式进入；另一方面是因为我国政府出于引进外国企业的先进技术和管理经验、保护本国经济安全和产业安全、防止知名品牌被收购等目的，长期以来对外资并购采取管制政策，鼓励甚至强制外资采取外商独资或中外合资的方式等绿地投资进入我国市场。

随着我国经济不断发展，大批企业发展起来，以及我国对外资并购的限制放松，外国投资者在我国境内开展的跨境并购交易逐渐增多。2004 年，外国投资者在我国开展的交易数量仅为 482 件，占外资总项目数的比重为 1.1%；并购金额 3.3 亿美元，占我国吸引外资总额的比重仅为 0.5%。2016 年，外国投资者并购我国境内企业1484 家，占比升至 5.32%；并购金额 201.7 亿美元，占比升至 16%，特别是 2015 年以来，跨境并购交易的规模显著扩大（见图 5-3）。

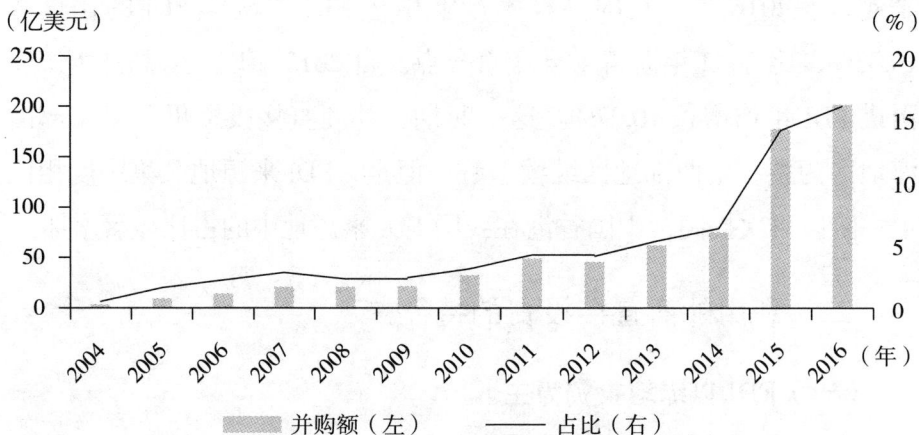

图 5-3　外国投资者在我国跨境并购交易情况

资料来源：商务部 2016 和 2017 年《外商投资统计报告》。

（二）制造业 FDI 占比逐渐下降

改革开放早中期，我国利用的 FDI 主要集中在制造业，尤其是劳动密集型的纺织、服装、塑料制品、电子元器件等行业。2004—2005 年，制造业吸引 FDI 的比重达到 70% 的峰值。随着我国劳动力、土地和用能等成本逐渐上升，制造业吸引外资的优势逐渐下降，加之其他领域对外开放力度不断加大，制造业利用 FDI 的比重逐渐下降。2017 年，制造业利用 FDI 比重已经降至 24.6%，从 2012 年起，制造业利用 FDI 的绝对量也开始下降。不过当前，制造业依旧是我国利用 FDI 最多的行业（见图 5-4）。

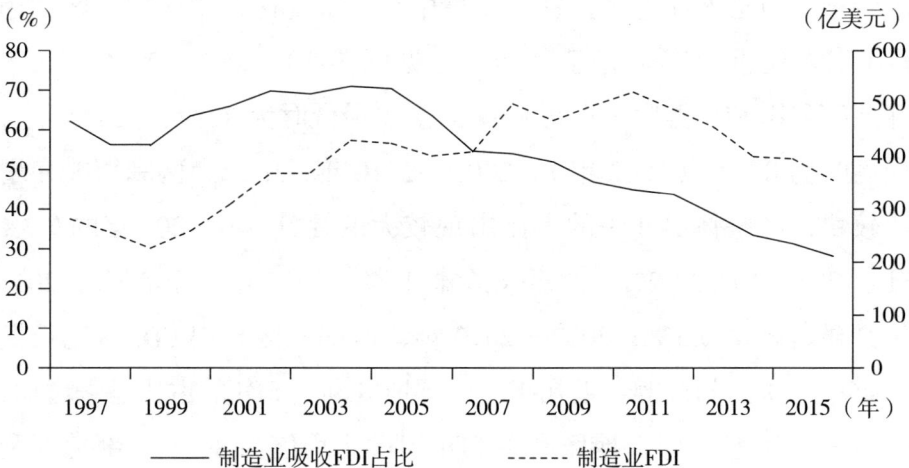

图 5-4 制造业利用 FDI 的规模（右）及占比（左）

数据来源：Wind 数据库。

房地产业一直是我国利用 FDI 第二大行业。1997—2005 年，房地产利用 FDI 在 50 亿—60 亿美元波动，占 FDI 的比重在 11% 左右。2006 年起，房地产利用 FDI 的规模快速增加。2014 年，房地产利用

FDI 的规模为 346 亿美元，占当年全部 FDI 的比重为 27%。2015—2017 年，受我国房地产市场调控的影响，房地产业利用的 FDI 显著下降。租赁与金融服务业、批发和零售业也是我国利用 FDI 较多的行业。2015—2017 年，我国金融业利用 FDI 的规模也显著增加。随着我国服务业对外开放力度不断加大，服务业利用外商投资的规模将继续增加。

（三）FDI 主要分布在东南沿海地区

我国利用 FDI 的地域分布极不平衡，主要集中在东部沿海地区。虽然近几年，中央政府出台多项措施鼓励外商直接投资向中西部地区转移，但是外商直接投资仍旧集中在东部地区，中西部地区利用 FDI 流入比重一直未有显著提升（见图 5-5）。2001—2016 年，东部地区利用 FDI 占比一直在 80% 以上，最低时为 82.6%（2014 年），最高时为 87.8%（2002 年）；2003—2010 年，中部地区利用 FDI 增速较快，在整体 FDI 中的占比出现较大的提升，从 2003 年的 7.7%升至 2010 年的 11.2%，此后又逐渐下降，2015 年降至 8.3%，2016 年又显著降至 5.6%；2002—2012 年，西部地区利用 FDI 占比长期在 4%—5% 区间徘徊，近几年，西部地区利用 FDI 的占比显著增加，2014—2016 年，西部地区利用 FDI 的占比均值为 8%。东部地区利用 FDI 主要集中在广东、江苏、上海和山东；中部地区利用 FDI 主要集中在湖北、湖南、河南和安徽；西部地区利用 FDI 主要集中在四川、陕西、重庆和内蒙古。截至 2016 年，东部、中部和西部地区 FDI 存量占比分别为 80.46%、7.52% 和 6.34%。

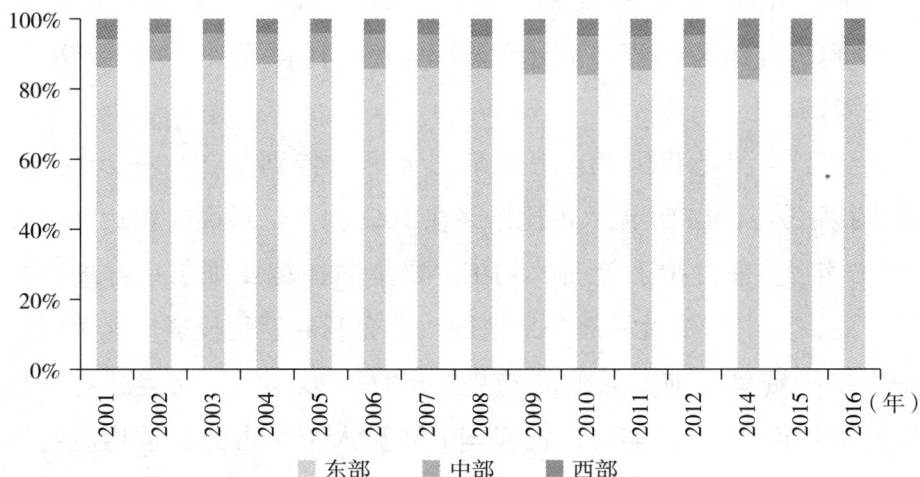

图 5-5　实际利用外资金额分地区比重

数据来源：2001—2012 年数据来源于《中国外资投资报告（2013 年）》，2015 年数据来源于《中国外资投资报告（2016 年）》，2016 年数据来源于《中国外资投资报告（2017年）》，2014 年数据根据 2016 年外商投资报告中披露的增速推算，2013 年数据缺失。

注：东部地区包括北京、天津、河北、辽宁、上海、江苏、浙江、福建、山东、广东、海南；中部地区包括山西、吉林、黑龙江、安徽、江西、河南、湖北、湖南；西部地区包括内蒙古、广西、四川、重庆、贵州、云南、陕西、甘肃、青海、宁夏、新疆、西藏。

（四）FDI 主要来自中国香港地区

我国利用外资来源地也十分集中，受地理和文化因素影响，主要集中在东南亚国家和地区，特别是中国香港。1997—2006，亚洲地区占我国 FDI 流入的比重逐渐下降，从 75.7% 降至 48.3%。2007年开始，亚洲地区占我国 FDI 流入的比重止跌回升，从 2007 年的50.4% 升至 2015 年的 76.8%，2016 年又降至 73.9%。来自亚洲地区的 FDI 流入主要集中在中国香港、中国台湾、新加坡、日本和韩国，特别是中国香港地区。中国香港在我国 FDI 流入中的占比也大致呈现先降后升的趋势，1995—2005 年，来自中国香港的 FDI

占比从 53.5% 逐渐降至 24.8%；2006—2017 年，来自中国香港的 FDI 占比又从 27.8% 升至 69.3%，占比甚至比 20 世纪 90 年代还要高。

拉丁美洲是我国 FDI 来源第二大洲，特别是 2000—2011 年，来自拉丁美洲的 FDI 流入占比始终在 10% 以上，最高时曾达到 24%（2007 年）。来自拉丁美洲的 FDI 主要集中在英属维尔京群岛和开曼群岛，其中有很大一部分是进行政策套利的返程投资。北美洲对华直接投资呈现前高后低的趋势。1997—2004 年，北美洲对华直接投资均值为 49 亿美元，在我国 FDI 流入中所占的比重均值约为 10%；2005—2016 年，北美洲对华直接投资均值为 36 亿美元，占我国 FDI 流入比重的均值约为 3.5%。美国是北美洲对华投资最高的国家，占北美洲对华投资的比重一度超过九成。欧洲对华直接投资呈现出阶梯式上升的趋势，1997—2004 年，欧洲对华直接投资均值为 45 亿美元，占我国 FDI 流入的比重约为 9.5%；2005—2011 年，欧洲对华直接投资均值为 55 亿美元，占我国 FDI 流入的比重为 6%；2012—2016 年，欧洲对华直接投资均值为 72 亿美元，占我国 FDI 流入的比重约为 5.6%，德国、法国、荷兰和英国是欧洲对华直接投资较多的国家。非洲和大洋洲对华直接投资规模和占比一直较小（见图 5-6）。

截至 2016 年，累计对华直接投资前十五位的国家或地区依次为中国香港、英属维尔京群岛、日本、新加坡、美国、韩国、中国台湾、开曼群岛、德国、萨摩亚、英国、荷兰、法国、毛里求斯和中国澳门地区。我国高达 87.72% 的 FDI 来自以上 15 个国家或地区（见图 5-7）。

（亿美元）

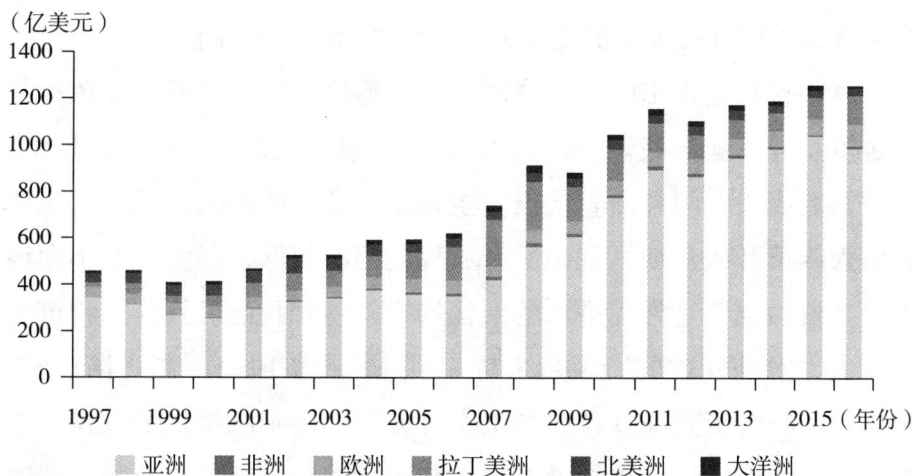

图 5-6　FDI 来源在各大洲之间的分布

数据来源：CEIC 数据库。

（亿美元）

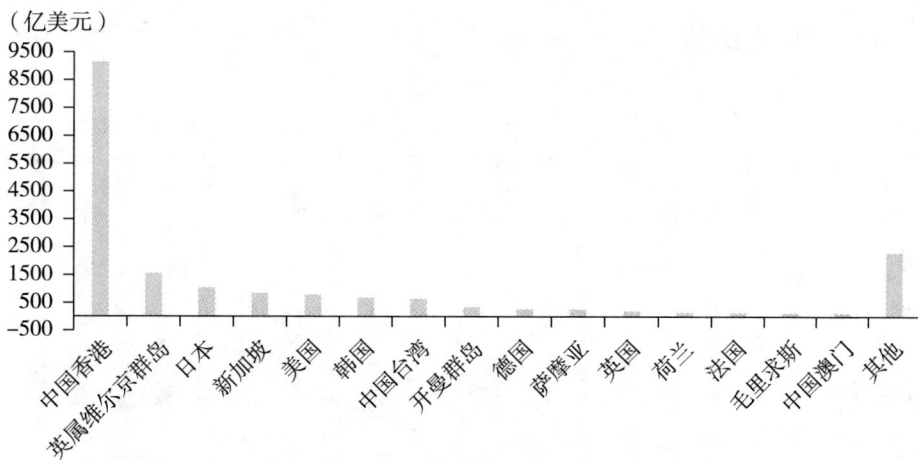

图 5-7　截至 2016 年对华投资前十五位国家 / 地区

数据来源：商务部《2017 年中国外资统计》。

（五）外商投资方式以外商独资为主

外国投资者在我国开展直接投资的主要方式有中外合资、中外合作和外商独资。20 世纪 90 年代上半期之前，建立合资 / 合作企

业一直是外商直接投资的主要方式。从 20 世纪 90 年代下半期开始，
外商直接投资呈现出明显的"独资化"趋势，外商独资企业逐渐替
代合资企业，成为我国利用外商直接投资的主要方式（见图 5-8）。
当前，七成以上的外商直接投资主要是以独资的形式完成。这主要
是因为改革开放初期，我国的开放程度仍旧较低，很多行业不允许
外商独资，合资是外商进入的最佳选择。随着我国对外开放程度越
来越大，对外开放的行业越来越多，外商投资股权限制逐渐放宽，
独资企业与合资企业在税收、汇率等方面的差别政策逐渐取消，对
外开放法律法规以及市场规则日益与国际接轨，合资企业的优势逐
渐减弱。外国投资者对我国正式的和非正式的营商环境的熟悉程度
加强，外商投资独资化倾向日益明显，以加强对企业的控制和方便
灵活地实施全球战略。

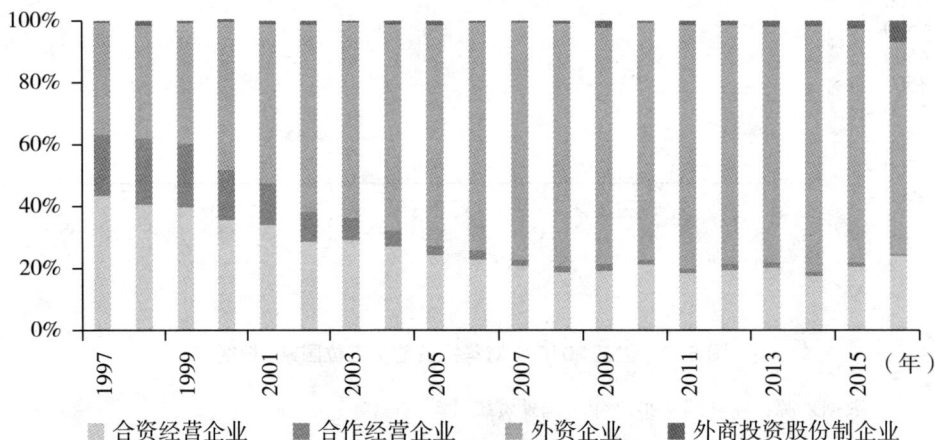

图 5-8　外商直接投资方式占比变化

数据来源：Wind 数据库。

三、FDI 对我国经济发展的影响

（一）客观上提高了我国参与全球经济发挥比较优势

改革开放前，我国农村地区存在大量的闲置劳动力。农村实施家庭联产承包责任制后，大量劳动力从土地中解放出来，在劳动力市场形成大量低技术劳动力供给。充裕的劳动力禀赋决定我国应当发展劳动密集型产业，但是两大因素制约了我国发展劳动密集型产业。一是金融体系极端落后，金融系统对民营企业存在严重的歧视，资金不能够流入效率较高的私人企业，资金匮乏加重了劳动密集型产业发展的成本。二是改革开放初期，经济发展落后，市场规模有限，劳动密集型产业的产品市场受到相当大的限制。FDI 流入一方面解决了私人企业发展我国具有比较优势的劳动密集型产业的资金问题，另一方面借由加工贸易，将这些劳动密集型产品销往全球市场，帮助我国快速融入全球生产价值链中。特别是 1992 年邓小平发表南方谈话以后，东南亚外资大量涌入，利用我国低廉的劳动力价格和税收优惠，将我国作为出口加工平台，生产并出口大量的劳动密集型产品。FDI 流入帮助我国实现了经济起飞初期的比较优势，为我国后来经济持续增长，产业逐步转型升级，提供了最初的动力。

外商投资企业在我国经济社会发展中的作用增加，并逐渐成为我国国民经济的重要组成部分。虽然近年来，FDI 流入在我国固定资本形成中的占比已经降至不足 3% 的水平，但是该比重最高时曾达到 17.14%（1994 年），FDI 存量占 GDP 的比重最高时曾达到 17.04%（1999—2000 年）。2000 年至 2016 年，涉外税收占全国税收收入的比重稳定在二成左右，平均占比为 21.7%。其中，来源于外商投资企业的税收占涉外收入的 98% 以上。2000 至 2017 年，外商投资企业进出口总值达 22.3 万亿美元，占全国同期进出口总值 44.4 万亿美元的比重为 50.3%，外商投资企业出口总值为 12.1 万亿美元，占全国同期出口总值 24.2 万亿美元的比重为 50%，占据我国进出口贸易半壁江山。这一期间，外商投资企业贸易顺差占我国整体贸易顺差的均值为 46.1%，为我国外汇储备积累作出了重要的贡献。1990—2013 年，外商投资企业（含港澳台地区投资企业）城镇就业人员占总体就业人员的比重从 0.39% 升至 7.75%，近几年虽然有所下降，2017 年该比重仍旧达到 6.08%。

（二）外商投资带来的溢出效应明显

虽然国内研究对我国"以市场换技术"的引资策略的成败一直存在争议。但不可否认的是，外商投资企业的技术水平、管理理念要优于国内企业，这种差距在改革开放的早中期尤为明显。FDI 流入创造了显著的溢出效应。首先，改革开放初期，国有企业存在着大量的高素质劳动力，随着 FDI 不断涌入，优质劳动力逐渐从国有企业流向薪酬较高的外资企业。加入 WTO 以后，附加值高的现代服务业所吸纳的跨国公司，成为我国名牌大学毕业生的就业首选。外资企业为我国培养了一大批优秀人才。之后，这些优质劳动力又通过在部门间流动以及自主创业，将先进的技术和管理经验扩展到其他国民经济部门。当前国内很多知名企业就是在给国外企业做代工的过程中逐渐发展起来的。其次，外资企业进入刺激了行业竞争，促使国内企业积极改革管理模式，提高生产效率，加大研发投入，改善服务质量，外商投资企业为我国企业提质增效、改革发展提供了示范效应。

四、利用外商直接投资展望

（一）市场驱动型的外商直接投资将增加

近年来，我国人口老龄化问题凸显，人口红利消失，劳动力成本快速上升，房价上涨带动土地和厂房租金价格上涨；针对外资的部分超国民待遇逐渐取消，使得我国在吸引外资方面的成本优势逐渐降低，这类劳动密集型外资流入必将逐渐减少。当前我国已经是世界第二大经济体，经济增速从全球范围来看依旧位于较高水平，市场前景广阔，未来市场驱动型的外商直接投资占比将逐渐增加，我国仍将是外商直接投资流入最重要的目的地。而且，更多的企业为了抢占中国市场，将选择加大在国内的研发投入和产品创新，我国利用外商直接投资流入的结构将不断优化，高技术高附加值的外商投资将增多。

（二）并购投资占比将进一步增长

经过 40 年的改革开放，我国经济发展取得了巨大的进步，有一大批优秀的企业成长壮大起来。我国经济已经从高速发展阶段迈入高质量发展阶段，企业经营发展也将面临深度的整合调整，为跨国企业提供了很多的并购标的。随着我国有关外资并购的限制逐渐放松，跨境并购在外商直接投资中的占比有望继续上升。

（三）服务业利用外资力度加大

近两年我国外商直接投资政策正朝着"负面清单 + 国民待遇"的方向加速过渡，对外商投资的开放力度将进一步扩大，特别是服务业。当前，我国在金融、电信、运输、教育和医疗等领域对外资进入的限制仍旧较多。随着我国逐步完成"入世"承诺，扩大服务业对外开放力度，服务业外商直接投资将增加。

第二节　对外直接投资

我国在 20 世纪 80 年初就已经有一些零星的对外直接投资活动。受经济发展水平低、企业竞争力不足、外汇资金短缺等因素影响，我国企业对外直接投资长期呈现案例少、规模小的特点。我国企业对外直接投资快速增长是在我国成功加入世界贸易组织（WTO）之后。2003 年起，我国对外直接投资显著攀升，在全球历年对外直接投资中所占的比重不断上升。2015 年，我国对外直接投资流量首次超过实际使用外资金额，成为直接投资项下的净资本输出国，全球第二大对外直接投资国。我国于 2002 年底建立《对外直接投资统计制度》，对外直接投资统计数据公布日臻完善。鉴于早期对外投资规模较小，统计数据严重缺失，本文将重点对 2003 年以来我国对外直接投资相关情况进行梳理回顾。

一、对外直接投资管理体制演变

2000 年 3 月，九届人大三次会议上首次将"走出去"作为国家战略正式提出。2004 年 7 月，国务院颁布《关于投资体制改革的决定》奠定了我国对外直接投资政策体系转型的基础。2007 年国务院出台《关于鼓励和规范我国企业对外投资合作的意见》，明确我国"走出去"的战略大方向。外管局、发改委、商务部等相关部门陆续对企业对外投资各环节审批进行了简化，以提高企业对外直接的便利度。

（一）对外投资外汇管理

直到 20 世纪 90 年代末期，我国主要关心的是如何更好地引进外资，在外汇管理制度方面体现出"宽进严出"的特征。监管部门对企业境外投资资金来源的审查十分严格，区分了有创汇的境内投资者和没有创汇的境内投资者，并设定了对外投资额度与创汇额度的关系。有创汇的境内投资者，其当年用于境外投资的外汇资金总额不得超过其前三年创汇总额平均数的 1%，才能到外汇局办理核批手续。有创汇的境内投资者，其当年用于境外投资的外汇资金总额超过其前三年创汇总额平均数的 1% 的以及没有创汇的境内投资者，其项目属于国家鼓励行业或属于国家鼓励的投资国家，经外汇管理局批准后方可办理购汇审批手续。21 世纪以后，对资金来源的审查逐步放松，并逐步确立对外汇资金实行流入流出均衡管理的原则和制度。

2009 年，国家外汇管理局颁布《境内机构境外直接投资外汇管理规定》中，只是说明"境内机构可以使用自有外汇资金、符合规定的国内外汇贷款、人民币购汇或实物、无形资产及经外汇局核准的其他外汇资金来源进行境外投资。境内机构境外直接投资所得利润也可留存境外用于其他境外直接投资"。对资金来源审核权限也逐渐放宽，由国家外管局审批的投资项目金额逐渐从 100 万美元上升至 1000 万美元。依据商务部新修订的《境外投资管理办法》，从 2015 年 6 月起，境外直接投资项下外汇登记改由银行直接审核办理，外管局只通过银行对直接投资外汇登记实施间接监管。外汇管理局还于 2002 年废止了境外投资企业利润汇回保证金制度，于 2007 年废止了创汇留成制度。

（二）行政审批体制

我国企业进行境外投资，需要商务部门审批。如果是涉及资源开发类和大额用汇项目还需要发改部门审批。

商务部于 2009 年 3 月颁布《境外投资管理办法》。根据该法，境外企业投资的经济技术可行性由企业自行负责。商务部只在如下四种情况下，不予核准企业境外投资行为：（1）危害我国国家主权、安全和社会公共利益，或违反我国法律法规；（2）损害我国与有关国家（地区）关系；（3）可能违反我国对外缔结的国际条约；（4）涉及我国禁止出口的技术和货物。涉及敏感国家和地区，以及中方投资金额在 1 亿美元以上的境外投资由商务部核准，投资金额在 1000 万美元以上、1 亿美元以下的境外投资，能源、矿产类境外投资由省级商务部门核准。2014 年，商务部发布新修订的《境外投资管理办法》进一步规定除涉及敏感国家和地区、敏感行业的投资，一律实行备案管理，中央企业报商务部备案，地方企业报所在地省级商务部门备案。

发改委于 2004 年 10 月出台《境外投资项目核准暂行管理办法》。依据该法，对于资源开发类项目，投资金额在 3000 万美元以上的由发改委核准，其中中方投资额 2 亿美元及以上的，由发展改革委审核后报国务院核准。金额在 3000 万美元以下的由省级发改部门核准，金额在 3000 万美元以下的中央管理企业投资由企业自主决策，并报发改委备案；对于大额用汇项目，中方投资用汇额 1000 万美元及以上的由发展改革委核准，其中中方投资用汇额 5000 万美元及以上的，由发展改革委审核后报国务院核准，金额在 1000 万美元以下的由省级发改部门核准，金额在 1000 万美元以下的中央管理企业投资由企业自主决策，并报发改委备案。2014 年 4 月，发改委颁布《境外投资项目核准和备案管理办法》规定，涉及敏感国家和地区、敏感行业的境外投资项目，由发改委核准。其中，中方投资金额在 20亿美元及以上的，由发展改革委审核后报国务院核准。其余境外投资项目均实行备案管理，中央管理企业境外投资项目和 3 亿美元及以上的地方企业境外投资项目由发展改革委备案；3 亿美元以下的地方企业境外投资项目由省级部门备案。2017 年 12 月发改委颁布《企业境外投资管理办法》，进一步明确了核准项目的程序和时限。与《企业境外投资管理办法》相配套的是 2006 年 7 月发布的《境外投资产业指导政策》和《境外投资产业指导目录》。两份文件明确规定了鼓励类和禁止类境外投资项目。

此外，国有企业对外直接投资还将受到国有资产管理部门的监管。2017 年 1 月，为了抑制境内企业"非理性"对外投资，避免资本大量外流，外汇储备流失，降低经营风险，国资委发布了《中央企业境外投资监督管理办法》，规定中央企业境外投资必须符合企业发展战略和国际化经营规划，坚持聚焦主业，原则上不得在境外从事非主业投资。确需开展非主业投资的，应报国资委同意后采取与具有相关主业优势的中央企业合作的方式开展。

二、对外直接投资总量变动

1982—1990 年，我国企业对外直接投资金额年均不到 5 亿美元，占同期全世界和发展中国家对外直接投资的比重分别为 0.42%和 7.1%；1991—2002 年，我国企业年均对外直接投资金额上升至27.4 亿美元，占同期全世界对外直接投资的比重略升至 0.5%，占发展中国家对外直接投资的比重反而下降至 5.6%。

2001 年年底，我国成功加入 WTO，与世界市场进一步接轨，企业出口大幅增加，竞争实力快速上升。2002年，我国对外直接投资为27亿美元，位列全球第26位。2003—2008年，我国对外直接投资年均增长速度为81%，是我国对外直接投资增长最快的时期。2008年，我国对外直接投资金额为559亿美元，占全世界和发展中国家对外直接投资的比重分别上升至3.3%和19.4%，位列全球第12位。

全球金融危机爆发后，我国企业加紧全球布局，在全球对外直接投资大幅下降的背景下，对外直接投资仍旧保持快速增长。2009—2016年，我国对外直接投资年均增长19.5%。2016年，我国对外直接投资1962亿美元，占全世界和发展中国家对外直接投资的比重分别升至13.5%和51.2%，成为仅次于美国的全球第二大对外直接投资国。2016年，我国对外直接投资存量从2002年的299亿美元增加至1.36万亿美元，占全球对外直接投资存量的比重从0.4%升至5.5%，排名从第25位上升至第6位，仅次于美国、中国香港、英国、日本和德国。截至2016年底，我国有2.44万家企业开展对外直接投资，共设立对外直接投资企业3.72万家，投资活动遍及全球190个国家和地区（见图5-9）。

我国对外直接投资早期呈现出以国有企业为主，其他类型企业占比较低的特点。2003年，对外直接投资主体构成中国有企业占比为43%。2016年，国有企业在对外直接投资主体构成中的占比降至5.2%，其他类型企业数量占比显著上升，特别是有限责任公司。近两年，我国私营企业对外直接投资数量增长明显。由于国有企业对外直接投资单笔交易的规模通常较大，因而国有企业对外投资存量在整体对外投资存量中的占比下降并没有数量那么明显。2006—2016年，国有企业对外投资存量占我国全部对外直接投资存量的比重从81%降至54.3%（见图5-10）。

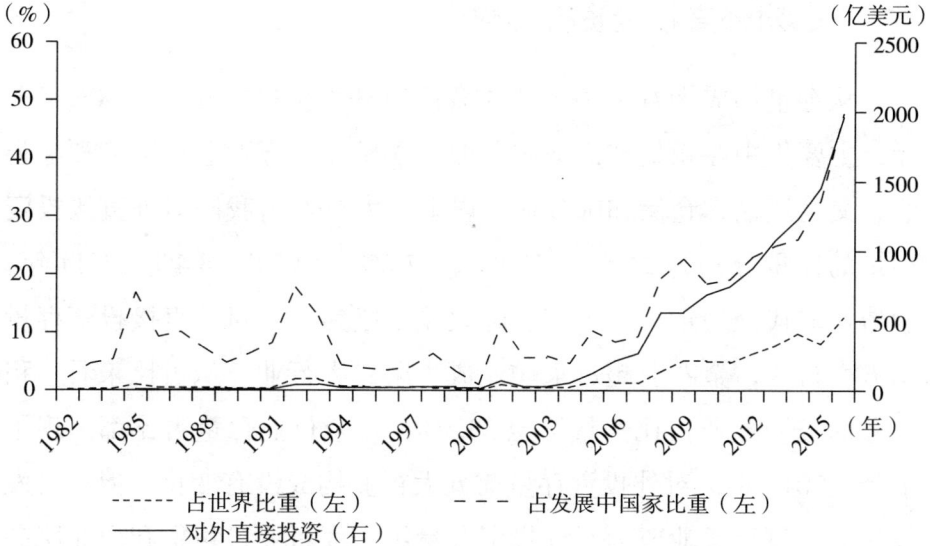

图 5-9　我国对外直接投资规模及其在全球的占比

数据来源：我国 2002—2016 年的数据来源于商务部，我国 2002 年之前的数据以及全球和发展中国家的数据来自联合国贸易发展委员会（UNCTAD）。

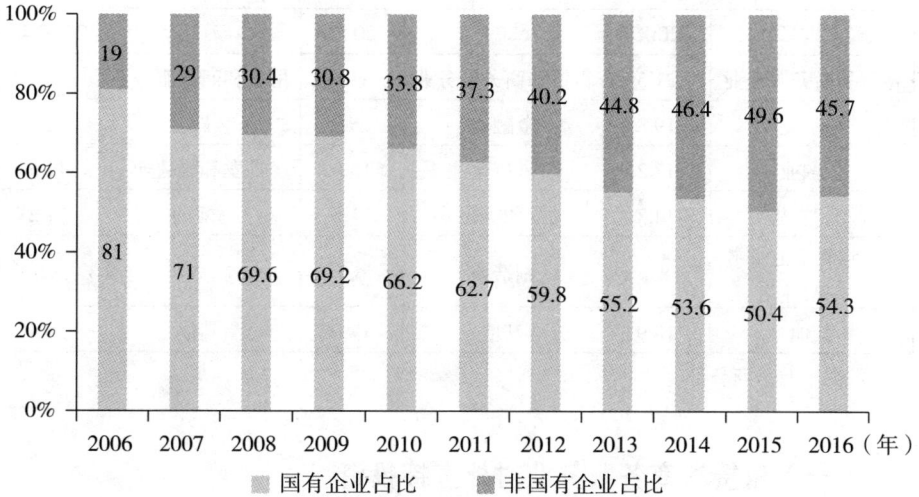

图 5-10　对外直接投资存量国有和非国有占比

数据来源：商务部。

三、对外直接投资行业构成

从存量构成来看，2006 年，我国对外直接投资存量为 906 亿美元，主要集中在租赁和商务服务业，采矿业，金融业，批发和零售业，交通运输、仓储和邮政业，以上五大行业占我国对外直接投资存量的比重分别为 21.5%、19.8%、17.2%、14.3%、8.4%。2011 年，制造业取代交通运输、仓储和邮政业，成为我国对外直接投资存量第五大行业，金融业超过采矿业成为第二大行业。从占比来看，租赁和商务服务业占比大幅增至 33.5%，其余行业存量占比都出现了下降。2016 年，对外投资存量前五大行业构成没有变化，但是批发零售业超过采矿业成为对外投资存量第三大行业，租赁和商业服务业、制造业在存量中的占比分别上升了 1.4 个和 1.7 个百分点，另外三大行业存量占比则继续下降（见表 5–1）。

表 5–1　主要年份对外直接投资存量构成（%）

	2006		2011		2016 年
租赁和商务服务业	21.5	租赁和商务服务业	33.5	租赁和商务服务业	34.9
采矿业	19.8	金融业	15.9	金融业	13.1
金融业	17.2	采矿业	15.8	批发和零售业	12.5
批发和零售业	14.3	批发和零售业	11.6	采矿业	11.2
交通运输、仓储和邮政业	8.4	制造业	6.3	制造业	8.0
其他	18.9	其他	17.0	其他	20.4

数据来源：商务部。

（一）租赁和商务服务业对外直接投资

在 2003—2016 年的大部分年份里，租赁和商务服务业一直是我国对外投资第一大行业，其在我国对外直接投资存量中的占比持续上升。2003—2016年，租赁和商务服务业对外直接投资金额从2.7亿美元增至658亿美元，年均增长52%（见图5-11）。租赁和商业服务业对外直接投资中有很大一部分是在国外建立投资公司，诸如在避税天堂建立投资公司，最终目的可能是到其他国家进行能源资源方面的投资，或者并购先进制造业，因而租赁和商务服务业对外直接投资主要分布在中国香港、开曼群岛、英属维尔京群岛、卢森堡和荷兰等国家和地区。

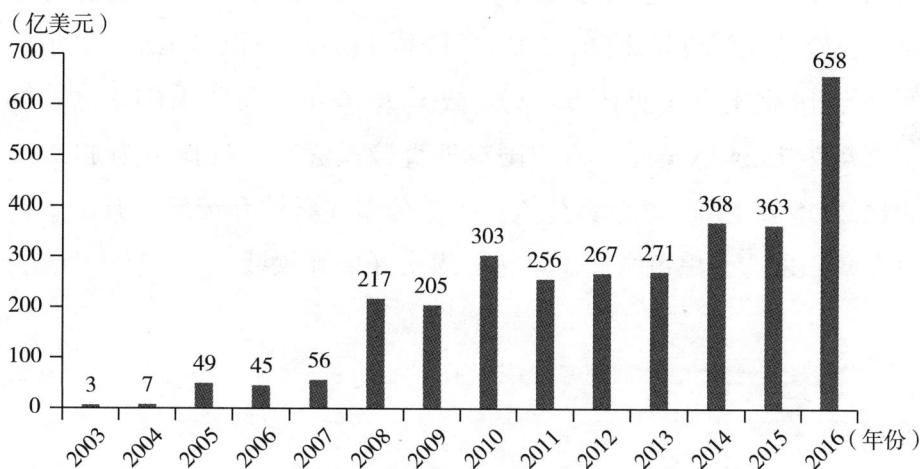

图5-11　租赁和商务服务业历年对外直接投资

数据来源：商务部，如无特殊说明，下同。

（二）能源与资源对外直接投资

我国能源资源总量比较丰富，但是人均拥有量稀少。随着我国经济不断增长，石油和铁矿石等能源资源的人均消耗量逐渐增长，需求快速增加，国内供需缺口加大，进口依赖程度不断增加。为了稳定能源供给、保障能源安全，我国从20世纪90年代初期就开始在能源与资源领域开展对外直接投资。进入 21 世纪，我国能源资源企业实力不断增强，以三大石油公司为代表的国内能源资源企业海外投资日益活跃。2003 年，采矿业对外直接投资仅为 14 亿美元，此后逐渐增加。特别是全球金融危机后，大宗商品价格下跌，外国矿业公司资金链断裂，纷纷出售股权，我国企业大举抄底海外资产。2013 年，采矿业对外直接投资规模达到 248 亿美元的高峰，是 2003 年的 17.7 倍。由于国际大宗商品价格长期低迷，国内企业利润受损，前期大幅对外投资进入消化整顿期，近年来我国能源资源企业对外直接投资的规模逐渐下降，2015 年降至 113 亿美元，2016 年更是大幅降至 19 亿美元（见图 5-12）。截至 2016 年，我国采矿业对外投资存量为 1524 亿美元，占我国对外直接投资存量的比重为 11.2%，相比 2006 年下降 8.6 个百分点。主要分布在石油和天然气开采、有色金属矿采选、黑色金属矿采选、煤炭开采等领域。

（亿美元）

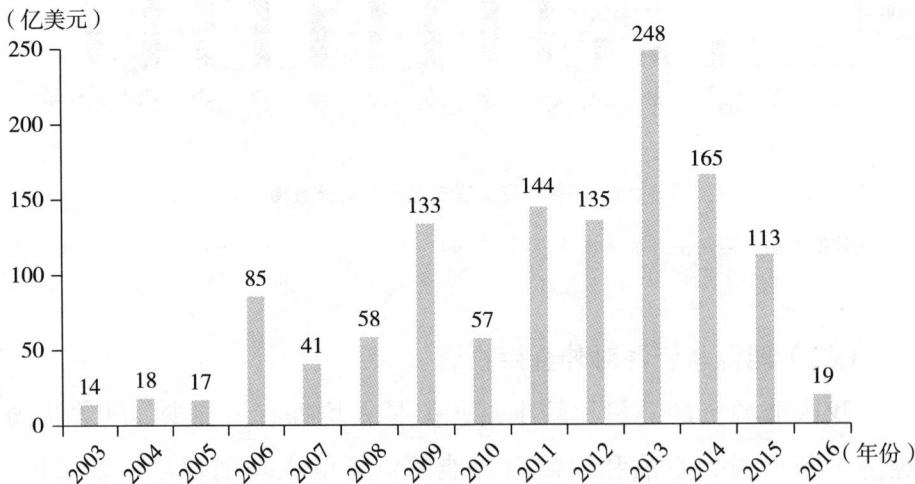

图 5-12　采矿业历年对外投资流量

我国能源资源类企业海外并购以国有企业为主，加之涉及的金额较大且领域较为敏感，很容易引起国际社会的广泛关注和来自东道国的严密审查。例如，2005 年夏季中海油计划以 185 亿美元收购美国优尼科石油公司，最终却未通过美国外商投资委员会（CFIUS）的安全审查，不得不放弃；2009 年初，中国铝业以 195 亿美元报价收购力拓部分股份的方案也未获澳大利亚政府通过。与其他行业相比，我国能源资源企业在海外投资时通常会面对更多来自客观环境的挑战，更多地涉及来自政治、经济、社会环境等方面的压力。能源意味着国家权力和利益，即使是经济发展水平相对落后但人均资源储量较为丰富的弱小国家，也越来越意识到本国的地下矿产资源是其赖以同经济大国进行政治和外交博弈的筹码，逐步摆脱落后贫困的最大资本。因此，许多国家都加强了对本国资源的控制，不断收紧开采政策，这将显著提高我国企业在该领域的投资难度。

（三）制造业对外直接投资

制造业对外投资呈现出数量多，单笔规模小的特点。加入 WTO 后，我国制造业企业广泛地参与到跨国生产网络中，特别是在终端生产环节获得了充分的发展。为了寻求供应方的稳定，避免外部冲击对供应链和整个生产活动的影响，同时也为了在整个生产链中获得更大的增加值，我国制造业开始通过跨境并购的方式向原本不具有优势的上游延伸，制造业对外投资显著增加。初期 2003—2009 年，我国制造业对外投资水平仍旧较低，年均投资水平约为 15 亿美元。2010—2014 年，制造业年均对外直接投资约为 74 亿美元，相比 2003—2009 年增加将近 4 倍。2015—2016 年，制造业对外直接投资大幅激增（见图 5-13），2015 年，制造业对外直接投资首次突破 100 亿美元，跃升至 200 亿美元，2016 年进一步上升至 290 亿美元，成为近两年我国对外直接投资增长最为强劲的行业。2016 年，我国制造业对外投资存量为 1081 亿美元，占我国对外直接投资存量的比重约为 8%，相比 2011 年上升了 1.6 个百分点。从存量构成来看，我国制造业对外直接投资主要分布在汽车制造、计算机／通信及其他电子设备制造、专用设备制造、化学原料及化学制品制造、其他制造等领域。其中装备制造业存量 470.4 亿美元，占制造业投资存量的 43.5%。

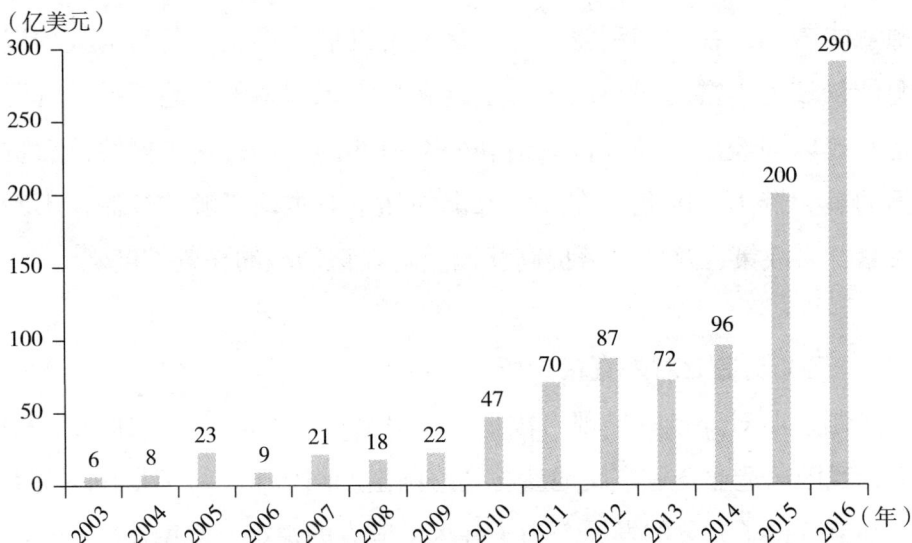

图 5-13 制造业历年对外投资流量

目前我国企业在全球价值链低端的并购活动明显减少，投资意向明显高度关注于欧美产业中的价值链高端项目，非常注重获取能产生高附加值的欧美企业创造性资产。尤其是在高端制造业、金融服务业、互联网等领域的企业并购交易，我国企业获得创造性资产的投资动机明显。如，作为汽车零部件产业"走出去"的国内名牌企业，万向集团不仅并购美国 A123 系统公司汽车业务资产及其硬件设施，还包括被并购对象的所有技术、产品和客户合同。又如，2016 年美的并购"全球四大工业机器人制造商"之一的库卡集团，是我国企业并购向价值链高端发展的有力证明。

（四）金融业对外直接投资

2000 年前后，我国商业银行经历了大规模不良资产剥离，随后开始了股份制改革，此后各大银行便加快了国际化和海外投资的步伐。2006、2007 年，我国金融业对外投资流量仅为 35 亿美元和 17 亿美元，2008 年陡升至 140 亿美元，随后虽有所下降，但仍旧保持在 60 亿美元以上。2012 年，我国金融企业对外直接投资又开始大幅上升，2015 年增至 242 亿美元的高峰，2016 年又大幅下滑至 149 亿美元（见图 5-14）。截至 2016 年末，我国对外金融类直接投资存量为 1773 亿美元，其中对外货币金融服务业存量 1019 亿美元（占

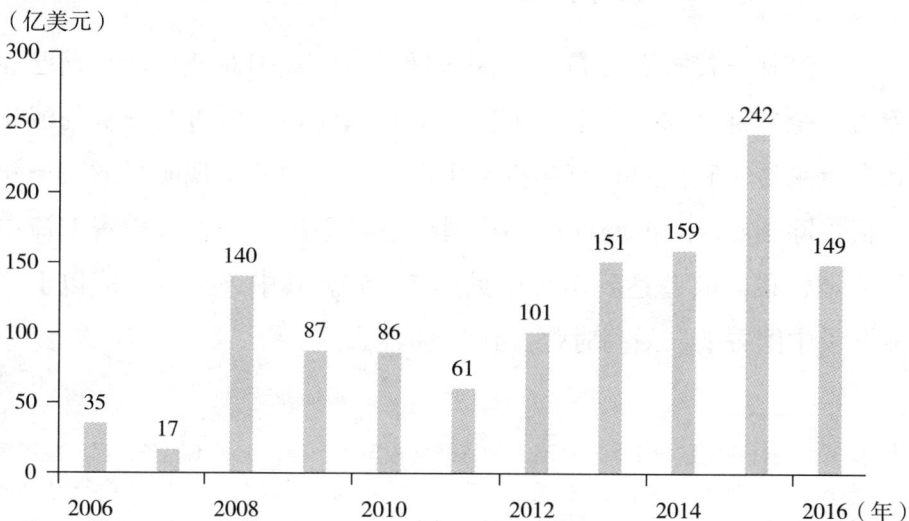

（亿美元）

图 5-14　金融业历年对外投资流量

比 57.5%），保险业存量 28 亿美元（占 1.6%），资本市场服务业存量 74 亿美元（占 4.2%），其他金融业存量 652 亿美元（占 36.7%）。我国金融业对外投资以并购为主，截至目前，我国主要的商业银行和其他金融机构都已经有了在海外成功并购的经验。

我国金融企业对外直接投资在全球金融危机后快速增加的主要原因有二。一是我国非金融企业对外直接投资快速增长。为了满足我国非金融企业"走出去"产生的融资及其他金融服务需求[①]，我国商业银行和其他金融机构加快了海外投资的步伐，这也是前期对我国非金融企业走出去预判不足的补课。二是金融危机对国外许多金融机构造成了重大冲击，金融机构的资产价格处于低谷，一些金融机构为了补充资本金，选择性地出售亚洲资产，我国金融机构借此机会出手进行全球化布局。如，2009 年中国建设银行以 7000 万美元成功收购美国国际信贷（香港）有限公司。

四、对外直接投资区域分布

从对外直接投资分布的地区数量来看，我国对外投资活动已经覆盖了全球绝大部分国家和地区。但是从对各地区直接投资的流量和存量来看，我国对外直接投资仍旧较为集中，呈现明显的区域化特征。除 2005 年和 2006 年，我国半数以上的对外直接投资都流向了亚洲，最高时曾达到 74%（见图 5-15）。其中，至少七成以上都流向了中国香港，最高时曾占到 90%。

---

① 我国企业对外投资起步晚，在海外的资产规模不大、信用记录不完备，因此我国境外企业要在海外获得金融支持通常非常困难，特别是一些中小企业，根本无法在海外获得金融支持。国内金融机构可以通过"授信"、"内保外贷"等方式提供金融支持，这就需要国内金融机构能够在海外有分支机构来完成相应操作。

（亿美元）

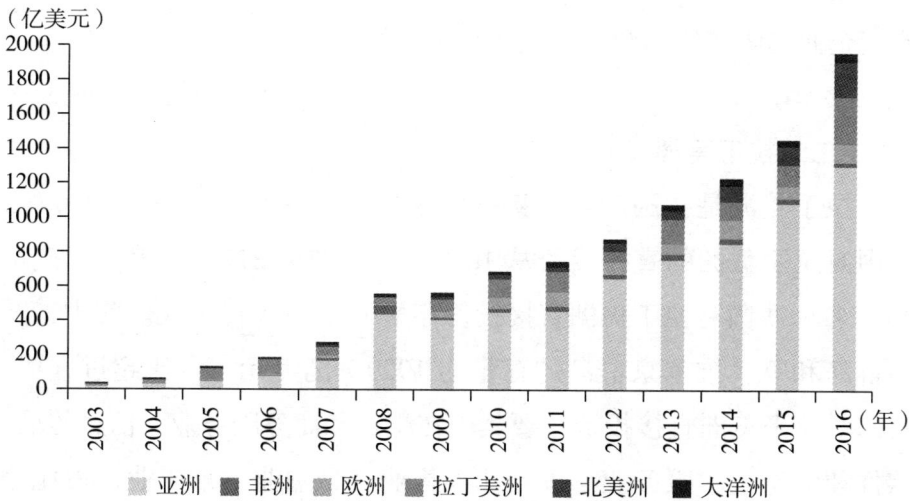

图 5-15 对外直接投资存量地区分布

（一）亚洲

亚洲是我国对外直接投资额最高的地区。2003—2016 年，我国对亚洲国家和地区直接投资从 15 亿美元升至 1303 亿美元。其中，对中国香港的投资从 11.5 亿美元增至 1142 亿美元；对东盟的投资从 1.2 亿美元增至 102.8 亿美元。截至 2016 年，我国对亚洲直接投资存量为 9094.5 亿美元，占我国对外直接投资存量的比重为 67%，绝大部分都流向了中国香港和东盟。我国对亚洲的直接投资主要集中在租赁和商务服务业、金融业、批发和零售业、采矿业和制造业，占比分别为 42.4%、13.1%、12.9%、7.9%、6.9%。值得注意的是，我国对香港地区以及拉丁美洲百慕大群岛、英属维尔京群岛等避税天堂的投资，有相当一部分投资是在那里设立投资平台，最终目的地是其他国家的能源资源和先进制造业等。早期投资中还有很大一部分属于返程投资，最终又以外商直接投资的身份回到了国内，以享受国内针对外资企业的优惠政策。随着 2007 年我国取消针对外商投资企业的诸多优惠政策，返程投资逐渐减少。

（二）拉丁美洲

拉丁美洲是我国对外直接投资第二大目的地。2003—2016 年，我国对拉丁美洲的直接投资从 10.4 亿美元增至 272.3 亿美元。截至 2016 年，我国对拉丁美洲直接投资存量为 2071.5 亿美元。其中，开曼群岛和英属维尔京群岛的存量为 1929.7 亿美元，占比超过九成。我国对拉丁美洲直接投资主要集中在租赁和商务服务业、信息传输 / 软件和信息技术服务业、批发和零售业、金融业、采矿业，占比分别为 33.3%、18.4%、17.9%、11.7% 和 7.7%。

（三）北美洲

近几年，我国企业对北美洲的投资大幅增加，北美洲已成为我国第三大对外直接投资目的地。2006 年，我国对北美洲的投资不足 3 亿美元，2007 年陡升至 11 亿美元，2008 年受金融危机的影响，又下跌至 3.6 亿美元，2009 年后大幅增加。2009—2016 年，我国对北美洲直接投资从 15.2 亿美元增至 203.5 亿美元。截至 2016 年，我国对北美洲直接投资存量为 754.7 亿美元，美国和加拿大分别占比 80% 和 17%。我国对北美洲直接投资集中在制造业、金融业、采矿业、租赁和商务服务业、房地产业，占比分别为 22.7%、16.4%、12.7%、11.8% 和 8.2%。

（四）欧洲

欧洲是我国企业对外直接投资第四大目的地。2003—2008 年，我国对欧洲直接投资规模较小，除 2007 年外，未超过 10 亿美元。2009 年，我国对欧洲直接投资从 2008 年的 8.8 亿美元跃升至 33.5 亿美元，2010 年进一步跃升至 67.6 亿美元。2010—2016 年，我国对欧洲直接投资在 60 亿—101 亿美元波动，年均投资规模 81 亿美元。截至 2016 年，我国对欧洲直接投资存量 872 亿美元，在存量上仍旧高于北美洲，主要集中在荷兰、英国、俄罗斯、卢森堡、德国和法国。我国对欧洲直接投资集中在采矿业、制造业、金融业、批发和零售业、租赁和商务服务业，占比分别为 27.3%、20.1%、16.6%、9.0% 和 8.1%。

（五）大洋洲

我国对大洋洲直接投资的体量小，但增长较快。2006 年，我国对大洋洲对外直接投资仅为 1.3 亿美元，2007 年跃升至 7.7 亿美元，2008 年，进一步攀升至 19.5 亿美元，两年的时间内增长了 14.4 倍。2009—2016 年，我国企业对大洋洲直接投资呈波动增长的趋势。2009—2012 年、2013—2016 年，我国对大洋洲年均直接投资规模分别为 25.3 亿和 45.7 亿美元。截至 2016 年，我国对大洋洲直接投资存量 382.4 亿美元，将近九成在澳大利亚。我国对大洋洲直接投资集中在采矿业、房地产业、金融业、租赁和商务服务业、批发和零售业，占比分别为 54.5%、11.6%、7.2%、5.2% 和 4.3%。

（六）非洲

近年来，我国对非洲直接投资逐渐下降。2004—2008 年，我国对非洲直接投资快速增长，是我国对外直接投资仅次于亚洲和拉丁美洲的第三大目的地。2003 年，我国对非洲直接投资仅 0.75 亿美元，

2004 年激增至 3.2 亿美元。2008 年，我国对非洲直接投资跃增至 54.9 亿美元，创历史最高纪录，成为当年我国对外直接投资第二大目的地。2009 年以后，我国对非洲直接投资大幅下滑至 14.4 亿美元，此后逐渐回升，2013 年回升至 33.7 亿美元，此后又逐渐降至 2016 年的 24 亿美元。截至 2016 年，我国对非洲直接投资存量 398.8 亿美元，主要分布在南非、刚果（金）、赞比亚、阿尔及利亚和尼日利亚。我国对非洲直接投资集中在建筑业、采矿业、制造业、金融业、科学研究和技术服务业，占比分别为 28.3%、26.1%、12.8%、11.4% 和 4.8%。

截至 2016 年，我国对外直接投资存量地区分布情况如图 5-16 所示。

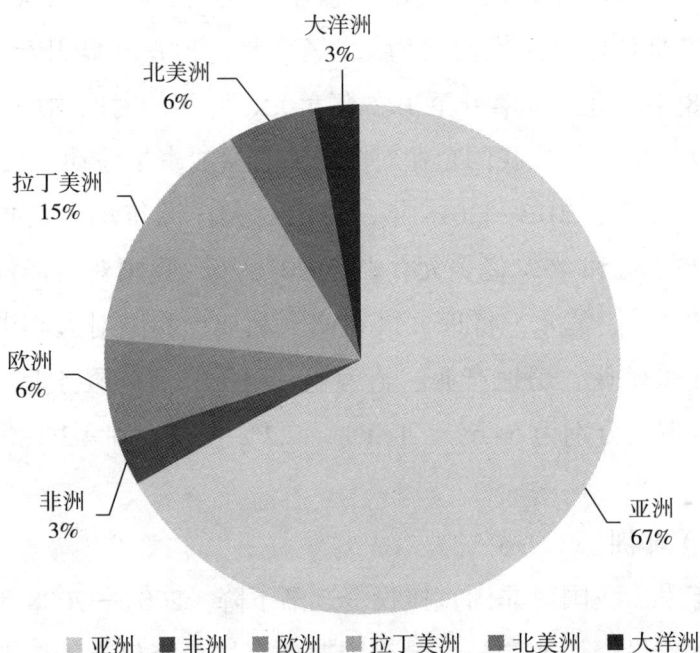

图 5-16 2016 年我国对外直接投资存量地区分布

（七）"一带一路"沿线投资

2013 年底，习近平主席在出访中亚和东南亚期间，先后提出共建"丝绸之路经济带"和"海上丝绸之路"两大重要倡议。2015 年，中央政府发布《推动共建丝绸之路经济带和 21 世纪海上丝绸之路的愿景与行动》，加强"一带一路"沿线 65 个国家和地区间的沟通磋商，在基础设施、产业投资、资源开发、经贸合作、金融合作、人文交流、生态保护、海上合作等领域加强合作。在"一带一路"倡议推动下，我国对沿线国家直接投资快速增长，从 2014 年的 125 亿美元增至 2017 年的 144 亿美元（见图 5-17）。截至 2016 年末，我国对"一带一路"沿线国家的直接投资存量为 1294.1 亿美元，占我国对外直接投资存量的 9.5%。存量位列前十的国家是：新加坡、俄罗斯、印度尼西亚、老挝、哈萨克斯坦、越南、阿联酋、巴基斯坦、缅甸、泰国。

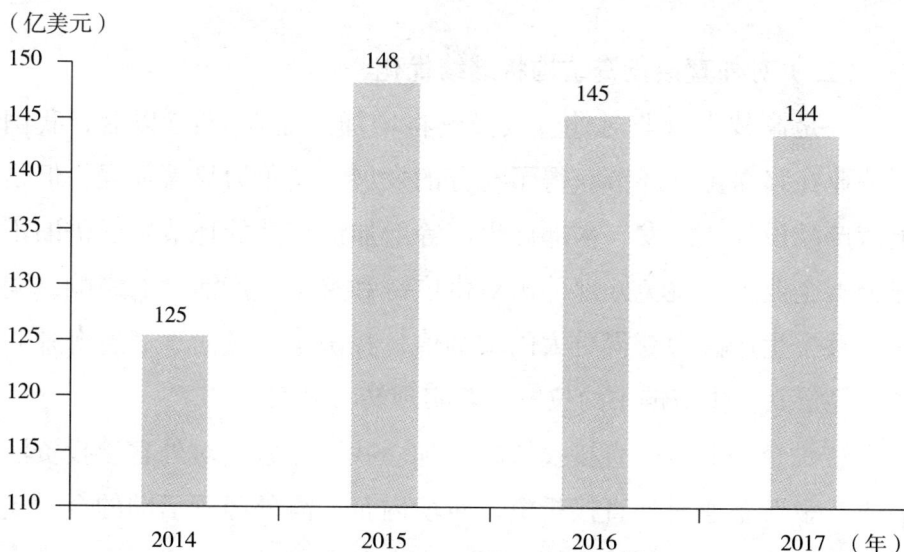

图 5-17　我国对"一带一路"沿线国家直接投资流量

五、对外直接投资展望

（一）对外直接投资在中长期内仍将保持较快增长

虽然近十年我国对外直接投资大幅增加，对外直接投资存量稳步攀升，但直接投资在对外总资产中所占的比重仍旧较低。截至2017年，直接投资占我国对外总资产的比重为21%，这一比例要显著低于美、欧、日等发达国家。储备资产占比仍旧偏高，高达43%。储备资产投资的安全性和流动性较高，但是收益却很低。外汇储备投资占比过高将导致我国对外资产整体收益偏低，形成较大的效率损失，对外投资多元化发展势在必行。虽然2017年受监管当局加大境内企业"非理性"对外投资的监管力度影响，对外直接投资显著下滑，但随着我国对外直接投资政策体系不断完善，企业对外直接投资便利度提高，我国对外直接投资在中长期内仍将保持较快增长。

（二）对外直接投资结构将继续优化

一是高技术行业对外直接投资将增加。加入WTO以后，我国制造业在终端生产环节获得了充分的发展，竞争力显著加强，但是上游产品设计、研发、零部件生产等增加值较高的环节发展仍旧不充分。企业为了避免外部冲击对供应链和整个生产活动的影响，同时在整个生产链中获得更大的增加值，我国企业倾向于通过海外并购，稳定其在供应链中的位置，并实现转型升级。

二是金融业对外直接投资将增加。我国金融业对外直接投资滞后于非金融企业对外直接投资，对境内企业海外经营活动的金融支撑不足。我国丰富的外汇储备资金为金融业对外投资提供了非常有利的条件。金融业对外直接投资将继续增加，一方面更好地为境内企业境外投资提供信贷等全方位金融服务，另一方面也提高境内金融机构的国家化经营程度。

三是民营企业对外直接投资的数量和规模将增加。改革开放 40 年，我国私营经济发展迅速，在国民经济中的比重显著上升。大量民营企业成长壮大，具备较强的对外投资诉求和能力。而国有企业由于具有国家背景，在对外投资并购过程中，往往受到来自国外审查部门的格外关注。

四是对外投资区域集中度将降低。虽然当前我国对外直接投资活动已经遍及全球 190 多个国家和地区，但是绝大部分都流向了中国香港和东盟地区，特别是中国香港。随着我国对外直接投资便利化程度提高，以及企业对外投资能力提升，我国对外投资区域多元化程度也将加强，针对发达国家的并购投资案例将增加。

（三）来自发达国家的安全审查阻力将增加

近几年我国对外直接投资形势发展迅猛，引起了国际社会的广泛关注。很多发达国家都有针对外商投资的安全审查制度，诸如美国的外资安全审查委员会（CFIUS）、澳大利亚的外商投资审核委员会（FIRB）。受意识形态和地缘政治因素影响，这些国家对来自我国投资的安全审查本就格外关注。加之近几年我国企业，特备是高技术企业对发达国家开展并购投资的案例显著增加，以及反全球化思潮回流，我国企业对外投资面临的安全审查将越来越严格，不仅是国有企业，针对民营企业并购投资的安全审查也将趋严。过去两年，我国就有多项对美并购投资被美国外资投资委员会（CFIUS）否决。根据相关媒体报道，德国相关官员也希望"更好地保护德国公司免受中国投资者的影响",要求将之前中国企业收购德国公司股权的审查线,从 25% 降低到 20%、15% 甚至 10%,以限制中国企业购买德国企业股份[1]。

---

[1] 资料来源:http://news.china.com/socialgd/10000169/20180510/32396665.html。

第六章　房地产市场的培育和发展

　　1978 年以来，伴随住房制度改革和不断深化完善，房地产市场发展从无到有，经历了培育、繁荣和再规范的历程。在这个过程中，房地产市场成为解决居民住房问题的主要渠道，住房成为家庭最重要的资产形式，房地产发展也为经济增长作出重要贡献。同时，房价持续快速上涨，住房资产属性不断膨胀，房地产泡沫也逐步增加。2016 年以后中央明确"房住不炒"的基本定位，加快建立房地产发展长效机制。

第一节　住房制度改革不断深化完善

一、1978—1998 年：住房制度市场化改革的探索阶段

（一）城镇住房制度市场化改革背景

　　我国传统城镇住房制度是在 20 世纪 50 年代末建立起来的与计划经济体制相适应的住房制度，是一种以国家和企事业单位统包、低租金为特点的实物福利分房制度。传统住房制度在特定的历史条件下起到了积极的作用，主要是保证了改革开放之前城镇居民的基

本生活条件，维护了社会安定；保证了重工业化战略的实施。

随着时间的推移和经济环境的变化，传统住房制度的弊端越来越明显，主要表现在：低租金福利制不能以租养房，加重了国家财政和企事业单位负担，不能实现住房建设的良性循环，无法从根本上解决城镇居民的住房问题。随着城市规模的发展和人口的增长，出现了城镇住房严重短缺的现象。

1978年全国城市人均居住面积仅有6.7平方米。据当时对192个城市的调查统计数据，缺房户达689万户，占总户数的35.8%。其中，长期住在仓库、走廊、车间、教室、办公室、地下室甚至洗澡间的无房户131万户；每人居住面积不足2平方米的严重拥挤户有86万户；住在破烂危险、条件恶劣的简陋房子里还有上百万户。住房如此紧张，严重影响了人们的生活、生产和学习。

寻求一种新的住房制度，改变极为困难的居住状况，不仅是提高人民生活水平的迫切要求，也是维护城镇社会稳定的现实需要。

（二）城镇住房制度市场化改革历程

我国城镇住房制度改革，开始于20世纪70年代末80年代初，至今大致可分为四个阶段。

第一阶段：1979—1985年，房改探索和试点阶段。1980年，邓小平公开发表了对解决住宅问题的重要意见，首次提出了个人可以建房，新旧公有住房均可以向职工出售的观点，明确指出住房要走商品化的道路。1982年，在总结成本价出售公房试点经验的基础上，进一步提出了国家、单位、个人三者合理负担的售房原则，确定了"三三制"售房试点。截至1985年底，全国共有160个城市和300个县镇实行了补贴售房，共出售住房1093万平方米。

第二阶段：1986—1993 年，房改全面实施阶段。1986 年 2 月，国务院成立了"住房制度改革领导小组"，针对传统住房制度的核心——低租金制，提出了以大幅度提租补贴为基本环节的改革思路。1988 年 1 月国务院召开了"第一次全国住房制度改革工作会议"，提出全国房改分两步实施。1988 年 2 月国务院批准印发了国务院住房制度改革领导小组《关于在全国城镇分期分批推行住房制度改革的实施方案》，标志着我国住房制度改革进入了整体方案设计和全面实施阶段。1991 年 6 月，国务院颁发了《关于继续积极稳妥地进行城镇住房制度改革的通知》，提出了多种形式推进房改的思路。1991 年 11 月，国务院办公厅下发了《关于全面进行城镇住房制度改革的意见》，这是我国住房制度改革的一个纲领性文件。

第三阶段：1994—1998 年，综合配套改革阶段。1994 年 7 月 18 日，国务院印发了《关于深化城镇住房制度改革的决定》，提出了与社会主义市场经济体制相适应的城镇住房新制度的基本框架。1995 年 12 月 13—15 日，在上海召开的全国房改经验交流会对"九五"期间及 1996 年的房改工作进行了部署，标志着我国的房改进入了全面推进和综合配套改革阶段。1996 年 8 月，国务院办公厅转发了国务院房改领导小组《关于加强住房公积金管理的意见》，进一步推动了住房公积金制度的发展。

第四阶段：1998 年 7 月起，实物福利分房的终结阶段。1998 年 7 月 3 日，国务院下发了《关于进一步深化城镇住房制度改革、加快住房建设的通知》，明确指出在 1998 年下半年开始停止住房实物分配，逐步实行住房分配货币化，进一步明确了住房制度改革和住宅建设的方针、政策。1999 年，随着在京国家机关和北京市住房分配货币化方案的出台，标志着在我国已经实行了几十年的住房实物福利分配体制的终结。

（三）城镇住房制度市场化改革目标

1994 年 7 月 18 日，国务院发布的《关于深化城镇住房制度改革的决定》中指出了城镇住房制度改革的两大目标：建立与社会主义市场经济体制相适应的新的城镇住房制度，实现住房商品化、社会化；加快住房建设，改善居住条件，满足城镇居民不断增长的住房需求。

1998 年 7 月 3 日，国务院发布的《关于进一步深化城镇住房制度改革、加快住房建设的通知》进一步明确了深化城镇住房制度改革的指导思想、目标和基本原则，而且为住宅建设赋予了成为新的经济增长点的任务。

深化城镇住房制度改革的指导思想是：稳步推进住房商品化、社会化，逐步建立适应社会主义市场经济体制和我国国情的城镇住房新制度；加快住房建设，促使住宅业成为新的经济增长点，不断满足城镇居民日益增长的住房需求。

深化城镇住房制度改革的目标是：停止住房实物分配，逐步实行住房分配货币化；建立和完善以经济适用住房为主的多层次城镇住房供应体系；发展住房金融，培育和规范住房交易市场。

深化城镇住房制度改革的基本原则是：坚持在国家统一政策目标指导下，地方分别决策，因地制宜，量力而行；坚持国家、单位和个人合理负担；坚持"新房新制度、老房老办法"，平稳过渡，综合配套。

（四）市场化改革后的城镇住房制度内容

与传统城镇住房制度相比，新的城镇住房制度的重大改变内容如下。

1. **实现住房分配货币化和住房建设资金的良性循环**。改变住房建设投资由国家、单位统包的体制为国家、单位、个人三者合理负担的体制。在分配形式上改住房的实物分配为货币化分配，即把住房补贴改为明补，以货币补贴形式明补进工资。个人是解决住房问题的主要责任者，以自己的劳动收入和其他收入购买或租赁住房；建房资金通过出售或出租得到回收后，再用于新建住宅。国家着重负责社会保障性住房的投资建设（如廉租住房），发放住房补贴，通过国有政策性和商业性金融机构的优惠贷款，支持住房建设。

2. **建立和完善住房公积金制度**。实行住房公积金制度有利于转变住房分配体制，有利于住房建设资金的积累、周转和政策性抵押贷款制度的建立，有利于提高职工购、建住房的能力，促进住房建设。所有国家机关、国有企业、城镇集体企业、外商投资企业、城镇私营企业及其他城镇企业、事业单位的在职职工均应按照"个人存储、单位资助、统一管理、专项使用"的原则缴纳住房公积金，不断完善住房公积金制度。

3. **建立适合不同收入层次的住房供应新体系**。1994年7月18日，国务院颁布的《关于深化城镇住房制度改革的决定》中明确指出：要建立适合不同收入层次的住房供应新体系，对不同收入家庭实行不同的住房供应政策。最低收入家庭租赁由政府或单位提供的廉租住房；中低收入家庭购买经济适用住房；其他收入高的家庭购买、租赁市场价商品住房。

经济适用住房建设用地采取行政划拨方式供应。各级财政不再拨款用于单位购、建住房。在符合城市总体规划和坚持节约用地的前提下，鼓励集资、合作建房或兴办职工住房合作社等多种形式的住宅建设。鼓励有条件的企事业单位进行经济适用住房建设，允许其利用自有土地，通过集资等方式开发建设经济适用住房，并享受国家经济适用住房建设各项政策。

廉租住房可以从腾退的旧公有住房中调剂解决，也可以由政府或单位出资兴建。要保留足够的公有住房供最低收入家庭廉价租赁，廉租住房的租金实行政府定价。

4. 实现住房管理的社会化和专业化。改各单位建设、分配、维修、管理住房的体制为社会化、专业化运行的体制。企事业单位不再负责职工住房的投资、分配和管理，而是纳入整个社会的住宅经营系统，实行社会化、专业化管理，由市场机制调节，按市场经济原则运行，提高管理效益。

5. 发展住房金融和住房保险，建立政策性和商业性并存的住房信贷体系。住房金融和住房保险是完备的住房制度的重要内容。一方面通过建设贷款从资金上支持住房建设的发展；另一方面通过住房个人抵押贷款，支持居民购房，从而保证城镇住房制度改革的顺利进行。住房信贷体系包括政策性住房信贷和商业性住房信贷两方面内容，即发展住房公积金贷款与商业银行贷款相结合的住房贷款业务。个人住房贷款的担保，可采取房产抵押、有价证券质押、房产抵押保证人担保、由专门的担保公司（保险公司、置业公司）担保等多种形式。

二、1999—2007 年：住房制度市场化改革全面推进

（一）城镇住宅生产方式由传统的机关企事业单位自行分散建设方式向市场化、专业化、集中化的新型开发方式转化

我国城镇住宅建设投资由两部分组成：房地产开发住宅投资和非房地产开发住宅投资，非房地产开发住宅投资包括各种基本建设、

更新改造和个人建房中的住宅投资。在改革开放前，我国城镇住宅生产和供应方式采取的是由机关、企事业单位自行建设的、自给自足的、分散的、封闭的传统计划经济的生产供应方式。改革开放后，尤其是 20 世纪 90 年代以来我国加速由计划经济向市场经济转轨，我国的城镇住宅生产供应方式开始出现了由传统的机关企事业单位自行分散建设方式向市场化、专业化、集中化的新型开发方式转化的进程。

1998 年城镇住房制度改革以后，房地产开发住宅建设迅速替代原有基本建设中的城镇住宅建设，房地产开发住宅投资在城镇住宅建设投资中所占的比重由 1998 年的 48.29% 上升到 2007 年的 84.8%，房地产开发住宅竣工面积在城镇住宅竣工面积中的比重由 1998 年的 29.6% 上升到 2007 年的 72.4%。之后，该占比基本保持在 70% 以上的水平，房地产开发成为解决城镇居民住房问题的重要建设方式（见图 6-1 和表 6-1）。分地区看，东部地区住宅建设市场化

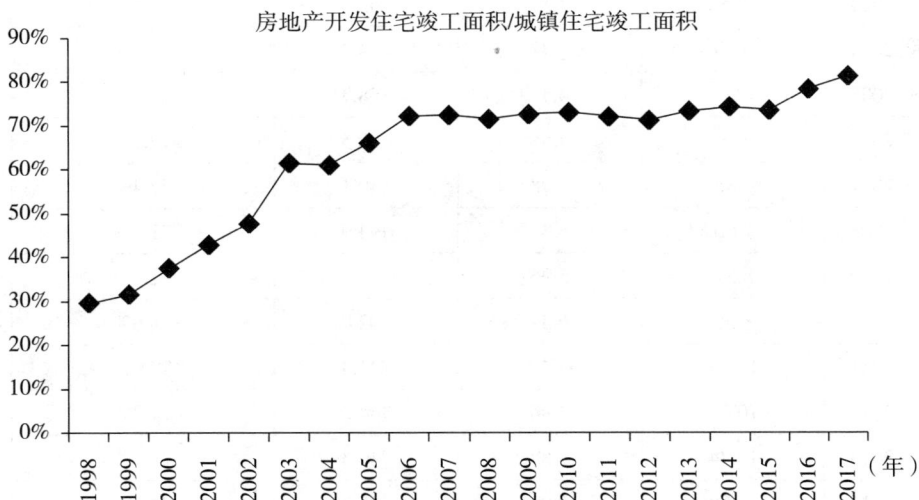

图 6-1　房地产开发住宅竣工面积占城镇住宅竣工面积的比重

程度最高。2017 年，东部、中部和西部地区房地产开发住宅竣工面积占城镇住宅竣工面积的比重分别为 88.9%、85.4% 和 66.0%。

这种替代发生的必然性，在于市场化、产业化的生产方式能够以专业化的优势提供质量更好、性价比更高的产品，以更体贴、更人性化的服务满足消费者多样化的需求，其中的道理亚当·斯密在 200 多年前就已经阐明，也为发达国家的发展实践所证明。

表 6-1　历年全国城镇住宅竣工面积及房地产开发竣工面积（套数）比较

年份	城镇住宅竣工面积（亿平方米）	房地产开发住宅竣工面积（亿平方米）	房地产开发住宅竣工套数（万套）	房地产开发住宅竣工面积占城镇住宅竣工面积比重
1998	4.76	1.41	—	29.6%
1999	5.59	1.76	194.6	31.5%
2000	5.49	2.06	214.0	37.5%
2001	5.75	2.46	241.4	42.8%
2002	5.98	2.85	263.0	47.7%
2003	5.5	3.38	302.1	61.5%
2004	5.69	3.47	404.2	61.0%
2005	6.61	4.37	368.3	66.1%
2006	6.3	4.55	400.5	72.2%
2007	6.88	4.98	440.1	72.4%
2008	7.60	5.43	493.9	71.5%
2009	8.21	5.96	554.9	72.6%
2010	8.69	6.34	602.0	73.0%
2011	10.25	7.43	721.9	72.0%
2012	10.73	7.90	764.2	71.2%
2013	10.74	7.87	749.3	73.3%
2014	10.88	8.09	765.9	74.3%

年份	城镇住宅竣工面积（亿平方米）	房地产开发住宅竣工面积（亿平方米）	房地产开发住宅竣工套数（万套）	房地产开发住宅竣工面积占城镇住宅竣工面积比重
2015	10.04	7.38	705.0	73.5%
2016	9.84	7.72	745.5	78.4%
2017	8.82	7.18	677.0	81.4%

资料来源：历年《中国统计年鉴》。

（二）经济社会特征取代非货币化指标成为影响住房需求的主要因素

在房地产市场转轨过程中许多隐性需求开始释放出来形成现实的需求。在旧体制下，供求之间存在着较大的缺口，一些非货币化的指标成为分配住房过程中的重要影响因素，同时一些有支付能力的购房者由于存在对福利制度的预期而选择等待，住房需求被"隐藏"了起来。住房制度改革实施以后，住房实行货币定价，其他的一些限制因素如职务、工龄等在很大程度上被取消了，并且人们都对住房制度市场化的发展方向形成了稳定的预期，从而使在传统计划体制和双轨制下的被隐藏起来的住房需求得以"释放"，形成了市场上现实的需求。随着房地产市场的建立和发展，经济社会特征成为影响住房需求的主要因素。这期间，住房需求的迅速增加存在一定的客观规律性。

首先，当前城镇住房需求整体上富有弹性。随着收入水平的提高，对住房需求的增长速度也在增加。在给定年份的横截面数据显示（见表6-2），随着收入水平的提高，家庭人均居住支出体现了逐渐增加的趋势；而从纵向的时间序列数据来看，1998年以来随着经济发展和收入水平的提高，家庭人均居住支出也逐渐增加。这些都表明目前我国住房需求处于富有弹性的阶段，随着经济的发展和收入水平的提升，对住房的需求也将继续增加。

其次，我国的城镇化水平逐渐提高。随着每年有大量农村人口成为城镇人口，这也将对住房产生较大的需求。从1996年开始，我国进入了城镇化加速发展阶段，城镇人口年均增加2000万人左右，城镇化水平年均提高1.35个百分点。参考发达国家城市化发展经验和我国的发展趋势，预计在未来一段时间里我国城镇化提高速度可以保持在每年1个百分点左右，每年新增城镇人口1700万人左右。城镇人口的大量、快速增加将对我国的房地产市场产生巨大的需求。

最后，近年来我国家庭小型化趋势明显。全部家庭户规模由1982年的4.43人/户缩减到2016年的3.11人/户，平均每五年缩减0.21人/户。其中，城镇家庭户规模由1985年的3.89人/户缩减到2012年的2.86人/户，但家庭规模小型化呈现明显的放缓趋势，2000年以来平均每五年缩减0.13人/户。国家卫生和计划生育委员会的研究显示，进入21世纪以来，我国家庭的小型化迈入了单人家庭和双人家庭时代，正在与发达国家趋同。家庭小型化将增加住房数量需求，并将在今后一段时期内继续发挥作用。

表6-2　近年中国城镇居民家庭人均居住支出（单位：元）

	最低收入户	低收入户	中等偏下收入户	中等收入户	中等偏上收入户	高收入户	最高收入户
1998	262.4	286.9	339.3	382.3	446.4	555.1	731.1
1999	284.0	345.2	371.2	422.0	500.4	606.8	825.0
2000	301.4	368.2	407.8	471.0	578.9	681.6	864.7
2001	332.5	387.3	451.5	529.3	614.1	739.7	972.1

	最低收入户	低收入户	中等偏下收入户	中等收入户	中等偏上收入户	高收入户	最高收入户
2002	282.7	355.1	421.9	563.3	643.2	906.7	1485.7
2003	309.0	387.9	459.6	588.8	779.8	965.2	1794.6
2004	323.1	413.4	514.6	642.9	813.2	1100.6	1812.3
2005	384.1	472.2	580.0	745.5	921.7	1195.5	1897.9
2006	427.2	530.1	655.6	799.3	1009.6	1341.9	2196.6
2007	469.1	605.0	718.3	873.9	1095.4	1436.7	2290.1
2008	556.2	688.4	841.3	1060.6	1265.9	1795.5	2681.9
2009	578.9	735.2	880.8	1131.0	1493.3	1775.1	2863.3
2010	656.3	775.1	1010.0	1260.3	1504.2	2000.0	3014.7
2011	749.0	874.8	1023.0	1232.7	1627.6	2116.8	3272.7
2012	832.6	924.5	1160.4	1384.3	1708.7	2154.3	3123.3

资料来源：国家统计局。

（三）住房金融对居民住房购买提供广泛支持

商业信贷在支持居民住房购买方面作用显著。1998 年 5 月 9 日，人民银行颁布了《个人住房贷款管理办法》，为规范我国住房抵押贷款市场的发展提供了法律依据。1999 年以来我国商业住房信贷迅猛发展，贷款购房模式深入人心，大部分购房者采取贷款方式。2017 年末房屋按揭贷款 23.95 万亿元，相当于国内生产总值的 29%。住房金融对居民住房购买提供了广泛支持。

住房公积金对居民住房购买的支持力度不断加大。截至 2017 年年末，累计发放个人住房贷款 3082.57 万笔、7.56 万亿元，个人住房贷款余额 4.5 万亿元，个贷率 87.27%。住房公积金个贷率由 2003 年的 41.5% 增加到 2017 年的 87.27%，平均每年增加 3.27 个百分点。

（四）二手房市场对满足不同群体住房需求发挥积极作用

随着住房存量的增加和居民住房消费升级，一些存量房以二手房的形式进入市场流通，这对于增强存量房的流动性、发挥住房市场的过滤机制、满足不同群体住房需求具有积极作用。以代表性城市为样本的分析结果表明，2017 年全国二手住房交易量所占市场份额约为 40%，北京、上海、深圳、广州、厦门、南京、大连等城市二手房交易量超过新房。

根据禧泰数据库的统计，2011—2016 年全国二手住宅挂牌量持续增加，年均增幅为 16.3%。其中，2015 年增幅最高为 39.3%。2017 年，全国二手住宅挂牌量为 2807.9 万套，比上年减少 6.8%，为 2011 年以来的首次下降。

三、2008—2017 年：深化住房制度改革

（一）完善住房保障制度

2007 年 8 月，国务院发布《关于解决城市低收入家庭住房困难的若干意见》（国发〔2007〕24 号），明确指出要加快解决城市低收入家庭的住房困难，该文件成为城镇住房保障制度加快发展里程碑式的标志。此后，一系列规范城镇住房保障建设的政策相继发布。2007 年 11 月 8 日，建设部、发展改革委等部门联合发布了《廉租住房保障办法》；2007 年 11 月 19 日，建设部、发展改革委等联合发布了新的《经济适用住房管理办法》。2008 年，建设部改为住房城乡建设部；2008 年下半年，为应对国际金融危机的影响，国家开始大力加快各类棚户区改造工程。2010 年 4 月，住建部发布《关于

加强经济适用住房管理有关问题的通知》，严格建设和准入管理，强化使用过程的监督，加强上市交易管理。2010年6月12日，由住房城乡建设部等7部门联合发布了《关于加快发展公共租赁住房的指导意见》。2011年9月30日，国务院办公厅《关于保障性安居工程建设和管理的指导意见》（国办发〔2011〕45号）指出，保障性住房要重点发展公共租赁住房；公共租赁住房面向城镇中等偏下收入住房困难家庭、新就业无房职工和在城镇稳定就业的外来务工人员供应，单套建筑面积以40平方米左右的小户型为主，满足基本居住需要。在这些政策逐步出台之后，财政部、税务总局、国土资源部等部门对保障性住房建设的配套优惠政策也逐步公布。

经过多年的探索和实践，目前我国住房保障制度基本框架已形成。一是实物保障与货币补贴、租赁型保障与购置型保障相结合的住房保障模式逐步清晰，对不同的住房困难群体提供不同方式和类型的住房保障。其中，租赁型的保障房以公共租赁住房为主，购置型的保障房包括经济适用住房、限价商品住房、城市和国有工矿（含煤矿）、林区、垦区棚户区改造安置住房等多种类型，部分城市还推出了共有产权房。二是住房保障支持政策日益完善。中央财政对各类棚户区改造、公共租赁住房建设及保障性安居工程配套基础设施建设给予资金补助。对保障性住房和棚户区改造安置住房建设用地，实行计划单列、优先安排，符合规定的以行政划拨方式供应。三是工作责任基本明确。住房保障事权在地方政府。中央政府主要负责政策制定、指导实施、监督考核，省级政府负总责、市县政府抓落实。2009年7月，经国务院同意，成立了由住房城乡建设部牵头，发展改革委、财政部、民政部等20个部门参加的保障性安居工程协调小组，自2010年起每年与各省级人民政府签订住房保障目标责任书[1]。

（二）加大棚户区改造力度

棚户区改造是政府为改造城镇危旧住房、改善困难家庭住房条件而推出的一项民心工程。2008 年末，为应对国际金融危机的不良影响，中央提出加快开展棚户区改造，争取用五年时间完成规模棚户区的改造工程。对于棚户区改造，政府在财政投入、建设用地、税费和信贷等方面给予支持。2010 年，中央全面启动城市和国有工矿棚户区改造工作，并继续推进国有林区（场）棚户区（危旧房）、国有垦区危房、中央下放地方煤矿棚户区改造。2012 年，住建部等七部门联合发出通知，要求加快推进棚户区（危旧房）改造，并针对各类棚户区改造给出了完成期限。其中，已纳入中央下放地方煤矿棚户区改造范围的煤矿棚户区，2013 年年底前要基本建成；国有林区棚户区和国有林场危旧房改造中任务较少的省（区、市）要争取在 2013 年年底前完成改造，其他省（区、市）要力争在 2015 年年底前基本完成；还未完成的国有垦区危房改造，力争在 2015 年年底前全面完成，有条件的地区要争取在 2014 年年底基本完成。2014 年，国务院办公厅印发《关于进一步加强棚户区改造工作的通知》，部署有效解决棚户区改造中的困难和问题，推进改造约 1 亿人居住其中的城镇棚户区和城中村。2015 年，国务院下发《国务院关于进一步做好城镇棚户区和城乡危房改造及配套基础设施建设有关工作的意见》。提出制定城镇棚户区和城乡危房改造及配套基础设施建设

---

[1] 2014 年 6 月 4 日住房城乡建设部总经济师冯俊在国新办举行的新闻发布会上对棚户区改造和保障性住房建设工作进展情况的介绍。

三年计划，即 2015—2017 年，改造包括城市危房、城中村在内的各类棚户区住房 1800 万套（其中 2015 年 580 万套），农村危房 1060 万户（其中 2015 年 432 万户）。2017 年 5 月，国务院常务会议确定实施 2018 年到 2020 年 3 年棚改攻坚计划，再改造各类棚户区 1500 万套，加大中央财政补助和金融、用地等支持，以改革创新的举措、坚持不懈的韧劲啃下"硬骨头"，兑现改造约 1 亿人居住的城镇棚户区和城中村的承诺。

（三）发展住房租赁市场

住房租赁市场是房地产市场体系的重要组成部分，也是满足居民多元化住房需求的必要内容。2016 年，《国务院办公厅关于加快培育和发展住房租赁市场的若干意见》（国办发〔2016〕39 号）中指出，"实行购租并举，培育和发展住房租赁市场，是深化住房制度改革的重要内容，是实现城镇居民住有所居目标的重要途径。"住房租赁市场的发展被提上重要议程。

2017 年 7 月，住建部等九部委下发了《关于在人口净流入的大中城市加快发展住房租赁市场的通知》，并选取了广州、深圳、南京、杭州、厦门、武汉、成都、沈阳、合肥、郑州、佛山、肇庆等 12 个城市首批开展住房租赁试点。目前，多个城市出台加快推进住房租赁市场发展的新政，内容集中在"租购同权"、大力发展租赁企业特别是国有租赁企业、建立统一的租赁监管平台等方面。8 月 28 日，国土部、住建部联合发布《利用集体建设用地建设租赁住房试点方案》，确定第一批在北京、上海、沈阳、南京、杭州、合肥、厦门、郑州、武汉、广州、佛山、肇庆、成都等 13 个城市开展利用集体建设用地建租赁房试点，为构建城乡统一的建设用地市场提供支撑。

根据国家统计局 1% 人口抽样调查数据估计，2015 年，我国城镇租赁住房家庭共 3646.3 万户，占城镇全部家庭的 16.1%。其中，有 495.8 万户家庭租赁廉租房公租房，占城镇全部家庭的 2.2%；有 3150.5 万户家庭通过市场化途径租赁住房，占城镇全部家庭的 13.9%。

（四）加快建立多主体供给、多渠道保障、租购并举的住房制度

党的十九大报告明确了深化住房制度改革的总体方向，即"坚持房子是用来住的、不是用来炒的定位，加快建立多主体供给、多渠道保障、租购并举的住房制度，让全体人民住有所居"。2017 年中央经济工作会议将"加快建立多主体供应、多渠道保障、租购并举的住房制度"作为一项重要工作，提出"要发展住房租赁市场特别是长期租赁，保护租赁利益相关方合法权益，支持专业化、机构化住房租赁企业发展。完善促进房地产市场平稳健康发展的长效机制，保持房地产市场调控政策连续性和稳定性，分清中央和地方事权，实行差别化调控"。2017 年 12 月 23 日召开的全国住房城乡建设工作会议，将"深化住房制度改革，加快建立多主体供给、多渠道保障、租购并举的住房制度"和"抓好房地产市场分类调控，促进房地产市场平稳健康发展"作为 2018 年的两项重点工作，并提出"坚持房子是用来住的、不是用来炒的定位，完善促进房地产市场平稳健康发展的长效机制，坚持调控目标不动摇、力度不放松，保持房地产市场调控政策的连续性和稳定性，继续严格执行各项调控措施，防范化解房地产市场风险"。加快建立住房制度和房地产市场长效机制，是当前深化住房制度改革的主要内容。

第二节 房地产投资对经济增长做出重要贡献

一、房地产开发投资约占固定资产投资 20% 份额

（一）房地产开发投资持续增长

1.房地产开发投资规模不断扩大，增速呈现阶段性变化。随着城镇住房制度改革进程的推进，房地产开发投资逐步增加，由 1998 年的 3614 亿元增加到 2017 年的 10.98 万亿元，年均增长 18.6%（见图 6-2）。其中，2000—2013 年，房地产开发投资增速总体保持较高水平，年均增速为 24.4%，2003 年、2007 年和 2010 年，投资增速超过 30%。2014 年以来，房地产开发投资增速大幅下降至 10.5%，2015—2017 年投资增速降至个位数。

（亿元）　■ 房地产开发投资
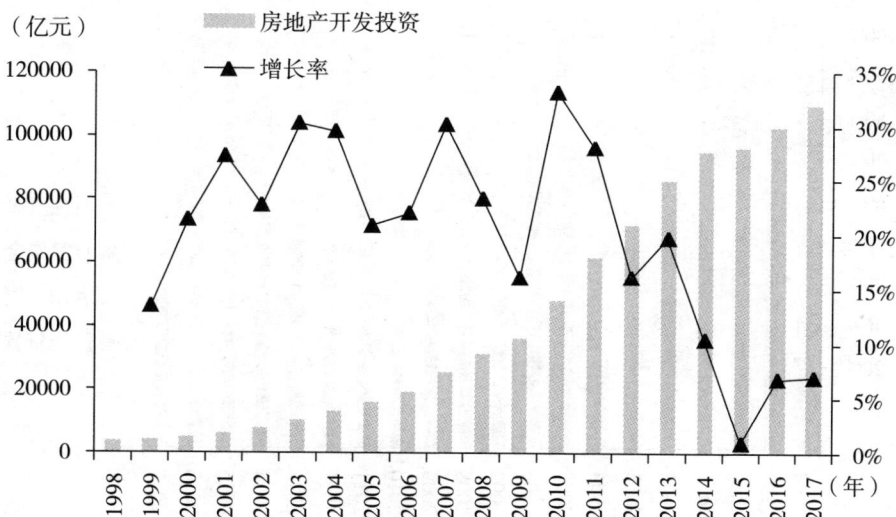

图 6-2 近年房地产开发投资规模

资料来源：国家统计局。

从房地产开发投资结构来看，2000—2017 年，商品住宅开发投资在房地产开发投资中所占比重在 70% 左右，是房地产开发投资的主体；办公楼和商业营业用房开发投资所占比重分别在 5% 左右和 13% 左右。

2. 房地产开发投资资金来源中国内贷款比例下降、自筹资金比例上升。总体来看，1998—2017 年房地产开发投资资金来源中，约有 19% 来自国内贷款，46% 来自以定金及预收款和个人按揭贷款为主的其他资金来源，33% 为企业自筹资金，利用外资比例约为 2%（见图 6-3）。其中，企业自筹资金在房地产开发投资资金来源中所占比重呈上升趋势，由 1998 年的 26.4% 上升到 2014 年的 41.3%，2015 年以来该比例有所下降，但均在 30% 以上；国内贷款所占比重呈下降趋势，由 1998 年的 23.8% 下降为 2016 年的 14.9%，2017 年小幅回升至 16.2%；以定金及预收款和个人按揭贷款为主的其他资金来源占比始终保持较高比例，2016 年和 2017 年该比例超过一半。

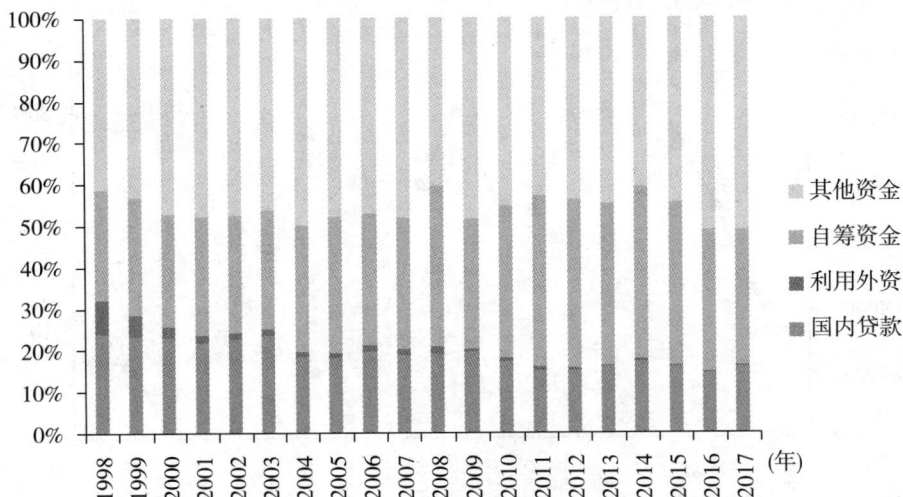

图 6-3 近年房地产开发投资资金来源结构

资料来源：国家统计局。

　　此外，资本市场的直接融资规模不断增加，房地产开发企业上市公司由 2000 年的 38 家增加到 2017 年的 200 余家。

　　3. 东部地区房地产开发投资比重逐步下降，中西部地区比重上升。从房地产开发投资的地区分布来看，东部地区房地产开发投资比重逐步下降，由 1998 年的 75.7% 下降为 2017 年的 54.9%；而中西部地区房地产开发投资比重逐步上升，中部地区由 1998 年的 12.5% 上升到 2017 年的 23.3%，西部地区由 1998 年的 10.8% 上升到 2017 年的 21.7%。这表明中西部地区房地产开发投资增速明显高于东部地区（见图 6-4）。

　　从不同城市来看，40 重点城市房地产开发投资在全国所占比重下降，由 2004 年的 67.5% 降至 2017 年的 54.7%。其中，一线城市房地产开发投资在全国占比下降，由 2004 年的 26.8% 降至 2017 年的 11.3%；二线城市房地产开发投资占比基本保持稳定，在 40% 左右。

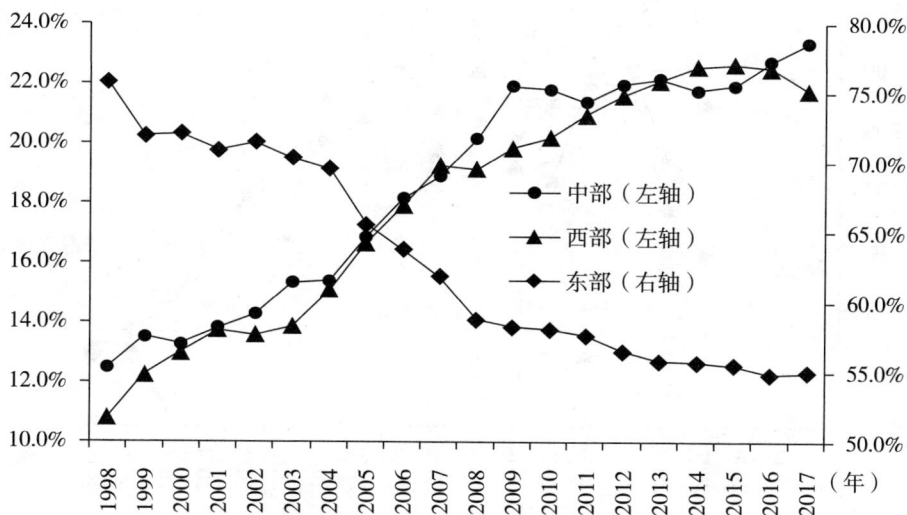

图 6-4　近年东中西部地区房地产开发投资比重

资料来源：国家统计局。

（二）房地产开发投资是固定资产投资中占比最高的三大部分之一，其增速波动高于固定资产投资

1. 房地产开发投资增速的波动高于固定资产投资。1998—2017年，房地产开发投资与固定资产投资的平均增速大致相当，分别为19.7%和19.4%。但房地产开发投资增速的波动明显高于固定资产投资（见图6-5）。1998—2017年，房地产开发投资增速在1.0%—33.2%变动，而同期固定资产投资增速的变动区间为5.5%—30.4%。

分阶段看，1998—2011年，房地产开发投资的平均增速高于固定资产投资增速，二者分别为23.8%和22.0%，前者高于后者1.8个百分点；2012—2017年，房地产开发投资增速则低于固定资产投资增速，二者分别为10.2%和13.2%，前者低于后者3个百分点。

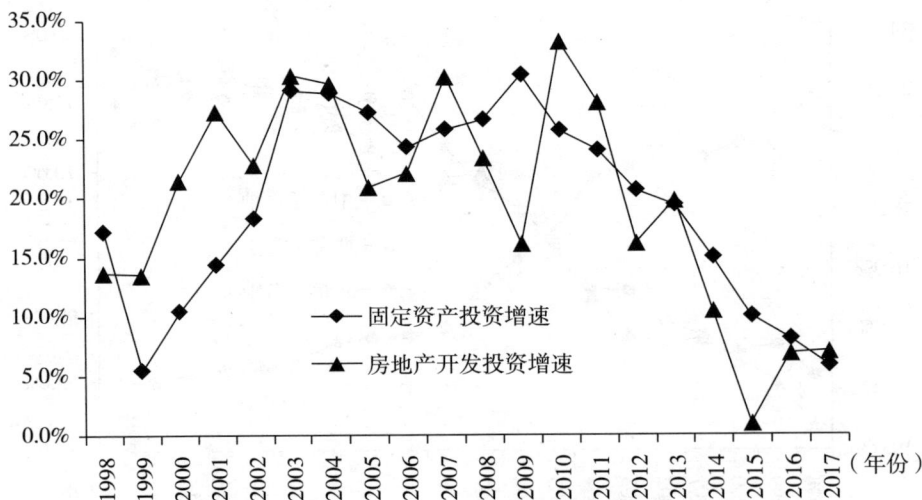

图6-5 房地产开发投资与固定资产投资增速变化

资料来源：国家统计局。

2.**房地产开发投资是固定资产投资中占比最高的三大部分之一。**房地产开发投资与制造业投资、基础设施投资，是固定资产投资中占比最高的三大部分。2003—2017 年，其在固定资产投资中的平均占比分别为 20%、30.4%、19.5%，三者合计占比为 70%。从其占比的变化来看，2012 年以来房地产开发投资在固定资产投资中占比表现出下降态势，保持在 20% 以下，而基础设施投资占比则呈现持续上升态势；2015—2017 年，房地产开发投资占比低于基础设施投资占比（见图 6-6）。

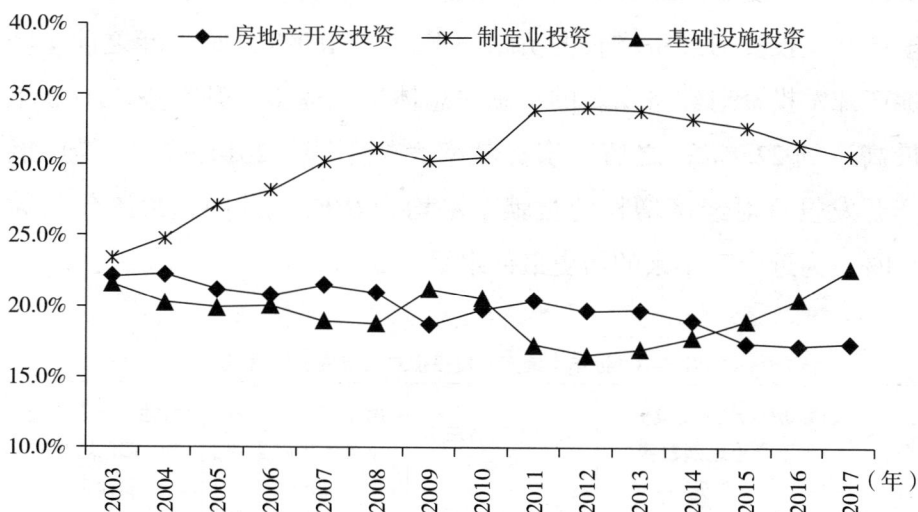

图 6-6　房地产开发投资在固定资产投资中占比比较

资料来源：国家统计局。

二、房地产业成为国民经济发展的支柱产业

（一）房地产开发投资对经济增长做出较大贡献

在快速发展的过程中，房地产开发投资大规模增加，对经济增

长做出了较大贡献，其中既有由房地产投资本身所产生的直接贡献，也有通过对关联产业的带动效应所产生的间接贡献。

1.2003—2017年房地产开发投资对经济增长的平均贡献率为10.9%。由于房地产开发投资中有占比接近20%的土地购置费并构成资本形成，因此，在计算房地产开发投资对经济增长的贡献时，需用扣除土地购置费后的房地产开发投资来近似衡量房地产开发投资形成的固定资本总额。2017年，房地产开发投资形成的固定资本总额在GDP中占比为10.7%；2011年以来该占比始终在10%以上，2013年最高达到12.1%。表6-3的统计结果显示，2003—2017年房地产开发投资对经济增长的贡献率平均为10.9%；2013年之前，房地产开发投资对经济增长的贡献率总体呈现逐步上升态势，2013年最高达到22.9%；之后，该贡献率大幅下降，2014—2017年房地产开发投资对经济增长的贡献率平均为6.9%。其中，2015年仅为1.4%，为近十五年来的历史最低水平。

表6-3 近年房地产开发投资对经济增长的贡献

	房地产开发投资（不含土地购置费），亿元	GDP（支出法），亿元	房地产开发投资（不含土地购置费）/GDP	房地产开发投资对GDP增长的贡献率
2003	8108	138315	5.9%	3.5%
2004	10584	162742	6.5%	10.1%
2005	13005	189190	6.9%	9.2%
2006	15640	221207	7.1%	8.2%
2007	20423	271699	7.5%	9.5%
2008	25408	319936	7.9%	10.3%
2009	30203	349883	8.6%	16.0%
2010	38267	410708	9.3%	13.3%

续表

	房地产开发投资（不含土地购置费），亿元	GDP（支出法），亿元	房地产开发投资（不含土地购置费）/GDP	房地产开发投资对GDP增长的贡献率
2011	50384	486038	10.4%	16.1%
2012	59704	540989	11.0%	17.0%
2013	72512	596963	12.1%	22.9%
2014	77577	647182	12.0%	10.1%
2015	78303	699109	11.2%	1.4%
2016	83802	745632	11.2%	11.8%
2017	86629	812038	10.7%	4.3%

资料来源：国家统计局，CEIC数据库。

2. 房地产开发投资通过拉动相关产业对经济增长产生间接贡献。在计算房地产开发投资对其他行业的关联影响时，需要采用建筑业的影响系数来计算。因为房地产开发投资主要由建筑企业具体完成，在核算中房地产业中的建筑活动被计入建筑业，因此可以将房地产开发投资粗略看作是建筑业总产出的一部分。建筑业是我国国民经济的支柱产业，对其他行业具有较强的拉动作用。2007年，建筑业对相关产业的完全消耗系数为2.49，在42个产业部门中排名第11，表明其对国民经济各产业部门发挥着重要的需求拉动作用。与建筑业后向完全关联度大的前10个产业部门分别是金属冶炼及压延加工业、非金属矿物制品业、化学工业、电力热力的生产和供应业、交通运输及仓储业、石油加工炼焦及核燃料加工业、通用专用设备制造业、电气机械及器材制造业、金属制品业、石油和天然气开采业。建筑业产出每增加1万元，可以拉动金属冶炼及压延加工业、非金属矿物制品业、化学工业、电力热力的生产和供应业、交通运输及仓储业、石油加工炼焦及核燃料加工业、通用专用设备制造业、电气机械及器材制造业、金属制品业、石油和天然气开采业产出分别增加 4005 元、2787 元、2179 元、1583 元、1488 元、1184 元、1173 元、882 元、820 元、815 元。

根据许宪春等[①] 的测算，2013 年房地产开发投资拉动相关行业的增加值合计为 53848 亿元，占 GDP 的比重为 9.4%，对 GDP 增长的贡献率为 24.8%。

（二）2005—2011 年住房消费对经济增长的平均贡献率为 5.9%

住房消费是居民家庭消费支出中的重要组成部分。按照国家统计局的统计分类，居民消费支出包括食品、衣着、居住、家庭设备用品及服务、医疗保健、交通和通信、文教娱乐用品及服务、金融中介服务、保险服务和其他等十类。其中，居住类支出包括房租、住房维修管理费、水电煤气费用和自有住房虚拟支出，是住房消费的主要部分，家庭设备用品及服务类支出中也有部分与住房消费有关，但由于没有准确的统计，这里以城镇和农村居民消费支出中的居住类支出来衡量住房消费。

2005—2011 年，我国城乡居民住房消费支出由 1.11 万亿元增加至 2.74 万亿元，平均增幅为 16.4%；住房消费在最终消费中的占比基本稳定在 12% 左右；住房消费对经济增长的贡献率平均为 5.9%，除 2006 年外，其余年份该占比基本在 5% 左右（见表 6-4）。

[①] 许宪春、贾海、李皎等：《房地产经济对中国国民经济增长的作用研究》，《中国社会科学》2015 年第 1 期。

表6-4　近年住房消费及其对经济增长的贡献率

	最终消费支出 （亿元）	住房消费支出 （亿元）	住房消费在最终 消费中占比	住房消费对GDP 增长的贡献率
2005	101447.8	11129.1	11.0%	5.8%
2006	114728.6	14628.0	12.8%	10.9%
2007	136229.4	16721.9	12.3%	4.1%
2008	157466.3	19192.5	12.2%	5.1%
2009	172728.3	20739.5	12.0%	5.2%
2010	198998.1	24210.3	12.2%	5.7%
2011	241022.1	27388.5	11.4%	4.2%

资料来源：国家统计局，CEIC数据库。

（三）房地产行业发展对促进经济结构优化发挥积极作用

房地产开发投资关联产业众多，在我国40个产业划分中，房地产开发投资基本与所有的产业都有关联。关联度较高的产业主要有：建筑业、相关制造业、电力煤气自来水供应业、金融保险业、社会服务业等。

由于与其他行业的关联程度存在着差别，房地产行业对相关各行业的带动性有所不同，从而对我国总体产业结构调整发生作用。总体来看，与房地产行业关联更加密切的行业主要集中在第三产业，从而房地产行业的发展体现了对第三产业较大的带动，这符合产业结构调整的客观规律和我国未来产业结构调整的发展方向，从而发挥了促进经济结构优化的积极作用。

根据投入产出表的计算，2002年和2007年，房地产业带动效应较强的产业部门包括金融业、批发和零售业、建筑业、化学工业、租赁和商务服务业、金属冶炼及压延加工业、通信设备计算机及其他电子设备制造业、通用专用设备制造业。其中，房地产业对金融业、批发和零售业、建筑业、租赁和商务服务业、居民服务和其他服务业的带动作用最强。金融业、租赁和商务服务业、居民服务和其他服务业均集中在第三产业，体现了房地产业对第三产业发展的带动，这符合产业结构调整的客观规律和我国未来产业结构调整的发展方向，从而发挥了促进经济结构优化的积极作用。

三、房地产开发投资成为宏观调控工具

1998年以来，房地产开发投资调控被作为宏观调控的工具。当固定资产投资过快、经济增长有过热之嫌时，通常通过土地和信贷两个"闸门"抑制房地产开发投资增速；当经济增长出现危机时，房地产开发投资作为避免国内投资的更深滑落、稳定经济增长的重要内容而受到鼓励。

这种调控思路突出表现在2004年和2007年末。当年为防止通胀和经济过热苗头，国家调整了房地产政策，严把土地和信贷两个"闸门"。2005年房地产投资增幅比2004年增幅回落了近10个百分点，2008—2009年在金融危机的同时影响下，房地产开发投资增幅每年比上年下降7个百分点，2009年房地产开发投资增幅只有16.1%。2010年，在稳定房地产投资等一系列刺激政策作用下，房地产开发投资增幅逐月回升，1季度房地产开发投资同比增长35.1%。

从房地产行业内部来讲，近年这种房地产开发投资调控从属于宏观调控的思路，最终加剧了房地产市场内部的供求矛盾。当经济增长较快时，往往也是房地产市场需求较快增加的时候，这时候控制房地产开发投资增长，一方面降低了商品房建设指标的增幅，另一方面导致百姓预期的不稳定，刺激各种房地产需求提前释放，投

资炒房者快速增加，加剧供求矛盾，导致房价较快上涨。

第三节　居民住房条件明显改善

一、居民居住条件明显改善

（一）城镇居民人均住房面积持续增加

在传统的体制下，一方面在低价格刺激下，潜在住房需求巨大，另一方面由于缺乏竞争和激励，住房生产和供应量少质差，供求机制的作用无法发挥，住房需求难以得到满足，存在较大的供给缺口，住房状况改善速度较慢。而在市场化的情况下，房地产价格主要由市场供求对比状况决定，一方面住房需求可以通过货币化的方式得以表达，另一方面由于利润激励和行业竞争，房地产的供给能力得以提高，供给的数量和质量都可以随着需求进行相应调整，有利于资源实现优化配置。正是从这个意义来看，1998年住房制度改革以来我国房地产市场体系的建立和不断完善，为房地产行业的发展提供了必要的基础，也是今后房地产行业进一步发展的必要保证。

伴随着房地产行业的发展，我国城镇居民的住房条件得到了明显改善，人均住房面积稳步上升。从1998年到2016年，城市人均住宅建筑面积从18.7平方米上升到了36.6平方米（见表6-5），年均增长约1平方米，明显高于房改之前（1978—1998年）年均0.60平方米的增长水平。并且，城镇住宅工程质量、功能质量、环境质量和综合配套水平明显提高，居民居住条件得到较大改善。从总体上看，基本上告别了住房严重短缺时代，城镇住房的供求关系发生了历史性变化。房地产业的发展为居民提供了更多的住房选择机会，有利于资源配置效率的提高、居民居住条件的改善和社区服务的提升，发挥着改善民生的重要作用。

表 6-5　1998 年以来城镇人均住房建筑面积

年份	城镇人均住宅建筑面积（平方米）	年份	城镇人均住宅建筑面积（平方米）
1998	18.66	2008	30.6
1999	19.42	2009	31.3
2000	20.25	2010	31.6
2001	20.8	2011	32.7
2002	24.5	2012	32.9
2003	25.3	2013	—
2004	26.4	2014	—
2005	27.8	2015	35.8
2006	28.5	2016	36.6
2007	30.1	2017	

注：1998—2001 年为住建部口径的数据，2002 年以来为国家统计局口径的数据，"—"代表无统计数据。

资料来源：历年《中国统计年鉴》。

（二）60% 以上的城镇居民达到或超过"人均一间房"的住房标准

2015 年城市家庭户人均住房间数为 0.98 间，比 2010 年增加 0.1 间，比 2000 年增加 0.23 间；镇家庭户人均住房间数为 1.18 间，比 2010 年增加 0.17 间，比 2000 年增加 0.38 间。2015 年，城镇居民人均住房间数超过 1 间的比例为 62%，其中城市 58%、镇 67%（见图 6-7）。按照国际"人均 1 间"的住房标准，城镇居民超过 60% 群体没有住房不足问题。

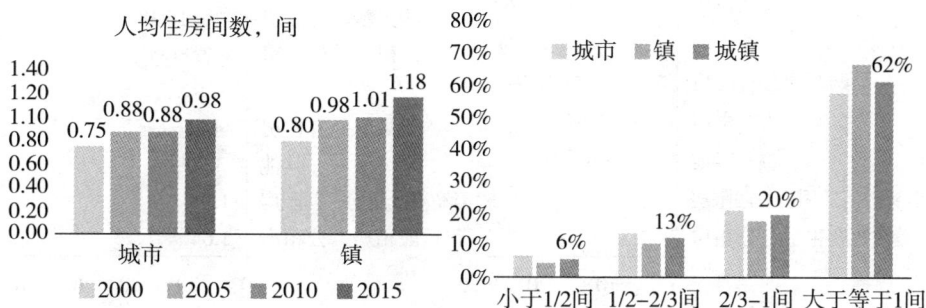

图 6-7　城镇居民人均住房间数及分布

资料来源：国家统计局人口普查及 1% 人口抽样调查数据。

（三）城镇居民住房来源渠道多元，近 5 年住房自有率水平上升

2015 年，城市地区家庭住房来源中排第一位的是购买商品房（28.21%），第二位的是租赁其他住房（17.84%），二者合计占比为 46%。镇地区家庭房屋来源的首位是自建住宅，占比接近60%，居第二、三位的是购买新建商品房（16.38%）、租赁其他住房（7.99%），后两种方式合计占比为 24.3%，比城市购买和租赁市场住房的比例少 22 个百分点（见图 6-8）。城市居民以在市场租购住房为主要来源，镇内居民自建住房为主。

住房自有率表示城镇居民自有自住的家庭户比例，计算公式为：住房自有率 =（自建住房 + 购买新建商品房 + 购买二手房 + 购买经济适用房 + 购买原公有住房）家庭户数 / 城镇家庭总户数。

2015 年城镇居民住房自有率为 79.2%，比 2010 年增加了 4.3 个百分点，住房自有率在 2006—2010 年有所降低后再次增加。居民住房自有率的增加主要来自购买新建商品房和自建住房两种方式。

2015年城市

购买新建商品房	28.21
租赁其他住房	17.84
自建住房	17.04
购买原公有住房	15.94
购买二手房	8.84
其他	5.68
购买经济适用房、两限房	3.89
租赁廉租房、公租房	2.55

2015年镇地区

自建住房	59.56
购买新建商品房	16.38
租赁其他住房	7.99
购买二手房	4.97
购买原公有住房	4.34
其他	3.40
购买经济适用房、两限房	1.71
租赁廉租房、公租房	1.64

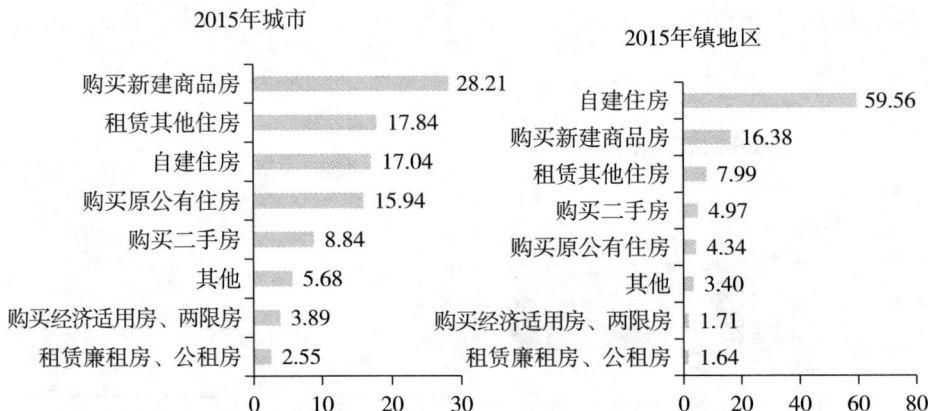

图 6-8　2015 年城市和镇家庭户住房来源分布（％）

资料来源：国家统计局人口普查及 1% 人口抽样调查数据。

其中，2015 年城市和镇住房自有化率分别为 74% 和 87%，均高于
2010 年（见图 6-9）。

住房市场化率用以表示以市场化解决住房问题的城镇家庭户占
比，反映城镇居民居住方式的市场化程度。其公式为：住房市场化
率 =（购买新建商品房 + 购买二手房 + 租赁其他住房）家庭户数 /
城镇家庭总户数。

2015 年城镇居民住房市场化率与 2010 年基本持平，44.6% 的
居民通过住房市场以租购形式解决住房问题。2005 年以来，我国城
镇居民的住房市场化程度较快提高，住房市场化率由 2000 年的 15%
逐步提高到 2005 年的 25% 和 2010 年、2015 年的 45%。其中，2015
年城市家庭户中以市场化方式获得住房的比例为 54.9%，比 2010
年增加 0.8 个百分点；镇家庭户中以市场化方式获得住房的比例为
29.3%，比 2010 年减少 0.7 百分点。2010—2015 年镇居民自建住房
比例增加了 4 个百分点，达到 60%，说明该时期就地城镇化"带房

进城"的居民比例增加。

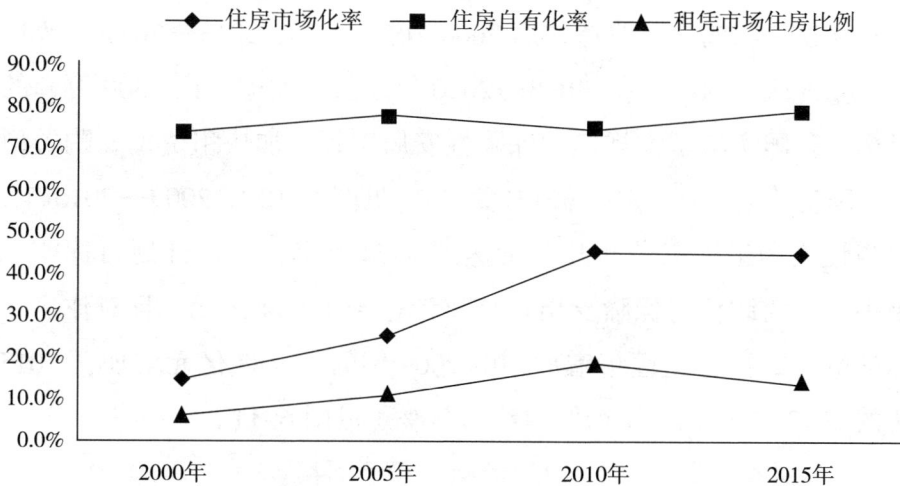

图 6-9　2000—2015 年城镇居民住房市场化程度和住房自有化率变化

资料来源：国家统计局人口普查及 1% 人口抽样调查数据。

二、加快解决低收入家庭住房困难

2007 年 8 月，国务院发布《关于解决城市低收入家庭住房困难的若干意见》（国发〔2007〕24 号），明确指出要加快解决城市低收入家庭的住房困难。2008 年下半年，加快保障性安居工程建设成为应对国际金融危机、扩大内需、促进经济稳定、持续增长的重要措施，在随后出台的 2009—2010 年的 4 万亿元政府投资计划中，投向包括廉租房建设和各类棚户区改造的投资规模达到 4000 亿元以上，保障性住房安居工程建设量明显增加。2008 年底全国累计新建廉租房和经济适用房 533 万套，2009 年全国各类保障性住房建设量为 333 万套，2010 年全国各类保障性住房建设量为 590 万套，远远高于 2008 年及以前年份的保障性住房建设数量。

　　随着党中央、国务院先后确定了"十二五"时期开工建设各类保障性住房和棚户区改造住房 3600 万套（户）、2013—2017 年改造各类棚户区 1000 万套、2018—2020 年改造各类棚户区 1500 万套的目标，我国实施了大规模的保障性安居工程，加快租赁型和购置型的保障房建设，加快各类棚户区改造（见图 6-10）。2009—2015 年，保障性安居工程累计新开工量达到 4924 万套，超过计划目标 4%；中央公共财政住房保障支出预算累计达到 12854 亿元，且对住房保障的资金支持力度逐年增加，由 2009 年的 978.88 亿元增加至 2015 年的 2713.61 亿元，年均增幅约为 20%（见图 6-11）。

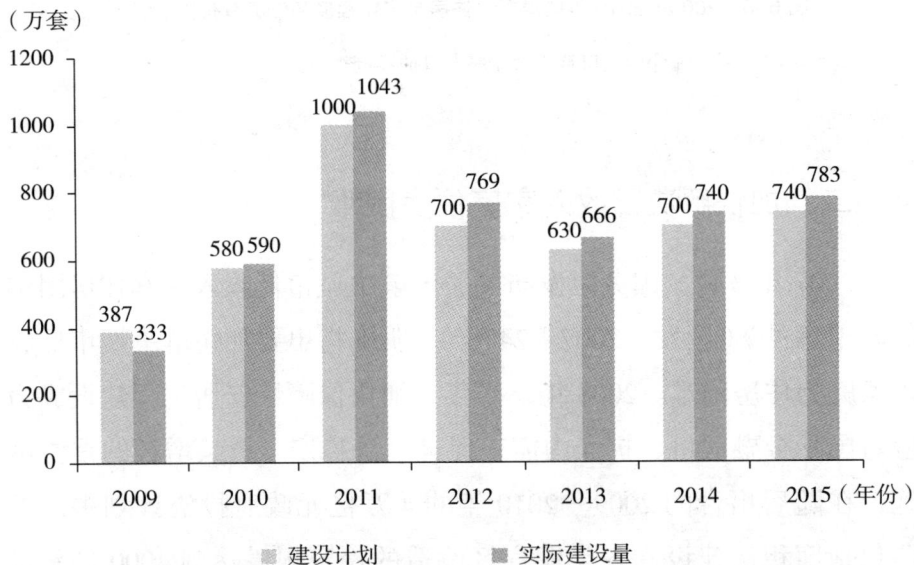

（万套）

1200
1000
800
600
400
200
0

2009 387 333
2010 580 590
2011 1000 1043
2012 700 769
2013 630 666
2014 700 740
2015 740 783 （年份）

■ 建设计划　　■ 实际建设量

图 6-10　我国 2009 年以来保障性安居工程建设情况

资料来源：wind 数据库。

（亿元）

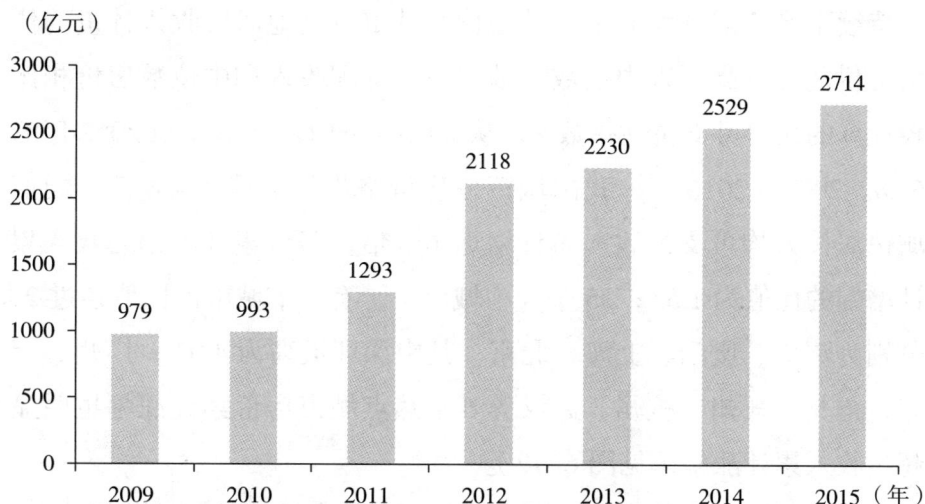

图 6-11　我国 2009 年以来中央公共财政住房保障支出预算情况

资料来源：wind 数据库。

三、房价问题凸显，住房分配不均衡加剧

城镇住房制度改革导致绝大部分家庭只能依靠市场化解决住房问题，收入差距扩大使住房领域分配不公的现象逐步加剧，引发了新的社会不稳定因素。2002 年以来城镇居民收入差距迅速扩大，城镇最高收入户与最低收入户人均可支配收入比值较之前明显提高，虽然近几年该比值有所回落，但总体仍处于较高水平。收入分配不均使得少部分高收入群体手中积累了较多财富，在金融市场缺乏好的投资渠道的情况下，增加了住房投资需求，成为推动房价偏离普通居民支付能力的重要因素。同时，居民收入分配不均也导致住房资源占有的不均衡，2012 年我国城镇最高收入组家庭拥有二套及以上住房的比例高达 37%。

2003 年以来伴随房价的较快上涨，多数城镇居民住房可支付能力持续下降，部分大城市尤其是特大城市以当地居民收入计量的住房支付能力不高。以中位数城镇家庭可支配收入和中位数房价相比较计算的住房可支付性指数[①]，从 2003 年的 120.7 下降至 2012 年的 68.8。2003—2016 年，我国城镇住房价格累计上涨了 4.6 倍，同期城镇居民人均可支配收入累计增加了 3 倍，房价累计涨幅与收入累计增幅的比值为 1.53；35 个大中城市中，有 4 个城市该比值超过 2，分别为深圳、厦门、上海、北京，其中深圳最高为 4.03；广州、天津、福州、郑州、杭州、武汉等 6 个热点城市房价累计涨幅也明显超过收入累计涨幅（见图 6-12）。

近年逐渐突出的住房问题主要体现在热点城市的三部分群体上。一是毕业生等新就业群体。新职工收入较低，购房能力不足，同时由于住房租赁市场管理不规范又缺乏稳定的房源，缺乏生活安定感。二是进城务工人员。农民工多数从事低端产业，收入较低；由于城乡二元体制的管理，在一定程度上制约了进城农民永久留在城镇，导致即使收入较高的农民工多数也选择支出尽量低的租金租房住。这些打工农民多数居住在"城中村"和城乡结合部地带，聚集形成了大量"贫民窟"地区。三是 20 世纪六七十年代出生的中年人。他们已经进入一生当中收入最高的时期，住房改善愿望十分强烈，他

---

① 住房可支付性指数（Housing Affordability Index，HAI）：根据对住房消费比例（家庭每月用于住房消费的支出占收入的比重）的上限要求，考察住房市场中处于中位数收入水平的家庭，对处于中位数房价住房的承受能力如何。如果中位数收入的家庭正好能够承受中位数房价的住房，则此时的 HAI 为 100；如果该家庭只能承受更低价格的住房，则 HAI 小于 100；大于 100 的指数说明该家庭能够承受价格更高的住房。HAI 指数可以判定住房市场中当地居民对当地住房价格的支付能力（购买力），如果 HAI 大于 100，居民的支付能力较好，如果该指数小于 100，则支付能力可能有所不足。

们的住房改善需求也不能忽视。

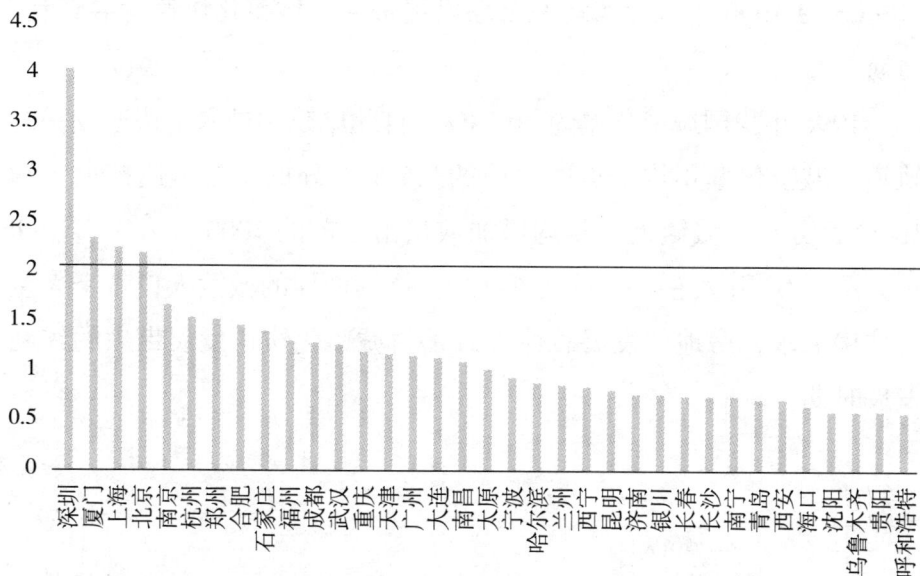

图 6-12　35 大中城市 2003—2016 年累计房价涨幅与收入增幅的比值

资料来源：国家统计局，CEIC 数据库。

第四节　房地产市场发展总体受益于各种红利

20 世纪 90 年代以来，房地产市场经历了长达 20 年的繁荣发展，这种繁荣发展背后不仅有城镇化快速发展、人口结构红利、城镇住房制度改革等多种红利效应的综合作用，还有经济快速增长、收入持续增加、货币环境持续宽松等宏观环境的支持。

一、城镇化发展红利、人口红利和经济快速增长

（一）1996 年以后房地产市场发展进入"城镇化快速发展红利"时期

1996 年我国城镇化率为 30.38%，自此城镇化进入了快速发展的轨道，城镇化率年均增加由之前的 0.5 个百分点左右迅速扩大至约 1.4 个百分点，城镇人口年均增加数量由之前的 1000 万人左右快速扩大至 2000 万人左右（见图 6-13）。持续增加的城镇人口带来大量的住房需求，房地产发展总体进入了由城镇化快速发展带来的红利发展时期。

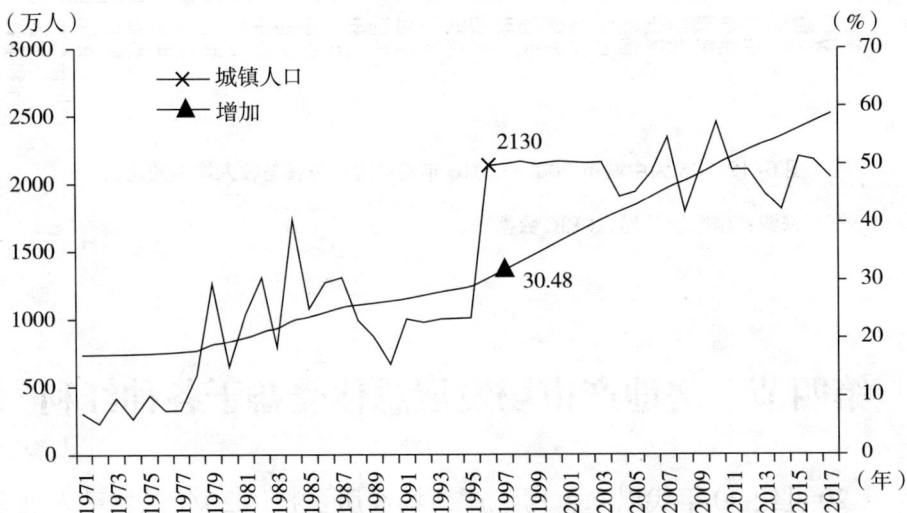

图 6-13　1971—2017 年城镇人口增加数量和城镇化率变化

资料来源：中国统计年鉴。

具体而言，城镇化发展带给房地产需求的红利效应会随着城镇化发展的模式而有所不同。"十一五"时期，以迁移人口为主

的城镇化发展模式大大增加了住房需求。2000—2005 年，各地普遍出现以城市规模扩张和结构优化为特征的城郊工业化城市化发展模式，"撤乡并镇"工作大范围展开，城市范围急剧扩大。全国城市建成区面积由 2000 年的 22439 平方公里增加至 2005 年的 32521 平方公里，增加了 10082 平方公里，增长了 45%，"就地城镇化"比例大大上升。2006—2010 年，这种现象有所减弱，城市建成区面积增加至 2010 年的 40058 平方公里，增加了 7537 平方公里，增长了 23%，增幅下降了 50%。这一时期人口迁移数量快速增加，远超这一时期的城镇住房需求。2011—2015 年，全国城市建成区面积增加至 49000 平方公里，增加了 9000 平方公里，增幅为 22.5%，与上个 5 年相同。根据人口普查数据估算，2000—2005 年城镇范围内迁移人口平均每年增加约 180 万人，远远小于城镇常住人口的年均 2000 万人的增量；而 2006—2010 年迁移人口数量平均每年增加 2064 万人，接近同期城镇人口年均增加约 2150 万人的数量；2011—2015 年迁移人口数量年均增加约 500 万人，也较大幅度小于同期城镇人口年均增量 2028 万人，说明 2011 年后"就地城镇化"现象又有较快增加（见图 6–14）。

迁移人口主要流向大城市。2010 年，流向 35 个大中城市的迁移人口占全国迁移人口总量的 47.3%，上海、深圳、北京、广州四个一线城市迁移人口占全国迁移人口的比例接近 20%。2015 年，35 个大中城市迁移人口占比快速增加至 61%，4 个一线城市迁移人口占比增加至 25%。重庆、成都、杭州、宁波、天津、武汉、沈阳、厦门、郑州、西安 10 个城市，迁移人口占全国迁移人口的比例均超过 1%，是二线城市中的迁移人口主要流入区域。人口流入地区住房需求持续旺盛，房价上涨较快。

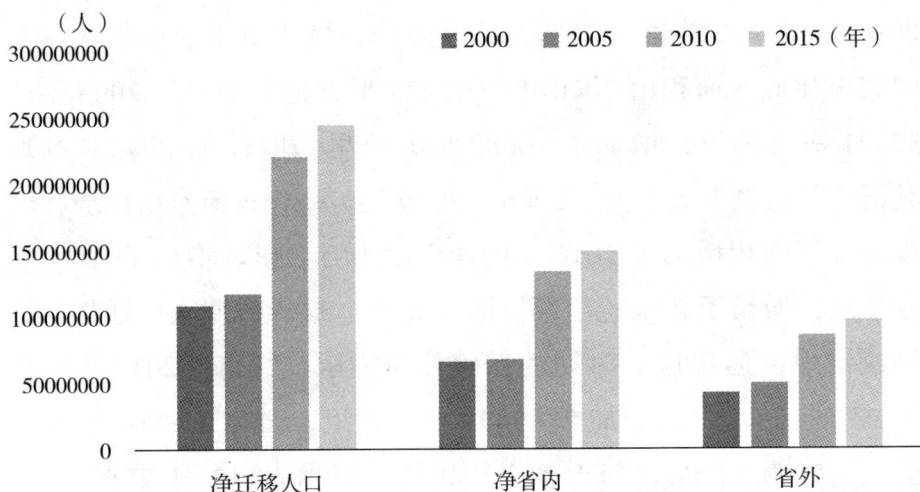

（人）

■ 2000　■ 2005　■ 2010　■ 2015（年）

图 6-14　我国迁移人口规模变化

资料来源：根据 2000 年和 2010 年人口普查年鉴与 2005 年、2015 年 1% 人口抽样调查年鉴中的数据计算得出。净迁移人口不包含市区内人户分离情况。

迁移人口主要为年轻人，因此人口年龄结构会对以人口迁移为主的城镇化发展模式产生影响。从迁移人口的年龄构成来看，15—44 岁是迁移人口主要的年龄构成，占比为 73%（见图 6-15）。我国 15—44 岁人口数量在 1990—2015 年处于高峰时期，均超过 6 亿人。其中，15—44 岁人口数量在 2000 年为最高峰达 7.07 亿人，之后逐步减少，"十一五"减少大约 571 万人，"十二五"和"十三五"则会持续较大幅度减少，各期分别减少将近 5000 万人（见图 6-16）。因此，从 15~44 岁人口数量的变化来看，"十二五"、"十三五"时期迁移人口数量会减少，城镇化发展将会更多依靠"就地城镇化"发展模式，"十二五"时期"就地城镇化"比例上升印证了这个推论。

　　根据城镇人口增量变化、迁移人口变化的内部构成分析显示，2010—2015 年，农村转移人口增速较快回落，这与人口年龄结构有密切关联，也与近年大力推行的特色小城镇建设、新农村建设政策有关。中长期看，城镇化发展中"就地城镇化"模式还会持续存在，相对净迁移为主的城镇化发展，这种模式会减小住房需求，预示着房地产发展的"城镇化快速发展红利"效应将逐步减弱。

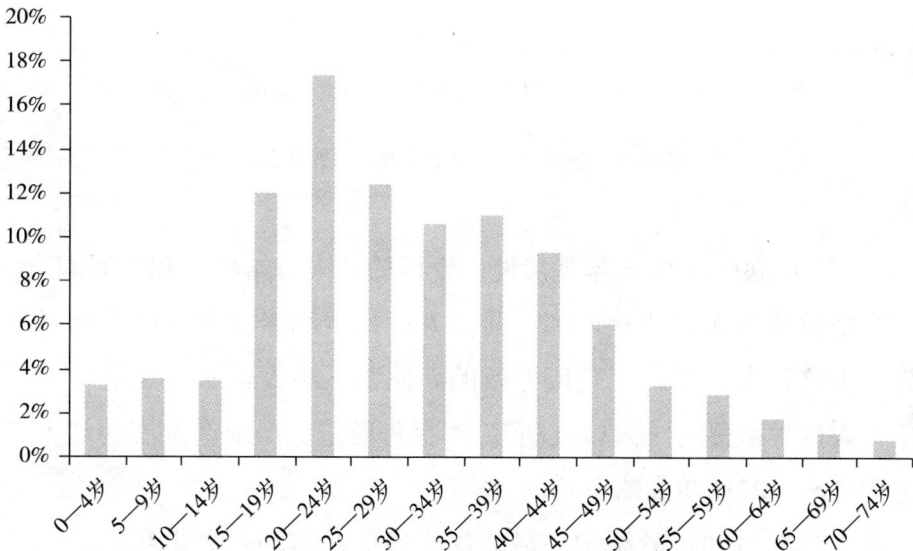

图 6-15　2010 年我国迁移人口年龄构成

资料来源：2010 年人口普查年鉴。

（万人）

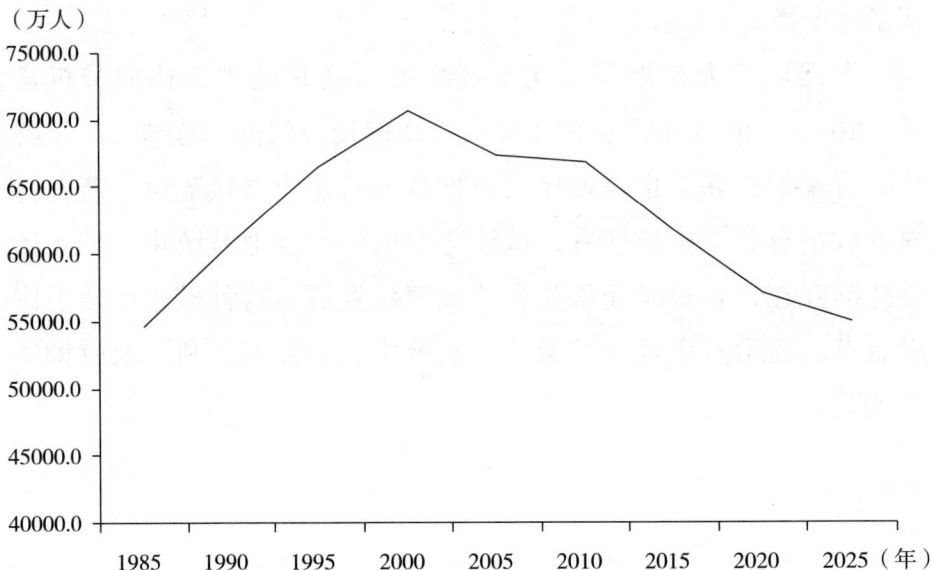

图 6-16　我国 15——44 岁年龄人口数量变化

（二）1995—2015 年是房地产发展的"人口结构红利"时期

适龄劳动人口比重增加，儿童人口比重和老年人口比重相对下降，由这种人口结构变化所导致的高储蓄、高投资和高经济增长现象，人口学家称为"人口红利"。本报告所指的房地产发展的"人口结构红利"时期与此略有不同。

人口数量和年龄结构是最能预测房地产市场长期走势的。当衡量一个国家或地区对房屋的总需求时，如果处于不同年龄阶段的人口比例存在波动，则不同时期由个体加总获得的房屋总需求也将随着人口比例的变化而变化，即人口年龄结构会影响房屋总需求。以美国为例，二战后 1946 年至 1964 年间形成的"婴儿潮"，决定了美国房地产市场进程 30 到 35 年。70 年代他们是刚刚走出大学校门的孩子。他们没有准备好买房，只能租房，这给公寓出租市场带来了巨大的繁荣。70年代后期和80年代初期，他们逐渐步入结婚成家的年龄，第一次购买住房，因此大量建筑商建造小面积的廉价住宅。从80年代到2000年，这部分人群变老而且更加富裕，开始购买更大的住宅。改建与购买第二套住宅的浪潮统治了美国房地产市场过去的10年。

根据国家统计局的抽样调查数据：25—45岁群体是我国购买住房的主要群体。理论上，25—35岁人员处于婚龄期，其对住房的需求属于刚性需求；而35岁以上的人员购买住宅多是出于改善住房条件的需要。由此我们将"25—44"岁人口数量相对高峰时期称为房地产发展的"人口结构红利"时期。

1995—2015年我国25—44岁人口数量不断增加，构成我国房地产发展的20年"人口结构红利"时期。建国后我国共出现了三次人口出生高峰，分别是：50年代第一次出生高峰，1963—1974年第二次出生高峰，80年代末期第三次人口生育高峰。这三次人口出生高峰，导致1995—2015年我国25—44岁群体数量基本处于持续增加状态。其中，1996—2000年增加了大约3600万人、2001—2005年增加了大约1800万人、2006—2010年减少了大约450万人、2011—2015年增加大约260万人（见图6-17）。在这一阶段，处于住房刚性需求阶段的20~24岁群体在2006—2010年间出现大幅度增加，增加了大约2600万人，2008年以来我国结婚对数每年超过1000万对并持续上升（见图6-18），他们对住房需求的推动叠加住房改善需求，加大了该时期房地产市场供求矛盾。

中长期看，房地产发展的"人口结构红利"将不再持续。2016—2030年，我国25—44岁群体人口数量将持续下降。其中，2016—2020年减少大约1800万人，2021—2025年减少大约2200万人，2026—2030年减少大约3000万人。20—24岁群体人口数量

（万人）

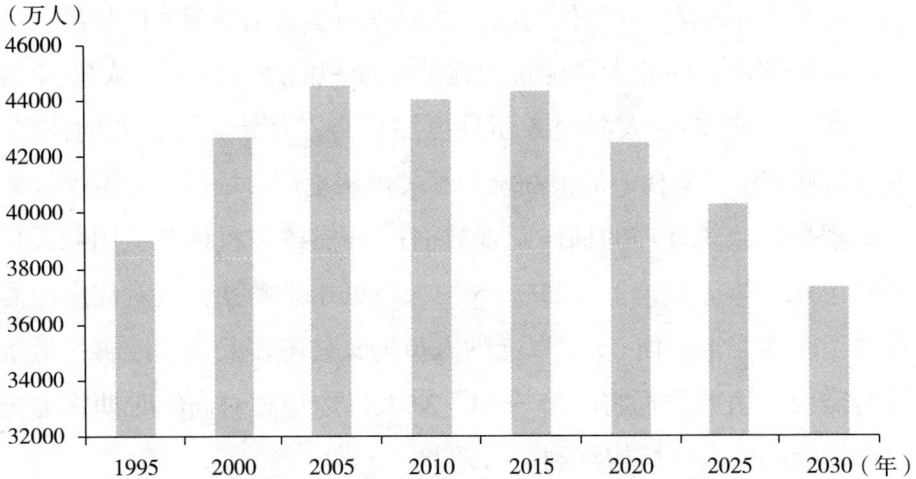

图 6-17　我国 25——44 岁人口数量变化

资料来源：2010 年人口普查年鉴；wind 数据库。

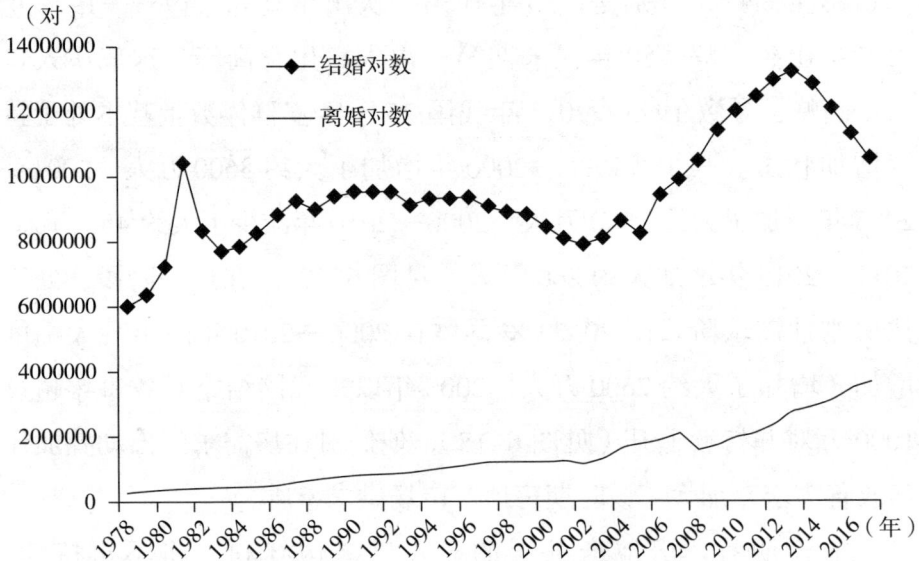

（对）

图 6-18　1978—2017 年我国结婚离婚对数

在 2011—2025 年间也将持续较大幅度减少，从结婚对数上看 2013
年为峰值 1327.4 万对，之后开始下降。

（三）房地产发展总体处于经济快速增长背景下

1978 年以来，我国经济保持了三十多年的快速发展，1978—
2017 年 GDP 年均增长率达到了 8.3%。1990 年以来，房地产市场的
产生和发展一直伴随着经济的快速增长，GDP 年均增速保持 9.5%，
其中 1990—2012 年 GDP 年均增速超过 10%，2013—2017 年 GDP
增速逐步下降至 6.9%。同时，城镇居民人均可支配收入也保持较快
增加，1990—2017 年年均增幅达到 7.6%，增速快于之前年份。以
1978 年为基数计算，2017 年 GDP 指数达到 3452.55，城镇居民人均
可支配收入指数达到 1629.82，经济增长快于城镇居民收入的增加
（见图 6-19 和图 6-20）。经济快速增长、居民收入持续增加为房地
产市场的发展提供了持续动力和坚实基础。

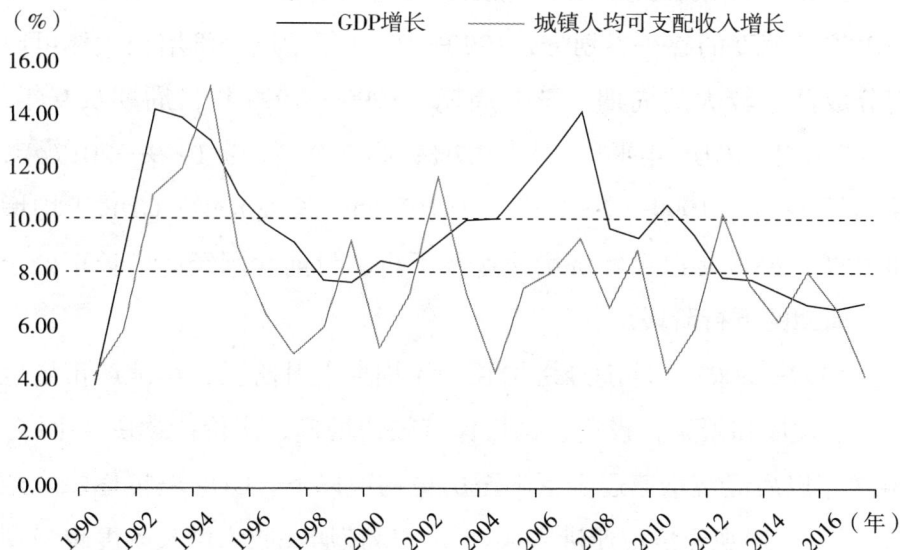

图 6-19　GDP 和城镇人均可支配收入变化

资料来源：中国统计年鉴。

（亿元）

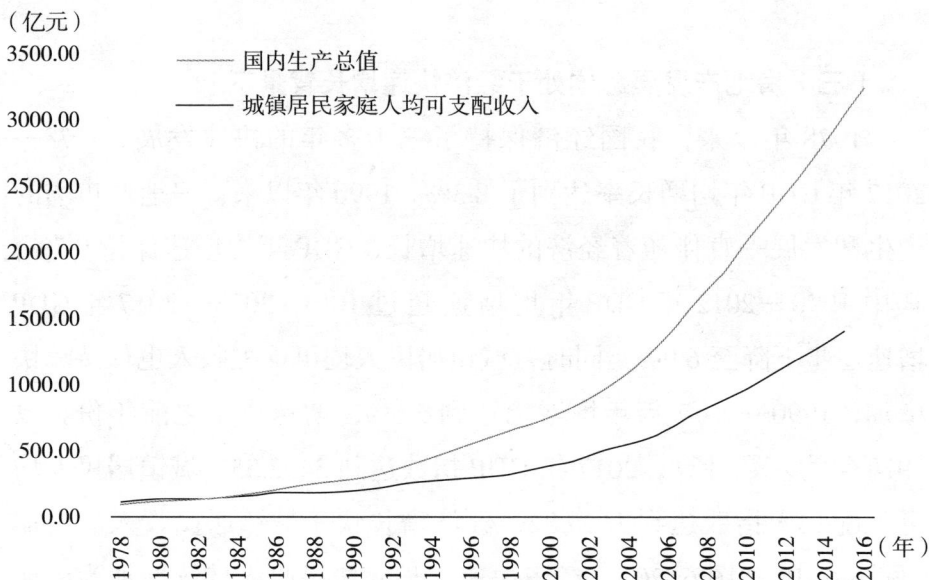

图 6-20　GDP 和城镇人均可支配收入增长（1978 年 =100）

1990 年以来，经济增长经历了两轮周期波动（见图 6-19）。按 GDP 增长速度的谷—谷划分，1990—2013 年中国经济增长大体可以划分成两个较大的周期，第一周期：1990—1999 年，周期长 9 年，上升期 2 年，GDP 年平均增长 10.7%；第二个周期：1999—2017 年，周期长 18 年，1999—2007 年处于上升期，长度 8 年，GDP 年均增速 10%，2008 年以后经济增速逐步下行，目前我国经济增长正处于第二周期的下行阶段。

1999—2007 年伴随经济增长处于周期上升阶段，房地产市场也经历了发展和繁荣，投资、销售保持较快增速，房价持续快速上涨。2013 年以后经济增速逐步下降至历史均值以下，GDP 增幅逐步降至 7% 以下，宏观经济增速进入换挡期，城镇居民收入增长幅度也呈现波动减小态势。可以预见，中长期经济增速和收入增幅的下降，将减弱其对房地产市场发展的支撑作用。

二、制度红利和政策红利

（一）土地使用制度改革促成了城乡二元房地产市场

1987 年 11 月，国务院批准确定在深圳、上海、天津、广州、厦门、福州进行土地使用制度改革试点。同年，深圳市先后以协议、招标、拍卖三种方式，成功地实施了土地使用权的有偿出让。1988 年，宪法和土地管理法先后修改，规定土地使用权可以依照法律的规定转让。自此，实行了 30 余年的无偿、无限期、无流动的土地使用制度开始被有偿、有限期和可流动的新型土地使用制度所替代。1998 年 8 月召开的九届人大常委会第四次会议，通过了重新修订的土地管理法；随后，国务院于同年 12 月颁布了《土地管理法实施条例》。两部法规确立了耕地保护制度、土地用途管制制度和土地有偿使用制度，并首次以法规的形式明确了出让、租赁、作价出资等土地有偿使用方式。

城镇土地使用制度改革的核心是土地市场化改革，包括改革土地产权制度、制定土地出让规则。土地产权制度改革明确城市土地有价且具有资产属性，城市土地的使用权可与所有权相分离，并依法进入市场流通，由无偿、无限期、无流动的土地使用制度改革为有偿、有限期和可流动的土地使用制度。制定土地出让规则改变了土地的定价方式，由以往的行政定价转为市场定价，由协议出让居多转为以招标、拍卖及挂牌为主，其中重点是房地产用地出让方式的变革，现实中采取了从原则到具体、从弹性转刚性的渐变过程。

1990 年 5 月，国务院发布了《城镇国有土地使用权出让和转让暂行条例》（国务院令第 55 号），明确规定城镇土地使用权有偿出让可以采取协议、招标、拍卖三种方式。1994 年城市房地产管理法颁布，明确规定商业、旅游、娱乐和豪华住宅用地，有条件的，必须采用拍卖、招标方式。2002 年 5 月，国土资源部发布《招标拍卖挂牌出让国有土地使用权规定》（国土资源部令第 11 号），进一步明确界定实施招拍挂的用地范围，规定包括商品住宅在内的商业、旅游、娱乐等各类经营性用地，必须以招标、拍卖或者挂牌方式出让。实施的起始时间为 2002 年 7 月 1 日。2004 年 3 月 31 日，国土资源部与监察部联合下发《关于继续开展经营性土地使用权招标拍卖挂牌出让情况执法监察工作的通知》（国土资发〔2004〕71 号），要求从即日起对经营性土地使用权招标拍卖挂牌出让情况进行全国范围内的执法监察，8 月 31 日后各地不得再以历史遗留问题为由采用协议方式出让经营性土地使用权。这就是房地产界所说的"8·31 大限"。2006 年 8 月国务院发布《国务院关于加强土地调控有关问题的通知》（国发〔2006〕31 号）、2007 年 4 月国土资源部、监察部发布《关于落实工业用地招标拍卖挂牌出让制度有关问题的通知》（国土资发〔2007〕78 号），要求"工业用地必须采用招标拍卖挂牌方式出让，其出让价格不得低于公布的最低价标准"。自此，包括商品住宅在内的商业、旅游、娱乐、工业等各类经营性用地，必须以招标、拍卖或者挂牌方式出让。

20 世纪 90 年代伴随城镇范围的迅速扩大，城中村大量涌现，导致城镇范围内的土地不完全是国有土地，城镇范围内的住房也不全是国有土地上的住房，农村人口、集体土地、集体土地上的住房与城市户籍人口、国有土地、国有土地上的住房同时存在于城镇范围，而农村和城市仍分属于两套管理体系，形成了城镇范围内二元房地产市场。在国有土地上的正规房地产市场外，城中村、城乡结合部地带形成了广泛的住房租赁市场，其中租住了大量外来人口。根据国家统计局人口调查数据估算，2005 年全国城市范围内，城中村住房面积占全部城市住房面积的 33%，城中村住房间数占全部城市住房间数的 30.6%；城中村住房解决了 29.5% 城市常住人口的住房问题；2010 年、2015 年居住在城中村住房的人口比例分别为 18% 和 16.3%。

城中村住房成为城镇住房重要的供给源，缓解了城镇住房市场的供求矛盾，在解决外来人口住房方面做出重要贡献。但城中村普遍卫生设施、基础设施较差，外来农村人口居住的城中村出租屋有占 50% 比例的房屋厨房和厕所不全，二元住房管理制度亟待改革完善。

近年，在城镇土地使用制度逐步深入改革的同时，农村集体土地改革有所推进，尤其在利用集体土地建设租赁住房方面有了新的突破。2008 年 10 月 12 日结束的党的十七届三中全会通过《中共中央关于推进农村改革发展若干重大问题的决定》，指出"逐步建立城乡统一的建设用地市场，对依法取得的农村集体经营性建设用地，必须通过统一有形的土地市场、以公开规范的方式转让土地使用权，在符合规划的前提下与国有土地享有平等权益"。

2014 年 1 月，国务院发布《关于全面深化农村改革加快推进农业现代化的若干意见》，"引导和规范农村集体经营性建设用地入市。在符合规划和用途管制的前提下，允许农村集体经营性建设用地出让、租赁、入股，实行与国有土地同等入市、同权同价，加快建立农村集体经营性建设用地产权流转和增值收益分配制度。""改革农村宅基地制度……选择若干试点，慎重稳妥推进农民住房财产权抵押、担保、转让。"2014 年 12 月，中央全面深化改革领导小组第七次会议审议《关于农村土地征收、集体经营性建设用地入市、宅基地制度改革试点工作的意见》。

2017 年 8 月，国土部和住建部联合发布《利用集体建设用地建设租赁住房试点方案》，计划在北京、上海、沈阳、南京、杭州等13 城市开展第一批利用集体建设用地建设租赁住房的试点。

2017 年 10 月 31 日，土地承包法修正案草案提请十二届全国人大常委会第三十次会议初次审议，明确农村土地所有权、承包权、经营权"三权分置"，稳定农村土地承包关系并长久不变，土地经营权入股，维护进城务工和落户农民的土地承包权益。

2018 年 1 月 15 日召开的全国国土资源工作会议指出，要改变政府作为居住用地唯一供应者的情况，研究制定权属不变、符合土地和城市规划条件下，非房地产企业依法取得使用权的土地作为住宅用地的办法，深化利用农村集体经营性建设用地建设租赁住房试点，完善促进房地产健康发展的基础性土地制度，推动建立多主体供应、多渠道保障、租购并举的住房制度，让全体人民住有所居。并且提出，将探索农村宅基地集体所有权、农户资格权、宅基地及农房使用权"三权分置"，落实宅基地集体所有权，保障宅基地农户资格权，适度放活宅基地和农民房屋使用权，是一项重大创新。

2014 年以来，农村土地改革的大幕已经徐徐拉开，农村土地和宅基地的"三权分置"，鼓励经营权和使用权流转，必将对房地产市场产生深远影响。

（二）城镇住房制度改革带来房地产市场发展的"制度红利"

20 世纪 80 年代城镇住房制度改革前夕，城市住房非常紧张。据 1977 年底统计，全国 190 个城市平均每人居住面积仅为 3.6 平方米，比解放初期的 4.5 平方米下降 0.9 平方米。全国城市中缺房户共323 万户，占居民总户数的 17%。其中：夫妇不能同居，或住教室、车间、仓库、办公室等的无房户达 104 万户；二户同室、三代同室、大儿大女与父母同室居住的不方便户达 130 万户；平均每人居住面积不足两平方米的拥挤户达 89 万户。此外，各城市都有一批危房亟待维修，许多城市还有旧社会遗留下来的棚户没有得到改造。

住房短缺是城镇住房政策所面临的主要问题，以福利实物分配为主体的住房制度下，政府不可能有足够的财力实现自己的政策目标，同时住房分配上的不公正，也已成为一个严重的社会问题。伴随经济体制改革的实行，在住房领域实行市场化改革的思想初步形成，提出城镇住房制度改革的目标是按照社会主义有计划的商品经济的要求，实现住房商品化。1983 年 12 月 17 日国务院发布《城市私有房屋管理条例》（国发〔1983〕194 号），是改革开放后最早关于私有财产的政府法规，为后来的公房出售和住房制度改革奠定了一定的制度基础。1984 年党的十二届三中全会作出《中共中央关于经济体制改革的决定》之后，1988 年 2 月 25 日，国务院印发了《在全国城镇分期分批推行住房制度改革实施方案的通知》（国发〔1988〕11 号），城镇住房制度改革成为经济领域较早的改革。

建立市场化的住房建设、分配和管理方式，是城镇住房制度改革的核心，大致可以分为三个时期。改革初期为 1978—1998 年，是住房商品化观念逐步建立时期。改革中期为 1998—2007 年，1998 年为应对亚洲金融危机，中央提出要拉动住房消费，停止住房实物分配，加快推进住房制度改革，这是房地产市场快速发展时期。改革后期为 2007 年之后，2008 年以应对美国经济危机为契机，中央开始推动大规模保障性安居工程建设，这一时期城镇住房保障制度不断加强和完善。

城镇住房制度改革带来房地产市场发展的"制度红利"。体现在两个方面。一是房地产开发住宅建设逐步替代传统基本建设单位住宅建设，房地产投资获得快速发展；二是公房出售大幅提高住房自有化率，为实施"代际帮助"提供基础，即父母等全家出资为子女购房，大大提高了住房支付能力。

目前，由城镇住房制度改革带来的房地产开发投资增长红利的释放已经基本完成，体现在房地产开发住宅对传统住宅建设的"替代"已经基本结束。1998年房地产开发住宅竣工面积在城镇住宅竣工面积中的占比仅为29.6%，之后逐年上升，2006—2015年该比例保持在72%左右（见图6-21），该占比连续10年保持基本稳定，说明城镇住房制度改革带来的投资增长"替代红利"已经完全释放。从房地产开发住宅竣工面积增长和城镇住宅竣工面积增长的对比也可以看出"替代红利"的变化：1998—2006年房地产开发住宅竣工面积年均增长15.7%，远远高于同期城镇住宅竣工面积5.4%的增幅，而在2007年以后二者增幅则保持基本一致（见图6-22）。

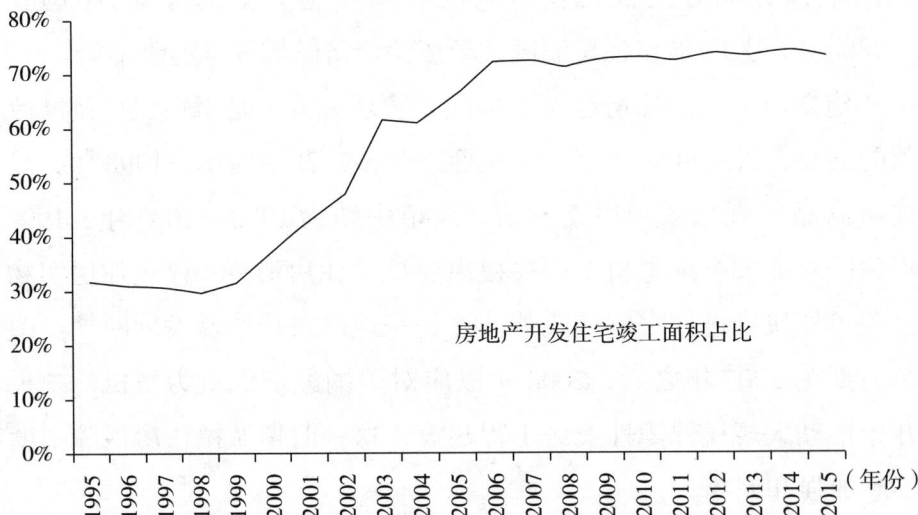

图6-21　房地产开发住宅竣工面积/城镇住宅竣工面积变化

资料来源：CEIC数据库。

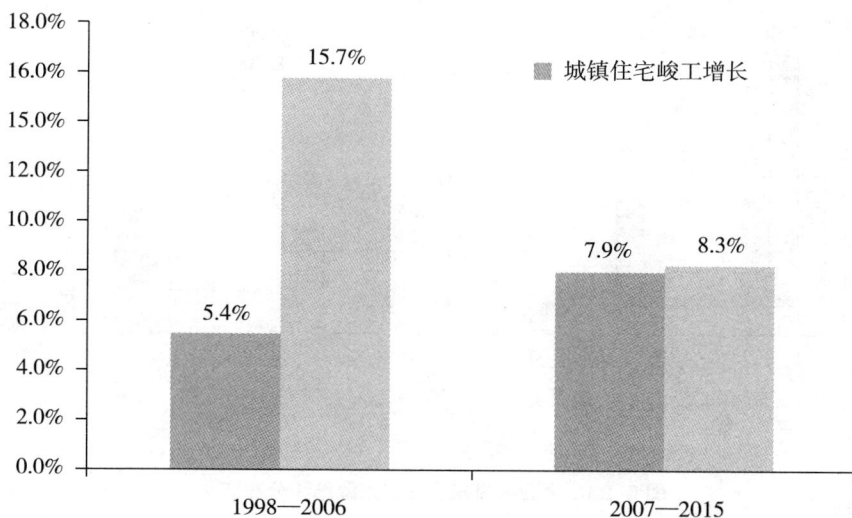

图 6-22 城镇住房竣工面积增长和房地产开发住宅竣工面积增长对比

　　城镇住房制度改革带来住房自有化率大幅提高，有助于年轻人购房时获得"代际帮助"，这种制度红利效应正在逐步减弱。根据人口普查资料数据分析，2000年、2005年、2010年、2015年，城镇家庭户住房自有化率分别为74%、78%、75%和79.2%。在城镇家庭住房来源结构中，2000年通过购买原有公房和经济适用房获得住房自有的家庭户占比大约为30%（见图6-23），公房出售在提高住房自有率过程中的贡献率约为40%。老年人购买公房比例明显高于年轻人，2010年50岁以上家庭住房自有率超过80%，其中购买公房的比例均超过20%（见图6-24），这些家庭为"80后"子女购房提供帮助具备好的基础。而随着户主年龄的减小，购买公房的比例逐步下降，1998年停止公房出售时刚参加工作的人员2010年大约为35岁，其购买公房的比例仅在10%左右，可见由于住房制度改革带来的"代际帮助红利"效应正在逐步减弱。

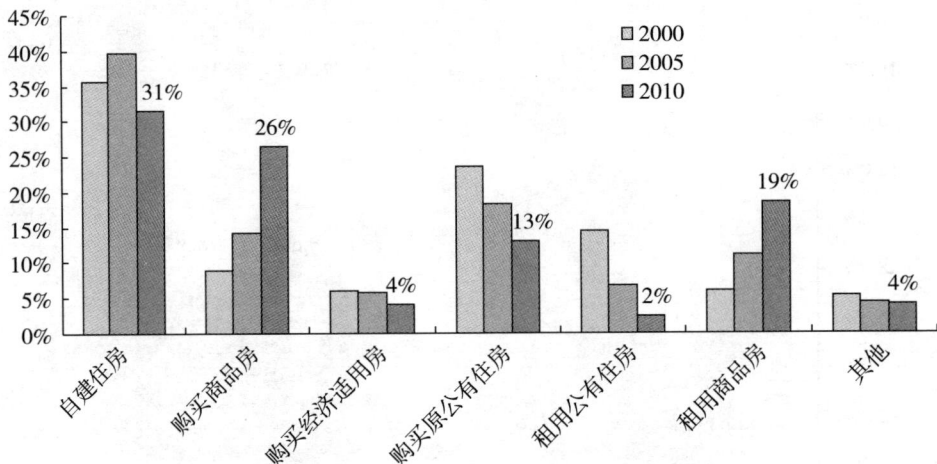

图6-23 全国城镇家庭住房来源结构分布变化

资料来源：中国人口普查资料。

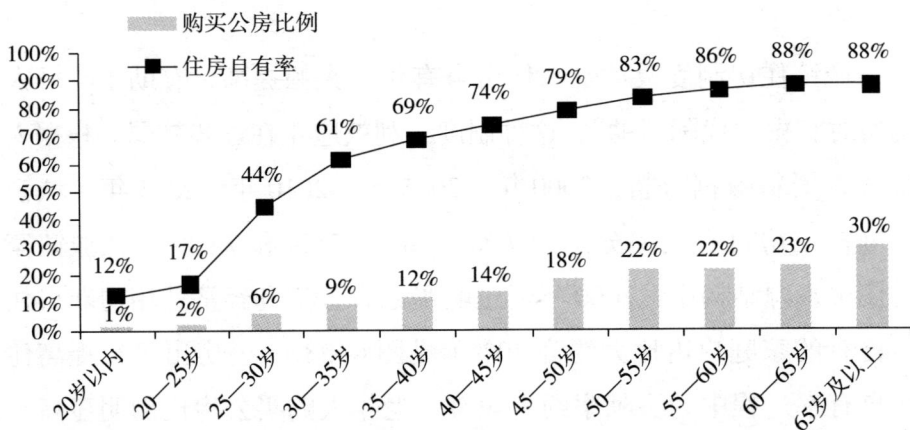

图6-24 2010年城镇家庭不同年龄结构的住房来源结构分布

资料来源：中国人口普查资料。

（三）持续宽松的货币政策进一步助推房地产市场快速发展

我国经济发展长期处于货币宽松的环境中。1990—2016年M2年均增速为18.9%，同期名义GDP增速为15.3%，货币存量增速比名义 GDP 增长快 3.6 个百分点。M2 与名义 GDP 比值持续上升，由 1990 年的 0.82 上升至 2016 年的最高值 2.08，2017 年有所下降为 2.03（见图 6-25）。2017 年底，名义 GDP 为 827121.7 亿元，存量货币则达到 1676768.5 亿元。其中，2008—2009 年为应对美国金融危机的影响，中央实施了总额 4 万亿元投资刺激政策，宽松货币政策开始于 2008 年 4 季度，连续数次下调存款准备金率和基准利率，期间货币供应量大幅上升，2009 年 M2 增速达到 27.7%，M1 增速达到 32.4%，均为 1998 年以来的最高点，M2/GDP 由 2008 年的 1.51 快速升至 1.78；2010—2015 年货币供应量仍保持了较高增速，M2 增速均在 13% 以上，2016—2017 年货币供应增速有所下降，M2 增速分别为 11.3% 和 8.2%。

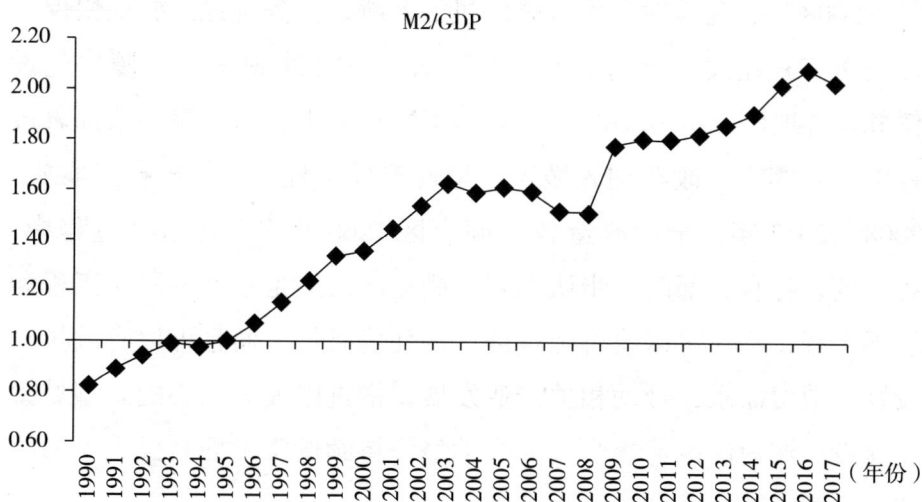

图 6-25　1990—2017 年 M2/GDP 比值变化

资料来源：根据中国统计年鉴相关数据计算。

宽松货币环境与持续的低利率，是助推我国房地产市场快速发展至关重要的影响因素。我国房价变动体现了资产价格特征，与实际利率呈现明显的反向相关关系，即实际利率越低，房价上涨越快。一般情况下，M2 增加幅度基本等同实际 GDP 增幅、CPI 涨幅和房价涨幅之和。1998 年以来我国 CPI 年均上涨 2.1%，M2 年均增加 15.6%，在货币供应量大幅增加、物价稳定的背后，是房地产市场吸收了大量多余的货币。M2/GDP 比值与 CPI、商品住房价格涨幅高度相关，相关系数分别为 41.6% 和 31.2%，印证了货币供应量是房地产市场发展至关重要的影响因素。近年持续的宽松货币环境助推了房地产市场的快速发展。

（四）大力实施棚户区改造

2008 年，为应对美国金融危机的影响，国务院提出要加快保障性安居工程建设，计划"十二五"期间完成 3600 万套保障房建设任务。各地区、各有关部门在贯彻落实党中央、国务院决策部署过程中，将棚户区改造纳入城镇保障性安居工程，大规模推进实施。2008—2012 年，全国改造各类棚户区 1260 万户。在这个过程中，各地区、各有关部门逐步认识到，棚户区改造是重大的民生工程和发展工程，不仅可以改善困难群众的住房条件，而且可以有效拉动投资、消费需求，带动相关产业发展，推进以人为核心的新型城镇化建设。棚户区改造逐步成为推动经济持续健康发展和民生不断改善的重要政策抓手。

2013 年，国务院发布《关于加快棚户区改造工作的意见》（国发〔2013〕25 号），提出 2013—2017 年计划改造各类棚户区 1000 万户。2017 年 5 月，李克强总理主持召开国务院常务会议，确定

2018—2020 年再改造各类棚户区 1500 万套。截至 2017 年 6 月末，国家开发银行、农业发展银行累计发放棚户区改造专项贷款超过 4 万亿元。

2015 年，为助推三四线城市楼市去库存，住建部要求各地不断提高棚户区改造货币化安置比例。棚户区改造由过去的实物建设为主逐步演变为货币化安置为主，2014—2017 年棚户区改造货币化安置比例由 10% 连续升至 60%，推动房地产市场出现超预期繁荣。2016—2017 年棚户区改造货币化安置去化面积分别达到 2.5 亿和 3 亿平方米，对商品住房销售贡献率分别约为 40% 和 80%。

由于棚户区改造得到充足的中央财政补助，地方政府基本不用追加投入资金，便可盘活存量土地、改善居民住房困难，从调研情况看各地政府都非常积极实施棚改项目。中长期看，受人口结构变化影响，城镇住房新增需求增长乏力，城镇住房建设将步入低速增长时期，投资对经济增长的贡献将大幅减小。为稳定投资增长，中长期内棚户区改造仍将是重要的政策工具。

第五节　房地产业发展展望

一、房地产投资进入趋势性低增长阶段

（一）城镇居民住房总量短缺解决，住房供给进入数量和质量、环境并重阶段

1978 年我国城镇居民人均住房建筑面积只有 6.7 平方米，1985 年增加为 10 平方米，2012 年增加至 32.9 平方米，2016 年达到 36.6

平方米，增长了大约 5 倍，期间各层次居住水平的城镇居民住房条件均有所改善。2015 年城镇居民户均住房数量约为 1.1 套，城镇居民住房基本实现了"人均一间房"。

城镇家庭住房自有化率保持高水平。根据国家统计局人口调查数据计算，2005 年、2010 年、2015 年城市家庭户住房自有化率分别为 76%、70% 和 74%，镇家庭户住房自有化率分别为 82%、83% 和 87%。国家统计局住户调查数据显示，城镇本地户籍家庭拥有二套住房以上的占比自 2009 年以来较快上升，由 2005 年的 8.7% 上升至 2012 年的 16.2%。其中，东部地区城镇本地户籍家庭拥有第二居所的比例最高，2012 年达到 17.8%。

根据国家统计局人口普查相关数据计算，2010 年我国城镇居民户均住房数量为 1.02 套，加上"十二五"期间的住房建设和保障性住房建设情况，保守估计"十二五"期末城镇户均住房数量约为 1.1 套。参照国际经验，住房数量与家庭数量的比例基本徘徊在 1.1 套附近，即住房总量超过家庭总数的 10% 为住房充足。例如，日本于 20 世纪 80 年代中期户均住房套数超过 1.1，之后则基本保持稳定；韩国户均住房套数于 2002 年超过 1，目前该值稳定在 1.08 左右；美国 1965—2009 年间，户均住房套数基本稳定的 1.12 左右；英国自 60 年代以来户均住房套数超过 1，80 年代后该值基本稳定在 1.08（见图 6-26）。

综上所述，我国城镇住房总量充足，住房短缺问题已经解决，住房供给已由单纯数量发展阶段进入到数量和质量、环境并重阶段。

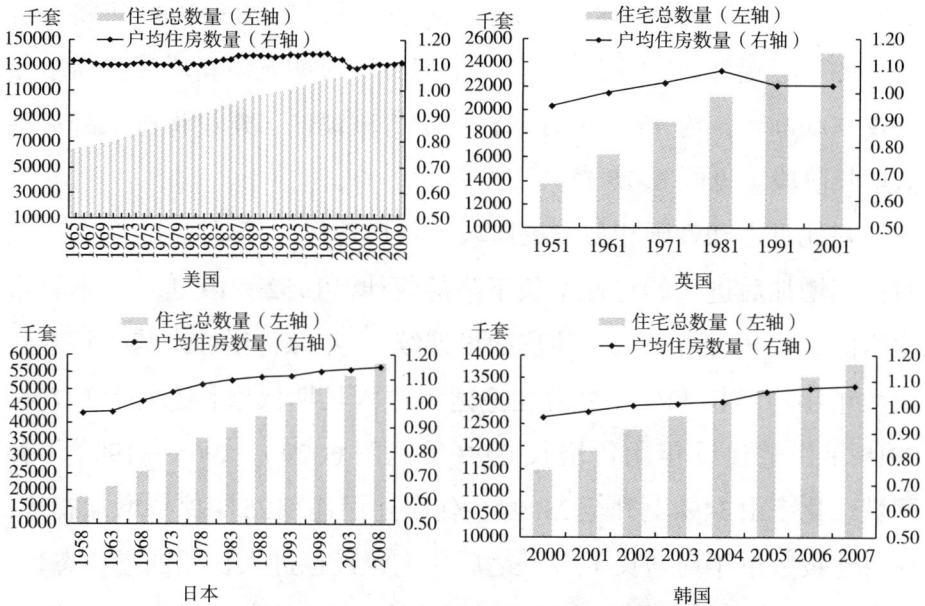

图 6-26 主要发达国家户均住房数量

资料来源：各国统计网站。

（二）中长期城镇住房建设将进入趋势性低增长阶段

中长期发展看，受人口结构变化、经济发展新常态等趋势性变化因素影响，支撑房地产市场繁荣发展的各种红利效应逐步减弱。1995—2014 年，我国城镇住房建设量连续 20 年增加，年均增长幅度为 6%，2014 年达到峰值为 10.9 亿平方米（全社会住宅建设数量 2011 年为峰值 19.7 亿平方米），2015—2017 年连续三年住房建设量减少（见图 6-27）。期间城镇化率由 30% 持续上升超过 58%。根据课题组预测，"十三五"期间我国城镇住房新增需求规模与"十二五"时期相当，年均 1080 万套（住建部《住房城乡建设事业"十三五"规划纲要》，提出"十三五"时期我国城镇新建住房面积规划为 53

亿平方米），53 亿平方米，接近零增长；但在 2020—2030 年将出现 16% 的下降幅度，"十四五"和"十五五"时期城镇新增住房需求年均仅 900 万套，约 45 亿平方米，预示着城镇住房建设将进入趋势性低增长阶段（见图 6-28）。

对比日本和韩国相似发展阶段的住房建设，都呈现出在 20 年左右持续增加后进入趋势性增长下降的规律。1952—1972 年日本城市化率由 33% 升至 72.1%，住房建设连续 21 年保持增加态势，住宅建设数量年均增长 11%。之后住宅建设进入长期低增长态势，1973—2015 年住宅建设年均负增长 0.9%（见图 6-29）。1965—1990 年韩国城市化率由 34% 上升至 73.8%，住房建设连续 25 年保持增加态势，住宅建设数量年均增长 12%。之后住宅建设也进入长期低增长态势，1991—2015 年韩国住宅建设年均增加 2.7%，增幅比高增长时期减少大约 10 个百分点（见图 6-30）。

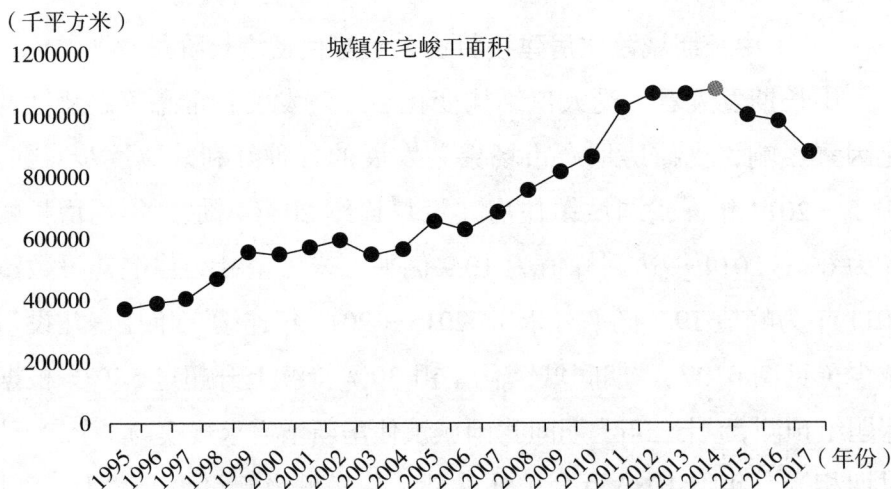

图 6-27　我国 1995—2017 年住宅竣工面积

（亿平方米）　　　　　　　　城镇住房新增需求

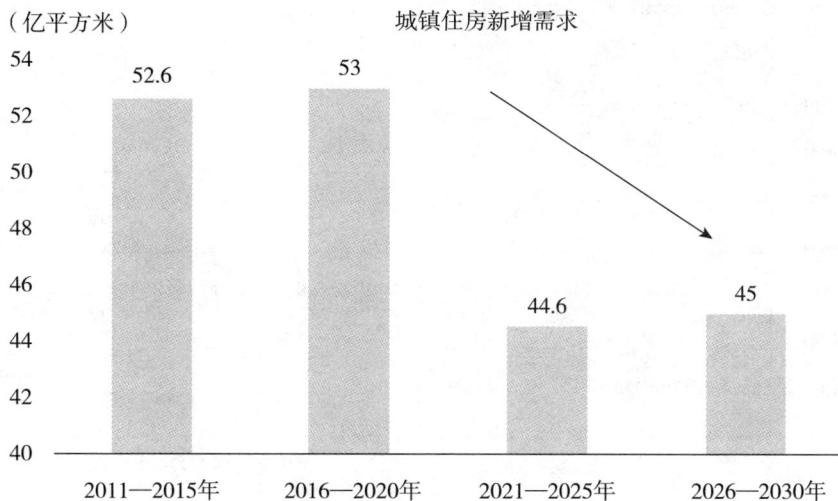

图 6-28　我国城镇住房新增需求变化

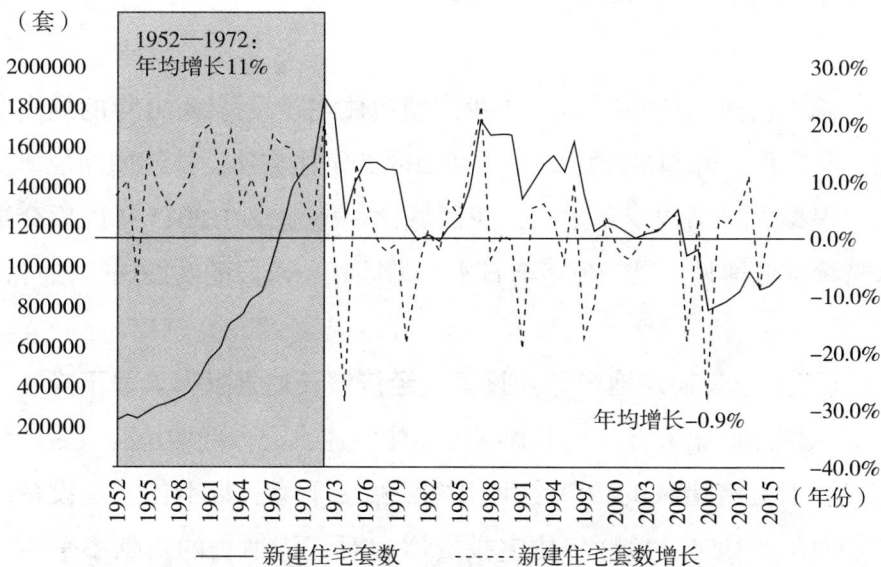

图 6-29　日本住宅建设数量（1952—2015）

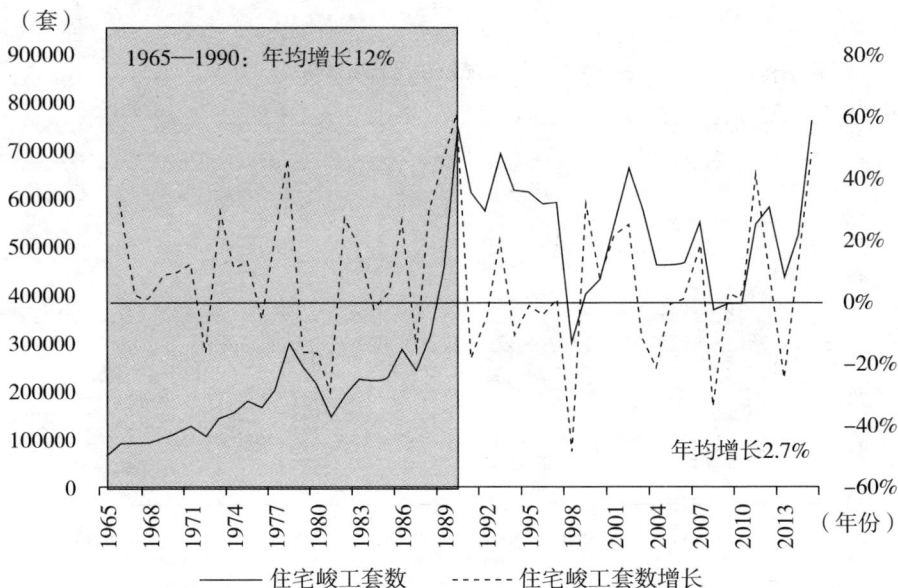

图 6-30　韩国住宅建设数量（1965—2015）

资料来源：各国统计网站，CEIC 数据库，国家统计局。

综上所述，1995—2014 年我国城镇住宅建设持续 20 年的规模增加，与日本、韩国快速城镇化时期 20~25 年住宅建设持续增加规律相似。根据人口结构变化预测，我国城镇住宅建设在 2015 年以后会进入持续性低增长阶段，也将与日本、韩国相似阶段的发展规律相同。

（三）中长期房地产开发投资对经济增长的贡献率显著下降

从国际对比来看，日本和韩国在住宅建设进入低增长阶段后，住宅投资对经济增长的贡献率也相应大幅度下降。日本住宅建设持续增加时期，1956—1973 年住宅投资增加对经济增长的贡献率平均为 10.2%，每年拉动经济增长 0.94 个百分点；之后住宅投资贡献率快速降至 3%，1991 年泡沫破灭后下降为负贡献。韩国住宅建设持续增加时期，1971—1991 年住宅投资增加对经济增长的贡献率平均为 9.6%，每年拉动经济增长 0.9 个百分点；之后住宅投资对经济增长贡献率大幅降至 1.7%，2006 年后住宅投资对经济增长的贡献率为负值（见表 6-6）。

表 6-6　日本和韩国住宅投资及对经济增长贡献率的变化

国家	时间段	GDP 年均增速（%）	住宅投资年均增速（%）	住宅投资对经济增长贡献	
				贡献率（%）	百分点（个）
日本	1956—1973 年	9.2	15.1	10.2	0.94
	1974—1990 年	3.7	1.5	3.0	0.11
	1991—2013 年	1.0	−2.7	−11.0	−0.11
韩国	1971—1991 年	9.4	12.4	9.6	0.90
	1992—2005 年	5.7	1.4	1.7	0.09
	2006—2012 年	3.8	−7.1	−6.8	−0.26

资料来源：各国统计网站，CEIC 数据库。

1998—2017 年，我国房地产开发投资对经济增长的贡献率也经历了由高到低的阶段性变化。1998—2009 年房地产开发投资年均增长 22.6%，对经济增长的直接贡献率[1]平均值为 7.8%，2010—2013 年为应对危机实施刺激性政策时期，房地产开发投资年均增长 24.3%，对经济增长的直接贡献率达到 11.3%；2014—2017 年房地产开发投资增速下降为 7% 左右，对经济增长的直接贡献率降至 2.2%。根据课题组预测并参照日本韩国的发展规律，"十三五"时期我国房地产开发投资将进入趋势性低增长阶段，房地产开发投资对经济增长的直接贡献率约在 2% 左右，大大低于前 20 年水平，

---

[1] 房地产开发投资对经济增长的直接贡献率仅考虑投资数量对 GDP 贡献，未加入房地产开发投资通过产业拉动引发的间接影响。

"十四五"时期房地产开发投资对经济增长的贡献率则可能为负值。

二、房地产业态多元化发展

（一）房地产市场逐步发展为存量市场为主

对住宅市场来说，当二手住房交易数量占比超过新房交易数量后，市场交易以二手住房交易为主，则房地产市场进入存量房市场。近年北京、厦门、深圳、上海、广州5个城市二手住房交易数量已经超过新建住房交易数量，市场较为成熟，率先进入了存量房市场。2016—2017年在去库存政策影响下，大量资金进入楼市，可售新房数量快速下降。在新房供不应求的热点城市中，购房人群转向存量市场，存量住房交易规模不断扩大，部分二线城市加快进入存量市场为主的发展阶段，这些城市包括南京、哈尔滨、宁波、苏州、乌鲁木齐等城市，它们的主城区先于全市进入存量房时代。中长期发展来看，伴随房地产开发投资增速的持续回落，会有越来越多城市的房地产市场进入存量市场为主的发展阶段。

（二）房地产开发企业多元化转型

近年在房地产开发市场增长趋缓的过程中，房企利润率逐步下降，多元化布局成为房地产企业转型的大趋势。其中，房企最早布局的转型领域是物业管理，这部分业务与传统开发业务关联度最高，较早布局物业管理的房企，大多已经实现规模化运营。另外一项较为传统的转型业务为商业持有和运营，在持有商铺、写字楼、酒店的老发展模式以外，越来越多的房企将商业运营业务延伸到住宅、工业、文旅、综合体等业态，长租公寓、特色小镇和联合办公成为近期热点。未来发展方向上，养老、医疗、物流、文旅、体育、金融、教育等方向都会成为房地产开发企业转型发展的关键领域，甚至也有些房企会进入高新技术、新能源等领域。伴随房地产开发规模增长趋势性下降、开发利润率减小，房地产开发企业转型进入多元化发展将会成为常态。

三、建立房地产发展长效机制

2016 年底中央经济工作会议提出"房子是用来住的，不是用来炒的"。2017 年十九大报告指出，"坚持房子是用来住的、不是用来炒的定位，加快建立多主体供给、多渠道保障、租购并举的住房制度，让全体人民住有所居"。加快建立房地产发展长效机制的两个重要政策抓手，一是发展住房租赁市场，二是加快推出房地产税。

（一）培育长租企业规范住房租赁市场发展

完善住房租赁市场的思路是"增存并举、以存为主"，除人口流入地区适当在增量供给中增加租赁住房外，规范住房租赁市场发展主要在于整合住房租赁房源，由居民散租为主逐步提高住房规模化租赁比重，鼓励各类主体参与提供长租房源。具体鼓励发展的住房供给主体包括以下四类。

第一，允许集体建设用地建设租赁住房。2017 年 8 月，国土部和住建部联合发布《利用集体建设用地建设租赁住房试点方案》，计划在北京、上海、沈阳、南京、杭州等 13 城市开展第一批利用集体建设用地建设租赁住房的试点。9 月 26 日，国土部就试点工作作出全面部署，要求完善利用集体建设用地建设租赁住房规则，提高存量土地节约集约利用水平。

第二，允许将符合规划的小产权房纳入正规住房租赁市场。正视小产权房和城中村出租住房在城镇住房领域中发挥的作用，鼓励"城中村"和城乡结合部的农村出租住房集中管理，在城镇范围内建立统一的城乡住房管理体系。12 月 19 日，深圳市住房租赁管理平台上线，首次纳入农民住房，开了城乡住房统一管理体系先河。

第三，支持相关企业转型为住房租赁企业。2007 年国办发 24 号文件明确："距离城区较远的独立工矿企业和住房困难户较多的企业，在符合城市规划前提下，利用自用土地组织实施集资建房"。2011 年国办发 45 号文件明确："外来务工人员集中的开发区、产业园区，应当按照集约用地的原则，统筹规划，集中建设单元型或宿舍型公共租赁住房，面向用工单位或园区就业人员出租。坚持谁投资、谁所有的原则，积极探索公共租赁住房投资回收机制"。去年以来，政府支持相关企业转型为住房租赁企业。

第四，借助"互联网 +"，吸引各类企业进入住房租赁市场。在国家大力推行住房租赁的大背景下，多个行业龙头企业利用其互联网、金融等特色优势已经成为租赁市场的新兴力量。一方面，阿里巴巴、京东、腾讯等互联网巨头借助自身互联网优势参与支持住房租赁平台建设。另一方面，建设银行、交通银行、中国银行、国开行等多家银行也纷纷进入住房租赁市场，提供金融服务。

除鼓励长租企业发展外，规范住房租赁市场发展的其他举措包括：住建部在试点城市推行建立政府主导的租赁信息平台，加快颁布《住房租赁管理条例》等。

（二）加快推出房地产税

长效机制建设旨在贯彻落实"房住不炒"的基本思路，将会抑制房地产投资投机需求。近年一直困扰我国住房市场健康发展的关键原因在于，房价持续上涨致使住房资产属性不断强化，导致住房分配不平衡现象持续加剧，由此带来的社会问题越来越突出。房地产税无疑是解决该问题的"牛鼻子"措施。

2018 年政府工作报告提出，要"健全地方税体系，稳妥推进房地产税立法"。3 月 7 日，财政部副部长史耀斌表示，我国房地产税实施的总体思路是"立法先行、充分授权、分步推进"，全国人大常委会预算工作委员会、财政部以及其他有关方面正在抓紧起草和完善房地产税法律草案。房地产税设计内容已经明确：将对所有的工商业住房和个人住房，按照评估值征税；对居民住户均有一定税收优惠；房地产税收入归属于地方政府；建立完备的税收征管模式。预计 2020 年房地产税将全面开征。

第七章　创业投资的兴起和发展

　　创业投资为创新提供源动力，是企业、市场乃至社会经济发展的重要推动力量。改革开放40年以来，创业投资在我国经历了"从无到有、从有到强"的跨越式发展。期间，创投主体不断增加，创投金额指数上升，创投活跃范围急速扩大，创投监管制度日趋完善。当前，我国已成为全球创投活跃度最高的地区之一。未来，创业投资将在我国供给侧结构性改革的过程中扮演更为重要的作用，孵化出更多活跃于世界舞台的独角兽企业。

　　本章介绍了改革开放以来创业投资在我国波澜壮阔的发展历程。从创业投资的发展历程中可以看到，创新创业政策在推动我国创业投资发展中发挥了至为关键的作用。其中，退出政策对创业投资发展的影响尤为显著。总体来看，我国创业投资在经历了30余年的发展后，体量上已经较庞大，但是在质量上仍有很大的提升空间。未来五到十年中，我国创业投资可能仍将经历多轮洗牌，并逐渐形成具有竞争力的本土创投机构，创投资金将进一步支持创新创业发展，为我国落实创新驱动发展战略助力。

第一节　发展创业投资对激发企业创新活力意义重大

党的十九大报告中强调，要落实创新驱动发展战略，加快建设创新型国家。如果将创新比作发展的动力，那么，为创新提供资金和管理支持的创业投资就可称之为创新的"引擎"。改革开放40年的历史，也是创业投资在华夏大地上"从无到有、从有到强"的发展史。

创业投资（Venture Capital），又称为风险投资。广义的创业投资包括对一切具有开拓性和创业性特征的经济活动进行的投资。狭义的创业投资专指以股权方式投资于新兴的、有巨大成长潜力的中小企业的投资活动，这些投资活动多与现代高技术产业有关。发展创业投资对于推动经济发展、激发企业创新活力主要有如下几方面作用。

第一，创业投资机构通过与所投资企业共享社会网络，能帮助企业更快地建立起属于自己的社会网络。企业最先缔结合作关系的创业投资机构的社会网络会影响企业后续发展所缔结的社会网络，最初为企业融资的创业投资建立的社会网络越具有凝聚力，该企业在后续发展中在行业内所处的地位就会越高（Hallen，2008；Ozmel，Reuer 和 Gulati，2013；Milanov 和 Shepherd，2013）。

第二，创投机构的参与会加强企业的管理。创投机构的参与会削弱企业的委托—代理风险，让企业的信息更透明，估值更趋向于合理。创投机构管理层的变更也会传导至被投企业。此外，受到创投机构支持的企业,其管理层激励机制与绩效挂钩更为紧密(Aggarwal 等,2011)。

第三,初创企业由于知名度不高、市占率较小,在市场面临很高的竞争威胁。创业投资机构的支持,尤其是高声誉的创业投资机构的支持,相当于向市场发出一个信号,使初创企业更容易在产品市场和金融市场得到认可。此外,创业投资机构还能通过为企业提供补充性资产,大大缩短产品投放市场的时间,占据先发优势,巩固企业市场地位(Sweeting,1991;Hellman 和 Puri,2000)。

第四,创投机构除了自身能为企业带来资金外,还能利用自身资源为企业获得更多融资。创投机构会尝试充分利用企业的松弛金融资源和人力资源,创投机构的参与不仅可以抑制公司对自由现金流的过度投资,而且可以增加公司的短期有息债务融资和外部权益融资,并在一定程度上缓解因现金流短缺所导致的投资不足问题,而高声誉的创投机构在帮助企业管理外部融资环境方面的作用更为突出(Vanacker 等,2013;吴超鹏等,2012)。

第五,创投机构的参与能提高企业对技术非连续性的敏感度。所谓技术非连续性,是指在高科技产业中,由于技术更新快、产品创新快,对于在位企业而言,囿于已有的认知范式,很难理解和注意到这种更新换代。有创投机构支持的企业对新技术表现出更高的敏感度和警觉性,这不仅是由于创投机构能为企业提供更有经验的管理团队,更重要的是相比于产业内部联盟的同质性,创投机构与企业的合作能产生一种异质性,帮助企业更快跳出某一固定范式,将管理层的注意力引导到新涌现的技术及接踵而至的商机上(Maula 等,2013)。

第二节　创业投资的发展阶段

我国创业投资大致经历了萌芽、发展、调整、爆发等几个发展阶段，经过几轮兴衰后，创业投资逐渐步入良性发展轨道。

一、创业投资的萌芽期（1985—1998 年）

1985 年 3 月，中共中央、国务院出台《关于科学技术体制改革的决定》，指出"对于变化迅速、风险较大的高科技开发工作，可以设立创业投资给予支持"。这一决定拉开了我国创业投资的序幕。1985 年 9 月，国务院正式批准成立了我国第一家高技术创业投资公司——中国新技术创业投资公司（以下简称"中创公司"）。这个时期创业投资的特点如下。

第一，早期创业投资机构开始诞生。除了中资机构以外，大量的外资机构开始在 20 世纪 90 年代进入我国，典型的公司如美国国际集团公司（American International Group，简称 AIG），美国国际数据集团（International Data Group，简称 IDG），新加坡政府投资公司，高盛等。它们进入我国后，开始设立相应的投资办公室，例如 1993 年 6 月 IDG 在上海建立风投公司——上海太平洋技术创业投资公司，熊晓鸽担任第一任总经理。

第二，早期高成长公司开始诞生。随着 1994 年 4 月，我国以带宽 64kbit/s 的国际专线接入国际互联网，标志着我国进入到互联网时代。1995 年，马云创办杭州海波网络公司，取名"中国黄页"；1996 年，张朝阳创办爱特信公司，并在 2 年后推出品牌网站搜狐网；

1997 年，丁磊创办网易公司；1998 年，周鸿祎创办 3721 网站。

这个时期问题也比较明显。由于国内资本市场处于起步阶段，上交所成立于 1990 年，深交所成立于 1991 年，创业板还没有成立，国外创业投资通过首次公开募股（Initial Public Offerings，简称 IPO）以及并购退出的方式在国内并不适用。1998 年 6 月，我国第一家创业投资公司——中创公司破产清算，标志着这一时期的结束。

二、创业投资的第一次大发展期（1998—2002 年）

1998 年，全国人大常委会副委员长成思危递交《关于尽快发展我国风险投资事业的提案》，提出创业板"三步走"的发展思路。第一步，在现有的法律框架下，成立一批创业投资公司。第二，建立创业投资基金。第三，建立包括创业板在内的创业投资体系。1999 年 12 月，全国人大修改公司法，允许高技术企业按照国务院新颁布的标准在国内股票市场上市。2000 年 5 月，国务院同意证监会提议，将二板市场定名为创业板市场。创业板的曙光使得大量创业投资机构诞生。

该时期创业投资的特点。第一，本土创业投资机构大量诞生。典型如 1999 年，深圳市政府斥资 5 亿元成立深圳创新科技投资有限公司（简称深创投），2000 年达晨创投、同创伟业成立。根据 2002 年《中国创业投资发展报告》显示，1999、2000 年新增创投机构 142 家，存量猛增至 201 家。根据私募通数据显示，1998 年到 2002 年平均年新增创投机构 217 家，较 1998 年之前有较大的增长。第二，投资事件开始大量发生。根据私募通数据，1998 年到 2002 年年均投资事件 200 件，年均投资金额 52 亿元人民币。大量的高成长公司在这个阶段获得融资，典型如 2000 年 9 月百度获得 IDG 投资；2000 年初，腾讯得到 IDG 和盈科联合投资 220 万美元；2000 年，陈天桥的盛大获得中华网投资。

三、创业投资的调整期（2002—2008）

创业投资的第一次大发展，在很大程度上得益于"创业板曙光"的刺激，许多创投机构正是由于看到了未来通畅的退出渠道而诞生。然而，这道曙光却未能使这些机构迎来朝阳，在之后的十年中，创业板经历了艰难的"难产"，始终难以降世。为我国创投活动建立成熟退出渠道的承诺一时间成为"望梅止渴"。

2000 年 3 月，纳斯达克估值达到巅峰 5131 点，随后两年开始急速下跌，2002 年到 1100 点。这场泡沫迅速蔓延向全球，国内主板市场也受到波及，为了集中力量整顿主板，创业板计划暂被搁置。2002 年，我国创投业出现了"哀鸿遍野"的惨淡场景。根据私募通数据显示，2002 年我国新成立创业投资机构数量出现下滑，比 2001 年减少 34%；创投案例从 2000 年的 434 起降至 2002 年的 226 起。一方面大量的高成长企业面临着资金短缺的问题。例如 2002 年，马化腾因为资金不够，曾想出售腾讯公司但是没有人愿意接手。另一方面由于没有成熟的退出渠道，资难募、人难求，本土创投机构纷纷倒闭。2001 年底，深圳有专业性创投及相关机构 124 家，2006 年只剩下 27 家，存活比例接近 1∶5。

然而，在资本寒冬中依然有新进入者，例如联想。本土的创投机构在"黑暗"中仍然坚守着阵地，为创投下一个阶段的发展埋下了希望的种子。2004 年 5 月，经国务院批准，中国证监会批复同意深圳证券交易所在主板市场内设立中小企业板块，作为创业板过渡的中小板正式开板。2005 年 4 月，证监会发布《关于上市公司股权分置改革试点有关问题的通知》，宣布启动股权分置改革试点，我国证券市场迎来了"股改全流通"。犹如严冬里埋下了种子，创业投资在迫切地等待下一个春天的来临。

四、创业投资的预热期（2009—2013）

2009年9月，国务院发布《关于进一步促进中小企业发展的若干意见》，要求加快创业板市场建设，完善中小企业上市育成机制，扩大中小企业上市规模，增加直接融资比重。2009年10月30日，是创投行业发展值得铭记的一天。当天，国家发改委、财政部与北京市、吉林省、上海市、安徽省、湖南省、重庆市、深圳市等7个省市政府签署协议，将上述省（市）列为创业投资基金试点，并拟投入10亿元在这些省市设立20只新兴产业创投基金；也是同一天，首批28家创业板企业正式发行上市，其中的20家身后呈现33家VC/PE机构的身影，酝酿十年之久的创业板终于面市。创业板的正式推出不仅打通了整个人民币基金的募投管退全链条，使得"本土募集、本土投资、本土退出"创投模式最终形成，也使得多年来苦无退出渠道的本土创投机构迎来了真正的希望。

2010年3月，证监会发布《关于进一步做好创业板推荐工作的指引》，明确表示创业板将重点扶持新能源等九大领域企业上市。10月，财政部等部委联合下发《关于豁免国有创业投资机构和国有创业投资引导基金国有股转持义务有关问题的通知》，规定符合条件的国有创业投资机构和国有创业投资引导基金投资于未上市中小企业形成的国有股，可申请豁免国有股转持义务。2011年7月，科技部、财政部联合印发《国家科技成果转化引导基金管理暂行办法》，决定由中央财政设立国家科技成果转化引导基金。同年8月，为加快新兴产业创投计划实施，加强资金管理，财政部、国家发改委制定了《新兴产业创投计划参股创业投资基金管理暂行办法》，明确中央财政资金将通过直接投资创业企业、参股创业投资基金等方式，培育和促进新兴产业发展。同年 10 月，科技部等八部门联合下发了《关于促进科技和金融结合加快实施自主创新战略的若干意见》，明确提出鼓励民间资本进入创业投资行业，逐步建立以政府资金为引导、民间资本为主体的创业资本筹集机制和市场化的创业资本运作机制，完善创业投资退出渠道，引导和支持民间资本参与自主创新。2013 年，国务院下发《关于全国中小企业股份转让系统有关问题的决定》，新三板正式启动。

从 2009 年开始，本土创投机构数量和管理的资本量开始呈指数增长。2010 年，深创投投资的企业有 26 家 IPO 上市，创下了全球同行业年度 IPO 的世界纪录。每年新增创业投资机构数量从 2005 年的 224 家增长到 2014 年的 3581 家。世界顶级创投机构，如红杉资本、KPCB 等也开始拓展中国市场业务。

五、创业投资的第二次大发展期（2014—2017）

2014 年 9 月，李克强总理在夏季达沃斯论坛提出"大众创业、万众创新"。由此开启了我国创业投资的第二次大发展，这一时期创业投资的特点主要体现为以下四点。

第一，创业投资机构爆发式增长。根据私募通数据显示，2014 年新增创业投资机构 3581 家，2015 年新增 6310 家。2014 年及以后成立的创业投资机构占总数的 54.33%。创业投资机构开始指数性增长。根据私募通数据，每年新增创业投资机构数量从 2005 年 224 家增长到 2014 年的 3581 家。世界顶级风投机构开始进入中国市场，例如 2005 年红杉资本设立红杉资本中国基金，由沈南鹏担任执行合伙人。2006 年美国知名创业投资机构 DCM 宣布公司新募集 5 亿美元准备全部投入中国市场。2007 年，KPCB 在北京成立凯鹏华盈中国基金。高端"海归"回国建立中国基金，典型如邓峰 2005 年建立北极光中国基金，张磊 2005 年建立高瓴资本，朱敏 2006 年成立赛伯乐中国基金。本土创业投资全面崛起，典型如徐新 2005 年创立今日资本，徐小平 2011 年创立真格基金等。

第二，资金来源更加丰富。除了传统的富有家族、企业等，还有更多长线资本进入，例如社保资金、主权基金等。同时政府设立了上千亿的引导基金，典型如发展改革委的新兴产业创业投资引导基金、科技部科技成果转化基金、工信部中小企业发展基金等。

第三，创业企业和投资事件爆发式增长。根据私募通数据显示，2014 年发生创业投资事件 10264 起，2015 年 18218 起。更多新技术、新经济的创业企业涌现出来，典型如人脸识别的 Face++、智能芯片寒武纪、医疗影像上海联影等。

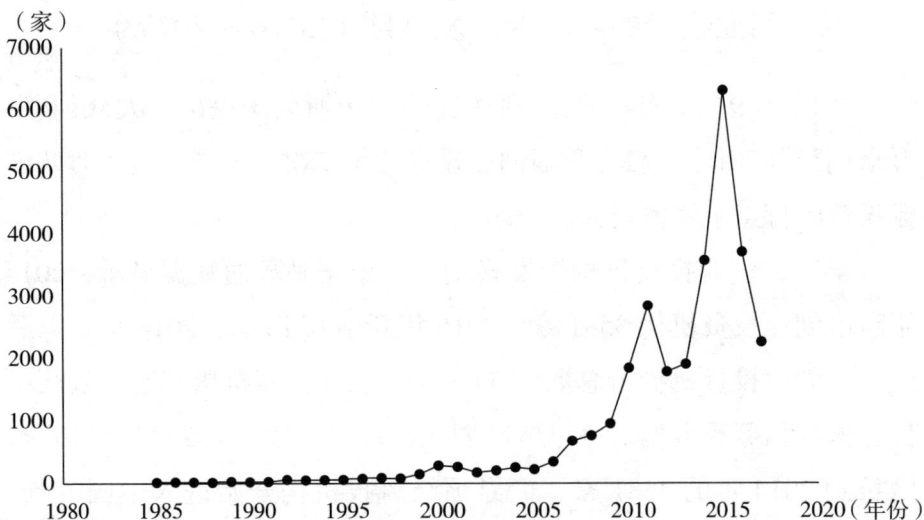

图 7-1 风险投资机构成立数量

数据来源：清科私募通。

第四，前期投资迎来集中的收获。一方面是通过海外资本市场
退出，例如2014年9月阿里巴巴在美国纽交所上市，创下上市市值
最大交易纪录；2014年5月聚美优品在纽交所挂牌，同年京东在纽
交所上市。另一方面是通过国内资本市场退出，2009年10月，创
业板经过将近10年的酝酿，终于开启。首批28家创业板上市公司
中，有3家属于达晨创投，4家来自深创投。上市带来的巨大回报
刺激更多人投身到创业投资行业，由此形成一个良性的循环。

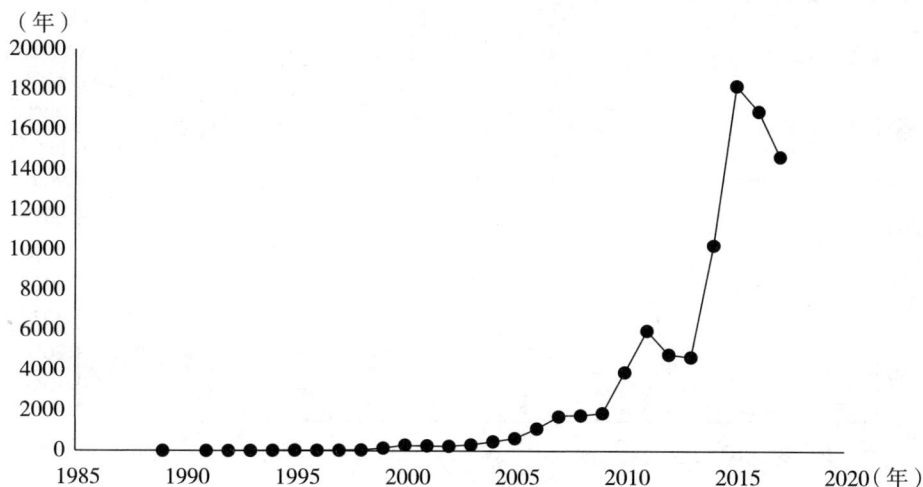

图 7-2　创业投资案例数量

数据来源：清科私募通。

第三节　创业投资市场的发展历程

我国创业投资市场在募集规模、投资规模、主投领域、活跃地
区、代表性企业等方面具有鲜明的特点，正在从发展初期的不成熟
向成熟发展转变。

一、募资：从缓慢上升到爆发式增长

根据清科私募通的数据，关注早期基金、创业基金的有限合伙人（Limited Partner，简称"LP"）一共有 9371 个（见图 7-3）。其中数量最多的是富有家族及个人基金占比 45.99%，企业占比 15.09%，投资公司占比 10.44%，政府机构占比 3.35% 等。LP 的每年新增数量从 20 世纪 90 年代以前缓慢增长，随着创业投资行业的发展，也迎来了数次的爆发。

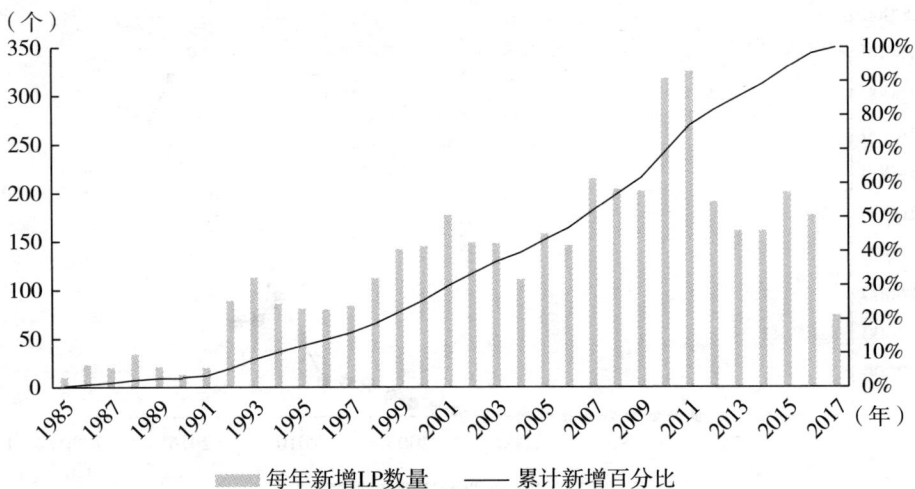

图 7-3　创投基金新增 LP 数量

数据来源：清科私募通。

二、投资：逐渐向高技术产业领域集聚

从创投案例的行业分布来看，近年来，互联网、IT、娱乐传媒、教育培训、金融、生物技术等投资占比都有增加，而房地产、机械制造、电信及增值业务等都略有下降（见表 7-1）。

表 7-1 创业投资案例数在各行业的分布（%）

行业	2005 年以前	2006—2010 年	2011—2015 年	2016—2017 年	变动
互联网	11.56	11.28	20.72	20.95	9.39
IT	14.34	9.30	12.83	19.37	5.03
娱乐传媒	4.09	4.51	4.90	7.03	2.94
教育与培训	0.79	1.16	1.43	2.22	1.43
金融	5.16	3.42	5.44	6.20	1.04
生物技术 / 医疗健康	9.46	8.22	8.26	10.10	0.64
汽车	1.60	2.31	1.90	2.15	0.55
物流	0.82	0.81	0.87	1.17	0.35
其他	5.54	4.27	4.89	5.75	0.21
连锁及零售	2.21	2.96	2.22	2.41	0.20
科学研究 / 技术服务和地质勘查业	0.02	0.00	0.02	0.03	0.01
文化 / 体育和娱乐业	0.04	0.00	0.01	0.00	−0.04
建筑 / 工程	1.56	3.48	2.13	1.14	−0.42
纺织及服装	1.00	1.47	0.69	0.45	−0.55
广播电视及数字电视	0.84	0.96	0.32	0.09	−0.75
农 / 林 / 牧 / 渔	1.56	2.10	1.75	0.70	−0.86
食品 & 饮料	1.75	3.03	1.32	0.75	−1.00
房地产	2.40	3.04	2.42	1.31	−1.09
化工原料及加工	3.33	5.21	3.02	1.96	−1.37
清洁技术	3.90	6.90	3.84	2.31	−1.59
能源及矿产	2.60	3.44	1.85	0.87	−1.73
机械制造	6.02	8.71	5.67	4.13	−1.89
电子及光电设备	6.60	6.13	4.02	3.69	−2.91
电信及增值业务	8.26	4.87	8.95	4.65	−3.61
半导体	4.54	2.39	0.52	0.52	−4.02

数据来源：清科私募通。

表 7-2　创业投资案例数在各行业的分布（起）

行业类型	2005 年以前	2006—2010 年	2011—2015 年	2016—2017 年
互联网	33	225	1825	3315
IT	41	185	1130	3064
生物技术 / 医疗健康	27	164	728	1598
娱乐传媒	12	90	432	1113
金融	15	68	479	981
其他	16	85	431	909
电信及增值业务	24	97	788	736
机械制造	17	174	500	654
电子及光电设备	19	122	354	584
连锁及零售	6	59	196	382
清洁技术	11	137	338	366
教育与培训	2	23	126	351
汽车	5	46	168	340
化工原料及加工	10	104	266	311
房地产	7	61	213	207
物流	2	16	76	185
建筑 / 工程	4	69	188	181
能源及矿产	7	69	163	137
食品 & 饮料	5	60	116	119
农 / 林 / 牧 / 渔	4	42	154	111
半导体	13	48	46	83
纺织及服装	3	29	60	71
广播电视及数字电视	2	19	28	14
科学研究 / 技术服务和地质勘查	0	0	2	6
文化 / 体育和娱乐业	0	0	1	1

数据来源：清科私募通。

三、地区：东部地区地域集中度高，逐渐向中西部辐射

我国创业投资数量在东部地区集中度较高。如，2016—2017 年北京、上海、广东三地投资数量占全国比重超过 50%。中西部地区数量增加明显。如，四川、安徽、陕西省等地区 2016—2017 年年均投资数量比 2011—2015 年增加超过 50%（见表 7-3）。北京的中心地位继续保持。2017 年，北京地区共获得 1393 起投资，涉及投资金额 718.19 亿元人民币，不论是投资案例数，还是投资金额都远超排名第二的上海。上海地区的投资案例数为 785 起，投资金额为310.44 亿元。深圳位居第三，获得投资 554 起，投资金额为 162.71亿元。近年来，创业投资的地域集中度有所降低，北、上、深三地投资案例总和占全国创业投资案例的 56.7%，占比同比下降 9.2 个百分点；投资总金额占全国投资总金额的 58.8%，同比下降 10.6 个百分点。同时，中西部省份创业投资活跃度明显增加，如四川省投资案例数同比上升 69.2%，投资金额是 2016 年的 3.1 倍。

表 7-3　创业投资案例数在各地区的分布

地区	2005 年以前		2006—2010 年		2011—2015 年		2016—2017 年	
	年均数（起）	占比（%）	年均数（起）	占比（%）	年均数（起）	占比（%）	年均数（起）	占比（%）
北京市	64	22.58	464	23.29	2197	24.95	4199	26.54
上海市	48	16.77	267	13.40	1187	13.48	2164	13.68
广东省	41	14.25	248	12.43	1167	13.25	2153	13.61
浙江省	15	5.39	125	6.26	587	6.67	1189	7.51
江苏省	22	7.55	196	9.85	644	7.31	942	5.95
湖北省	5	1.61	40	1.99	204	2.32	393	2.48
四川省	6	2.07	48	2.39	206	2.34	309	1.95

地区	2005 年以前		2006—2010 年		2011—2015 年		2016—2017 年	
	年均数（起）	占比（%）	年均数（起）	占比（%）	年均数（起）	占比（%）	年均数（起）	占比（%）
山东省	9	3.00	66	3.29	210	2.38	302	1.91
福建省	6	2.23	47	2.35	167	1.90	269	1.70
安徽省	3	1.19	28	1.39	101	1.15	179	1.13
天津市	3	1.11	30	1.49	98	1.11	161	1.01
陕西省	4	1.25	31	1.58	96	1.09	159	1.00
湖南省	5	1.67	47	2.36	120	1.37	152	0.96
河南省	2	0.82	38	1.90	90	1.02	137	0.86
河北省	3	0.89	17	0.85	60	0.68	102	0.64
重庆市	2	0.82	22	1.09	65	0.74	90	0.57
辽宁省	3	0.95	26	1.33	70	0.80	81	0.51
江西省	2	0.82	19	0.93	41	0.47	54	0.34
黑龙江省	3	0.88	8	0.42	27	0.31	46	0.29
吉林省	1	0.37	13	0.67	40	0.45	43	0.27
香港	5	1.79	31	1.55	41	0.47	41	0.26
海南省	1	0.35	12	0.62	17	0.19	39	0.25
贵州省	1	0.19	5	0.23	33	0.37	37	0.23
新疆	1	0.33	10	0.50	45	0.52	35	0.22
广西	1	0.28	12	0.59	17	0.19	35	0.22
云南省	1	0.32	12	0.60	42	0.48	34	0.21
山西省	1	0.25	10	0.48	18	0.21	30	0.19
台湾	1	0.51	5	0.27	16	0.18	25	0.16
宁夏	0	0.14	4	0.22	12	0.14	24	0.15
内蒙古	1	0.44	7	0.37	33	0.37	20	0.12
甘肃省	1	0.21	4	0.19	16	0.18	20	0.12
青海省	0	0.11	4	0.19	10	0.11	7	0.04

数据来源：清科私募通。

中西部、东北地区发展创业投资的限制条件主要表现在以下几点。

第一，新兴产业基础薄弱，创业项目储备不足。东部沿海地区较早开展了产业的转型升级，储备了较为充分的新兴产业领域资本、人才、技术资源，可供创投机构挖掘的优质创业项目众多。而中西部、东北地区本身重工业基础较好，加之承接了东部地区的产业转移，新兴产业总体上呈现起步晚、基础薄弱的特点，互联网、人工智能等前沿产业仅在武汉、成都等极少数大城市中才具备一定规模，可供挖掘的优质创业项目匮乏，对创投机构的吸引力较弱。

第二，本土化创投人才短缺，创业投资附加值低。创投行业因其高风险、高收益的特征，对管理人员甄选市场"黑马"、判断投资时机的能力有很高的要求。东部地区创业投资起步较早，经过多年的积累，已培养了一批具有丰富经验和较高管理能力的专业创投人才。中西部、东北地区尚处于发展创业投资的起步探索阶段，一方面缺少本土化的创投管理团队，另一方面本地的市场环境、激励机制等又难以吸引外来创投人才入驻。创投人才的短缺导致创投机构退化为仅提供融资服务的"金融中介"，而失去了其提供管理咨询、上下游产业链整合等增值服务的核心能力，不利于创业企业的长期发展。

第三，创业投资观念亟待更新，创投机构募资难度大。由于起步晚，中西部、东北地区无论政府还是市场对创业投资的观念都较为落后。从政府层面看，区域保护主义观念根深蒂固，据创投机构反映，中西部、东北地区政府出资往往会设定较高的返投比例，使得许多创投机构望而却步。虽然东部地区政府出资也有一定返投比例要求，但一方面比例较低，另一方面在执行时更为灵活，因此更

易于创投机构接受。从市场层面看，社会资本对创投基金的认识不
足，出资意愿低。这与东部地区如浙江、江苏等地的民间资本参与
创业投资的高度热情形成了鲜明对比。

四、案例：代表性创业投资机构在我国的盛衰

在我国创业投资风云变幻的发展过程中，涌现出许多典型的创
投机构，它们的兴衰同时也见证了我国创投发展史的高峰与低谷。

（一）中创公司：最初的尝试与失败

中创公司成立于1985年6月，是我国最早成立的创业投资公司，
股东为当时的国家科委和财政部。其失败受制于几方面因素。首先，
优秀的企业少。1994年我国才接入到国际互联网，信息技术的革命
刚刚开始催生出一大批高成长企业，在80年代后期并没有优质的企
业诞生。其次，极度缺乏退出渠道，上交所成立于1990年，深交所
成立于1991年。成熟的IPO以及并购退出渠道在国内行不通。第三，
监管失误。由于缺乏相关的政策经验，大量的创业投资公司投向当
时红极一时的房地产和证券市场，资金缺乏监管。1998年6月22日，
中创公司因为大量地产项目的投资失败而终止业务破产清算，标志
着我国创业投资进入新的阶段。

（二）IDG资本：外资创投机构的进入

IDG创立于1964年，总部设在美国波士顿。IDG是外资创业投
资机构的典型代表，它在我国的发展阶段可以分成几个阶段。

第一阶段是拓荒期。1991年熊晓鸽加入IDG，主要负责在亚洲
等地区业务。1993年在上海建立第一家风险投资公司，由熊晓鸽担

任总经理。并在这个期间投资了大量的公司，如腾讯、百度、搜狐等早起的互联网创业者。第二阶段是独立运作期。从 2005 年以后，IDG 开始拥有多家基金，且 IDG 不再是唯一的出资人。第三阶段是多元发展期。从 2010 年以后，IDG 开始独立和募集管理多支人民币基金，布局包括风险投资（Venture Capital，简称 VC）、私募股权投资（Private Equity，简称 PE）、并购等领域。

根据 IT 桔子的数据显示，截至目前，IDG 投资了超过 600 家创业投资，其中有 150 余家已经通过 IPO 或者并购退出。

（三）深创投：本土创投机构的崛起

深创投是本土创业投资机构的代表。1999 年由深圳市政府出资建立，目前注册资本 42 亿元，管理基金总规模 2109 亿元。在创立之初，深圳市政府就要求其坚持市场化运作，立足深圳面向全国，共同促进科技成果转化和高科技技术产业化。深创投发展也经历三个阶段。

第一阶段是生存阶段。从 1999 年建立，刚开始投资趋于保守，基本的投资规模都在 1000 万元以下，缺少退出渠道。为了解决这一问题，将部分资金投入到熟悉的证券市场，受到广泛质疑。

第二阶段是收获阶段。从 2005 年开始，进入到收获阶段。同年 4 月，深圳市国资委对深创投进一步放权，规定 5000 万元规模以上由国资委审批，其余自行决定；严格限制短期投资，不得委托理财。同时由于中小板、创业板的开启，深创投投资公司迎来集体退出期。

第三阶段是多元发展阶段。从 2010 年开始，深圳国资委再次放权，规定集团净资产的 5% 以下所有决策由企业决定，进一步释放企业活力。深创投在决策机制上进一步优化，提出分级决策、阳光决策、AB 平行尽调等。

根据 IT 桔子的数据，截至目前，深创投共投资创业企业 491 家，成功退出 37 家，俨然本土创投机构的代表和标杆。

第四节　创业投资政策监管体系的演变

我国创业投资在萌芽期，政策的态度以包容为特征，而在其非理性爆发式增长期，则采取相对收紧的监管政策，以保证创投行业健康有序发展。一些标志性的政策对我国创业投资的发展起到了至为关键的作用。

一、我国创投政策体系的演变

我国创投政策体系的演变大致经历了以下几个节点。

创业投资的开端——1985 年中共中央、国务院《关于科学技术体制改革的决定》首次提出要设立风险投资给予高技术企业支持。

创业投资的法律身份——1996 年全国人大常委会促进科技成果转化法，首次从法律意义上规定了风险投资的概念，明确规定国家鼓励设立科技成果转化基金或者风险基金，其资本来源由国家、地方、企事业单位等提供，支持高投入、高风险、高产出的科技成果转化。

创业投资的首次指导文件——1999 年国务院《关于建立我国风险投资机制的若干意见》，提出建立风险投资机制的意义、原则、培育风险投资主体、建立退出渠道、完善中介服务机构、建立健全法规体系等指导性意见。

创业投资的首个地方性文件——2000年深圳市政府《深圳市创业资本投资高技术产业暂行规定》。

创业投资的第一次大发展——2004年证监会宣布深圳中小企业板开设，是我国利用资本市场促进高技术发展战略的具体实施。

创业投资的第二次大发展——2009年证监会推出创业板上市管理办法，同年28家创业企业上市。为我国创业投资发展提供了良好的退出渠道，进一步促进创业投资的发展。

创业投资的第三次大发展——2014年国务院关于"大众创业万众创新"的一系列文件和"新三板"的开启，我国创业投资进入到新时代。

表7-4　我国标志性创业投资相关政策

时间	机构/部门	文件名称	主要内容
1985	中共中央、国务院	《关于科学技术体制改革的决定》	提出对于变化迅速、风险较大的高科技开发工作，可以设立创业投资给予支持。
1986	原国家科委	《中国科学技术政策指南》即1号科学技术白皮书	首次提出了发展风险投资事业的战略方针。
1991	国务院	《国家高技术产业开发区若干政策的暂行规定》	有关部门可以在高技术开发区建立风险投资基金，用于风险较大的高技术产业开发。
1991	原国家科委、国家体改委	《关于深化高新技术产业开发区改革，推进高新技术产业发展的决定》	规定要拓宽资本渠道，建立健全社会化融资渠道。主要利用社会资本和政府配套的部分资本，吸引外资，建立高新技术产业化的创业投资基金。
1995	国务院	《中共中央、国务院关于加速科学技术进步的决定》	强调发展科技风险投资实业、建立科技风险投资机制。
1996	国务院	《关于九五期间深化科学技术体制改革的决定》	提出要积极探索发展科技风险投资机制，促进科技成果转化。

续表

时间	机构/部门	文件名称	主要内容
1996	全国人大	《促进科技成果转化法》	首次将风险投资的概念纳入法律条款，明确规定："国家鼓励设立科技成果转化基金或者风险基金，其资本来源由国家、地方、企事业单位等提供，支持高投入、高风险、高产出的科技成果转化。"
1999	科技部等七部委	《关于建立我国风险投资机制的若干意见》	提出建立风险投资机制的意义、原则、培育风险投资主体、建立退出渠道、完善中介服务机构、建立健全法规体系等指导性意见。
1999	国务院	《关于建立我国风险投资机制的若干意见》	中国第一个关于风险投资的纲领性文件。
2000	深圳市政府	《深圳市创业资本投资高技术产业暂行规定》	我国第一部地方性创业投资规章。
2001	全国人大	《中华人民共和国信托法》	明确了委托人和受委托人之间的法律关系，为创业投资发展提供了依据。
2002	外经贸部、科技部、工商总局	《关于设立外商投资创业企业的暂行规定》	提出鼓励外商投资设立风险投资企业的基本原则。
2002	全国人大	《中小企业促进法》	国家运用税收政策鼓励各类依法设立的创业投资机构增加对中小企业的投资。
2003	全国人大	《证券投资基金法》	
2003	商务部等五部委	《外商投资创业投资企业管理规定》	取代 2002 年实施的暂行规定，为鼓励、规范外国公司、企业和其他经济组织或个人从事创业投资提供管理依据。
2006	发改委等十部委	《创业投资企业管理暂行办法》	对创业投资企业实行备案管理，并对其经营范围和行为等进行了规定。
2007	财政部、科技部	《科技型中小企业创业投资引导基金管理办法》	开展设立科技型中小企业创业投资引导基金，支持引导创业投资机构向初期科技型中小企业投资。

时间	机构/部门	文件名称	主要内容
2008	发改委、财政部	《关于创业投资引导基金规范设立与运作指导意见》	促进引导基金的规范设立与运作，扶持创业投资企业发展。
2009	国家发改委	《关于加强创业投资企业备案管理严格规范投资企业募资行为的通知》	明确创投备案条件，严控募集有限合伙基金和从事代理业务等名义的非法集资。
2013	国务院	《关于全国中小企业股份转让系统有关问题的决定》	正式推出新三板，又为创业投资新增了一条退出渠道。
2016	国家发改委	《政府出资产业投资基金管理暂行办法》	对政府出资产业投资基金的募集、投资、管理、退出等环节作出规定，以信息登记、绩效评价和信用评价等方式对政府出资产业投资基金进行监督管理。
2017	证监会	《私募股权基金管理暂行条例（征求意见稿）》	拟明确创业投资基金概念并对其实行差异化监督和差异化行业自律，完善创业投资基金市场化退出机制和税收优惠政策，明确符合条件的创业投资基金投资初创科技型企业的，可享受税收优惠试点政策，并明确备案创业投资基金享受税收试点政策的条件和流程。

二、我国创投政策及政府创投引导基金存在的主要问题

经历了爆发式增长后，我国政府创投引导基金存在的问题开始凸显，主要集中在基金定位不清晰、管理不规范、人才培育滞后以及配套政策不完善等方面。

（一）创投基金定位不清晰，同质化现象严重

随着多只百亿元级政府创投引导基金进入投资阶段，基金定位不清晰，投资策略存在重叠乃至自相矛盾的问题逐渐浮现，主要表现在以下两个方面。

一是同质化现象严重，投资标的存在大量重叠。在顶层设计上，中央政府层面围绕支持战略性新兴产业、中小企业、科技成果转化等先后设立了多只百亿元级政府引导基金。设计之初，这些政府引导基金的投资方向各有侧重，同质化的现象并不严重，但由于公共财政支出统一管理的特性，定位不尽相同的政府引导基金在运作时却往往呈现趋同。在地方政府层面，这一问题则更为严重。厦门市、武汉市、成都市等地创投机构反映，各级地方政府引导基金存在严重的重复设立问题，创业投资、产业投资、技改投资等政府引导基金的边界模糊，受财政资金监管要求，大量本该投资于早中期、初创期企业的资金被重复投资于成熟期企业，造成某些大规模成熟期企业受到多只政府引导基金支持，而最需要资金支持的早中期企业却无人问津的尴尬局面。严重的同质化不仅使政府引导基金不能形成合力，反而会制约各自效果的发挥。

二是过于强调国有资产保值增值目标，对创投基金功能定位认识不足。政府创投引导基金的设计初衷本应既体现政府的政策目标，又符合市场化规则，是一种市场和政府有机结合、发挥两者优势的创新型投资机制。然而在运作中，许多政府创投引导基金对自身的定位认识不足，过于强调国有资产保值增值目标，而对创业投资本身的市场化风险没有作出科学严谨的预估。吉林省创投机构反映，政府创投引导基金受到较大的国有资产保值增值压力，在项目筛选时对风险的敏感性远远高于市场化基金，倾向于选择"低风险、低

成长性、低回报"的投资项目。这样的投资策略与社会资金"见效快、回报高"的要求相矛盾，严重降低了社会资金参与政府创投引导基金的积极性。江苏省、湖北省、深圳市等地创投机构反映，目前政府创投引导基金采用的考核管理办法主要借鉴国有资产管理考核的内容，过于突出财政资金的保值增值，对投资项目的跟进和退出审批时限过长，容易延误对创新型企业的扶持。

（二）创投管理不规范，市场化程度偏低

目前，我国政府创投引导基金虽然在数量和管理资金规模上达到了相当大的体量，但是在管理能力上还未能达到相应的水准，管理不规范的问题普遍存在，主要表现在两个方面。

一是基金市场化运作程度偏低。政府创投引导基金虽然属于公共投资的范畴，应当以落实政策目标为基金的主要原则之一，但是在具体运作上，由于创业投资具有"高风险、高回报"的特性，由专门的管理机构进行市场化运作是比政府直接审批项目更优的选择。根据吉林、江苏、广东等多地创投机构反映，当前很多地方政府创投引导基金仍由当地政府主要职能部门组成的评审委员会负责对创业投资机构、投资计划和退出方案的审议，部分引导基金的投委会虽不完全由政府成员组成，但政府成员在投决会上仍拥有投票权。即使委托专门的机构进行管理，受托机构也往往是本地的国资企业，市场化程度不高，管理上也未完全去行政化，决策流程长、时间久，在资金退出时，因涉及国有资产转持等问题，只能通过"招拍挂"等少数渠道，整体运作机制远不如民营企业灵活。

二是绩效考评制度不健全。我国政府创投引导基金的高速设立，对基金运作的事中事后监管提出了比以往更高的要求，然而相应的绩效考评制度却还很不完善。江苏等地的创投机构反映，部分政府创投引导基金在基金投向的监管上过于宽松，虽然事前对基金的投向有明确规定，但执行中却很难履约。一方面市场化管理机构为了获得更高的项目分红，更倾向于投向具有稳定收益的中后期项目。另一方面政府引导基金的绩效考评设计不尽合理，在导向上过于注重资金收益率，容易造成管理机构逆向选择的问题。此外，即使存在投向与事前约定不符的现象，由于缺乏有效的奖惩措施，很难对管理机构追责。

（三）创投人才培育滞后，中西部、东北地区本土化管理团队短缺

创投引导基金相比其他政府投资方式，对管理人员的专业素质有更高的要求，然而，我国当前无论是创投人才的存量还是对增量的培育都难以与日益增长的市场需求相匹配。

一是专业化人才培育滞后。浙江省创投机构反映，相对于基金数量的快速铺开、规模的不断扩大，相应的专业人才培养显得尤为滞后，地方上尤其是市、县级层面缺乏懂基金的专业人才。一方面导致基金在进行项目筛选和投资决策时缺乏专业性，另一方面不能为所投资企业提供产业整合、转型升级等增值服务，在帮助投资企业更好成长方面力不从心。

二是中西部、东北地区本土化创投管理团队短缺。相比创业投资起步早的东部地区，中西部、东北地区专业化创投管理团队短缺的问题更为严重。四川、湖北等地创投机构反映，一方面中西部、东北地区创业投资尚处于起步探索阶段，本土化的创投管理团队尚未培养成型；另一方面中西部的市场环境、激励机制等又难以吸引外来创投人才入驻。本土化创投人才短缺又会引致两个问题。一是创投机构为创业企业带来的附加值低，受专业能力限制，中西部地区的创投机构大多退化为仅提供融资服务的"金融中介"，而失去了其提供增值服务的核心价值；二是"外包制"创投管理可持续性差，即使是武汉、成都等创业投资发展较好的地区，其创投基金的管理也多采用"外包"给外地创投机构的模式，对本地创业企业的长期发展不利。

（四）创投配套政策不完善

除管理、人才等因素外，配套政策是否到位往往是决定政府创投引导基金能否成功运作的关键，然而，管理部门间缺乏统筹协调、部分地方政府基金返投比例设定过高等制约因素仍普遍存在。

一是部门间统筹协调机制未建立。广东、山西等地创投机构反映，由于创业投资细分领域多、标准划分不统一，政府引导基金又涉及财政资金，因此，地方政府创投引导基金在实际运作中会涉及发改、经信、科技、财政、金融、工商、证监等多个职能部门，极易出现多头管理、"政出多门"的无序现象。这一方面会导致缺少牵头的政府部门全面统筹协调，建立统揽全局的机制体制，另一方面也会造成各部门出台的支持政策过于零散、衔接配套不足，难以形成政策合力。

二是返投比例要求与本地优质创投项目不足的冲突。目前，多数地方财政出资的创投引导基金对返投当地的比例有明确要求，例如，要求返投比例为财政资金总量的两倍，或是要求为基金募资总规模的 60% 以上等。从地方财政资金政策效果的角度，这一要求本无可厚非，但考虑到许多地区本身的优质创投项目储备不足，限定过高返投比例后会导致基金无法找到足量投资标的的困局，尤其是中西部、东北地区以及一些市县级的政府创投引导基金，更容易陷入此类两难。江苏、湖北、深圳等地创投机构反映，投资地域限制是降低政府创投引导基金吸引力的最重要因素之一。

第五节　创业投资发展展望

放眼未来，我国的创投机构不仅要在本土发展，更应该具备国际视野，注重扮演未来全球创新竞争格局中的"领头羊"角色，掌握全球顶级的优质创新资源。政府要为本土创投机构的健康快速发展创造更完善的政策环境，支持符合条件的创投机构海外布局。

第一，明确基金功能定位，提高创投基金风险容忍度。一是完善顶层设计，发挥国家新兴产业创业投资引导基金、中小企业基金等国家级政府引导基金的示范作用。明确每只政府引导基金的功能定位，理顺政府引导基金的运作体系，由一个明确的部门牵头，统筹协调各部门形成合力，避免设立多只定位重复的政府引导基金，造成公共财政资源的浪费。对已经设立的存在功能交叉的基金，在不影响政府投融资效果的前提下，审慎选择合并或减资。二是提高创投基金的风险容忍度。政府需明确创投基金不同于其他的政府投资方式，由于其支持企业的高成长、高风险特性，创投基金本身必然承担更高的运作风险。在实际操作中，不能过于强调国有资产的保值增值，在项目选择上应适当提高风险容忍度，给予管理机构更大的操作权限，真正起到培育早中期、初创期企业的作用。

第二，规范基金管理，完善绩效考核制度。一是要坚持市场化运作，减少基金管理中的行政色彩。政府创业投资引导基金作为政府创新投融资机制体制的一项举措，必然不同于以往的直接投资方式，在运作过程中，政府应尽量减少限制性的直接干预方式，以市场化手段达成既定的政策目标。例如，放宽对财政资金经济效益的门槛限制，更加注重政策目标的实现效果；允许基金管理机构在落实政策目标的同时获取一部分商业利润；政府不参与基金的日常管理事务，对尽职调查和投资决策过程不干预，仅对体现政策目标（如投资对象、投资阶段等）的关键指标进行规定。二是完善对管理机构的监督和考核制度。坚持市场化原则的同时，加强对管理机构的考核是避免发生道德风险的重要手段。政府引导基金应完善对管理机构的监督考核制度，定期对其进行绩效评估，及时发现问题，对操作不规范的基金进行经济或行政上的惩罚。政府引导基金可向所注资的子基金委派观察员，提高监管的执行力和信息透明度，在给予创业投资机构充分决策自主权的同时，建立更加明确的监控边界和流程。

第三，加快专业人才的培养，提高对政府创投引导基金的认知水平。一是开展对各级政府创投基金管理人员的培训。针对目前政府部门内部对政府创投引导基金认识不足的问题，加深政府管理人员对创业投资市场和金融市场规律的了解显得弥足重要，建议开展对各级政府创投基金管理人员的培训，提高政府部门对引导基金的制度设计能力和监管能力。二是加快培育专业化的创投引导基金管理团队。鼓励有资本实力和管理经验的个人设立公司从事创业投资活动，加强母基金管理者对参股子基金在管理和运营方面的指导和监督。尤其要注重培育中西部、东北地区的本土化创投人才，中西部、东北地区地方政府可联合市场上具备较高资质的创投机构，为本地创投团队组织各种形式的培训。同时，大力开展基金小镇等园区建设，利用孵化器等载体加快培育本土化的创投人才，克服创业投资"水土不服"的难题，培养和引进专业化的管理团队，推进省内各级政府创业投资引导基金市场化选聘基金管理人员，引进和培育一批具有金融、财务、管理、科技等方面知识的综合性管理人才。

第四，加大配套政策支持力度，完善各类激励制度。一是加强各职能部门对政府创投引导基金的政策支持力度，形成部门间统筹协调机制。例如，税务部门可加大对当地创新创业活动的税收优惠力度，对创业投资机构和创业投资人实施双重税收减免，鼓励社会资本流向创业投资领域；产业部门应着力推进供给侧结构性改革，提高供给结构对创业投资需求变化的适应性和灵活性，加快培育可供投资的新兴产业领域有潜力的早中期项目等。二是适当放宽对财政资金返投比例等限制，激励更多社会资本参与政府创投引导基金。例如，对于投资地域，改投资比例或出资倍数的定量要求为按投资地相对排名的定性方式；对于投资决策，改参与具体投决过程（尤其是加入投决会评审具体项目）的直接干预为以重视投资方案的形式审查和合规性控制为主的间接干预；对于政策性目标，政府可以采用创投机构自愿承诺等更灵活的方式，或纳入快速办理流程等激励方式来实现。

随着改革开放的不断深化，我国创业投资还将迎来新的高峰。

第八章　投融资体制的演进与创新

新中国建立至今，我国的投融资管理经历了传统计划经济体制下高度集中的管理模式，改革开放后逐步形成了投资主体多元化、资金来源多渠道、投资方式多样化、项目建设管理市场化的投融资格局。2004年，重点围绕确立企业的投资主体地位、发挥市场配置资源基础性作用的深化改革，再到党的十八大以来进一步落实企业投资自主权、激发企业特别是民间资本积极性、创新投融资机制、使市场在资源配置中起决定性和更好发挥政府作用的改革历程。投融资体制作为市场经济体制的重要组成部分，随着我国经济体制改革整体推进、经济发展阶段变化和生产力水平提高而不断作出新的调整和变革。[①]

[①] 投融资体制是固定资产投融资活动的管理制度和运行机制的统称，是我国社会主义市场经济体制的重要组成部分，基本架构包括政府投资的管理制度、政府对企业投资的管理制度、投融资机制和投资宏观调控机制等。政府投资的管理制度主要包括政府投资计划管理制度、政府投资决策程序和规则、政府投资使用方式、政府投资项目建设管理制度、政府投资监管机制等，重在体现政府作为投资主体和出资人的职能。政府对企业投资的管理制度主要包括企业投资的准入管理制度、企业投资项目核准和备案制度以及企业投资项目监督机制等，重在体现政府从公共服务和社会管理角度对企业投资活动实施的调控、监督和服务等职能。按照2017年2月国务院颁布的《企业投资项目核准和备案管理条例》（国务院令第673号）规定，对关系国家安全、涉及全国重大生产力布局、战略性资源开发和重大公共利益等项目，实行核准管理，而除此以外的项目，实行备案管理。投融资机制主要包括政府举债融资机制、政府和社会资本合作（PPP）模式、企业投资项目的融资来源和融资方式等。

第一节　投融资体制改革历程

改革开放以前，我国实行高度集中统一的计划经济体制。在投资领域，政府是固定资产投资的绝对主体，每年制定投资计划，以指令性计划的方式对相关行业领域、地区和企事业单位的投资项目和资金进行调节。政府在投资项目管理中具有多重身份，既是投资者，又是融资者，还是项目管理者和监督者。在计划经济体制下，无论是对企业的投资（主要指全民所有制企业），还是对基础设施和公共服务项目的投资都是国家财政支出，计划经济时期投资体制的主要特征是投资主体单一、投资资金来源单一。

改革开放以来，高度集中统一的投融资体制被逐渐打破，呈现出投资主体多元化、投融资来源多渠道、投融资方式多样化、建设实施市场化的特征。我国投融资体制改革以充分发挥市场配置资源的作用和更好地发挥政府作用为主线，具有阶段性、渐进性的特点。改革历程可以分为推动计划经济的传统投融资体制向社会主义市场经济的新型投融资体制转型阶段（1978—2003 年）、深化阶段（2004—2012 年）、党的十八大以来的改革新阶段三大历史阶段。

一、转型阶段（1978—2003 年）

这一阶段的基本任务是对传统的计划经济的投融资体制进行全面改革，逐步确立社会主义市场经济的新型投融资体制。这一阶段的改革进程根据改革步骤又可划分以下两个细分阶段。

第一阶段：起步探索阶段（1978—1993 年）。这一阶段是我国

投融资改革的较浅层次的局部尝试性的改革阶段。这一时期的改革
具有简政放权、缩小计划指令范围以及尝试投资项目建设实施的市
场化等基本特点，具体包括推行国家预算内投资"拨改贷"、改革投
资计划管理和实行投资包干责任制等措施。尽管这一阶段的改革并
没有触及计划经济体制下的传统投资体制的根本性弊端，只是针对
某些具体的投融资管理的规章制度进行了变动，但是其带来的成就
不容忽视。改革最重要的意义在于打破了计划经济体制下，中央政
府作为唯一投资主体和中央政府资金作为唯一投资资金来源的禁锢，
为我国投资领域由投资主体和投资渠道过于单一的旧格局逐步过渡
到投资主体多元化和融资来源多渠道的格局打下了基础，为建立适
应社会主义市场经济要求的新型投资体制作出了必要的铺垫。这个
阶段，地方政府和国有企业作为独立于中央政府的重要投资主体开
始走向前台。

1988 年 7 月，国务院出台《关于投资体制的近期改革方案》，
标志着我国开始了计划经济体制下的投融资体制向更多地引入市场
机制的投融资体制的转变。按照该方案中提出的具体要求和部署，
我国主要实行了以下改革措施：

（1）改革了中央政府过多包揽投资建设任务的做法。初步划分
了中央和地方政府的投资分工和范围，即面向全国的重大项目由中
央政府为主承担，地方政府则主要负责投资建设区域性的项目。

（2）中央基本建设基金一分为二。在 1988 年建立中央基本建设
基金制度之后，为了明确资金使用方向，提高资金使用效率，国家
将预算内基本建设投资划分为经营性和非经营性两类进行管理，中
央基本建设基金也相应划分为经营性基本建设基金和非经营性基本
建设基金两个类别。

（3）扩大融资渠道。进入 20 世纪 90 年代初期，我国相继成立了上海证券交易所和深圳证券交易所，股票融资开始步入规范化发展轨道，同时债券市场也初步建立和发展。这些完善资本市场和拓展直接融资渠道的改革措施对于拓宽投资资金来源和促进重点产业投资发展起到了重要作用。

（4）实行政府经营性投资非经营性投资分离。这期间中央一级成立了能源、交通、原材料、机电轻纺、农业、林业六个国家专业投资公司，负责管理和经营各自行业领域中央投资的经营性项目（包括基本建设项目和技术改造项目）的固定资产投资。同时各级地方政府主要是省级和地市级人民政府也参照中央政府的做法陆续组建了投资公司。值得注意的是，这期间以及其后几年各地政府及其有关部门相继成立的政府投资公司主要职能是代替地方政府从事投资管理职能，其融资职能并不突出，投资方向也与中央六大专业投资公司差不多，主要集中在能源、电力和原材料等基础设施和基础产业等领域。

总的来看，这一时期属于我国投融资体制改革的起步阶段，虽然在部分领域和环节引入了市场机制，但由于受整个计划经济体制的影响和制约，投融资体制依然基本保留了计划经济色彩。

第二阶段：向社会主义市场经济的新型投融资体制转轨阶段（1993—2003 年）。1992 年邓小平同志南方谈话后，我国破除了计划经济体制的思想束缚，开始了建立中国特色社会主义市场经济体制的改革和探索。我国投融资体制改革从而也进入到了一个新的历史阶段，这个时期的改革措施主要包括以下几个方面。

1.尝试建立竞争性项目、基础性项目和公益性项目三类项目分开管理的投融资体制。竞争性项目引入市场机制，由企业自主经营、自担风险。基础性项目除政府作为投资主体外积极吸引各类投资主体参与；地方性的基础性项目主要由地方政府负责投资，而重大的跨区域的基础性项目则主要由中央政府投资或中央与地方政府共同投资。

2. 实施政策性金融与商业性金融分离。将工农中建四大专业银行承担的政策性金融和商业性金融业务进行剥离，成立国家开发银行、中国进出口银行和中国农业发展银行等三大政策性银行。其中，国家开发银行作为中长期批发银行，主要负责"基础设施、基础产业和支柱产业"领域重大项目的贷款。国有银行组织体系由此形成了四大国有商业银行和三大国有政策性银行专业分工、各司其职的格局。同时，1995 年在对原六大中央投资公司进行重组的基础上合并成立了国家开发投资公司，负责对国家确定的重大建设项目进行投资控股。

3. 建立投资责任约束机制和投资风险约束机制。20 世纪 90 年代中期相继推出了项目法人责任制和投资项目资本金制度，并进一步强化了"谁投资、谁决策、谁承担风险"的原则。此外，这期间工程招标投标制、建设监理制和合同管理制等项目管理层面的制度建设得到进一步加强，投资建设领域的市场化运作机制得到进一步完善。

4. 多元化、市场化的融资机制逐步完善。企业债券和股票等直接融资制度不断改革完善，大大拓宽了投资项目的融资来源和方式，尤其是发展改革委（国家计委）主管的企业债券融资直接服务于投资项目的融资需要。1998 年国家开发银行开始与地方政府合作开展基础设施和公共服务项目"打捆"贷款机制，这标志着高度依赖地方政府信用和土地财政的特殊目的载体——融资平台开始登上地方投融资的舞台，为地方政府对接资本市场搭建了枢纽。

值得注意的是，这期间我国财政、金融、国有资产、国有企业等与投融资领域直接相关的体制改革也取得了较大的阶段性成果，对深化投资体制改革产生了积极的推动作用。总之，在转型阶段我国投资体制改革取得了显著的阶段性成果，投资建设领域的市场化运作机制大大加强，为下一步改革积累了不少宝贵的经验。

二、深化阶段（2004—2012 年）

以 2004 年国务院颁布《国务院关于投资体制的决定》（以下简称《决定》）为标志，我国投融资体制改革进入了转型阶段。《决定》充分肯定了我国改革开放以来投融资体制改革的成果，对进一步深化投融资体制改革作出了全面部署，提出了一系列改革任务和相关要求。

第一，发挥市场对配置投资资源和要素的基础性作用。将充分发挥政府宏观调控下市场机制的基础作用作为深化投资体制改革的指导思想，提出按照完善社会主义市场经济体制的要求，最大程度地发挥市场对资源配置的基础性作用。《决定》提出深化投资体制改革的目标是：通过深化改革和扩大开放，最终建立起市场引导投资、企业自主决策、银行独立审贷、融资方式多样、中介服务规范、宏观调控有效的新型投资体制。

第二，实行政府投资和企业投资分开管理的体制。顺应转变政府职能和行政管理体制改革的要求，进一步明确了企业的投资主体地位，并合理划分了中央和地方政府的投资事权分工。其中，中央政府投资除本级政权等建设外，主要安排跨地区、跨流域以及对经济和社会发展全局有重大影响的项目。取消了政府对企业投资项目的审批制，对于企业不使用政府投资资金建设的项目，一律不再实行审批制，而是区别不同情况实行核准制和备案制。政府对投资项目实施核准和备案的主要依据是产业政策、国家安全、公共安全和公共利益等外部性。核准和备案制充分有效保障了企业的投资主体地位尤其是投资决策自主权。

第三，完善政府投资管理制度。增加政府投资的透明度与公众参与度，提高政府投资决策的科学化、民主化水平，加强对政府投资决策和实施全过程的监管。对非经营性政府投资项目大力推行代建制，试行政府投资的决策、执行和监督三分离的管理制度。规范政府投资资金管理，根据资金来源、项目性质和调控需要，政府投资资金可分别采取直接投资、资本金注入、投资补助、转贷和贷款贴息等方式。

第四，进一步拓宽投资资金来源。允许各类企业以股权融资方式筹集投资资金，逐步建立起多种募集方式相互补充的多层次资本市场。改革企业债券发行管理制度，扩大企业债券发行规模，增加企业债券品种。运用银团贷款、融资租赁、资金信托以及项目融资等多种业务方式，拓宽项目资金来源渠道。鼓励建立中小企业融资担保体系，为中小企业融资提供担保。建立和完善创业投资机制，规范发展各类投资基金。鼓励保险资金间接投资基础设施和重点建设工程项目。

第五，放宽社会资本的投资领域。允许社会资本进入法律法规未禁入的基础设施、公用事业及其他行业和领域。《决定》明确提出，除了国家政策、法规限制开放的领域外，能够由社会投资建设的项目，尽可能利用社会资金建设。鼓励和引导社会资本以独资、合资、合作、联营、项目融资等方式，参与经营性的公益事业、基础设施项目建设。对于涉及国家垄断资源开发利用、需要统一规划布局的项目，政府在确定建设规划后，可向社会公开招标选定项目业主。

第六，对进一步改善投资宏观调控和加强投资监督管理作出了新部署和新要求。《决定》提出，完善投资宏观调控体系，改进投资宏观调控方式，协调投资宏观调控手段；建立和完善政府投资监管体系，建立健全协同配合的企业投资监管体系，加强对投资中介服务机构的监管。

《决定》全面、系统地提出了深化投融资体制特别是投资管理体制改革的指导思想、目标和主要任务及具体措施，对进一步改善投资环境，推进投资领域尤其是传统政府投资领域的市场化运作，以及为社会资本特别是民间资本提供更多投资机会等具有重要作用。

三、十八大以来的改革新进展（2013 年至今）

党的十八大提出"使市场在资源配置中起决定性作用和更好发挥政府作用"。2013 年 11 月《中共中央关于全面深化改革若干重大问题的决定》对深化投融资体制改革提出了相关要求和部署，即：深化投资体制改革，确立企业投资主体地位。企业投资项目，除关系国家安全和生态安全、涉及全国重大生产力布局、战略性资源开发和重大公共利益等项目外，一律由企业依法依规自主决策，政府不再审批。强化节能节地节水、环境、技术、安全等市场准入标准，建立健全防范和化解产能过剩长效机制。2016 年 7 月《中共中央国务院关于深化投融资体制改革的意见》（中发〔2016〕18 号），以下简称《意见》）则进一步明确了深化投融资体制改革的总体思路、主要举措和相关要求。《意见》是我国当前和今后一个时期深化投融资体制改革的顶层设计，是新时代在新起点上纵深推进投融资体制改革的纲领性文件。党的十八大以来，贯彻使市场在资源配置中起决定性作用和更好发挥政府作用的总体要求，大力推进简政放权、放管结合、优化服务改革，投融资体制改革取得了新的突破，尤其是投资项目审批范围大幅度缩减，政府投资管理和监督工作的重心逐步从事前审批转向过程服务和事中事后监管，企业投资自主权得到进一步落实，有效调动了社会资本积极性。投融资体制改革主要举措包括如下几个方面。

第一，大力推进简政放权。投资项目审批范围大幅度缩减，投资管理工作重心逐步从事前审批转向过程服务和事中事后监管，企业投资自主权进一步落实，调动了社会资本积极性。党的十八大以来，发展改革委按照中央要求先后数次下放核准权限，缩减政府核准的投资项目范围。初步统计截至目前，发展改革委实施的企业投资项目核准事项减少了90%以上，同时发展改革委会同有关部门将大量原为投资项目核准的前置审批事项改为与项目核准同时开展的并联审批事项，从而有效提高了政府行政审批工作效率。与此同时，经国务院及有关部门批准的专项规划、区域规划中已经明确的投资项目，部分改扩建项目，以及建设内容单一、投资规模较小、技术方案简单的项目，可以简化相关文件内容和审批程序。此外，发展改革委会同有关部门还建立了投资项目在线审批监管平台（国家重大项目库）。依托该监管平台不仅大大方便了投资项目建设单位申报分散在各政府部门的相关前置审批事项，而且对投资项目实现了部门之间的信息共享和协同监管。

第二，强调规划计划的引导约束作用。一是编制三年滚动政府投资计划。在建项目，拟于当年和未来三年开工建设的项目，以及拟申请安排中央或地方政府投资资金的建设项目，应当纳入政府投资项目储备库。对于未纳入政府投资项目储备库的项目，政府投资原则上不予支持。没有纳入重大项目库储备的项目，不得纳入三年滚动政府投资计划；没有纳入三年滚动政府投资计划的，不得编制年度政府投资计划，不得安排下达年度投资计划。编制三年滚动政府投资计划，使政府投资管理工作更加规范有序开展，有利于加强项目储备，调整优化投资结构和扩大有效投资，有利于加强关键领域和薄弱环节的补短板工作。二是发挥发展规划的导向约束作用。国家发展规划包括总体规划、专项规划和区域规划，集中反映了党和国家发展战略意图和中长期发展目标与主要任务，是国家治理体系的重要组成部分。编制和实施发展规划是政府履行职责和实施宏观调控的重要手段之一。各级政府发展规划也是政府投资决策和项目审核的重要依据，重大投资项目未纳入相关发展规划的，有关部门不得审核批准项目，更不得开工建设。党的十九大更进一步提出，发挥国家发展规划的战略导向作用，从而进一步强调了发展规划的引领性、指导性和约束性。

第三，推广运用政府和社会资本合作（Public-Private-Partership，简称 PPP）模式。PPP 模式是指政府为增强公共产品和服务供给能力、提高供给效率，通过特许经营、购买服务、股权合作等方式，与社会资本建立的利益共享、风险分担及长期合作关系。推广运用 PPP 模式，有利于扩大基础设施和公共服务供给，提高公共服务效率；有利于创新投融资机制，拓宽社会资本的投资渠道，为社会资本特别是民间资本提供更多的投资机会；有利于在基础设施和公共服务领域推动产业资本和金融资本相互融合、发挥合力；

有利于理顺政府与市场关系、政府和企业关系，加快推动政府职能转变，充分发挥市场配置资源的决定性作用和更好地发挥政府作用，形成政府和市场的合力。PPP 模式还具有"标杆"意义，有利于倒逼公建公营项目"上水平"和加强管理。

第四，进一步完善投融资机制。近年来，发展改革委和相关部门先后出台一系列有关重点领域和瓶颈领域投融资机制改革创新的措施。如，大力发展直接融资，相继出台了绿色金融债、项目收益债（票据）、PPP 项目专项债、重点产业专项债、私募债（票据）、永续债（票据）等新的债务品种；规范地方政府举债融资机制，为支持有一定收益的公益性项目建设，推出了土地收储、收费公路、棚户区改造等地方政府专项债券品种；进一步理顺政府和企业的责权利关系，剥离融资平台公司的政府融资职能，促进融资平台公司的市场化融资和转型。试行投（投资）贷（贷款）结合方式，支持金融机构以适当方式依法持有企业股权的试点，调动金融机构的投资积极性，促进实体企业"降杠杆"。支持设立政府引导、市场化运作的产业（股权）投资基金（政府投资基金），吸引金融资本参与，形成政府和金融资本的合力。完善社保、保险资金等机构资金对项目建设的投融资机制，在风险可控的前提下，逐步放宽了社保、保险资金投资范围，创新资金运用方式，通过股权、债务等方式支持项目建设。推广运用 PPP 模式，扩大基础设施和公共服务供给，提高公共服务效率；构建了更加开放的投融资机制，牵头建立了亚洲基础设施投资银行，与相关国家共同组建了金砖国家开发银行等，设立了丝路基金，支持"一带一路"建设。这些完善投融资机制的改革举措，进一步拓宽了投融资来源渠道、丰富了投融资方式，从更宏观的层面看，提高了储蓄转化为投资的效率。

第五，加强投资领域的立法工作。近年来投融资领域先后出台了一系列相关制度法规，涉及政府投资计划管理、政府投资资金安排、政府投资项目管理和企业投资项目核准和备案等诸多领域和环节，对于规范政府投资行为、进一步扩大企业投资自主权发挥了重要作用。特别是 2017 年 2 月 1 日起施行的《企业投资项目核准和备案管理条例》(国务院令第 673 号)，使得政府对企业投资项目的核准和备案行为"有法可依"和"有法必依"，不仅有助于加快转变政府的投资管理和服务职能，而且为落实企业投资自主权提供了法律保障。此外，《政府投资条例》和《基础设施和公共服务领域政府和社会资本合作条例》以及社会信用体系建设、股权投资管理等重要的投融资法规的立法工作也在稳步推进中。

总之，党的十八大以来，投融资体制改革继续向深度广度推进，投融资体制机制进一步改革完善，企业投资主体地位得到进一步确立，政府投资审批和监管行为进一步规范、透明，政府服务进一步改进和加强，政府自身投资管理得到进一步加强，投融资机制进一步健全完善。

第二节 投融资体制改革的基本经验

改革开放 40 年的伟大历史进程，是一个持续的思想解放的过程、理论创新的过程、实践检验的过程。改革开放 40 年投融资体制改革取得了巨大的成就，推动形成了投资主体多元化、资金来源多渠道、投资方式多样化、项目建设管理市场化的格局，有力地促进了固定资产投资和经济社会持续快速发展。总结 40 年投融资体制改革的经验和做法，对于新时代在新的历史起点继续深化投融资改革具有重要意义。

一、坚持以改革创新为动力

40 年来改革开放的一条基本经验，是以思想大解放和观念大转变，推进改革开放大突破，推进中国经济、社会、文化和生态文明建设大发展，推进以建立和完善社会主义市场经济体制为目标的改革和发展，成功实现了社会主义与市场经济的有机结合。可以说，没有思想解放和改革创新，就没有改革开放和社会主义现代化建设的巨大成就。

改革开放 40 年来，经济体制改革的一条重要主线是市场化改革，用市场和经济的办法，调动各类投资主体的积极性和创造性。投融资领域无论是在投资管理体制、建设实施机制、投融资机制还是投资宏观调控机制等方面，改革创新的步伐一直在不断稳步向前推进，"摸着石头过河"。

在投资管理体制方面，为强化投资责任约束机制，提高投资效益，改革开放初期试行了基本建设拨款改为银行贷款的改革措施（"拨改贷"），20 世纪 80 年代中期还试行了投资包干责任制，80 年代末期到 90 年代初期实行了中央基本建设经营性基金制并在中央层面成立了能源、交通、原材料、机电轻纺、农业、林业等六大专业投资公司（各地方政府也参照中央做法相继成立了政府所属投资公司），90 年代中期开始又推行了经营性国有投资的项目资本金制度和建设项目法人责任制。

在完善投融资机制方面，为适应不同性质项目的需要，发挥政府投资的引导放大作用，从 2004 年开始，政府投资资金按项目安排，根据资金来源、项目性质和调控需要，分别采取了直接投资、资本金注入、投资补助、转贷和贷款贴息等方式，此后又根据新兴产业、高技术产业和创业投资项目的需要，政府投资又逐步引入了基金注资的方式。

在投资项目审核管理方面，中央政府逐步下放审核权限、简化审核手续，不断扩大企业投资决策自主权和地方各级政府的审核权限。尤其是《决定》提出了对政府投资项目和企业投资实施分开管理的改革举措后，虽然对政府投资项目继续实施审批制，但审批程序更加简化、审批规则更加规范透明；而对企业投资项目，如不使用政府投资资金建设，一律不再实行审批制，区别不同情况实行核准制和备案制，项目的市场前景、产品技术方案、资金来源和财务效益等均由企业自主决策、自担风险，从而大大扩大了企业的投资决策自主权。

在投资决策机制方面，为提高投资决策水平，20世纪80年代即借鉴国际通行经验和做法引入了投资项目可行性研究论证制度并逐步推行了项目咨询评估制度，从而不断提高了投资决策的科学化、民主化水平。《决定》更进一步提出，咨询评估要引入竞争机制，并制定合理的竞争规则；特别重大的项目还应实行专家评议制度；逐步实行政府投资项目公示制度。

在融资机制方面，为拓展投资建设项目的融资渠道，完善融资方式，也先后推行了很多改革创新措施。为支持重点行业领域投资建设，20世纪90年代曾经发行了国家重点建设债券，其后又建立了铁路、水利、民航等重点行业的政府性基金制度，设立了专项税收（如燃油税、车船购置税、城市维护建设税等），设立财政预算内专项资金，支持企业通过发行公司股票、企业债券、可转换公司债券等直接融资方式筹集资金，鼓励通过产业基金、资金信托和融资租赁等融资方式扩大融资来源。在基础设施和公共服务领域，引入了 PPP 模式等投融资模式。为应对经济下行的不利影响，1998—2005 年间通过发行长期建设国债的方式扩大政府投资来源，加大政府投资力度；2015—2016 年又通过开发性、政策性金融机构发行专项建设基金的方式支持地方看得准、有回报、不新增过剩产能、不形成重复建设、不产生挤出效应的重点领域项目。

在项目建设实施方面，改革创新的步伐更大。为落实投资责任主体，20 世纪 80 年代即开始改革建筑业实现项目建设责任主体和施工建设主体逐渐分离和勘察设计单位企业化、社会化，同时开始试行工程招标投标制和工程建设监理制。90 年代初，提出试行项目业主责任制。随着合同法的颁布实施，投资建设项目的合同管理制逐步推行。90 年代中期，则对经营性大中型国有投资建设项目实行项目法人责任制，同时一些地区开始探索对非经营性政府投资项目实行集中统一管理（代建）和"交钥匙"等建设模式的探索。通过十多年的改革和探索，到 2000 年左右，我国逐步建立和完善了以项目资本金制度、项目法人责任制、招标投标制、建设监理制和合同管理制等"五制"为核心的相对完善的建设管理制度体系。2000 年后，为适应加入 WTO 和"走出去"的需要，又开始大力推行"工程总承包"、"设计施工一体化"和"项目管理"等国际上通行的项目组织实施方式。到 2004 年以来，针对非经营性政府投资项目长期存在的非专业化管理和建设单位自身行为不规范的问题，提出了对非经营性政府投资项目加快试行代建制，而深圳、珠海等部分地区还借鉴国际经验建立了相对集中管理的非经营性政府投资项目的统建制。

在投资宏观调控方面，改革创新主要体现在三个方面。其一，在宏观调控方式和手段方面，从 20 世纪 80 年代的以计划和行政手段为主的直接调控方式逐步改革为 90 年代以来以经济和法律手段为主、辅以必要的行政手段的间接调控方式。其二，充分发挥发展规划、产业政策、行业标准等对投资活动的引导作用，特别是把发展规划作为引导投资方向，稳定投资运行，规范项目准入，优化项目布局，合理配置资金、土地等要素的重要手段。其三，也是最重要的，不断深化对投资在经济发展中地位和作用的认识，适应建设现代经济体系和高质量发展的需要，更加强调投资对优化供给结构的关键性作用，从而将投资宏观调控本身逐渐转为服务于高质量发展、扩大就业和补短板等供给侧改革的更高层次的调控目标。

实践证明，上述 40 年来投融资领域的改革创新举措，健全了投资管理制度，完善了投融资的运行机制，调动了各类投资主体的积极性，发挥了市场在资源配置中的决定性作用，有力地推动了投资持续快速增长和经济社会健康稳定发展。虽然有的改革措施已经完成了阶段性的历史使命，也有的因为经济发展阶段和经济形势的变化乃至整个经济体制改革的新形势、新要求已经不再适用了，但改革创新永远在路上。唯有不断通过改革创新完善投融资体制和相关运行机制，才能使投融资体制机制不断适应新时代的新形势和新要求，才能不断释放投融资体制改革创新的红利。

二、注重发挥政府和市场的合力

在传统计划经济体制下，政府主要采用高度集中的指令性计划和依靠行政性手段来管理和调控各项经济活动包括投融资活动。在投资建设领域，政府是唯一的投资主体，且以中央政府为主，政府投资管理采取的是单一的指令性计划和行政命令，投资方向、投资计划和投资项目决策等相关决策权利集中在政府尤其是中央政府，投资资金来源也主要来自国家财政拨款，投资项目的建设实施活动包括相关资源和要素配置也主要按照政府指令性计划执行。随着市场经济的发展，特别是投资主体的多元化发展，这种高度集中的计划管理体制，已不能适应生产力发展的要求。

改革开放 40 年来，国家对原有投融资体制进行了一系列改革，打破了传统计划经济体制下高度集中的投资管理模式，初步形成了投资主体多元化、资金来源多渠道、投资方式多样化、项目建设市场化的新格局。这一新体制格局的最大特点是确立了企业在投融资活动中独立的市场主体地位，市场机制在投资资源和要素配置中发挥决定性作用。从投资主体看，除政府投资主体外，还有大量的以市场化为导向的国有企业投资主体、外商投资主体和民营投资主体，这类投资主体主要依据市场供求关系、市场价格、企业自身发展战略需要和自身投融资能力作出相应的投资决策，并获取投资收益和承担投资风险。从投融资机制看，除传统的政府投资资金渠道外，投资建设领域的绝大多数资金均来源于商业银行、外资、资本市场和企业自有资金，这些资金的配置，从总量到价格（融资成本），也基本取决于市场供求关系。即使是完全由政府按计划手段配置的投资资金，也实行了直接投资、资本金注入、投资补助、贷款贴息、基金注资和转贷等多种方式，以适合不同投资主体和不同性质投资项目的需要。而参与投资项目建设实施活动的各类市场主体，从投资咨询、勘察设计、招标咨询、造价咨询、施工、工程监理以及主要设备和材料供应等，更是主要通过市场竞争机制决定。

在充分发挥市场在投资资源和要素配置中的决定性作用的同时，也要十分注重弥补"市场失灵"的问题，在投融资领域更好地发挥政府作用，从而进一步发挥政府和市场的合力，既弥补"政府失灵"又弥补"市场失灵"。2013年以来，大力推广运用的PPP模式即属于发挥政府和企业合力的典型方式。政府和金融资本共同出资设立产业基金，加大对高技术产业项目和新兴产业项目的投融资支持力度也属于这类方式。政府设立偿债基金和融资担保基金，从而激励银行等金融机构更好地为中小企业提供融资服务也属于这类方式。

总之，40年投融资体制改革的实践证明，充分发挥市场机制在投资配置中的决定性作用和更好发挥政府作用，调动了各类投资主体的积极性，形成了政府和市场的合力，提高了全社会投资效率。

三、注重政府放管服的有机结合

在传统高度集权的计划经济时期，政府职能定位不清晰，政企不分，政资不分，该由政府管的没有管好、管到位，不该由政府管的又管得太严、管得太死。20世纪90年代初中央提出建设社会主义市场经济以来，随着整个经济体制改革深入推进，尤其是2012年党的十八大后，政府在投融资领域的职能定位更加清晰，相关管理和监督行为逐渐走向"简政放权、放管结合、优化服务"的轨道。在市场机制能够有效发挥作用的方面，在引导社会资本的投资方向方面，尽可能减少政府的直接干预；而在弥补"市场失灵"方面，在关键领域和薄弱环节的补短板方面，在加强对投资项目的负外部性监管方面，政府投资管理和监督的职责和作用则更加强化，监管规则更加透明、规范。具体而言，即对政府自身投资管理、保障经济安全、维护社会稳定、保障公众利益、有效利用资源等事项，政府不断加大了管理和监督力度，而对企业投资方向确定、投资项目决策等事项则不断放松管制特别是前置审批，不断放权给企业自主决定。

对政府自身投资管理工作，更加强调按政府职能转变和公共财政的要求规范政府投资行为、限制政府投资的行业领域和投向；更加强调提高政府投资决策的科学化和民主化水平；更加强调规划计划的约束作用和对政府投资项目实施严格的决策审批管理，更加强调了建立政府投资的责任约束机制特别是投资责任追究制度；更加重视提高政府投资项目实施全过程的透明度和鼓励社会参与，更加注重在项目实施全过程中引入市场竞争机制。

对企业投资的管理和服务工作，则更加突出了"简政放权、优化服务"的指导思想和"宽进严出"的原则，更加强调企业在投资活动中的主体地位，更加重视发挥市场机制对引导企业投资活动的决定性作用；同时，不断弱化对企业投资项目直接的行政干预，大幅度缩小政府核准的投资项目范围，下放审核权限，简化审核手续，取消了对企业投资项目的市场前景、经济效益、资金来源和产品技术方案等企业自主决策事项的审查，真正落实了企业投资决策自主权。更加注重运用经济和法律手段引导和调控企业投资行为，更加强调发展规划、产业政策、行业标准，以及通过投资信息发布、投资推介会等间接方式对企业投资活动的引导作用。与此同时，不断强化对企业投资项目负外部性的监管，加强对企业投资项目在城乡规划、土地使用、环境保护、公共利益、资源节约、安全生产和反垄断等方面事前审核和事中事后监管，建立异常信用记录和严重违法失信"黑名单"，纳入全国信用信息共享平台，对企业失信行为建立联合惩戒机制。更加注重加强和改进政府的服务工作，探索建立投资项目审批首问负责制，投资主管部门或审批协调机构作为首家受理单位"一站式"受理、"全流程"服务，一家负责到底；制定企业投资项目审核工作规则和办事指南，提高透明度，及时公开受理情况、办理过程、审批结果。

在投资监管和服务方面，更加注重审计、稽察、财政、监察等监管部门的分工与协作，更加注重对投资项目实施全过程的动态监管；更加强调要建立和完善投资中介服务机构的责任约束机制与激励机制，推行投资中介服务市场的"宽进严出"政策，取消工程招标和工程咨询等领域的企业资质管理制度，代之以企业资信评估制度和失信行为联合惩戒机制；进一步加强对企业投资项目在环保、土地、资源利用、安全生产等方面的执法监督力度，促进企业投资活动诚信与合法守规；更加强化投资活动的社会监督机制，鼓励新闻媒体、公民、法人和其他组织依法对政府的服务管理行为进行监督。

总之，改革开放尤其是党的十八大以来，政府在投融资领域中实施的各种"简政放权、放管结合、优化服务"的改革举措，逐步实现了"有效放权"与"有效监管"的统一，符合完善社会主义市场经济体制的要求，体现了经济体制转轨时期政府职能转变和行政管理体制改革的基本要求，是投融资领域贯彻落实新发展理念的具体实践。投融资领域大力推行"放管服"改革是新时代"全面深化政府职能转变"的重要体现之一，也是推动国家治理体系和治理能力现代化的基本路径之一，必须长期坚持。

四、坚持与其他领域改革协同推进

投融资体制是我国社会主义市场经济体制的重要组成部分。深化投融资体制改革，发挥投资对优化供给结构的关键性作用，提高投资的质量和效益，需要财政体制、金融体制、价格体制、国有资产监督管理体制、行政管理体制以及人事制度等相关领域改革的协调推进和配合。

　　首先，进一步完善政府投资决策机制。提高投资决策的科学化水平，从源头上提高政府投资效益，很大程度上要依靠政府职能转变、行政管理体制改革的同步推进，尤其是建立政府投资决策责任追究制度，更需要政府行政绩效考评制度和组织人事制度改革的同步推进。因为投融资领域涉及范围广泛，投融资管理和投融资运行中存在的问题很多并不是投融资体制不完善或改革滞后导致的。进一步加强对国有企业投资的监管，提高国有企业投资决策科学化水平，健全国有企业投资风险约束机制，改变国有企业投资长期存在的"软约束"问题，必须以国有企业改革和国有资产监督管理体制改革的同步推进为前提。改革开放以来，投资项目的投融资主体多元化、投融资来源多渠道、投融资方式多样化，在很大程度上也是金融体制改革以及积极利用外资和支持鼓励民间投资发展的重要成果之一，而今后进一步推进投融资机制创新，拓宽投资项目的融资渠道、引入新的投融资方式，仍然有赖于深化金融体制改革尤其是资本市场的改革和发展。基础设施和民生工程等薄弱领域之所以成为经济社会发展的短板，很大程度上与这些领域的政府管制过多尤其是价格形成机制不完善紧密相关，导致市场机制难以充分发挥作用，除政府投资主体之外的各类社会资本特别是民间资本投资参与积极性不高。实际上，由于放松政府管制、健全价格形成机制，发达国家很多基础设施和民生工程领域都引入了民间资本的投资，甚至有的还采取了完全由民间资本"自主投资、自主决策、自担风险"的私有化方式。此外，地方政府之所以投融资行为不规范，热衷于"上项目"、"搞建设"和"招商引资"，通过政府购买服务、PPP 和产业基金等方式变相融资，违规通过政府融资平台公司为公益性项目融资，究其原因，与不科学的政绩考核机制紧密相关，也与现行财税体制不完善包括地方政府财权和事权不匹配、政府投资事权边界太宽泛等紧密相关。

其次，一些理论上可行、国外行之有效的投融资体制改革措施，之所以在实践中难以发挥应有的作用，往往不是这些改革措施本身的问题，而是其他领域体制政策环境的制约。如，发达国家政府常用的对高科技投资项目提供政府贷款的方式，能够有效引导企业投资方向并提高政府投资效益。但在我国，20世纪80年代初期开始实施的与国外政府贷款方式基本一致的国家预算内投资拨款改为贷款制度（"拨改贷"），尽管也曾发挥了积极作用，却最终由于国有企业普遍"赖账不还"而停止执行。而国外能够有效实施的政府贷款制度，在我国企业之所以跟政府"赖账"，显然不是政府贷款制度本身的问题，而在于国有企业改革和国有资产监督管理体制改革滞后的制约。又如，近几年发展改革委、财政部等有关部门大力推广运用的PPP模式，本意是利用专业化的社会资本的投融资、技术、管理等综合能力，扩大公共服务供给和提高服务效率，但实践中很多地方政府把PPP模式异化成一种融资工具，通过固定回报承诺、指定回购、明股实债等方式进行变相融资。再如，在美国等发达国家广泛运用、在城镇基础设施建设中具有重要作用的"市政债券"，在我国却至今难以推行或只能采取变通的方式发行（很多地方通过政府融资平台公司发行的用于基础设施建设的"城投债"实质上就应该回归"市政债券"）。实际上不是"市政债券"融资方式本身不可行，而是受制于财政体制特别是预算管理体制。此外，尽管国家支持鼓励风险投资发展，我国风险投资总规模近年来增长也很快，但大多数投向了成熟阶段甚至拟上市的企业，背离了风险投资的本意，这显然不是风险投资机制本身的问题，主要原因恐怕在于我国资本市场体系不健全，导致风险投资的退出机制不完善。还有发达国家和地区普遍采用的非经营性政府投资项目集中统建制（设立常设性的政府特定机构统一承担大多数非经营性政府投资项目的建设管理职能），可以有效克服政府投资项目"自建、自管、自用"模式下项目管理效率低下（如超投资、超工期等）以及有经验无传承、有教训无总结等问题，但受制于行政管理体制、部门职责分工等制约，除了在安徽、河北和深圳、珠海等少数地区推广外，其他地方很少运用。

总之，投融资体制具有很高的关联度，是一个系统工程。改革开放40年来投融资体制改革取得了重大成效，在很大程度上也得益于其他领域改革的协调与协同。进一步深化投融资体制改革，补齐投融资管理体制和运行机制中的"制度短板"，释放改革红利，需要其他领域体制机制改革的协调配合乃至整个市场经济体制改革的同步推进。

五、坚持扩大对外开放

我国改革开放40年的发展历程，也是我国经济不断扩大对外开放的过程。以开放促改革、促发展，是我国投融资和建设领域乃至整个现代化建设不断取得新成就的重要法宝。

改革开放40年来，我国投资总额快速增长，技术水平大幅度提升，很多关键领域和薄弱环节迅速缩短了与国际先进水平的差距，一些行业排头兵和重大投资项目甚至达到国际先进水平，这在相当程度上得益于对外开放，积极有效利用外资及引进国外先进的技术、设备和管理经验。改革开放以来，利用外资占全社会投资总额的比重虽然不高，但对我国经济社会发展产生了重要而深远的影响，尤其是在推动技术进步方面产生了积极效果，产生了巨大的外溢效应。通过吸收外商直接投资，我国建立了一大批现代化企业，发展了一批高技术产业和新兴产业，还直接引进了大量先进适用技术和设备，其中许多外商投资项目具备了国际先进水平，填补了国内技术空白，缩短了我国与发达国家的技术差距。利用外资也带来了技术外溢效应。技术的载体有多种形式，包括专利、设计、新型产品、先进机器设备或新的工艺流程。事实上，不管是高技术还是低技术，只要是适用的，那么外商直接投资所带来的技术转移就是有价值的，不能予以否定。外商投资企业还给国内企业树立了重要"标杆"，成为国内企业强大的竞争对手，激励国内企业提高技术水平、加强管理、提升竞争力。利用外资还带来了新的商业模式与管理模式，并逐渐为国内企业所仿效、采纳、吸收，促进了产品与服务形态的多样化、质量的改善和运营效益的提高。

近年来，贯彻落实中央提出的"开放发展"的理念，构建更加开放的投融资体制方面也迈出了坚实步伐。在营造制度环境方面，发展改革委会同相关部门相继发布并修订了外商投资准入特别管理措施（负面清单）和自由贸易试验区外商投资准入特别管理措施（负面清单），为外资营造了更加公平、透明的投融资环境，彰显了我国深化对外开放的决心和意志。在促进企业"走出去"和推进"一带一路"建设方面，中国联合有关国家创立了亚洲基础设施投资银行，与有关国家共同成立了金砖国家开发银行，设立了丝路基金，支持政策性银行和商业银行加大对海外投资项目的融资力度，鼓励商业类产业基金对外开展投资、融资活动，从而构建了相对完善的、服务于"走出去"和"一带一路"建设的投融资机制。同时，完善境外发债备案制，募集低成本外汇资金，更好地支持企业对外投资项目。在宏观和微观审慎管理框架下，稳步放宽境内企业赴境外融资，拓宽了企业投资项目的融资来源。

　　总之，40年投资建设的实践表明，不断扩大对外开放，构建更加开放的投融资体制，积极有效利用外资，是扩大投资资金来源的重要渠道，也是新时代加快技术进步、建设现代经济体系和推动高质量发展的重要举措，更是发展创新型国家和建设社会主义现代化国家的必由之路。今后，仍然需要我们进一步坚定不移地走改革开放之路，大力推进全方位、多层次的对外开放，充分利用国内外"两个市场、两种资源"，高质量地"请进来"和"走出去"并举，促进国民经济瓶颈领域和薄弱环节的发展和技术进步。

第三节　对深化投融资体制改革的思考

　　伴随着我国经济发展阶段由高速增长阶段转向高质量发展阶段和社会基本矛盾出现的新变化，作为推动经济社会发展重要动力的固定资产投资的地位和作用也将随之产生重大变化，投资要更多地转向服务于高质量发展，更多地在优化供给结构和"补短板"中发挥关键作用，更多地聚焦于满足人民日益增长的美好生活需要。面对投资地位和作用的新变化、新要求，现行投融资体制仍然存在着很多不适应、不协调的问题，主要表现在：企业投资主体地位有待进一步确立；政府投资管理仍然需要改进和加强，政府投资的引导和带动作用有待进一步发挥；投资项目融资难融资贵问题仍然较为突出，融资渠道仍然需要进一步畅通；投资活动的事中事后监管和过程服务仍然需要加强；投融资法治建设滞后，投资监管法治化水平亟待提高。站在新时代新的历史起点上深化投融资体制改革，要按照发挥市场配置资源的决定性作用和更好发挥政府作用的总体要求，紧密围绕新时代投资地位和作用的新变化、新要求，进一步转变政府职能，发挥政府和市场的合力，建立企业自主决策、融资渠道畅通，职能转变到位、政府行为规范，宏观调控有效、法治保障健全的新型投融资体制。

一、继续深化企业投资管理制度改革

1. 继续减少政府对企业投资活动的直接干预

贯彻新的发展理念，按照使市场在资源配置中起决定性作用的要求，继续缩小企业投资项目核准范围和核准事项，进一步完善市场准入负面清单管理制度和外商投资负面清单管理制度，进一步完善项目核准和备案工作规则，提高核准和备案工作透明度。加强发展规划、产业政策、行业标准的研究制定工作，进一步强化发展规划、产业政策、行业标准等对企业投资活动的引导和约束作用，减少政府的直接干预。加快推进企业投资项目承诺制试点，探索构建以政策性条件引导、企业信用承诺、监管有效约束为核心的"不再审批"、"宽进严出"的新型企业投资管理模式。

2. 健全企业投资项目"三个清单"管理制度

投融资领域"三个清单"管理制度的推出，有利于规范政府管理和监督行为，推动政府相关行政审批行为公开化、透明化，明确政府责任，尤其是便于接受企业和社会监督。要及时修订并公布政府核准的投资项目目录，实行企业投资项目负面清单管理制度，除目录范围内的项目外，一律实行备案制，由企业按照有关规定向备案机关进行登记备案。进一步完善投资项目管理权力清单制度，将各级政府部门行使的企业投资项目管理职权以清单形式明确下来，严格遵循政府部门职权法定的原则，规范职权行使，优化管理流程。贯彻有权必有责的原则，进一步完善企业投资项目管理责任清单制度，厘清各级政府部门对企业投资项目的管理职权所对应的责任事项，明确责任主体。健全问责机制，对责任部门和主要责任人实施问责制，建立责任倒查机制和惩戒机制，增强其依法行政、依法管理的意识，强化管理责任约束。

二、构建有利于优化供给结构的新型政府投资体制

1. 进一步缩小政府投资范围

政府投资事权范围原则上由市场失灵领域决定。政府投资应重点投向市场机制不能有效配置资源的公共产品领域，以及竞争性行业中的经济外部性领域，社会外部性、制度外部性较强领域也需要政府投资发挥作用。根据新时代社会基本矛盾的新变化和推动高质量发展的新要求，现阶段政府投资资金原则上只投向于市场不能有效配置资源的国家安全、社会公益服务、公共基础设施、农业农村、生态环境保护和修复、创新驱动、社会管理等领域的项目，尤其是应主要投向于发展不平衡、发展不充分、存在明显"短板"的中西部地区和老少边穷地区。贯彻落实中央打好三大攻坚战的要求，近期国家投资要集中在扶贫攻坚和污染治理等领域（见表8-1）。除支持中小企业发展外，各级政府投资原则上不得投向经营性项目特别是产业发展项目。健全完善政府投资范围的评估调整机制，不断调整优化政府投资结构，发挥政府投资对优化供给结构特别是补短板领域的引领作用。

表 8-1 政府投资领域

公共性	国防、公共安全、社会管理、基础设施、公共服务、科学研究等	
外部性	经济外部性	生态环境、技术进步
	社会外部性	农业等
	制度外部性	农村, 贫困地区, 落后地区

2. 优化中央和地方政府的投资事权分工

要按照"分税制"财政体制、投资受益范围、提高效益和效率的要求，合理划分中央和地方政府投资事权分工，建立起中央和地方投资事权和财权财力相适应的投资事权分工体系，适当加大中央政府的投资事权，增加中央在基本公共服务共同投资事权中的资金安排责任。探索将关系国民经济和社会发展全局的重大基础设施和基础教育、公共医疗、社会福利和社会保障等基本公共服务领域的重大投资事权，从目前由地方政府承担逐步改为由中央政府承担。将部分共同投资事权划为中央委托地方投资事权，通过减少共同投资事权、中央委托地方事权，分清和落实各自投资责任。

3. 做好政府投资项目的研究论证工作

投资项目可行性研究论证是项目投资决策的重要基础和依据。要进一步完善投资项目可行性研究体系和方法，增加投融资方案可行性和财政承受能力论证等内容，增加项目采用公建公营或 PPP 模式的必选内容，加强对项目全生命周期风险识别和风险管控措施的研究。各级政府投资主管部门要切实做好政府投资项目可行性研究报告的审查工作，从源头上把关，确保投资项目能够切实解决经济和社会发展中的实际问题，确保政府投资资金能主要用于重点领域和关键环节的补短板项目，确保投资项目能真正有利于优化供给结构。投资决策科学与否是项目成功的重要基础和前提。为进一步完善和坚持科学的决策规则和程序，提高政府投资决策的科学化和民主化水平，建议在现行可行研究和评估、专家评议制度的基础上，试行重大投资项目决策听证制度。

4. 制定统一的政府投资管理制度

为进一步推进投资建设领域供给侧结构性改革特别是补政府投资管理的"制度短板"，除了尽快制定统一的政府投资计划从而实现政府统一安排投资建设项目和使用政府投资资金外，有必要制定相对统一、规范、透明的投资管理制度规则，并适用于各种不同来源的政府投资资金的管理和监督。制定中央层面统一的政府投资管理制度规则的主要内容和要求，原则上应该包括明确政府投资资金的主要投资方向、明确政府投资资金的使用安排方式、统一申报政府投资资金的所需报告和材料要求、统一政府投资项目和资金的申报程序及相关要求、统一政府对投资项目和资金审核的程序和相关要求、明确政府投资资金的事中事后监督和检查等要求以及明确政府投资资金管理和使用的监督检查和制约机制等方面。建议发展改革委充分发挥中央层面已经设立的"促进投资部际联席会议制度"的作用，会同财政以及交通、能源、水利、农业、林业、文化、教育、卫生、体育等行业主管部门联合制定和发布相对统一的政府投资管理制度规则。

三、推动与现代金融体系接轨的投融资机制创新

一是大力发展直接融资。依托多层次资本市场体系，拓宽投资项目融资渠道，扩大投资项目资本金的来源。进一步加快发展风险投资、私募股权投资、创业投资基金，健全市场化、规范化的投资

退出机制，为科技型创新企业投资提供融资支持。加快债券市场发展，丰富债券品种，支持、引导符合条件的企业发行项目收益债、PPP项目专项债和重点产业专项债。健全政府举债融资机制，丰富政府一般债和专项债品种，延长债券期限，在有效防控政府债务风险的前提下，扩大地方政府债券发行规模。鼓励、支持社保基金、保险等机构资金在依法合规、风险可控的前提下，以认购基金份额方式参与重大基础设施投融资。

二是支持国内银行创新投融资方式。在扩大传统的抵押贷款、担保贷款等传统信贷模式的基础上，稳步扩大信用贷款规模，加快发展专利权、知识产权和商业票据质押贷款等新型信贷模式，为优质企业和科技型中小型企业提供投融资支持。鼓励政策性银行和商业银行通过银团贷款或联合贷款方式为重大投资项目提供融资服务，引导银行等金融机构对规范操作的PPP项目及其他具有较好收益的基础设施和公共服务项目开展"项目融资"方式，支持银行试行投（资）贷（款）结合的投融资方式。

三是加快推进地方政府融资平台公司的市场化转型。贯彻中央关于深化国有企业改革的要求和部署，坚持政府特殊目的公司和公营企业的改革方向，坚持公益性国有企业的根本宗旨，积极稳妥推进融资平台公司转型发展。加快厘清融资平台公司与地方政府的责权利关系，剥离融资平台公司的政府融资职能。进一步明确融资平台公司的投资边界，原则上融资平台公司的投资边界不超出政府投资事权范围，也不挤出社会资本尤其是民间资本的投资机会。探索建立政府授权投资经营制度，厘清融资平台公司的政府投资职能。加快完善公司法人治理结构，着力提高科学管理水平，建立投资决策委员会和战略咨询委员会，健全投融资决策机制，完善投融资风险防控机制，完善绩效考核和薪酬体系。着力培育融资平台公司的核心竞争力。支持融资平台公司推进存量资产证券化和引入 PPP 模式，扩大融资来源，提高存量资产的运营效率。

四、继续提升投融资活动的综合管理服务水平

一是全面创新政府的投资管理服务模式。加快建立投资项目审批首问负责制，政府投资主管部门或审批协调机构作为首家受理单位进行"一站式"受理、全流程服务。加快推进政府投资管理服务的信息化进程，充分运用互联网、云计算、大数据等技术，强化投资项目在线审批监管平台的作用，积极推进网上受理、网上审批，增强平台的信息公开、信息共享功能，提高透明度。鼓励支持社会公众、个人、新闻媒体等对政府的投资管理行为进行监督，扩大社会公众对投资管理和服务过程的参与度，将政府单向管理服务转变为政府、企业、社会的共同治理模式，不断提高投资管理服务行为的信息化、社会化、专业化水平。

二是进一步完善监管约束机制。按照谁审批谁监管、谁主管谁监管的原则，明确政府各部门对投资项目的监管职责，进一步整合审计、监察、行业监管等现有监管力量，推动协同监管。加快投资项目监管的制度建设，促进投资监管工作的标准化、规范化、制度化。加大投资领域违法违规行为的执法力度，严肃处理违规违法投资建设行为，加快投资监管领域的诚信制度建设，健全对失信主体的联合惩戒机制，保障投融资和建设市场健康运行。

三是优化对投资中介服务的监管和约束。大力发展投资项目全过程咨询服务，培育发展全过程咨询服务机构，提高综合服务能力。

在取消招标代理和工程咨询行业资质管理的基础上，进一步缩减投资项目全过程相关咨询服务事项的资质管理，代之以资信评价和信用约束。进一步发挥投资中介服务机构的行业协会的作用，确立法律规范、政府监督、行业自律的行业管理体制，强化行业自律。进一步打破地区封锁和行业垄断，建立公开、公平、公正的投资中介服务市场，强化投资中介服务机构的法律责任。

五、进一步加强投融资领域的法治建设

按照党中央、国务院关于深化投融资体制改革的总体要求和部署，围绕进一步扩大企业投资自主权、强化政府投资（项目）管理、健全投融资机制、加强投资项目监管、优化政府服务和改善投资宏观调控，以及依法保护投融资活动各参与方的合法权益，依法维护竞争公平有序、要素合理流动的投融资市场环境等方面，研究出台新的法律法规，努力提高投融资领域的规范化、法治化水平。近期应重点推进以下三方面的立法工作。

其一，针对长期以来在政府投资（包括中央政府投资和地方政府投资）领域迫切需要解决的"谁投资、谁决策、谁审批、谁监管"的问题，总结部分地区相关经验和做法，尽快出台专门针对政府投资管理的法规（《政府投资条例》），明确相关部门的职责和权力，确保政府投资管理行为和投资活动"有法可依"、"有法必依"。

其二，针对长期以来非经营性政府投资项目分散管理的问题，借鉴发达国家以及我国香港、台湾等地区的经验和做法，加快推进非经营性政府投资项目的集中统建制，研究出台政府投资建设项目集中统建管理办法。

其三，坚持问题导向和目标导向，着力解决 PPP 模式在实践中存在政府相关部门职责分工不明确、PPP 模式适用范围和 PPP 项目操作流程与现行基本建设程序不协调、社会资本招标采购法律不适用、PPP 合同的法律属性不明确以及土地、价格 / 收费和税收政策不明确等共性问题，抓紧出台 PPP 条例。

第九章　市场化融资体系的建立与完善

从狭义上讲，融资是企业或其他投资主体在生产经营或项目建设过程中的资金筹集行为；从广义上讲，融资是指货币资金的融通，即经济行为主体通过各种方式在金融市场上融入、融出资金的行为。本文所说的融资是狭义融资。按照融资主体不同，融资可分为企业融资和政府融资，其中企业融资又分既有企业法人融资和新设企业法人融资。既有法人融资是指建设项目所需资金来源于既有法人内部融资、新增资本金和新增债务资金，新增债务资金由既有法人整体的资产、收入和信用承担债务担保和债务偿还，既有法人承担融资责任和风险。新设法人融资是指建设项目所需资金来源于项目公司股东投入的资本金和项目公司承担的债务资金，由新组建的项目公司承担融资责任和风险，依靠项目自身的盈利能力来偿还债务。其中，若所融资金对项目股东无追索权或仅有有限追索权的融资称为项目融资。通常，采用新设法人融资方式的一般是新建项目，但也可以是将既有法人的一部分资产剥离出去后重新组建新的项目法人以便更好地推进改扩建项目。

第一节　企业融资

金融企业和非金融企业融资的市场特点及监管要求差异较大，

在此我们所说的企业融资主要是针对非金融企业。目前，经过近40年的改革与发展，我国在推进银行改革的同时积极发展多层次资本市场，初步形成交易所市场、银行间市场、中小企业转让系统和私募机构报价服务系统等服务不同需求和投资者的资本市场体系，增强了各市场间的竞争，同时根据产品特性和市场特征，形成多部门协同的监管体系，极大地提高金融市场的资金配置效率。企业可以根据自身资产业务特点、资金需求情况、信用水平和金融市场供需情况，选择合适的融资工具。

一、1990年前，以银行、企业债和信托为主融资体系的初步建立

（一）中央银行和商业银行分离，建立专业银行和股份制银行

中央银行和商业银行分离，建立专业银行。在20世纪80年代之前的计划经济时代，人民银行既管宏观平衡，又提供商业性金融服务。20世纪80年代金融改革的一项主要内容就是将中央银行和商业性金融体系分开，构建一个所谓双层银行体系。1979年3月30日，中国农业银行总行正式开始办公。1979年3月13日，中国银行从中国人民银行分设出来专司外汇业务，同时设立国家外汇管理局。1979年8月，中国人民建设银行从财政部独立出来，此后改称中国建设银行。1983年9月17日，国务院发布《关于中国人民银行专门行使中央银行职能的决定》，明确了中国人民银行的职能。1984年1月1日，中国工商银行正式成立，标志着中国人民银行管辖下的四大专业银行体系的初步形成，由此也基本完成了改革开放之初中国银行体系的重建。

股份制银行的初步兴起。20世纪80年代末，包括交通银行、

招商银行、中信实业银行、深圳发展银行、福建兴业银行、广东发展银行等一批新兴的股份制商业银行得以创立，银行间的市场竞争势头开始显现，促使四大国有专业银行开始积极参与市场竞争。

（二）信托业的探索与发展

信托业的初步恢复。1979 年 10 月，国务院责成人民银行考察现代信托制度，随后批准成立了中国国际信托投资公司，标志着中国信托业的正式恢复。1980 年 9 月，人民银行下达《关于积极开办信托业务的通知》，各分行纷纷在经济发达的城市试办信托业务。至 1981 年底，全国共 21 省 241 个市陆续开办了信托业务，到 1982 年底，全国各类信托机构发展到 620 多家。

信托业第一次整顿。信托业的发展对我国吸引外资、搞活地方经济起到了一定的积极作用，但在当时，信托主要成了银行突破信贷计划管理的工具，没有实现"受人之托，代人理财"的作用，加上盲目竞争、乱设机构等问题，严重冲击了国家对金融业务的计划管理和调控，直接助长固定资产投资规模膨胀和物价水平上涨，带来很大的金融风险。1982 年 4 月，为了防止扩大基本建设规模，保证信贷收支的基本平衡，人民银行下发《关于整顿国内信托投资业务和加强更新改造资金管理的通知》，开始第一次信托业整顿，除国务院批准和国务院授权单位批准的投资信托公司以外，各地区、各部门都不得办理信托投资业务，加强协调信托业、银行业与宏观调控关系。

确定信托混业经营模式。1983 年 1 月，人民银行发布《关于人民银行办理信托业务的若干规定》，将信托的功能定位在为银行拾遗补缺的地位。此后，随着预算外资金的增加，信托业务得到了较大的发展。1984年6月、7月间，人民银行连续召开改革座谈会，首次确认信托业是以银行业务经营为主的混业经营模式。

信托业第二次整顿。信托业通过各类名义的贷款和投资，极大地支持了固定资产投资的快速增长，对当时的经济过热和信贷规模失控起了推波助澜的作用。1985年初，国务院发出《关于进一步加强银行贷款检查工作的通知》，开始第二次信托业大整顿。1986年1月，国务院颁布《银行管理条例》，明确信托投资公司可经营资金和财产委托、代理资财保管、金融租赁、经济咨询、证券发行以及投资等业务，严格信托投资公司设立的分级管理。同年4月，人民银行总行据此制定颁布《金融信托投资机构管理暂行规定》，决定停止发放新的信托贷款，停止新增信托投资，收紧信托公司负债业务的政策空间。

信托业第三次整顿。1988年，我国经济呈现出高速发展的势头，经济过热现象空前严重，固定资产投资规模大幅上升，通货膨胀较高。同时，信托公司迅猛发展，到1988年底，全国信托投资机构数量达到上千家，其中经中国人民银行正式批准的为745家，资产总额700多亿元。信托公司成为各专业银行转移资金的主渠道，助长了固定资产投资失控现象的再次发生。同年8月，人民银行开始第三次信托业整顿，目的在于通过清理整顿金融信托机构来控制货币、稳定金融秩序。经过清理整顿，到1990年8月，信托投资公司只剩339家，信托投资公司的各项存款合计为581.6亿元，贷款合计为760.84亿元，总资产为1004亿元。

（三）企业债券的小规模发行

1982年我国开始尝试发行企业债。1984—1986年，我国累计发行类似企业债券的有价证券为 100 亿元。1987 年 3 月，国务院公布《企业债券管理暂行条例》，从此企业债券纳入全国信贷资金计划。后来由于经济治理整顿以及为保证国债的顺利发行，政府一度将企业债券发行量控制在很小的范围内。

二、1990—1998 年，多层次融资体系的探索与发展

1993 年，党的十四届三中全会通过《中共中央关于建立社会主义市场经济体制若干问题的决定》，决定建立政策性银行，发展商业性银行，实行政策性业务与商业性业务分离，根据需要有步骤地组建农村合作银行和城市合作银行。1997 年 12 月 6 日中共中央、国务院发布《关于深化金融改革，整顿金融秩序，防范金融风险的通知》，明确健全多层次、多类型金融机构体系，加快地方性金融机构建设，积极稳步地发展资本市场，适当扩大直接融资。

（一）政策性金融与商业性金融分离，国有专业银行向商业银行转变

1992 年开始，光大银行、华夏银行、浦东发展银行和民生银行等又一批股份制商业银行陆续成立，开启了中国银行业市场化改革发展之路。但在此时，行政权力主导下的寡头垄断的中国银行业生态并未有太多改变，贷款向传统老工业企业倾斜，四大国有专业银行形成了大部分的不良贷款，银行的政策性业务和市场性业务难以区分。

建立政策性银行。1993 年，国务院发布《国务院关于金融体制改革的决定》，进一步明确建立独立执行货币政策的中央银行宏观调控体系；建立政策性金融与商业性金融分离，以国有商业银行为主

体、多种金融机构并存的金融组织体系；建立统一开放、有序竞争、严格管理的金融市场体系，拉开了金融体制改革的序幕。1994年，四大专业银行的政策性业务被剥离，国家开发银行、农业发展银行和进出口银行三大政策性银行正式成立，中国投资银行并入建设银行。

国有专业银行向商业银行转变。1995年，人民银行法、商业银行法相继颁布实施，我国首次以法律形式明确了国有商业银行的独立民事法律主体，并清晰阐述了商业银行权利与义务和经营原则，四大专业银行无论从法理上还是业务上都开始向商业银行转变。此时，在经济快速发展中，我国也积累了严重的金融风险，有些地方还出现存款"挤提"事件，截至1996年6月底，我国4家国有独资商业银行本币贷款余额为3.4万亿元，不良贷款余额为8400亿元，占全部贷款余额的24.75%，全国城市信用社亏损面占20%，农村信用社亏损面占44.7%，不少农村合作基金会因经营不善而倒闭。1997年11月，中央召开第一次全国金融会议，通过了《中共中央、国务院关于深化金融改革，整顿金融秩序，防范金融风险的通知》。《通知》提出，加快国有商业银行和中国人民保险（集团）公司商业化改革步伐，完善政策性金融体制；健全多层次、多类型金融机构体系，加快地方性金融机构建设；积极稳步地发展资本市场，适当扩大直接融资；严格规范各类金融机构业务范围，坚决改变混业经营状况。这些改革的出发点和主要目的在于，使人民银行能够更好地履行中央银行职能，国有商业银行健全统一法人制度，并加快商业化进程。

发行特别国债，提高银行资本充足率。1997年东南亚爆发金融危机，我国虽然在此次金融危机中得以幸免，但大型商业银行的很多负面情况暴露出来，政府由此开始深切意识到金融危机的潜在可能性和破坏性，从而进一步促进四大国有商业银行的市场化改革。1998 年财政部发行 2700 亿美元特别国债，用以补充四大国有商业银行的资本金，使当年的资本充足率达到了 8%，以满足巴塞尔协议关于银行资本充足率的要求。

启动城市商业银行改革。1995 年，在清理整顿和规范城市信用合作社的基础上，国家在全国 35 个大中城市进行了组建股份制的城市合作银行的试点工作，1995 年 6 月 22 日，我国第一家城市商业银行深圳市商业银行成立，到 1996 年试点范围扩展到全国 100 个城市。1997 年 6 月，国家发布《城市合作银行管理规定》明确，城市合作银行是在合并所在城市已经商业化的城市信用合作社的基础上，吸收地方财政、当地企业共同发起设立的股份有限公司形式的商业银行。1997 年 11 月召开的全国金融工作会议提出，加快发展地方性金融机构，在全国 300 个中心城市，逐步成立由地方财政入股的城市商业银行。同年底，国务院决定将城市合作银行统一更名为城市商业银行。1998 年 10 月国务院下发了《整顿城市信用合作社工作方案》，要求对城市信用社进行彻底的整顿和规范，选择不同方式处置和化解金融风险，按照"自愿入股、民主管理、主要为入股社员服务"的原则把城市信用社真正办成合作金融组织，但在形式上城市信用社与城市商业银行仍并存。

（二）信托业的整顿和发展

信托业第四次整顿。1992 年，邓小平南方谈话带来了中国经济的一轮高速增长，以固定资产投资过快增长为主要特征的经济过热现象再次出现，信托公司在其中又扮演了加剧和扰乱经济秩序的角色。截至 1992 年底，登记在册的信托公司达 1000 家。1993 年 6 月，中央决定收紧银根，严控货币发行，整顿金融秩序，人民银行开始第四次对信托业的清理整顿。1994 年 1 月颁布了《金融信托投资机构资产负债比例管理暂行办法》和《信贷资金管理办法》，进一步规范信托机构的经营管理。

信托业与商业银行脱钩。1995 年通过商业银行法，禁止商业银行投资信托投资公司及投资于非银行机构。同年，国务院下令要求四大国有商业银行与所办的信托投资公司脱钩。到 1996 年底，脱钩、撤并了 168 家商业银行独资设立或控股的信托投资公司，全国具有独立法人地位的信托公司减少为 244 家。到 1997 年末，全国共有信托投资公司 242 家，资产规模约 4600 亿元。

信托业第五次清理整顿。与银行脱钩的信托公司普遍存在资产质量差、支付困难的问题。1995 年 10 月，人民银行接管了资不抵债的中银信托投资公司；1997 年 1 月 4 日、1998 年 6 月 22 日和 1998 年 10 月 6 日，人民银行依法先后关闭了中国农村发展信托投资公司、中国新技术创业投资公司和广东国际信托投资公司；2000 年 8 月 7 日，人民银行宣布撤销中国教育科技信托投资有限公司。针对信托行业风险，1999 年 3 月，国务院开始对信托业的第五次清理整顿，信托公司不再经营证券经纪业务和股票承销业务。

（三）规范企业债券，建立银行间债券市场

企业债券走向规范。1993 年 3 月，为了加强企业债券管理，引导资金合理流向，国务院修订颁布了《企业债券管理条例》，从而使企业债券的发行逐步走上规范化和法制化。从 1994 年开始，企业债券品种合并为中央企业债券和地方企业债券两个品种，当年发行规

模为 45 亿元。

商业银行退出交易所债券市场和银行间债券市场的建立。为了根治债券市场混乱的根源，1997 年 6 月，人民银行发布了《关于各商业银行停止在证券交易所证券回购及现券交易的通知》，要求商业银行全部退出上海和深圳交易所市场，商业银行在交易所托管的国债全部转到中央结算公司，商业银行可使用其在中央结算公司托管的国债、中央银行融资券和政策性金融债等自营债券通过全国银行间同业拆借中心提供的交易系统进行回购和现券交易，这标志着机构投资者进行债券大宗批发交易的场外市场——银行间债券市场正式启动。1998 年至 2000 年间，经人民银行批准，保险公司、城乡信用社、证券公司、证券投资基金、财务公司等先后进入银行间债券市场交易，投资者逐步从银行向多种多样的非银行金融机构拓展。至此，银行间市场成员基本覆盖了中国的金融体系，"银行间"债券市场成为"金融机构间"的市场。

（四）证券市场的建立与初步发展

证券交易所的建立与产品初步创新。1990 年 11 月 26 日，上海证券交易所成立；同年 12 月 1 日，深圳证券交易所（以下简称"深交所"）成立。上海证券交易所和深圳证券交易所受中国证监会监督和管理，主要提供证券交易的场所和设施，制定业务规则，审核证券上市申请、安排证券上市，组织、监督证券交易，对会员进行监管，对上市公司进行监管，管理和公布市场信息。1991 年 7 月 3 日，深交所确立自律监管规则依据——《深圳证券交易所章程》和《深圳证券交易所业务规则》，同年 11 月 1 日，盐田港重点建设债券在深交所上市；12 月 10 日，作为深圳首家发行 B 股的公司，中国南

方玻璃股份有限公司完成 B 股发行工作。1992 年 11 月 5 日，深圳
宝安企业（集团）股份有限公司同时发行 1992 年认股权证及 5 亿元
可转换债券。1992 年 9 月，全国性证券公司——华夏证券公司、国
泰证券公司、南方证券公司成立，注册资本金都为人民币 10 亿元。
1993 年 4 月，国务院颁布《股票发行与交易管理暂行条例》，深圳
上市公司率先尝试市场化并购，1993 年 11 月，深万科收购上海申
华实业。1995 年 6 月在瑞士市场私募发行 B 股可转债，首创在国际
市场直接融资。到 1995 年已初步形成 A 股、B 股、债券、认股权证、
国债期货等在内的多品种证券市场格局。但面对 1997 亚洲金融危
机，加之 1997 年 6 月 6 日人民银行发文禁止银行资金违规流入股票
市场，中国股市也出现了震荡。直到 1999 年 5 月 19 日中国股市开
启以网络科技股为龙头的"5·19 行情"，在网络股的带领下，沪深
股市一扫低迷，走出大幅攀升行情，30 个交易日内股指上涨 65%，
随后这波牛市一直延续到 2001 年。

表 9-1　股票市场筹资总金额（包含金融企业）　　　（单位：亿元）

1992	16.57
1993	84.81
1994	170.37
1995	81.72
1996	356.05
1997	1176.29
1998	888.88

数据来源：Wind（证监会）。

交易所市场管理逐步规范。1992 年 8 月，由于新股认购组织不

严密，抽签表供不应求，引发了一起群体性事件——深圳"810 事件"，表明亟须建立统一规范的监管体系。1992 年 10 月 12 日，国务院办公厅发布《关于成立国务院证券委员会的通知》，国务院证券管理委员会和中国证券监督管理委员会先后成立。12 月 17 日，国务院发布《关于进一步加强证券市场宏观管理的通知》，资本市场逐步纳入全国统一监管。1996 年 3 月，八届全国人大第四次会议要求进一步完善和发展证券市场，结束试验性质。同年 8 月 21 日，国务院证券委发布《证券交易所管理办法》。1997 年 7 月 2 日，深交所正式划归中国证监会监督管理。1998 年 4 月 28 日，"辽物资 A"首家实行"ST"特别处理。

三、1999—2008 年，多层次融资体系的进一步改革与稳步发展

2003 年 10 月 14 日，党的十六届三中全会通过《中共中央关于完善社会主义市场经济体制若干问题的决定》，明确提出："建立多层次资本市场体系，推进风险投资和创业板市场建设"。这十年间，在人民币贷款规模稳步增长的前提下，债券市场和股票市场快速发展，社会融资总额从刚刚迈入万亿大关一路增长到 2008 年的 69802 亿元人民币，其中人民币银行贷款规模 49041 亿元人民币，信托贷款 3144 亿元人民币，未贴现银行承兑汇票 1064 亿元人民币，企业债券融资 5523 亿元人民币，非金融企业境内股票融资 3324 亿元人民币。

（一）积极推进国有银行市场化改革，五大国有商业银行成功上市

成立资产管理公司，剥离银行不良资产。1998 年 12 月，经人民银行批准，中国投资银行并入国家开发银行，其全部债权债务由

国家开发银行承担，成为中国银行界机构重组的首例。1999 年，我国又相继成立了四大资产管理公司，将四大国有商业银行的 1.4 万亿元不良资产予以剥离[①]。国家采取包括注资、剥离不良资产等举措，显著增强大型商业银行的资本实力和盈利能力，改善银行的财务状况。1999 年 3 月 8 日，经中国人民银行批准，国家开发银行与中国光大银行达成协议。由中国光大银行整体接收原中国投资银行的资产、负债和所有者权益以及设在北京、深圳等 29 个地区的 137 家营业机构。

　　成立中央汇金投资有限责任公司，推进商业银行市场化改革。由于长期的政企不分、产权模糊、管理低效等历史原因，大型商业银行积累了严重的金融风险。2002 年第二次全国金融工作会议明确，推进国有独资商业银行的综合改革，把国有独资商业银行改造成治理结构完善、运行机制健全、经营目标明确、财务状况良好、具有较强国际竞争力的现代金融企业。2003 年，国务院决定按照"建立规范的公司治理结构，转换经营机制，成为产权清晰、资本充足、内控严密、运营安全、服务与效益良好、具有国际竞争力的现代商业银行"，对大型商业银行实施股份制改革，核销已实际损失掉的资本金、剥离处置不良资产、外汇储备注资、境内外发行上市的财务重组"四步曲"方案，全面推动大型商业银行体制机制改革。2004 年 1 月 7 日，国务院决定动用 450 亿美元国家外汇储备，补充中国银行和中国建设银行实施股份制改造所需的资本金，为此成立的中央汇金投资有限责任公司来负责管理这部分资产，代表国家对试点银行履行出资人职能。同年 8 月中国银行股份有限公司成立，9 月

---

① 周小川：《大型商业银行改革的回顾与展望》，《中国金融》2012 年第 6 期。

中国建行改组为中国建设银行股份有限公司，中央汇金公司成为这两家银行的最大控股股东。股份制改革过程中，四家大型商业银行共核销、剥离处置不良资产约 2 万亿元。2004 年 6 月，中央汇金公司负债融资 30 亿元人民币，向当时正在进行财务重组的交通银行注资，持有上市后交通银行 6.68% 的股份。2005 年 4 月，汇金公司又向中国工商银行注资 150 亿美元，与财政部各占 50% 的股份。2003 年以来，国家通过汇金公司向工行、农行、中行、建行四家大型商业银行累计注资 790 亿美元。

五大商业银行在上海和香港上市。2005 年 10 月，中国建设银行率先在香港公开发行股票，2007 年 9 月中国建设银行又登陆上海证券交易所。2006 年 6 月和 7 月，中国银行先后在香港和上海挂牌。2006 年 10 月，中国工商银行同步登陆沪港资本市场；2009 年 7 月，中国工商银行在全国银行间债券市场成功发行次级债券人民币 400 亿元，用于补充本行的附属资本。同年 4 月，中国交通银行在上海证券交易所和香港公开发行股票。2010 年 7 月，中国农业银行 A 股、H 股分别在上海证券交易所和香港联交所成功挂牌上市。

扩大银行业对外开放。自 2001 年 12 月 11 日，中国正式加入世贸组织（World Trade Organization，简称 "WTO"）后，我国银行业对外开放的步伐逐渐加快，按照 "入世" 承诺时间表，我国逐步开放外资银行经营人民币业务的地域范围和客户对象范围。同年 12 月 20 日，国务院公布《中华人民共和国外资金融机构管理条例》，依法推进银行业对外开放。2006 年之前，在我国的外资银行主要以分行形式经营，不具有银行业金融机构的主体资格。入世过渡期结束后，2006 年 11 月 11 日，国务院公布《中华人民共和国外资银行管理条例》（中华人民共和国国务院令第 478 号），银监会发布《外资金融机构行政许可事项实施办法》（银监会令2006年第4号），明确外资金融机构的机构设立、机构变更、机构终止、调整业务范围、增加业务品种和高级管理人员任职资格等行政许可内容。此后，中资银行与外资银行在股权、技术和业务等方面的合作不断深化，不少中资银行本着自愿和商业的原则引入了合格的境外战略投资者，由松散的全面业务合作发展为紧密的专项业务合作。但转制初期法人银行规模较小，综合管理能力处于建设初期，尚不具备投资管理银行业金融机构的能力。

（二）制度法规逐步完善，信托业在规范中成长

"一法两办法"的颁布和实施。2001年1月，《信托投资公司管理办法》颁布，正式规范界定信托、信托业务、信托投资公司等概念。2001年10月，信托法颁布，正式明确了信托的法律关系、法律地位和业务范围，为信托业的发展提供了法律保障。2002年6月，《信托投资公司资金信托管理暂行办法》进一步规范信托投资公司筹集资金、运用和处分信托财产等方面的运作规则。"一法两办法"的颁布和实施，对信托业的生存发展至关重要，第一次通过制度再造的方式，引导信托公司走上以真正的信托业务为经营主业的发展道路。2003年，银监会发布《关于信托投资公司人民币银行结算账户开立和使用有关事项的通知》和《关于信托投资公司开设信托专用证券账户和信托专用资金账户有关问题的通知》，规范了信托资金的银行专户、证券专户管理。

2004年6月与11月，银监会发布《关于进一步加强信托投资公司监管的通知》和《关于规范信托投资公司证券业务经营与管理有关问题的通知》，加强对信托机构、信托业务、投资业务和异地

集合资金信托业务的监管，建立和完善投资组合管理、风险控制和投资评价制度。2004年12月，中国银监会发布《严禁信托投资公司信托业务承诺保底的通知》、《关于进一步规范集合资金信托业务有关问题的通知》和《关于信托投资公司集合资金信托信息披露有关问题的通知》，要求信托公司建立和完善公司治理和内控机制，加强业务监管和信息披露。2005年，中国银监会先后发布《信托投资公司信息披露管理暂行办法》、《信托业务会计核算办法》和《关于加强信托投资公司部分业务风险提示的通知》，信托业的监管日益增强。同年，中国信托业协会的成立标志着信托业走向自律。2006年8月，银监会发布《关于信托投资公司开展集合资金信托业务创新试点有关问题的通知》，决定开展信托投资公司集合资金信托业务创新试点。

2007年3月和2009年2月，银监会颁布《信托公司管理办法》和《信托公司集合资金信托计划管理办法》分别取代2001年颁布的《信托投资公司管理办法》和《信托投资公司资金信托管理暂行办法》，进一步明确信托公司可以开展的包括资金信托、动产信托、不动产信托、有价证券信托、其他财产或财产权信托、作为投资基金或者基金管理公司的发起人从事投资基金业务等本外币业务，管理运用或处分信托财产的方式，规范集合资金信托计划的设立以及合格投资者界定等内容。随后又陆续发布《信托公司治理指引》、《信托公司受托境外理财业务管理暂行办法》等政策性文件，明确信托公司治理应当体现受益人利益最大化的基本原则，规范受托境外理财业务的外汇管理、账户管理和资金管理。在新的"两规"，原"信托投资公司"特别去掉了"投资"二字，强调信托公司的本源属性，更进一步明确了信托公司的发展方向。信托公司开始按照新的监管要求进行资本重组并重新登记。

2008 年，信托业在危与机中谋求更大的发展空间，展开一系列业务创新。2008 年 7 月，中国银监会发布《信托公司私人股权投资信托业务操作指引》，规范和肯定私人股权信托投资业务，并积极尝试公益信托、房地产信托投资基金（REITs）等业务的开展。同年 12 月 10 日，人民银行允许信托公司在全国银行间债券市场开立信托专用债券账户，运用信托财产在全国银行间债券市场进行债券交易。此后，中国银监会颁布《银行与信托公司业务合作指引》，进一步肯定了银信合作业务，规范了银行理财。

（三）银行间市场产品种类不断丰富，公司债、短融和中票等融资工具创新活跃

2000 年，人民银行发布《全国银行间债券市场债券交易管理办法》，按照国际成熟债券市场的经验，逐步引入了做市商、结算代理、货币经纪等制度安排。2002 年 4 月，人民银行将金融机构加入全国银行间债券市场的准入审批制改为准入备案制，银行间债券市场向所有金融机构敞开了大门。2007 年 9 月 3 日，作为银行间债券市场、同业拆借市场、外汇市场、票据市场和黄金市场在内的银行间市场的自律组织，经国务院同意、民政部批准，中国银行间市场交易商协会成立。

2004 年，国务院发布了《关于推进资本市场改革开放和稳定发展的若干意见》，进一步提出了要积极稳妥发展债券市场，鼓励符合条件的企业通过发行公司债券筹集资金。2005 年，为拓宽企业直接融资渠道，人民银行颁布《短期融资券管理办法》，启动非金融企业短期融资券市场，允许符合条件的企业在银行间债券市场向合格机构投资者发行短期融资券。2007 年，证监会发布《公司债券发行试点办法》，启动公司债券试点。2008 年 3 月 14 日，中国人民银行发布《银行间债券市场非金融企业债务融资工具管理办法》，取代《短期融资券管理办法》，明确交易商协会依据相关规定对债务融资工具的发行与交易实施自律管理。与此同时，交易商协会推出中期票据，推行发行人分层和分类注册，对资质好的企业尽量简化流程，对资质不好的严格要求。

（四）推进股权分置改革，设立中小企业板和创业板

股权分置改革。由于历史原因，我国股市上有三分之二的股权不能流通，这是我国经济体制转轨过程中形成的特殊问题。由于同股不同权、同股不同利等"股权分置"存在的弊端，严重影响着股市的发展，被普遍认为是困扰我国股市发展的头号难题。2004 年 1 月，国务院发布《关于推进资本市场改革开放和稳定发展的若干意见》，提出完善风险投资机制，拓展中小企业融资渠道；提高直接融资比例，完善金融市场结构，提高金融市场效率，维护金融安全。鼓励合规资金入市，继续大力发展证券投资基金，支持保险资金以多种方式直接投资资本市场，拓宽证券公司融资渠道，稳步开展基金管理公司融资试点。2005 年 4 月，证监会等五部委出台《关于上市公司股权分置改革的指导意见》，公布了《上市公司股权分置改革管理办法》。2006 年底，深交所上市公司股权分置改革率先基本完成。股权分置改革、证券公司规范治理和上市公司综合治理解决了长期困扰资本市场发展的主要障碍，也为推出创业板进一步创造了条件。一系列配套的优惠政策的出台，在占比达到三分之二的非流通股投入市场的条件下，股改后的股票市场迎来了快速发展。

　　设立中小企业板。1999 年 1 月 15 日，深交所向中国证监会提交《关于进行成长板市场方案研究的立项报告》及其实施方案。2000 年 8 月，经国务院同意，中国证监会决定由深交所承担创业板市场筹备任务，同时停止深交所主板新公司上市。2001 年下半年，全球科技股泡沫破灭，海外创业板市场纷纷失败或步入低谷，在中国建设创业板市场备受质疑，受多方因素影响，创业板推出进程暂缓。2002 年 6 月 29 日，中小企业促进法正式颁布。2004 年 5 月 17日，经国务院同意，中国证监会批复同意在深交所设立中小企业板块。同年 5 月 27 日，中小企业板启动。6 月 25 日，中小企业板首批 8 家公司上市。2005 年 12 月，中小企业板指数发布。2006 年 1 月，中关村科技园区非上市公司股份报价转让开始试点。

　　设立创业板。2008 年，严重国际金融危机波及全球经济。为实现中国经济持续健康发展，各界呼吁尽快推出创业板。同年 3 月 21日，中国证监会就《首次公开发行股票并在创业板上市管理办法》向社会公开征求意见。12 月 8 日，国务院办公厅发布《关于当前金融促进经济发展的若干意见》，明确将"适时推出创业板"。2009 年10 月 23 日，创业板正式启动。10 月 30 日，首批 28 家创业板上市公司集中上市。

（五）保险业快速发展，保险资金投资规则初步建立

　　1998 年 11 月，中国保险监督管理委员会成立。此后，保险行业也迎来了快速发展的十年，全国保险机构数从 1999 年的 33 个增加到 130 个，中外合资保险机构数在 2008 年增长了 48 个。1999 年5 月 20 日，中国保监会发布《保险公司购买中央企业债券管理办法》。2002 年 4 月，中国保监会批准太平人寿保险有限公司开办投资证券投资基金业务，当年投资证券投资基金与公司上年末总资产的比例不得超过15%；批准中宏人寿保险有限公司、美国友邦保险有限公司广州分公司、中保康联人寿保险有限公司当年投资证券基金与上年末总资产的比例由10%提高至不超过15%。2004年5月，中国保监会发布修订《保险公司管理规定》，同年6月发布《关于调整保险公司投资银行次级债券、银行次级定期债务和企业债券比例的通知》。2005年2月，恰逢股权分置改革的中国股市变革之年，中国保监会、中国银监会联合发布《保险公司股票资产托管指引（试行）》，2月16日，经过中国保监会批准，9家保险公司获得直接进行股票投资的入市资格。2005年6月，中国保监会还发布了《关于保险外汇资金投资境外股票有关问题的通知》。2006年《保险资金间接投资基础设施项目试点管理办法》颁布并实施，保险资金债权投资计划和股权投资计划在基础设施投资中快速发展。

四、2009年至今，多层次融资体系的开放创新与深化发展

2013年党的十八届三中全会形成的《中共中央关于全面深化改革若干重大问题的决定》明确提出，要"健全多层次资本市场体系，多渠道推动股权融资，发展并规范债券市场，提高直接融资比重"。2016年，十二届全国人大四次会议通过的《"十三五"规划纲要》也对多层次资本市场的发展提出了明确目标。2016年的《中共中央国务院关于深化投融资体制改革的意见》（中发〔2016〕18号），明确提出加大创新力度，丰富债券品种，进一步发展企业债券、公司债券、非金融企业债务融资工具、项目收益债等，支持重点领域投资项目通过债券市场筹措资金。自2008年至2016年，我国直接

364

融资得到快速发展。债券融资的比例从社会融资总额的 8% 成长为 16%，股票市场平稳发展，2016 年来自股票市场融资超过社会融资总额的 6%，非金融企业境内股票社会融资规模达 12416 亿元人民币。

（一）扩大银行业对外开放，加强银行业监管

进一步扩大银行业对外开放。2014 年，国务院修改了《外资银行管理条例》（国务院令第 657 号），银监会在 2014 年、2015 年和 2018 年多次修订《外资金融机构行政许可事项实施办法》，逐步放宽外国银行存在形式选择范围、扩大外资银行业务经营空间、优化监管规则，调整外国银行分行营运资金管理要求和监管考核方式。2017 年，银监会发布《关于外资银行开展部分业务有关事项的通知》（银监办发〔2017〕12 号），明确外资银行开展国债承销业务和托管业务不需行政许可，可以依法投资境内银行业金融机构。到 2017 年底，外资银行在华总资产达 3.24 万亿元，较 2001 年末增长 10 倍多，但在中国的市场占有率降至 1.32%。2018 年 4 月 11 日，央行行长易纲在博鳌亚洲论坛上宣布，至 2018 年底前，取消银行和金融资产管理公司的外资持股比例限制，内外资一视同仁，允许外国银行在我国境内同时设立分行和支行；鼓励在信托、金融租赁、汽车金融、货币经纪、消费金融等银行业金融领域引入外资；对商业银行新发起设立的金融资产管理公司，投资公司和理财公司的外资持股比例不设上限；大幅度扩大外资银行的业务范围。

加强银行业监管。规范有效监管一直是我国银行业发展的重中之重，随着银行业各项市场化改革的逐步完成，加强银行业的监管就显得更为突出。2007 年以来，中国银监会陆续印发如《银团贷款

业务指引》、《商业银行并购贷款风险管理指引》、《商业银行流动性风险管理指引》、《商业银行资本充足率信息披露指引》、《商业银行银行账户利率风险管理指引》、《商业银行资本计量高级方法验证指引》、《商业银行资本充足率监督检查指引》、《商业银行资产证券化风险暴露监管资本计量指引》、《银监会国家发展和改革委员会关于印发能效信贷指引的通知》和《中国银监会关于印发银行业金融机构全面风险管理指引的通知》等文件，分别从业务指引、流动性管理、资本管理、风险管理和信息披露等方面来加强对银行业发展的监管。

城市商业银行规范发展。到 2004 年左右，国家加大对城市商业银行公司治理机制的改革力度，重点是财务重组和引进境外战略投资者，城市信用社进一步减少。2006 年，银监会发布了《城市商业银行异地分支机构管理办法》明确了城市商业银行设立异地分行的基本条件，为我国城市商业银行的跨区域发展提供了政策机遇。2006 年 4 月，全国城市商业银行第一家跨区域分行——上海银行宁波分行开业，标志着城市商业银行直接设立异地分支机构的跨区域发展模式拉开了序幕。2007 年，南京银行、宁波银行、北京银行等城市商业银行的成功上市又标志着城市商业银行上市融资获得了突破性进展。2015 年，银监会修订了《中资商业银行行政许可事项实施办法》，进一步规范包括国有控股大型商业银行、邮政储蓄银行、股份制商业银行、城市商业银行等的机构设立，机构变更，机构终止，调整业务范围和增加业务品种，董事和高级管理人员任职资格等行政许可事项。截至 2017 年末，城市商业银行的资产已达 31.7 万亿元人民币，不良贷款率为 1.52%。

成立亚洲基础设施投资银行。亚洲基础设施投资银行（Asian

Infrastructure Investment Bank，简称亚投行，AIIB）作为首个由中国
倡议设立的多边金融机构，自 2013 年 10 月 2 日习近平主席提出筹
建倡议，2014 年 10 月 24 日，包括中国、印度、新加坡等在内 21
个首批意向创始成员国的财长和授权代表在北京签约，共同决定成
立亚投行。2015 年 12 月 25 日，亚投行正式成立。2016 年 1 月 16
日至 18 日，亚投行开业仪式暨理事会和董事会成立大会在北京举
行。截至 2017 年年末亚投行已有超过 77 亿美元在投，资产规模达
到 190 亿美元。

（二）政策不断完善，推动信托业快速发展

加强信托业监管。2009 年年初，银监会发布了《关于调整部分
信贷监管政策促进经济稳健发展的通知》和《关于支持信托公司创
新发展有关问题的通知》，积极鼓励信托公司支持基础设施建设，规
范信托公司对房地产项目贷款，信托公司集合资金信托计划时，向
他人贷款不得超过管理计划实收余额的 30%；同年 8 月，银监会发
布《关于信托公司信托产品专用证券账户有关事项风险提示的通知》，
限制信托公司新开证券账户。2010 年 2 月，银监会颁布《关于加强
信托公司房地产信托业务监管有关问题的通知》，要求信托公司发
放贷款的房地产开发项目必须满足"四证"齐全、开发商或其控股
股东具备二级资质、项目资本金比例达到国家最低要求等条件，不
得以信托资金发放土地储备贷款；以结构化方式设计房地产集合资
金信托计划的，其优先和劣后受益权配比比例不得高于 3：1。同年
8 月，银监会颁布了《信托公司净资本管理办法》，明确信托公司净
资本不得低于人民币 2 亿元，净资本不得低于各项风险资本之和的
100% 和净资产的 40%，确保信托公司保持必要的流动性，以抵御

不可预期损失；12月颁布《关于房地产信托业务风险提示的通知》，进一步强化了对房地产信托产品的监管。

信托业快速发展成第二大金融产业。2011年6月，银监会颁布《信托公司参与股指期货交易业务指引的通知》，允许信托公司以集合或单一信托方式参与以套期保值和套利为目的参与股指期货交易；10月发布《关于规范信托产品营销有关问题的通知》，正式允许信托公司异地设立营销中心，并鼓励直销业务的发展。2012年，信托业成功超越保险业成为第二大金融产业，其中贡献最大的是银行系信托公司。2013年3月，银监会发布《关于规范商业银行理财业务投资运作有关问题的通知》，明确理财资金投资非标准化债权资产的余额在任何时点均以理财产品余额的35%与商业银行上一年度审计报告披露总资产的4%之间低者为上限；商业银行不得为非标准化债权资产或股权性资产融资提供任何直接或间接、显性或隐性的担保或回购承诺，影响信托通道业务①。经过多年的规范，信托公司取得了良好发展，信托资产规模更是持续高速增长，已经成为中国金融业一支不可或缺的重要力量。

加强信托业风险管控。2014年，银监会发布《关于信托公司风险监管的指导意见》指出，信托公司不得开展非标准化理财资金池等具有影子银行特征的业务，按照实质重于形式和风险水平与资本要求相匹配的原则，强化信贷类业务的风险资本约束，完善净资本管理；大力发展股权投资，支持符合条件的信托公司设立直接投资专业子公司，鼓励开展并购业务，积极参与企业并购重组；积极探索设立信托行业稳定基金。2014年12月，银监会、财政部联合发

---

① 银信合作2008年得到鼓励后，又被收缩。

布《信托业保障基金管理办法》，随后银监会颁布《中国信托业保障基金有限责任公司监督管理办法》并批复保障基金公司开业，同步组建保障基金理事会，信托业保障机制正式运行。2016年3月，银监会发布《关于进一步加强信托公司风险监管工作的意见》，要求信托业务重点关注融资类信托资产、风险责任划分不清的事务管理类融资性信托资产、投资类信托所涉非标债权资产、结构化信托产品优先级资产的风险分类情况，关注房地产、地方政府融资平台、产能过剩等重点领域信用风险；根据"穿透"原则向下识别产品底层资产，资金最终投向应符合银、证、保各类监管规定和合同约定；对承担信用风险的表内外资产足额计提风险拨备。

完善信托登记托管制度。2016年12月26日，经国务院同意，由银监会批准，中国信托登记有限责任公司（以下称"中信登"）正式成立。中信登是提供信托登记、发行交易等信托业基础服务的行业基础设施平台，作为行业最重要的顶层设计，信托行业的统一登记，有利于信托"标准化"，能够显著增强信托产品的流动性，推动信托实现资产隔离，推动行业创新发展、转型升级。信托业管理资产余额突破20万亿元。2017年8月，《中国银监会关于印发信托登记管理办法的通知》，要求信托公司应当按照信托登记管理办法规定进行信托登记，并按规定向银行业监督管理机构进行产品报告。

（三）债券市场产品种类不断丰富

完善银行间债券市场发行管理制度。2011年，人民银行发布《银行间债券市场债券招标发行管理细则》，细化债券招标发行有关要求，进一步规范债券招标发行行为，推出债券预发行安排。2015年1月，证监会发布《公司债券发行与交易管理办法》，替代了2007

年的《公司债券发行试点办法》，将发行主体从上市公司放宽到全部公司制法人，并根据不同投资者对债券发行实施分类管理，公开发行由证监会核准，非公开发行向中国证券业协会备案，事实上开启了公司债审核的准注册制。2015年企业债引入第三方评估。2016年，我国债券市场共发行各类债券22万亿元，同比增长25%。其中，在中央结算公司发行债券14万亿元，占债券市场发行总量的63%；在上海清算所发行债券5万亿元，占24%；交易所新发债券3万亿元，占13%。

　　银行间债券市场的产品种类不断丰富。在国债、央票、政策性金融债等国家信用或准国家信用产品的基础上，逐步扩展到资产支持证券、短期融资券、中期票据、中小企业集合债券、定向融资工具、各类金融债券、熊猫债券等信用产品。2016年，债券产品的创新再次得到积极推动。人民银行与发展改革委于2016年相继出台绿色债券相关指导意见，绿色债券发行加速。支持国家创新驱动发展战略，助推高新技术产业发展，推出双创专项债务融资工具。

　　除银行间交易市场中的债券品种日益丰富外，我国还形成了拥有上交所债券市场、深交所债券市场、柜台市场、私募债券市场和地方股权交易中心等多层次直接债务融资交易体系。

（四）资本市场扩大对外开放

　　开通沪港通、深港通。扩大开放是推动资本市场长期稳定健康发展的必由之路。在沪深港通开通以前，我国资本市场跨境投资主要通过合格的境外机构投资者（QFII）、人民币合格境外投资者（RQFII）以及合格境内机构投资者（QDII）实现。根据国家外汇管理局的统计，截至2014年10月底（沪港通开通前），共有269家境外机构获得 QFII 资格，总额度共计 640.61 亿美元；共有 98 家境外机构获得 RQFII 资格，总额度共计 2944 亿元人民币。2014 年 4 月 10 日中国证监会正式批复"沪港通"，2014 年 11 月 17 日沪港通启动，在一定程度上加强了大陆、香港股票市场的联系。2014 年 8 月，证监会出台深圳资本市场改革创新 15 条，支持深港交易所探索新的合作形式。在内地资本项目尚未实现完全开放的情况下，沪深港通的开通是资本市场的重大制度创新，对我国证券市场的发展意义重大、影响深远。截至 2018 年 4 月 26 日，沪港通、深港通北上资金累计净流入 4258 亿元，其中通过沪股通流入 2349 亿元，通过深股通流入 1909 亿元；南下资金累计净流入 8373 亿元，其中通过港股通（沪）流入 6620 亿元，通过港股通（深）流入 1753 亿元。2018 年 5 月 1 日，沪港通、深港通每日额度扩大四倍，沪股通、深股通每日额度由 130 亿元调整为 520 亿元人民币，港股通每日额度由 105 亿元调整为 420 亿元。2018 年 6 月 1 日，中国 A 股纳入 MSCI，国际化程度得到提升。

表 9-2　2002—2016 年非金融企业境内股票融资规模

年份	融资规模（亿元人民币）
2002	628
2003	559
2004	673
2005	339
2006	1536
2007	4333
2008	3324
2009	3350
2010	5786

续表

年份	融资规模（亿元人民币）
2011	4377
2012	2508
2013	2219
2014	4350
2015	7590
2016	12416

来源：国家统计局。

成立丝路基金。丝路基金是由中国外汇储备、中国投资有限责任公司、中国进出口银行、国家开发银行共同出资，按照市场化、国际化、专业化原则设立的中长期开发投资基金，重点是在"一带一路"发展进程中寻找投资机会并提供相应的投融资服务。2017 年 5 月 14 日，中国国家主席习近平在"一带一路"国际合作高峰论坛开幕式上宣布，中国将加大对"一带一路"建设资金支持，向丝路基金新增资金 1000 亿元人民币。丝路基金首单投资投向位于中巴经济走廊的清洁能源项目——三峡集团投资建设的卡洛特水电站项目。在中俄能源合作中，丝路基金先后购买了亚马尔液化天然气一体化项目 9.9% 股权并提供专项贷款，入股了垂直一体化天然气处理和石化企业西布尔公司；在西亚北非方向，丝路基金携手哈电集团投资迪拜 Hassyan 清洁燃煤电站项目，开启了"一带一路"沿线重要的中东市场；在中亚地区，丝路基金与哈萨克斯坦有关部门共同设立中哈产能合作基金，以点带面覆盖中亚市场；在欧洲方向，丝路基金支持中国化工投资意大利倍耐力公司进军高端制造业，并与德国、塞尔维亚等国家签订了投资合作框架性协议。目前丝路基金已与 30 多个国家（地区）的政府部门和 20 多个国家的驻华使领馆、代表处建立了工作联络，与包括 IFC、EBRD、EIB、亚投行、金砖银行等多个国际多边机构或平台开展了不同形式的合作，与若干重点行业中的中外领先企业建立起了稳固的合作伙伴关系，在开展项目筛选和投融资、加强信息交流和经验分享、共同设立基金等方面形成了良好的合作基础，丰富了"一带一路"的投资合作模式。国家发展和改革委发布数据显示，截至 2018 年 5 月，丝路基金已签约了 19 个项目，承诺投资 70 亿美元，支持项目涉及总金额达到 800 亿美元。

（五）保险资金深度参与经济建设

2009 年修订的保险法进一步从法律上拓宽了保险资金的运用范围，允许保险资金投资股权、保险资产管理产品和以风险管理为目的运用金融衍生品等。2010 年，保监会发布《保险资金运用管理暂行办法》，首次明确了保险资金投资不动产和股权的比例上限。随后保监会发布《关于调整保险资金投资政策有关问题的通知》、《保险资金投资不动产暂行办法》和《保险资金投资股权暂行办法》，明确保险资金投资证券投资基金和股票的余额，合计不超过该保险公司上季末总资产的 25%。

2013 年，金融危机的冲击渐渐平息，保险资金在短短的四年间已成长为 7.6 万亿元，其中投资于债券的保险资金达 3.3 万亿元，超过银行存款 2.3 万亿元，占整个保险资金运用的 43%。2014 年，国务院发布《国务院关于加快发展现代保险服务业的若干意见》明确，充分发挥保险资金长期投资的独特优势。在保证安全性、收益性前提下，创新保险资金运用方式，提高保险资金配置效率。鼓励保险资金利用债权投资计划、股权投资计划等方式，支持重大基础设施、棚户区改造、城镇化建设等民生工程和国家重大工程。同年，保监

会发布《关于保险资金投资创业投资基金有关事项的通知》和《关
于修改〈保险资金运用管理暂行办法〉的决定》，规定保险资金运用
限于银行存款，买卖债券、股票、证券投资基金份额等有价证券，
投资不动产，国务院规定的其他资金运用形式；同时规定不得用于
直接从事房地产开发建设。

表 9-3　2013—2017 年保险资金投向结构变化表

（单位：亿元）

年份	银行存款	债券	股票和证券基金	其他投资	合计
2013	22640.98	33375.42	7864.82	12992.19	76873.41
2014	25310.73	35599.71	10325.58	22078.41	93314.43
2015	24349.67	38446.42	16968.99	32030.41	111795.49
2016	24844.21	43050.33	17788.05	48228.08	133910.67
2017	19274.07	51612.89	18353.71	59965.54	149206.21

资料来源：保监会。

　　2016 年 8 月，《保险资金间接投资基础设施项目管理办法》正
式实施，保险资金可以采取债权、股权、物权及其他可行方式投资
基础设施项目，其中采取债权方式投资基础设施项目的，应当具有
明确的还款安排；采取股权、政府和社会资本合作模式投资基础设
施项目的，应当选择收费定价机制透明、具有预期稳定现金流或者
具有明确退出安排的项目。截至 2016 年底，保险资金实体项目投资
中涉及绿色产业债权投资计划规模已达 5257.98 亿元，以债权、股
权计划形式支持"一带一路"建设的投资规模达 5922.64 亿元，以
债权计划形式支持棚户区改造规模达 968.06 亿元。2017 年 5 月，保
监会发布《关于保险业支持实体经济发展的指导意见》，提出了保险
业服务实体经济发展的总体要求和基本思路，引导保险资金服务国

家发展战略，积极发挥保险资金融通和引导作用，助力供给侧结构性改革，支持保险资金参与市场化债转股。创新保险服务实体经济形式，推进中国保险业产业扶贫投资基金和扶贫公益基金，助力国家脱贫攻坚战略。发展再保险和巨灾保险，推进巨灾风险证券化业务。

（六）大力发展绿色金融

党的十八大确立了生态文明国家发展战略，绿色金融逐渐上升为国家战略。2015 年，中共中央、国务院印发了《关于加快推进生态文明建设的意见》《生态文明体制改革总体方案》，搭建了生态文明制度体系的顶层设计，描绘了改革路线图，提出构建绿色金融体系战略。2015 年末，人民银行和国家发展和改革委员会出台了《绿色债券支持项目目录（2015）》和《绿色债券发行指引》。2016 年 3 月，《"十三五"规划纲要》明确提出"建立绿色金融体系，发展绿色信贷、绿色债券、设立绿色发展基金"。2016 年 3 月和 4 月，上海证券交易所和深圳证券交易所先后发布《关于开展绿色公司债券试点的通知》及《深圳证券交易所关于开展绿色公司债券业务试点的通知》，对被认定为绿色的公司债券进行统一标识"G"标，积极引导交易所绿色债券市场支持绿色产业。2016 年 8 月底，人民银行、发展改革委等七部委联合发布了《关于构建绿色金融体系的指导意见》，明确了绿色金融体系概念，要求大力发展绿色信贷、推动证券市场支持绿色投资、设立绿色发展基金、发展绿色保险，构建了政府、金融机构、环保企业等多方参与协同的绿色金融政策体系。2016 年 12 月 5 日，国务院印发的《"十三五"生态环境保护规划》，明确提出建立市场化运作的各类绿色发展基金。通过政府与市场双轮驱动，绿色发展基金可以有效化解绿色产业的资金瓶颈问题，为可持续发展注入新动力。2017 年 3 月 3 日，证监会发布《关于支持绿色债券发展的指导意见》，对绿色公司债券、绿色产业及项目作出界定，要求募集资金必须投向绿色产业项目。2017 年 5 月，安徽省铜陵发展投资集团有限公司 12 亿元绿色债券获发展改革委批准，这是全国首支结合了绿色概念和创业投资概念的企业债券，是安徽省企业债券的又一创新品种。2017 年 6 月 14 日召开的国务院常务会议决定，在部分省（区）建设绿色金融改革创新试验区，推动经济绿色转型升级。会议决定，在浙江、江西、广东、贵州、新疆 5 省（区）选择部分地方，建设各有侧重、各具特色的绿色金融改革创新试验区，在体制机制上探索可复制可推广的经验。

第二节　政府融资

政府融资分为中央政府融资和地方政府融资，我国中央政府融资方式和渠道相对固定，主要是国债、外国政府或国际金融机构贷款，具体管理政策则随经济发展和改革需要在不断调整。我国地方政府融资政策在 2014 年前后变化较大，在 2014 年《国务院关于加强地方政府性债务管理的意见》和新预算法实施之前，除 2009 年以来部分省市由财政部试点代发地方政府债券外，我国地方政府主要是通过地方政府平台融资和 PPP 模式融资。2014 年之后，新预算法明确地方债务可以通过一般债券和专项债券来进行建设性举债，地方政府债券成了地方政府举借内债的唯一法定形式。与此同时，在国家的大力支持下，我国的 PPP 发展进入快通道，其对地方政府的融资功能也不可忽视。总体来看，我国政府融资政策变化是与我国社会主义市场经济建设、中央地方财权事权划分以及政府与市场关系界定的实践过程中逐步推进的。

一、1990 年之前，国债的非市场化发行和政府投资改革的初步实践

国债恢复阶段。从 1979 年开始，政府向企业放权，中央向地方分权，在预算管理体制上实行"划分收支，分级包干"的办法，财政收入连续两年下降。为弥补由于分权增加的财政赤字，1981 年国债恢复发行，但在很长一段时间内，国债采用行政摊派方式销售，由于缺乏交易流通渠道，投资者认购意愿不强，发行困难。1986 年、1988 年两年国家通过财政部进行流通转让试点，允许国库券提前兑付，形成了很多地方性债券交易中心及柜台交易中心。20 世纪 90 年代前，我国国债的年发行量大体在 40 亿元左右，规模较小。

政府投资改革的初步尝试。1988 年，国务院发布《投资管理体制近期改革方案》和《1988 年经济体制改革要点》，决定成立中央六大投资公司，其后各地方政府纷纷仿效中央做法也成立投资性公司。各地成立的政府投资性公司代表政府管理投资，作为政府授权机构开展投资建设活动的做法，成为日后地方政府成立投融资平台公司的重要经验借鉴和参考。

二、1991—1997 年，国债统一托管和地方政府平台萌芽

国债统一托管和招标发行。1991 年，开始尝试国债承购包销发行。1993—1995 年，国债的年发行量大体在 700 亿~1400 亿元，但债券市场处于分散运行状态，交易行为不规范，市场很快就暴露

出了风险。1995 年，"327 国债"期货事件爆发，多起债券回购交易欺诈案件相继暴露，武汉、天津证券交易中心以及全国证券交易自动报价系统的债券交易出现巨额债务链条，许多回购协议到期不能履约。1995 年 5 月 17 日，我国暂停国债期货交易试点，下半年，国家取消原来分散在各地的回购交易中心，将国债回购交易集中到沪深证券交易所。但在随后几年，大量银行资金通过交易所债券回购流入股市，不仅干扰了回购市场的正常运行，也助长了股市的投机和泡沫。为了根治债券市场混乱的根源，将分散托管釜底抽薪，1996 年，经人民银行等有关部门报国务院批准，中证交改组设立为中央国债登记结算有限责任公司（以下简称"中央结算公司"），成为中国债券中央托管机构。同年，我国正式开始国债招标发行。1998 年，财政部是第一个在银行间市场上发行的机构。

地方实践与金融改革为平台公司的发展创造条件。1992 年，上海城市建设投资开发总公司成立，这几乎是我国最早成立的地方政府所属投融资平台公司，也是地方融资平台的雏形，标志着我国地方政府投融资平台作为地方基础设施和民生工程建设的重要力量开始登上历史舞台。值得注意的是，这期间地方政府融资平台公司的数量还为数不多、融资规模不大，如前所述，大量的政府所属投资性公司也是以投资职能为主，融资职能并不是主要的。1994 年金融体制改革后，国家开发银行和国家开发投资公司相继成立，并分别承担了六个国家专业投资公司对重大基础设施和基础产业的投资职能以及原中国建设银行相应的融资职能。这意味着以市场化为导向的政府投资主体——投资控股性公司和融资供给主体——银行（包括商业银行和政策性银行）开始出现并实现了有机分离，标志着市场化融资机制的逐步产生和投融资（供需）市场的逐步发展。

制度法律约束激发了地方政府对平台公司融资职能的需求。1994 年 3 月预算法和 1995 年 6 月担保法相继出台，制约了地方政府的融资来源。预算法规定了地方政府不能发行债券，同时不能出现预算赤字，而担保法规定地方政府不得向银行等金融机构提供贷款担保。1996 年发布的《贷款通则》规定："借款人应当是工商行政管理机关（或主管机关）核准登记的企（事）业法人、其他经济组织、个体工商户或具有中华人民共和国国籍的具有完全民事行为能力的自然人。"地方政府直接向银行借贷是行不通的。这些规定使得地方政府基本上没有在法律上获得相应的融资权限，实际上切断了地方政府从金融市场直接和间接获得投资资金的桥梁，反过来促使了地方政府更加需要借助投融资体制改革创新来拓展投资建设资金来源，结果导致地方政府变着法子，绕着弯子，寻求各种变通方式达到融资目标，在一定程度上推动了地方政府融资平台的发展。

三、1998—2008 年，地方政府融资平台快速发展与发行专项建设国债

基础设施建设加快催生地方融资平台。1998 年，我国开始实施积极的财政政策和宽松的货币政策，同时废除了对银行实施多年的信贷总量控制制度，银行放贷的自主性大大加强。这期间地方政府普遍实施加快基础设施发展、缓解基础设施瓶颈制约并由此推动地方经济发展的战略。在此背景下，地方大量以融资功能为主、以投资功能为辅的融资平台公司得以大量产生和发展。1998 年，国家开发银行与安徽省芜湖市政府所属融资平台公司——芜湖市建设投资公司签订了第一笔城市基础设施项目统借统还打捆贷款，产生了我国真正意义上的地方政府融资平台公司。

土地财政与融资平台公司的逐步结合。1993 年分税制后，中央政府财权上收和事权下放。在财权方面，中央财政收入从 1992 年的 28.1% 大幅度提高到 2002 年的 54.6%。在事权方面，中央逐步把更多的事权下放给地方，经常让地方以自有财力为代价来完成中央的任务。缺乏征税权，又面临从上级政府获得的转移支付不确定性大，地方政府不得不开辟新的资本金筹资渠道，"土地财政"逐渐成为一些地方政府用来缓解财政收入不足和筹集城市建设发展资金的重要手段。在此期间，国家垄断土地一级市场、国有土地有偿使用制度和"招拍挂"制度逐步推行。以土地出让收入为担保或还贷资金来源，地方政府可以名正言顺地绕过预算法和担保法的制约，通过搭建融资平台公司为基础设施和民生工程建设等借金融市场的资金，包括银行贷款和各类企业债券资金等，由此形成的地方土地财政成为融资平台公司发展的重要推手和支撑，这是这期间融资平台公司发展的一个重要特点。总的来看，从 1998 年到 2008 上半年，我国地方投融资平台公司处于稳步发展阶段，融资平台公司数量不断增加、融资规模不断增长。

发行专项建设国债和特种国债。受亚洲金融危机影响，1998 年上半年 GDP 增长率仅为 7%，低于年初设定的 8% 这一全年增长目标，出口增速明显放缓。由于此前货币政策已连续、密集使用，但货币政策效果不明显，进一步操作余地已相对狭小，8 月全国人大常委会批准当年发行 1000 亿元专项建设国债，重点投向水利和生态、教育基础设施、交通等基础设施、企业技术改造、高新技术产业化、城市轨道交通、国防军工企业技术改造、城市环保等领域。1999 年和 2000 年，国家又根据经济形势分别发行了 600 亿元和 500 亿元专项建设国债。由于我国预算法规定，地方政府不能发行地方债，只能中央政府发行国债。但在国债投资建设项目中，有很多项目又是属于地方性的，根据收益原则，这部分项目的融资本应由地方负担。因此实践操作过程中采取由中央发专项国债再转借地方，地方负责还本付息。2001 年中央代地方发行的国债为 400 亿元，2002 年预算的国债发行规模为 5929 亿元，其中包括代地方政府发行 250 亿元。这些国债转贷资金有力地支持了城镇基础设施的建设。2007 年 6 月 29 日，全国人大常委会审议通过议案，批准财政部发行 1.55 万亿元特种国债用于购买约 2000 亿美元储备，组建中投公司。

四、2009—2014 年，规范发展地方政府融资平台与地方政府债券代发试点

推进地方政府债券代发试点。2009 年 2 月，财政部颁布《2009 年地方政府债券预算管理办法》，提出以省、自治区、直辖市和计划单列市政府为发行和偿还主体，由财政部代理发行并代办还本付息方式发行 2009 年地方政府债券。2009 年，地方政府债券发行总规模为 2000 亿元人民币。这是新中国成立以来第一次由中央财政代发地方政府债券。2011 年，财政部发布《2011 年地方政府自行发债试点办法》明确，上海市、浙江省、广东省、深圳市开展地方政府自行发债试点。2010 年和 2011 年两年地方政府债券分别发行了 2000 亿元，2012 年发行 2500 亿元。其实，发行地方政府债券主要是为了解决 4 万亿投资刺激计划中新增中央投资地方配套资金困难问题。尽管这与地方政府自主发债还有一定距离，但毕竟是对地方政府融资方式的有益探索。2013 年试点范围进一步扩大，《2013 年地方政府自行发债试点办法》明确，上海市、浙江省、广东省、深圳市、江苏省、山东省开展自行发债试点，地方政府债券规模增至 3500 亿

元。与此同时，财政部进一步完善相关制度，发布《财政部关于印发〈财政部代理发行 2013 年地方政府债券发行兑付办法〉的通知》、《财政部关于印发〈财政部代理发行 2013 年地方政府债券招标发行规则〉的通知》等文件。

规范管控地方政府、平台公司融资行为。随着融资平台公司数量不断增加、融资规模不断增长，一些地方政府违法违规担保等问题也逐步暴露。早在 2010 年的《国务院关于加强地方政府融资平台公司管理有关问题的通知》就明确要求，对融资平台按项目属性和债务资金偿还来源进行分类管理，平台公司今后不得再承担公益性项目融资任务，承担非公益性项目融资任务的融资平台公司，要充实公司资本金，完善治理结构，实现商业运作。明确政府与平台公司关系，地方政府在出资范围内对融资平台公司承担有限责任，实现融资平台公司债务风险内部化。坚决制止地方政府违规担保承诺行为，适当提高融资平台公司贷款的风险权重，按照不同情况严格进行贷款质量分类。此后，财政部、发展改革委、人民银行和银监会联合发布《关于贯彻国务院关于加强地方政府融资平台公司管理有关问题的通知相关事项的通知》，进一步落实国发〔2010〕19 号文的具体要求。银监会发布《中国银监会办公厅关于地方政府融资平台贷款清查工作的通知》与《中国银监会关于加强融资平台贷款风险管理的指导意见》，要求对融资平台贷款风险分类，建立健全融资平台贷款专项统计制度。这次规范主要是遏制地方政府性债务规模[①]迅速膨胀的势头，规范融资平台公司的公益性资产注入行为。

严禁 BT 融资和严格控制土地融资规模。面对不断增加的投资

---

① 严格意义上讲是地方政府通过平台举债规模。

需求，一些地方还采用集资、回购（BT）等方式举债建设公益性项目，向融资平台公司提供担保，通过财务公司、信托公司、金融租赁公司等举借政府性债务等。由此导致了 2012 年的财政部、发展改革委、人民银行和银监会《关于制止地方政府违法违规融资行为的通知》的出台。该文的重要措施，一是严格禁止非法律和国务院许可的 BT 融资；二是地方政府将土地注入融资平台公司必须经过法定的出让或划拨程序，不得将储备土地作为资产注入融资平台公司，不得承诺将储备土地预期出让收入作为融资平台公司偿债资金来源，不得授权融资平台公司承担土地储备职能和进行土地储备融资。2012 年，国土资源部、财政部、中国人民银行和中国银行业监督管理委员会联合发布《关于加强土地储备与融资管理的通知》明确，土地储备机构实行目录管理，严格控制土地储备总规模和融资规模，土地储备融资规模由财政部门核定。

这可以说是第一次全面的关于融资平台和地方债务的规范管控，在此期间各种关于赋予地方政府举债权的呼声不断增加，要求地方政府融资"堵后门，开前门"。

五、2015 年至今，发行地方政府债券与控制地方政府债务风险

地方政府债券是地方政府举借内债的唯一法定形式。2014 年颁布的《国务院关于加强地方政府性债务管理的意见》，赋予地方政府依法适度举债权限，但地方政府及其所属部门不得在预算之外违法违规举借债务。2014 年的新预算法明确地方债务可以通过一般债券和专项债券来进行建设性举债，但必须是在国务院确定的限额内，并报本级人民代表大会常务委员会批准。2015 年，财政部发布《地

方政府一般债券发行管理暂行办法》、《地方政府专项债券发行管理暂行办法》、《2015年地方政府一般债券预算管理办法》和《2015年地方政府专项债券预算管理办法》，地方债发行进入操作阶段。2017年发布《新增地方政府债务限额分配管理暂行办法》进一步完善地方政府债券发行的额度管理。

积极推动地方政府专项债券创新。2017年，财政部先后发布《关于试点发展项目收益与融资自求平衡的地方政府专项债券品种的通知》、《地方政府土地储备专项债券管理办法（试行）的通知》、《地方政府收费公路专项债券管理办法（试行）》和《试点发行地方政府棚户区改造专项债券管理办法》，积极推动地方政府专项债券品种创新，明确设区的市、自治州，县、自治县、不设区的市、市辖区级政府（以下简称市县级政府）确需发行土地储备、收费公路和棚户区改造专项债券的，由省级政府统一发行并转贷给市县级政府，其中计划单列市政府经省级政府批准可以自办发行专项债券。专项债券应当有稳定的预期偿债资金来源，对应的政府性基金收入应当能够保障偿还债券本金和利息，实现项目收益和融资自求平衡。

防范地方政府债务风险。2016年，随着相对宽松的货币政策以及以制造业为主的实体经济经营困难，贷款风险增加，银行与平台公司的合作又进入一个新的"蜜月期"。与此同时，发展改革委、财政部也出台了关于政府与社会资本合作的一系列政策文件，政府与社会资本合作进入新阶段。此时的平台公司更多的是以PPP或政府购买服务的形式来与政府合作，并以未来"政府支出责任"为保证来质押融资。一些新兴的类平台公司正雨后春笋般成立，承担着原来平台公司相应的职能，实质是把政府融资捆绑在其他与政府合作事项之中，来扩大政府的当期资金支配能力，实践中也出现保底收益、明股实债、拉长 BT 式的政府购买服务等不规范行为。2016 年《国务院办公厅关于印发地方政府性债务风险应急处置预案的通知》、《地方政府性债务风险分类处置指南》进一步明确地方政府的债务偿还责任，政府仅依法承担适当民事赔偿责任；属于政府出具无效担保合同的，政府仅依法承担适当民事赔偿责任，但最多不应超过债务人不能清偿部分的二分之一；属于政府可能承担救助责任的，地方政府可以根据具体情况实施一定救助，但保留对债务人的追偿权。2016 年财政部、国土部发布《关于规范土地储备和资金管理等相关问题的通知》，进一步规范土地储备收储及相关融资行为，明确土地储备工作只能由纳入名录管理的土地储备机构承担，各类城投公司等其他机构一律不得再从事新增土地储备工作；土地储备机构新增土地储备项目所需资金，应当严格按照规定纳入政府性基金预算，从国有土地收益基金、土地出让收入和其他财政资金中统筹安排，不足部分在国家核定的债务限额内通过省级政府代发地方政府债券等集资金解决。自 2016 年 1 月 1 日起，各地不得再向银行业金融机构举借土地储备贷款。2017 年《关于进一步规范地方政府举债融资行为的通知》和《关于坚决制止地方以政府购买服务名义违法违规融资的通知》的出台，中央开始再次加大规范整顿地方政府债务融资的力度，严禁地方政府利用 PPP、政府出资的各类投资基金等方式违法违规变相举债，地方政府不得以任何方式承诺回购社会资本方的投资本金，不得以任何方式承担社会资本方的投资本金损失，不得以任何方式向社会资本方承诺最低收益，不得对有限合伙制基金等任何股权投资方式额外附加条款变相举债。地方政府及其所属部门不得为任何单位和个人的债务以任何方式提供担保，允许地方政府结合财力可能设立或参股担保公司。

第十章　投资项目管理的现代化

　　改革开放之前，投资项目管理实行的是以计划管理体制为基础、行政管理部门为责任主体、指令性计划为依据、行政命令为手段的高度集中的计划经济管理模式。在该模式下，投资项目的管理不分项目性质、不分投资主体、不分建设资金来源，在自上而下的垂直管理体系中，统统由行政管理部门按照管理权限的大小实施直接管理。其弊端，主要体现为不承认市场经济的存在，忽视市场内在的自我调节机制，过于强调指令性计划手段的作用，过度依赖行政权力进行投资项目的管理，最终形成了僵化的管理体制，难以适应经济社会发展的客观规律要求。

　　改革开放以来，伴随着经济社会的快速发展，发展理念不断更新变化，折射到投资项目管理中，带来了人们对投资项目的基本概念、基本属性、管理制度、管理方式、评价方法体系等多方面的全新认识，由此逐渐建立和完善了当前能够基本适应中国特色社会主义市场经济体制要求，具有中国特色的现代化投资项目管理体系。

第一节　投资项目基本概念和管理理念的变化

　　改革开放 40 年来，伴随着对投资项目基本属性认识的不断丰富、完善和提升，投资项目的基本概念也经历了由单一向综合、由内部向外部、由目的向手段等一系列变化。对投资项目基本属性的认识越来越清晰，越来越准确，从而为管理制度、方式、政策和方法的调整变化奠定了基础。

一、对投资项目双重作用的认识逐步深入

投资项目基本属性和基本概念的变化，首先突出表现为对投资项目双重作用的认识。改革开放之初，在完成了从"以阶级斗争为纲"向"以经济建设为中心"的发展理念转变后，为解决当时面临的极度"紧缺"问题，化解人民群众日益增长的物质需求与落后的生产力之间的主要矛盾，大规模的经济建设快速展开。在迫切需要快速改变因"文化大革命"导致的经济社会发展滞后状况、恢复国民经济和社会发展水平的过程中，投资项目被视为促进经济社会发展的重要手段，对投资项目的评判，优先考虑的是投资项目对物质生产的促进作用，更多地考虑到项目的积极效果，极少考虑到项目的负面影响。实践中，更多地看到了投资项目对经济的促进作用，如拉动 GDP 的增长、增加财政收入、增加就业机会、改善基础设施和公共服务条件、调整产业结构、完善生产体系等。而投资项目天然存在的负面影响，如对生态的破坏、对环境的污染、对土地的侵占、对资源的过度消耗、给相关利益群体造成物质利益损失、打破项目所在地原有的社会平衡关系、导致当地社会稳定状况出现波动、冲击当地社会传统文化和社会习俗，等等，则没有得到充分的认识，或者，即使认识到，也有意无意地忽视了。

在着重强调投资项目积极作用、忽视投资项目负面影响的同时，对投资项目的认识还存在一个误区，即把投资项目的建设视为最终

目标。只要投资项目建设能够顺利完成，实现项目自身的工程建成，形成了生产或服务能力，最终目标就得以实现。这种将投资项目建设视为目标的认识，实际上是一种初级的认识，是在将物质财富快速增长视为终极目标的发展理念支配下形成的。其中，一个错误的概念起了主导作用，即收入公平分配可借助市场机制的作用自动实现。在这种错误的概念支配下，只要投资项目建设完成，能够向社会提供相应的产品或服务，项目目标就得以实现，成为一种普遍的认识。然而，这种概念是在经济社会发展的初级阶段形成的，受制于先增长、后发展的理念。我国40年的改革开放，与其他发展中国家的经历类似，同样经过了相同的历程。改革开放初期，经济建设为一切工作的中心和重心，推动经济总量的快速增长是重中之重。因此，作为能够带来实实在在的物质财富增量的投资项目建设，被视为一个重要的目标，通过投资项目建设，不断增加生产能力和服务能力，扩大物质供给能力，成为首选。投资成为拉动经济增长的重要动力。

经历了40年的改革开放，上述两个错误的认识逐渐得到纠正。根本原因在于对发展的本质、对投资项目的基本属性有了越来越清醒的认识。从对项目单一的功能的认识发展到对项目双重作用的认识，对项目作为追求的目标发展到对项目作为发展的手段的认识。随着经济的增长，投资项目建设规模越来越大，原来忽视的项目负面影响逐渐显现并突出。如环境污染问题随着经济规模的持续扩大而不断加剧和严重，直接影响到发展环境和生活环境，对经济社会发展和人民群众生活造成了严重的不利影响。在大气、水体、土壤持续受到污染的情况下，治理大气污染、固体废弃物污染、污水排放、噪声控制等多个方面，环境保护的相关政策陆续出台，其目的是控制生产与建设造成的负面影响。1979 年，我国第一次建立了排污费征收制度，针对生产、建设环节产生的环境污染征收排污费，希望以经济手段控制排污者的行为。1979 年环境保护法（试行）颁布，覆盖部分地区开展了试点工作。1989 年，环境保护法正式颁布，环境污染治理和管理进入法制轨道。而这些变化，均来自对经济建设包括投资项目建设可能产生的负面影响的认识。另一方面，在多年发展过程中，对投资项目到底是追求的目标还是实现特定目标的手段，总算有了一个清醒的认识，即任何投资项目的建设，都是为了实现某个特定目标而采取的手段。投资项目建设的目的，不是为项目而项目，而是为了满足特定人群的特定需求。建设交通项目是为了解决人们的出行问题，建设水利项目是为了通过项目防治水利灾害保障人的安全，建设污水处理项目是为了处理污水防治水污染，等等。这些变化，对投资项目的管理产生了巨大的影响。

二、对投资项目建设所需内外部条件的认识逐步深入

投资项目基本属性和基本概念的变化的第二个方面，体现在对投资项目建设所需内外部条件的认识逐步加深，并在此基础上形成了针对投资项目的内外结合管理制度。

改革开放之初，受制于当时的主要制约性因素——资金短缺、技术落后的影响，对投资项目建设所需条件往往集中于项目的内部投入要素方面，资金筹措、技术选择、设备选型等技术经济方面的条件成为项目决策的关键。考虑项目建设的必要条件时，总是把眼光集中在项目建设所需的内部投入要素是否具备方面，技术经济论证成为投资项目决策和管理的最主要工具，而项目建设所需的外部环境和条件，被忽视了。这种唯技术经济论的认识根深蒂固，其影

响一直延续到今天。

随着改革开放的推进，在经济总量快速增长的同时，投资项目建设过程中必然产生的负面影响逐步显现，并带来了越来越严重的影响，阻碍了经济社会的健康发展。环境污染造成了大气、水、土壤质量的严重破坏，生态破坏压缩了人们生存与发展的空间，过度的资源、能源消耗降低了未来发展的潜力，可持续发展的理念得到认可并落实到经济社会发展以及投资项目建设中。1992年，我国编制了《中国21世纪人口、资源、环境与发展白皮书》，首次把可持续发展战略纳入我国经济和社会发展的长远规划。1997年，党的十五大把可持续发展战略确定为我国"现代化建设中必须实施"的战略。2002年，党的十六大把"可持续发展能力不断增强"作为全面建设小康社会的目标之一。2004年，党的十六届三中全会上，中央提出了"以人为本"的科学发展观，并在党的十七大上得到进一步的明确，随后全党、全国开始了科学发展观的学习与贯彻落实工作。按照科学发展观的要求，投资项目建设一定要注重项目是否具备所需的外部环境和条件。

从投资项目的基本属性出发，没有任何一个项目是在真空中进行建设的，必定要在一个具体的自然生态环境和特定的社会人文环境中实施。作为实现人的发展的手段，投资项目的建设应当与当地环境和条件相适应逐渐成为人们的共识。当然，这种共识是逐步形成并不断深化的。最初的认识是单向性的，即仅仅从投资项目的角度去看待投资项目的建设给当地环境和条件带来的影响和作用。投资项目的建设要尽量减少对当地环境、生态的破坏，要减少资源、能源的消耗，要扩大对当地经济社会发展的贡献和积极作用，要通过投资项目的建设加快当地经济社会的发展，增加经济总量，增加财政收入，增加就业，提高收入。随着发展进程不断加深，逐渐认识到仅仅从项目角度出发看待项目对当地自然生态环境和社会人文环境产生的影响和作用是不够的，还应当从受到项目影响和作用的各类主体的角度看待项目，应当考虑不同的主体受到项目影响和作用后针对项目做出的反应，即项目与当地是相互作用、相互影响的，投资项目的建设，必须考虑项目与当地社会之间的相互适应水平。

在上述认识的基础上，改革开放 40 年来，投资项目管理中，对投资项目建设所需的条件，已经从项目内部投入要素必须具备发展到外部环境和条件同样必须具备，内外部环境和条件同样重要且缺一不可的认识。从投资项目建设所需出发，必要的资金、技术、管理要素的投入是保证项目建设的必要条件，尤其在资金短缺、技术落后的背景下。但是，从技术经济论证的角度对项目建设所需内部投入要素进行必要性和可行性的论证，只是解决了项目论证的一个方面的问题。另外一个方面，投资项目的建设是为了满足人们的需求，项目是为人服务的手段，项目的建设不应仅仅限于项目自身的成功，而是在于项目对当地的经济社会发展、对人的发展带来什么样的影响和作用，包括正面作用和负面影响。在项目建设过程中不能因项目建设而影响到人的发展，包括生存和发展环境和条件，同时，要考虑到人的主动性作用，进而考虑项目与受影响群体之间的相互作用、相互影响。因此，在对投资项目的分析中，除了内部投入要素要予以充分的分析论证外，还要对项目面临的外部环境和条件进行深入的评价。而且，外部环境和条件的分析，不能单纯从项目角度看问题，还要从外部环境和条件对项目的影响和作用，从双向性的角度考虑问题。必须充分考虑投资项目建设所需的自然环境、生态环境、资源条件、社会环境等诸多因素，即外部投入要素，同时，要充分考虑外部要素对项目的制约和影响。在这样的认识基础上，投资项目的管理由内向外不断扩展，形成了内外结合的管理制度和方法。

三、对投资项目周期性规律的认识逐步深入

投资项目基本属性和基本概念变化的第三个方面，体现为对投资项目周期性规律的认识逐步加深，并在此基础上形成了针对投资项目全过程的管理制度。

改革开放之初，对投资项目的基本认识中，关于项目周期性规律的认识是不全面的。在把投资项目视为目的的基础上，投资项目周期从项目策划开始，至项目建设完成竣工验收后终止，投入使用后的阶段被视为另外一个周期。这种认识，将投资项目周期性变化的客观规律人为地割裂开来，投资项目的管理重心放在了项目策划、包装、审批和实际建设上，而项目投入使用后产生的效益、效果和影响究竟如何，不是管理者关心的重点。其结果，是对投资项目的管理存在较大的局限性，同时又在计划管理体制的作用下，形成了"重建轻管"的问题，忽视了投资项目发挥实际作用和影响的全过程。

随着改革开放的推进，对投资项目周期性变化的客观规律形成了更加全面的认识，即投资项目客观上存在一个完整的生命周期，它从项目提出开始，经历前期管理阶段、准备工作阶段、实际建设阶段到投入使用，直至项目寿命结束终止，即项目周期四阶段（项目前期、项目准备、项目实施和项目运营）。在每一个项目周期阶段，围绕投资项目所做的工作任务各不相同。项目前期阶段的主要任务是对项目建设的必要性、可行性进行全面分析论证，提出项目决策的依据，完成项目是否建设的决策。项目准备的主要任务是完

成项目开工建设前的一系列准备工作，包括初步设计、施工图设计、土地平整、签订相关合同等，为项目建设奠定基础性条件。项目实施阶段的主要任务是根据确定的建设方案完成项目的实际建设，包括工程建设、设备安装调试、试生产等，为项目投入使用奠定物质基础和条件。项目运营阶段的主要任务是在项目的生产能力或服务能力经过竣工验收合格的基础上，发挥项目的效用和功能，持续地为消费者提供相应的产品或服务，实现项目预期的目标，持续发挥项目的作用和影响。项目周期四个阶段，每一个阶段的工作质量直接影响着下一个阶段的任务完成，各个阶段之间有着严密的因果逻辑关系。同时，每一个项目最终的经验教训，都对后续的项目有着指导和借鉴意义。

对投资项目周期性阶段变化的认识，带来了两个方面的影响。一是逐步建立了覆盖项目周期四个阶段的全过程管理制度，二是进一步开始注重投资项目的事中事后监管。

四、对不同投资主体责权利的认识逐步深入

投资项目基本属性和基本概念变化的第四个方面，是对不同投资主体责权利的认识逐步深入。在40年改革开放过程中，政府与企业、行政与市场之间的相互关系一直是改革的核心问题。经历了多年的探索之后，终于在2004年颁布的《国务院关于投资体制改革的决定》中明确了"充分发挥市场配置资源的基础性作用"的基本要求，并在党的十八届三中全会上确立了"充分发挥市场配置资源的决定性作用"这一中国特色社会主义市场经济的核心定论。在投资领域，明确了不同投资主体基本责权利的划分，对政府与企业两类投资主体各自的定位、作用、职责进行了合理分配，建立了分别针对政府

投资项目和企业投资项目的分类管理制度。

计划体制下，政府包打天下，所有的建设任务均由政府承担，投资项目按照计划进行安排，以行政权力调节供求关系，以行政命令为管理手段，不论是政府投资项目还是企业投资项目一律实行严格的审批管理制度，完全抹杀了政府和企业两类投资主体责权利的差别。1992年邓小平同志南方谈话后，党和政府在思想上解决了至关重要的认识问题，即市场经济体制并非资本主义所特有，社会主义也可以搞市场经济。投资项目管理中，政府与企业两类投资主体各自责权利的划分也越来越清晰，逐步建立了明确的政府投资和企业投资各自的基本定位、功能和作用。

市场经济条件下，各类市场主体经过市场的调节合理承担各自的责任，不能由市场机制进行调节的领域由政府承担责任。在投资项目的建设责任中，政府与企业两类投资主体按照各自的责任承担相关任务，是市场经济自然选择的结果。投资项目的分类，除了投资主体，还有一个重要的标准——需求。按照投资项目需求的基本属性，可分为两大类：公共性需求和市场化需求。基本功能和作用方面，公共性需求具有基础性、公益性和不可替代性，价格调节作用不明显甚至失效，涉及广泛的公众利益；市场化需求具有针对性、营利性和可替代性，价格调节作用明显，涉及特定的消费群体。按需求进行分类，满足不同需求的项目基本属性不同：公共需求项目经营性和盈利性差，以政府为主要投资主体；市场需求项目经营性和盈利性强，以企业为主要投资主体。项目收益方面，公共需求项目财务盈利能力弱或无，社会效益明显；市场需求项目财务盈利能力是关键，社会效益不是核心。投入方面，公共需求项目以公共资源作为项目投入的主要来源，政府作为责任主体，承担项目建设、管理的主要责任；市场需求项目以非公共资源作为项目投入的主要来源，非政府主体作为责任主体，承担项目建设、经营的主要责任。必要时，或可行时，可采用政府和非政府主体合作的方式进行公共需求项目的建设和管理，形成政府和社会资本合作项目。

2004年投资体制改革以来，正是按照上述认识，开始了以充分发挥市场配置资源的决定性作用为基础，以"谁投资、谁决策、谁受益、谁承担风险"为基本原则，以确立和落实企业投资自主权为目标，适应中国特色社会主义市场经济体制的投资体制改革。其中的一个重要构成，是政府投资和企业投资各自的责任范围得到了进一步明确，政府投资项目和企业投资项目的管理实行分类管理，建立了针对政府投资项目的审批管理制度，针对企业投资项目的核准管理制度或备案管理制度。

五、对投资项目可行性评判标准的认识逐步深入

投资项目基本属性和基本概念的认识转变的第五个方面，是对投资项目可行性评判标准的认识逐步深入。改革开放之初，受制于当时的发展环境和条件以及主要的制约因素，对投资项目可行性的判断标准简单、单一，只要项目具备财务可行性，则项目就是可行的。随着改革开放的深入，对投资项目基本属性的认识越来越深，越来越全面，项目可行的判断标准逐步转变，由简单的投资项目技术经济可行逐步扩展到结合项目内外部投入以及项目与受影响群体互动关系等多重因素，考虑技术可行、财务可行、经济可行、环境可行、资源利用可行、社会可行等多方面的综合、多元的可行性概念。同时，对政府投资项目和企业投资项目的可行性判断标准，也有了清晰的认识。

第一，要充分考虑投资项目的技术可行。这是一个面向内外的可行性判断。对投资者而言，技术的内部可行衡量的是项目采用的相关技术，以及由此决定的生产工艺、装置装备、辅助条件等，能够达到生产或提供产品（服务）的基本需要，能够保证产品（服务）的质量、性能、功能等满足最低要求；同时，技术的选择，还需要满足投资者控制成本、提高利润水平、延长项目服务周期的基本要求。而技术的外部可行衡量的是在既定的技术方案下，项目生产的产品或提供的服务能够满足消费者的市场需求；同时，技术的选择，还需要满足节能、节水、节地、环保、安全、行业准入标准、产业政策、技术政策等方面的管理要求。对应的评价方法是技术评价方法及相关指标。

第二，要充分考虑投资项目的财务可行。这是一个面向两类投资主体的可行性判断。对企业投资者（以追求资本回报为目的）来说，是传统的财务可行性，要求项目的投资收益能够覆盖维持项目建成后正常运行的基本费用成本，并且满足获取投资利润的基本要求，即具备财务盈利能力和债务清偿能力。对政府投资者（以提供公共产品和服务为目的）来说，是特定的财务可行性，要求在正常提供公共产品或服务的前提下，项目具备财务生存能力，收支平衡是最低要求；在项目没有直接财务收益或财务收益无法维持平衡时，财政的持续投入是关键。对应的评价方法是财务评价方法及相关指标。

第三，要充分考虑经济可行性。这是一个面向三个范围的可行性判断。一是行业发展的可行性，对于在行业内具有重要地位、对行业未来发展方向具有重要影响的项目，应对项目对行业发展可能产生的影响进行分析，论证项目对所在行业及关联产业发展的影响，并对是否可能形成行业垄断进行分析。二是区域发展的可行性，对区域经济可能产生重大影响的项目，应从项目对区域经济发展、产业空间布局、当地财政收支、社会收入分配、市场竞争结构等方面影响的角度，分析项目对区域经济所产生的影响。三是国民经济发展的可行性，对于投资规模巨大的特大型项目，以及可能对国民经济产生重大影响的基础设施、科技创新、战略性资源开发等项目，应从国民经济整体发展角度，分析项目对国家产业结构调整升级、重大产业优化布局、重要产业国际竞争力培育以及区域之间协调发展等方面的影响。对应的评价方法是经济费用效益（效果）评价方法及相关指标。

第四，要充分考虑环境可行性。这是一个面向两类主体的可行性判断。对项目而言，环境可行，意味着两个方面，一是满足国家有关环境保护的法律法规和主管部门的管理要求，二是满足项目内部控制成本、降低风险的基本要求。对政府而言，项目的环境可行，是加强项目外部性影响的管理，减少或降低项目破坏环境和生态的负面影响、实现节能减排战略目标、实现并维持可持续发展的重要管理环节。对应的评价方法是环境影响评价方法和全过程的环境监测管理。

第五，要充分考虑资源利用的可行。这是一个面向两类主体的可行性判断。对项目而言，资源利用可行，意味着两个方面，一是满足国家有关资源利用（包括矿产资源、水资源、能源、土地资源等）的法律法规和各个主管部门的管理要求，二是满足项目内部控制成本、降低风险的基本要求。对政府而言，项目的资源利用可行，是加强项目外部性影响的管理，提高资源利用效率，减少或降低项目过度消耗、浪费资源的负面影响、实现节约资源并维持可持续发展的重要管理环节。对应的评价方法是资源利用的评价方法，包括节约用地、节能、节水等方面。

第六，要充分考虑社会可行。这是一个双向性的可行性判断。对项目而言，社会可行意味着：当地社会能够容忍、接纳项目在本地的存在与发展，项目生命周期内面临的社会阻力最小化，化解项目与当地社会的矛盾和冲突的成本最小化。对当地社会而言，社会可行意味着：相关利益群体因项目而受益，因项目导致的损失得到合理补偿。对地方政府而言，社会可行意味着：项目有助于推动地方发展，社会风险最小化且得到有效控制。对应的评价方法是社会评价方法、社会稳定风险评估方法。

在充分考虑多方面可行的基础上，对政府投资项目和企业投资项目各自的可行性判断标准，也有了新的认识。政府作为公共利益代言人，承担着为社会公众提供公共产品、公共服务的责任，政府投资项目是否可行的标准，不是简单的技术经济判断，而是从项目的目的是为公众服务这一点出发，看项目是否最大限度满足公共需求、是否最大限度避免社会风险。企业作为经营性的市场主体，资本的逐利性是其天性，投资要回报，项目要有财务利润是基本要求，企业投资项目是否可行的标准是项目是否有足够的财务可行性、是否满足投资者追求财务利润的基本目标。

第二节　投资项目管理制度、政策和方法的变化

在前述投资项目基本属性和基本概念的认识不断加深的基础上，改革开放 40 年来，投资管理体制的改革取得了巨大的进步，投资项

目的管理制度、政策和方法不断优化，不断进步，已经形成了能够基本适应中国特色社会主义市场经济发展的新型投资项目管理体系。总体上，体现在两个方面：

第一，投资项目管理制度由单一的计划管理体制向适应社会主义市场经济要求的新型管理体制转变，由政企不分、缺乏有效责任约束机制的管理制度向政企分开、落实企业投资自主权的管理制度转变，由政府统管一切束缚市场活力的行政管理制度向"放管服"相结合的兼顾市场活力和政府公共监管的管理制度转变。

第二，投资项目管理方式，由眉毛胡子一把抓、不分投资主体自主权的僵化计划审批制向适应市场经济要求的、充分落实企业投资自主权、各级政府合理分权、投资者自行决定内部投入产出、政府管控外部性影响的分级分类、内外结合的政府投资审批制、企业投资核准制或备案制转变。

一、建立针对不同投资主体的分级分类管理制度

按照行政管理权限实行分级管理是投资项目管理的基本制度之一。我国实行中央集权制度，从中央政府到各级地方政府，行政管理的权限依次进行分配，每一级人民政府都有相应的行政管理权限。在投资项目的管理中，同样实行分级管理制度，覆盖了政府投资项目和企业投资项目。在分级管理的同时，又针对不同投资主体投资建设的项目实行分类管理制度，政府投资项目和企业投资项目分别实行审批管理制度、核准管理制度和备案管理制度。

第一，分级管理制度。所谓分级，指的是在现行行政管理分权制度下，各级人民政府在各自权限内自行管理投资活动，包括政府投资和企业投资。上级政府原则上不干预下级政府利用自有资金进

行的投资活动，但特定项目由中央政府进行管理。在分级管理模式下，按照财权与事权统一的基本原则更加合理地划分各级政府之间投资项目管理权限——中央政府投资除本级政权等建设外，主要安排跨地区、跨流域以及对经济和社会发展全局有重大影响的项目。各级地方政府的管理范围和责任依此类推。

第二，分类管理制度。所谓分类，指的是按照投资主体及项目属性的差异采用不同的管理制度、方式，对应的管理内容和重心也不相同。2004年，《国务院关于投资体制改革的决定》颁布后，投资项目管理制度的最大变化是建立并实行不同投资主体的项目管理制度：政府投资项目实行审批制、企业投资项目实行核准制或备案制。这种制度上的变化，彻底改变了过去计划体制下不分投资主体，一律按照投资规模由政府作为决策主体进行项目审批的单一审批管理制度，标志着我国投资项目管理形成了适应社会主义市场经济发展要求、对不同投资主体实行差别化管理的制度体系。

其中，对政府使用政府性资金投资的项目实行严格、规范的全方位和全过程管理，包括严格审批、规范评价、科学决策、全过程监管、责任追究、后评价等多方面要求。同时，政府投资项目的管理重点是能否满足公共需求、是否避免社会风险。政府投资项目实行分级管理、层层上报。对企业投资《核准目录》范围内确定的重大项目或限制类项目，实行核准管理。核准管理的重点是利用行政权力对企业投资项目的外部性影响进行必要的管理和控制，以促使企业投资行为满足政府确定的经济社会发展方向、目标、方式等一系列要求，降低对公共利益的损害。核准管理实行分级管理，根据项目外部性影响的程度由各级政府承担管理责任。对企业投资的其他项目，实行备案管理，目的是在充分发挥市场机制作用的同时，利用外部性管理的手段引导企业投资方向。备案管理由地方政府负责，实行属地管理。

投资项目分级分类管理制度的建立，较好地适应了我国特有的行政管理制度的特点以及中国特色社会主义市场经济体制的基本要求，一方面兼顾了政府的宏观调控、宏观管理，体现了政府在经济社会发展过程中的主导作用，另一方面又充分落实了企业投资的自主权，赋予企业根据市场自行决定投资方向、投资规模和具体项目的自主决策权。

二、建立兼顾投资项目内外部条件的管理制度

兼顾投资项目内外部条件的管理制度，是投资项目管理制度不断完善、优化的体现。在对投资项目基本属性和基本概念进一步认识到位的基础上，针对投资项目所需的内外部条件，2004 年投资体制改革以来，逐步建立了项目内部投入产出关系由投资者自主决策、项目外部环境和条件以及项目与外部因素相互适应由政府管理的双重决策模式。

内外结合管理包括两方面的要求。一是在管理内容上，无论政府投资项目还是企业投资项目，都必须同时考虑项目是否具备充分的内部条件和良好的外部环境；二是在管理手段上，政府投资项目的管理实行全过程、全方位管理，企业投资项目实行企业内部决策与政府对项目外部性的控制相结合的双重管理。

在内外结合管理要求下，政府投资项目的管理涉及项目内部条件和外部环境两个方面。一方面，政府投资项目必须具备相应的内部投入要素才能完成项目的建设，另外一方面，政府投资项目在特定的自然环境和社会环境中建设，必须具备相应的外部环境和条件，

而且由于政府拥有公权力，政府投资项目与外部因素的互动更为敏感。因此，对政府投资项目一定要实行内外结合的管理制度，不仅要以最少的投入要素形成最大的产出，而且要用好公权力，处理好项目与当地的相互适应关系，最大限度满足公共需求，避免社会风险。在内部投入要素管理方面，发起投资项目的行业主管部门或责任主体负责进行决策，而其他主管部门则负责对项目产生的外部性影响进行管理，在政府行政管理体系内部形成了一个内外结合的政府投资项目管理体系。

针对企业投资项目的内外管理，则是按照社会主义市场经济的客观要求，建立了企业内部决策，政府外部管理的双重管理模式。其中，企业结合自身发展需要，根据市场供求状况自行决定投资方向、投资规模、产品方案、技术方案等项目建设的内部投入，而项目所涉及的外部环境和条件，以及项目产生的外部性影响和外部因素对企业的反应，由政府负责管理。

建立针对企业投资项目的内外结合管理制度，与社会主义市场经济的发展是吻合的，其目的在于落实企业投资自主权的同时必须维护社会公共利益，规范引导企业行为。投资体制改革的基本原则是在国家宏观调控下充分发挥市场配置资源的基础性作用，确立企业在投资活动中的主体地位，落实企业投资自主权——谁投资、谁决策、谁收益、谁承担风险。这是市场经济的基本原则所确定的基本要求。但是，从我国的实际出发，建立和发展社会主义市场经济并不是要实行完全放任自流的市场经济，在发挥市场配置资源的决定性作用的同时，必要的行政管理仍然是约束各类投资主体行为的有效手段，相关政府行政管理部门在企业投资的活动中仍然具有并履行相应的管理权限。只不过，这种约束与计划管理体制下的约束有着根本的不同，它不是控制企业的投资自主权，而是从保护公众利益、提高公共福利的角度，对企业投资活动中产生的外部性影响进行控制，规范和引导企业投资在不影响公共利益的前提下进行。

按照《国务院关于投资体制改革的决定》要求，在市场经济条件下，政府对企业投资的项目主要通过外部条件的控制来进行规范和引导。针对企业投资的重大项目以及产业政策中确定的限制类项目，国家实行核准制管理，只对企业投资项目的外部条件和影响进行决策管理，不干涉企业内部投资决策权的使用。而对产业政策允许，且没有重大影响的企业投资项目，仅实行备案制管理。对企业投资项目的外部性影响管理，体现在项目申请报告和备案登记表的相关内容之中。

在对企业投资的规范和引导中，间接手段代替了直接控制，外部性条件和影响控制代替了投资控制。规划、产业政策、土地、环境保护、资源条件、能源使用等构成了规范和引导企业投资的重要手段，相关的行政管理责任主体从不同的角度采用不同的方法对企业投资进行管理，形成了多元化、综合化的管理模式。在这一模式中，政府作为全社会代表扮演了维护社会公共利益的管理者的角色。

总体上，在内外结合的管理制度要求下，无论政府投资项目还是企业投资项目，都需要重视外部因素对项目的影响，外部风险的不确定性、可控性在项目分析评价和管理中极为重要。

三、建立覆盖项目周期的全过程监督管理制度

根据投资项目周期性规律，目前建立了覆盖项目周期全过程的管理制度，而且政府投资项目的全过程管理与企业投资项目的全过程管理是与分类管理制度对应的。

一个投资项目从提出设想，需要经过前期论证、优化决策、建设准备、建设实施、竣工验收直到投产运营等一系列活动，才能完成项目从策划开始到项目生命结束的全过程，而在这一过程中，投资主体需要对各个阶段的每一个活动进行相关的管理，这是投资项目建设的客观规律所决定的。投资项目的管理，本质上是一个贯穿于项目周期全过程的活动，项目管理与项目活动紧密联系且不可分。无论哪一类投资主体，企业投资主体或者政府投资主体，均需要遵循项目全过程管理的客观要求。

针对政府投资项目，实行的是覆盖项目周期各个阶段的全过程监督管理制度。按照现行体制和政策的要求，政府投资项目在项目前期和准备阶段通过审批制度实施管理，在项目实施阶段通过重大项目稽察制度、审计制度以及纪检监察监督制度实施监督，在项目运营阶段通过后评价制度进行总结。其中，在前期阶段和准备阶段完成的主要工作包括项目建议书、项目可行性研究报告、初步设计、开工报告的审批等，在实施阶段的主要工作包括对项目建设过程的稽察、审计监督以及竣工验收等任务，在运营阶段的工作则以后评价为主，以项目建成投入运营后一定时间为时点，对过去发生的事情及其过程进行全面的总结评价，并对未来的发展进行预测。纪检监察部门对政府投资项目的监督检查近年来逐步开展，尚有待进一步加强。各项制度的建立，形成了对政府投资项目从项目初步设想的提出、到项目雏形的形成、到项目具体方案的成熟、到项目的出生、到项目的建设和培育、到项目的成长和作用发挥这样一个完整过程的管理体系。

针对企业投资项目，实行的是企业内部管理和政府外部监督并存的全过程监督管理制度。在项目前期阶段，除了企业有关项目内部投入产出的自主决策外，政府还要通过规划、产业政策、行业准入标准、土地政策、环保政策、节能政策、资源利用政策、社会稳定风险控制政策等手段对企业投资项目的外部性影响进行控制；在企业投资项目完成后的项目准备阶段、实施阶段和运营阶段，除了企业的自我管理，还有政府实施的针对企业投资项目的事中事后管理与监督。

投资项目的全过程监督管理制度中，围绕项目实施阶段，我国还与国际接轨，建立了针对项目实施阶段的项目建设管理四项基本制度：项目法人责任制、项目资本金制度、工程建设监理制度、工程招投标制度。其中，项目法人责任制自 1992 年开始尝试，至 1996 年正式实施，确立了投资项目建设必须有明确的责任主体这一基本要求。按照项目法人责任制的要求，项目建设的责任主体（项目法人或项目单位）承担项目全过程各个阶段的工作责任，负责发起项目、论证项目、准备项目、建设项目、经营项目，负责项目资金筹措、债务偿还。

项目资本金制度主要针对经营性项目专门设立。为防止无本经营，建立投资风险约束机制，有效地控制投资规模，提高投资效益，促进经济社会持续、快速、健康发展，国务院 1996 年颁布了相关政策，全国开始实行项目资本金制度。该制度对不同行业、领域的经营性项目设定了占项目总投资不同的资本金比例要求，覆盖了政府和企业投资的全部经营性项目。通过项目资本金制度，政府增加了一个宏观调控的手段，在经济过热时期，通过提高资本金比例降低投资冲动，在经济低迷阶段，通过降低资本金比例刺激投资。另外，还可以通过对不同行业、领域的项目资本金比例进行结构性调整，实现调整经济结构、促进产业结构优化的目的。

工程建设监理制度于 1988 年开始试行，1995 年全面实行，其目的是确保工程建设质量，提高工程建设水平，充分发挥投资效益。按照相关政策规定，所有项目建设过程中，均要实行工程建设监理制度，监理单位受项目法人的委托，作为独立第三方，依据国家批准的工程项目建设文件、有关工程建设的法律、法规和工程建设监理合同及其他工程建设合同，对工程建设实施监督管理。监理制度的建立，对提高工程质量，提高投资效益，起到了积极的作用。

工程招投标制度 1984 年开始实行，其目的是通过引入招投标制度，在工程建设中选择最佳的工程咨询、工程承包、勘察设计、材料和设备供应等相关主体，以保证工程质量、工程进度，提高投资效益。

上述投资项目全过程各项监督管理制度的建立，强化了投资项目的全面管理，对于提高投资建设质量，提高投资效益，促进经济社会发展，起到了积极的作用。

四、构建综合化、多元化的管理模式

2004 年以来，随着投资管理体制改革的不断深化，围绕投资项目管理，按照适应中国特色社会主义市场经济要求、符合我国基本管理制度要求的原则，逐步建立并完善了投资项目的综合化、多元化管理模式。

综合化管理，指的是在正确认识投资项目的基本属性基础上，针对项目的技术、财务、经济、环境、资源利用、社会风险等多方面进行管理，涉及项目的内外部相关事宜。其中，投资者管理的重心是项目的内部事宜，而政府管理的重心是项目的外部性影响。多元化管理，指的是多个行政管理部门依法行使相应的行政管理权，对投资项目涉及的相关事宜进行管理和控制。每一个部门针对投资项目的某一个或几个方面进行管控，共同形成一个多元化的管理主体。在综合化、多元化管理模式下，投资项目的策划、决策和管理就涉及多方面因素和多主体管理。无论是企业投资项目还是政府投资项目，都要在政府确定的游戏规则下来运作。

综合化管理的要求体现在具体的投资项目管理中，就是要求项目必须符合政策规定的各方面条件，主要包括：（1）符合国家产业政策、发展建设规划、土地供应政策和市场准入标准；（2）已经完成审批、核准或备案手续；（3）规划区内的项目选址和布局必须符合城乡规划，并依照城乡规划法的有关规定办理相关规划许可手续；（4）需要申请使用土地的项目必须依法取得用地批准手续，并已经签订国有土地有偿使用合同或取得国有土地划拨决定书；（5）已经按照建设项目环境影响评价分类管理、分级审批的规定完成环境影响评价审批；（6）已经按照规定完成固定资产投资项目节能评估和审查；（7）建筑工程开工前，建设单位依照建筑法的有关规定，已经取得施工许可证或者开工报告，并采取保证建设项目工程质量安全的具体措施；（8）符合国家法律法规的其他相关要求。在满足这些条件后，投资项目方能开始建设。

多元化管理，则是行政管理部门在投资项目管理中各自发挥相关职能，对投资项目的某一个或多个方面进行管理。在现行的投资管理体系中，发展改革、城乡规划、国土资源、环境保护、建设等部门均发挥各自的管理职能和作用。基本的分工为：（1）发展改革部门是政府投资主管部门，起着投资管理的龙头作用，对项目的审批（核准）以及向政府提出审批（核准）的审查意见承担责任，着重对项目是否符合国家宏观调控政策、发展建设规划和产业政策，是否维护了经济安全和公众利益，资源开发利用和重大布局是否合理，是否有效防止出现垄断等负责。（2）环境保护主管部门负责环境保护的审批工作，对项目是否符合环境影响评价的法律法规要求，是否符合环境功能区划，拟采取的环保措施能否有效治理环境污染和防止生态破坏等负责。（3）国土资源主管部门负责土地利用和资源开发利用的管理，对项目是否符合土地利用总体规划和国家供地政策，项目拟用地规模是否符合有关规定和控制要求，补充耕地方案是否可行等负责，对土地、矿产资源开发利用是否合理负责。（4）城市规划主管部门对项目是否符合城市规划要求、选址是否合理等负责。（5）有关行业主管部门对项目是否符合国家法律法规、行业发展建设规划以及行业管理的有关规定负责。等等。这些职能分工，建立在各个行政管理部门的职能划分基础上。本着向本级政府直接负责的原则，每一个行政管理部门在投资项目前期管理过程中，均要对自身职能范围内的管理工作承担责任。履行责任的方式，是依据有关法律法规和政策规定，按照法定的程序和步骤对投资项目是否满足综合化管理要求进行审核。

第三节　投资项目评价方法的变化

改革开放 40 年来，随着对投资项目基本属性和基本概念的认识不断加深以及管理制度不断优化调整，投资项目评价方法也不断发展变化，形成了一个基本满足管理要求的新型投资项目评价方法体系。

一、形成了一个完整的投资项目评价方法体系

改革开放以来，投资项目评价方法有以下发展变化：投资项目评价理念由过去简单的技术经济论证发展到兼顾技术、财务、经济、环境、资源利用、社会风险管理等多方面的综合评价。评价的对象由过去单一的投资项目投入产出比例关系发展到兼顾投资项目内部效益和外部影响的全方位评价。评价覆盖范围由过去仅仅注重前期决策阶段的预测性评价发展到覆盖投资项目周期各个阶段的全过程评价，完成了从静态评价到动态评价的转变。评价方法由仅针对项目本身单一的技术评价、财务评价，发展到注重项目产生的宏观经济效益和影响的经济评价，再从仅仅注重项目投入产出比例关系（财务、经济效益）发展到基于可持续发展理念的环境影响评价，并进一步在以人为本的科学发展观理念支配下发展到注重项目与当地社会相互影响、相互适应、共同发展的社会评价。对投资项目产生的风险的关注，由简单的技术、市场、财务、融资风险发展到更加重视项目产生的环境风险、社会风险。

上述变化，带来了投资项目评价方法体系的建立和发展，见表 10-1。

表 10-1　投资项目评价方法体系的构成

评价方法	评价内容	评价指标	基本思路	基本特征
技术评价	技术的可行性	技术的先进性、适用性、经济性、安全性	采用先进、适用、经济、安全的技术，为实现项目目标奠定物质基础	主要从技术的角度分析项目的可行性

评价方法	评价内容	评价指标	基本思路	基本特征
财务评价《投资项目经济评价方法与参数》	投资项目的财务盈利和清偿能力、确定项目的财务可行性	财务内部收益率FIRR 投资回收期 财务净现值 FNPV 投资利润率	计算项目的直接效益和费用，强调项目的财务可行性，追求收益最大化	用于财务投资者计算投入产出水平，以财务收益为投资目标
经济评价《方法与参数》	投资项目对国民经济的净贡献、确定项目的经济合理性	经济内部收益率EIRR 经济净现值 ENPV 费用效益比	计算直接和间接效益和费用，追求项目对国民经济的净贡献、项目的经济合理性	财务评价的扩大，试图从宏观经济收益角度判断项目的经济可行性
环境影响评价《环境影响评价法》	项目建设对自然环境造成的影响	各项环境指标，污染物排放及污染治理措施	分析项目对自然环境的破坏程度，强调经济建设与环境保护相结合	评价方法的突破进展，首次将评价的视角扩展到项目外部，但"见物不见人"
社会影响评价	项目建设对社会的影响、项目产生的社会效益	人口变化、就业、收入分配、住房、教育、基础设施等影响指标	强调项目对社会发展的贡献和影响但未考虑被影响人口的反应及其对项目的影响	延续了环境影响评价的基本思路，评价的视角扩展到人，但是属于"单向性思维"
社会评价	项目建设与外部社会环境间的相互适应性，社会风险、可行性、持续性	定性描述指标为主，定量指标为辅 强调公平、参与、持续性、机构发展、性别、贫困等方面问题	经济、社会的发展以人为中心。强调项目对人的影响及人对项目的反应——项目与外部环境的互动作用、项目与社会协调发展	评价方法的革命性发展，突出了"人"在投资项目中的核心地位和主动性作用

如上表所示，我国投资项目评价方法体系包括了技术评价、财

410

务评价、经济评价、环境影响评价、社会影响评价、社会评价。各
种评价方法，共同构成了一个全方位的评价体系，即利用现行的评
价方法，可以对一个投资项目的工程技术、财务效益、经济效益、
环境影响、社会影响、项目与当地社会的相互适应性等各个方面进
行评价。同时，我国的评价方法体系的构成还包括全过程的评价方
法体系，即对一个完整的项目周期的每一个阶段进行评价。在项目
准备阶段对应的是项目的论证分析，包括项目建议书和可行性研究
报告的编制以及相应的评估论证工作；在项目实施阶段对应的是项
目的监督和评价，如项目稽察；在项目运营阶段对应的是项目的后
评价工作。

二、完成了多个方面的积极转变

投资项目评价方法体系的建立，标志着实现了一系列的转变。

第一，实现了从单一的评价理念到全面的评价理念的转变。

改革开放初期，受制于资金短缺和技术落后，投资项目评价的
重点是技术经济评价，对项目是否可行的判断标准是财务收益指标
的好坏，且不分政府投资项目和企业投资项目，均采用相同的判断
标准。随着认识的加深，评价理念向综合、均衡发展，可行性不再
是简单的技术经济可行，而是包括技术可行、财务可行、经济可行、
环境可行、资源利用可行、社会可行等多方面要求的综合、多元的
可行。评价理念由单一向综合、全面转变。

第二，从单一的物质投入产出关系的分析到复杂的社会风险的
分析。

改革开放之初，对投资项目的分析评价主要集中于项目的物质
投入产出比例关系的分析，关注的重点是项目自身建设的成果，很

少考虑到项目之外的因素。随着不断的实践，投资项目评价的视野不断扩大，对项目的分析评价开始由项目内部向外部扩展，开始考虑项目对外部自然环境和社会环境的影响，开始重视项目建设过程中受项目影响的各类利益群体与项目的相互作用、相互关系，开始考虑社会风险问题。

第三，从单一的内部评价到内外结合的评价。

环境影响评价评价方法的建立，是投资项目评价方法体系形成过程中的一个革命性变化，标志着评价的视角首次从项目内部扩展到项目外部，即投资项目的成败不仅仅取决于项目内部投入，还取决于项目所处的外部环境和条件，更取决于外部因素对项目的作用和影响。

第四，从重视物质投入产出到重视人的作用。

在环境影响评价方法的基础上，社会影响评价方法和社会评价方法陆续形成并应用，标志着评价的视角从物质投入产出向项目对人的影响以及人对项目的作用转变。投资项目不再是一个单纯的物质生产活动，而是一个影响到每一个人的社会活动。

第五，从单向性的评价理念到双向性的评价理念。

各类评价方法中，从技术评价、财务评价、经济评价、环境影响评价到社会影响评价，评价的理念都是单向性的，只从项目的角度考虑项目产生了什么样的成果，带来了什么样的作用和影响，并没有考虑到受到影响的人会对项目做出什么样的反应，并进一步形成对项目的作用和影响。社会评价方法形成后，评价的理念从单向性向双向性转变，投资项目作为实现人的发展要求的手段，其建设一定要与当地社会的发展需求相适应，项目评价中要充分考虑人的作用，尤其是受到项目影响的利益群体的作用。

　　经过上述三个方面的发展演变，我国的投资项目管理由落后、单一向先进、综合进一步发展，已经形成了具有中国特色的投资项目管理模式，投资项目管理的现代化水平得以快速提升。

参考文献

1. "1954 年国务院政府工作报告"，中国政府网，http://www.gov.cn/guoqing/2006–02/16/content_2616810.htm。

2. "1955 年国务院政府工作报告"，中国政府网，http://www.gov.cn/guoqing/2006–02/16/content_2616810.htm。

3. "1957 年国务院政府工作报告"，中国政府网，http://www.gov.cn/guoqing/2006–02/16/content_2616810.htm。

4. "1980 年国务院政府工作报告"，中国政府网，http://www.gov.cn/guoqing/2006–02/16/content_2616810.htm。

5. "1981 年政府工作报告"，中国政府网，http://www.gov.cn/guoqing/2006–02/16/content_2616810.htm。

6. "1982 年政府工作报告"，中国政府网，http://www.gov.cn/guoqing/2006–02/16/content_2616810.htm。

7. "1986 年政府工作报告"，中国政府网，http://www.gov.cn/guoqing/2006–02/16/content_2616810.htm。

8. "1987 年政府工作报告"，中国政府网，http://www.gov.cn/guoqing/2006–02/16/content_2616810.htm。

9. "1989 年政府工作报告"，中国政府网，http://www.gov.cn/

guoqing/2006–02/16/content_2616810.htm。

10. "1993 年政府工作报告"，中国政府网，http://www.gov.cn/guoqing/2006–02/16/content_2616810.htm。

11. "1994 年政府工作报告"，中国政府网，http://www.gov.cn/guoqing/2006–02/16/content_2616810.htm。

12. "1999 年政府工作报告"，中国政府网，http://www.gov.cn/guoqing/2006–02/16/content_2616810.htm。

13. "2000 年政府工作报告"，中国政府网，http://www.gov.cn/guoqing/2006–02/16/content_2616810.htm。

14. "2004 年政府工作报告"，中国政府网，http://www.gov.cn/guoqing/2006–02/16/content_2616810.htm。

15. "2006 年政府工作报告"，中国政府网，http://www.gov.cn/guoqing/2006–02/16/content_2616810.htm。

16. "2008 年政府工作报告"，中国政府网，http://www.gov.cn/guoqing/2006–02/16/content_2616810.htm。

17. "2009 年政府工作报告"，中国政府网，http://www.gov.cn/guoqing/2006–02/16/content_2616810.htm。

18. "2010 年政府工作报告"，中国政府网，http://www.gov.cn/guoqing/2006–02/16/content_2616810.htm。

19. "2011 年政府工作报告"，中国政府网，http://www.gov.cn/guoqing/2006–02/16/content_2616810.htm。

20. "2012 年政府工作报告"，中国政府网，http://www.gov.cn/guoqing/2006–02/16/content_2616810.htm。

21. "2013 年政府工作报告"，中国政府网，http://www.gov.cn/guoqing/2006–02/16/content_2616810.htm。

22. "2017 年政府工作报告"，中国政府网，http://www.gov.cn/guoqing/2006–02/16/content_2616810.htm。

23. "2018 年政府工作报告"，中国政府网，http://www.gov.cn/guoqing/2006–02/16/content_2616810.htm。

24. 李洋："2008 年中国大陆地震灾害损失述评"，中国地震局网站。

25.《国务院关于印发汶川地震灾后恢复重建总体规划的通知》（国发〔2008〕31 号）。

26. 阮煜琳：《汶川地震三周年：灾后重建 1 万多亿资金从何来？》，中国新闻社，2011 年 5 月 9 日。

27.《国务院常务会议确定扩大内需促进经济增长十措施》，新华网。

28. 张平：《大渠道筹措 3 万亿资金已发行 企业债券筹资 1300 亿》，新华网。

29. 中央广电总台国际在线：《国际锐评：十年前拯救他们，今天他们过河拆桥》，http://news.cri.cn/20180624l。

30. 朱宝琛：《4 万亿投资冲刺收官"十二五"承接涟漪再起漩涡》，中国证券网，2010 年 11 月 23 日。

31.《温家宝在 2012 年夏季达沃斯论坛上的致辞》，新华网。

32. 武力：《中国发展道路》，湖南人民出版社 2012 年版。

33. 汪海波：《新中国工业经济史（1979—2000）》，经济管理出版社 2001 年版。

34. 汪海波：《中国现代产业经济史》，山西人民出版社 2010 年版。

35. 刘立峰：《政府投资学》，科学出版社 2018 年版。

36. 金碚：《中国工业化 60 年的经验与启示》，《求是》2009 年第 18 期。

37. 工业和信息化部党组：《党的十八大以来推进新型工业化的成就与实践经验》，《中国中小企业》2017 年第 12 期。

38. 付真理：《中国工业化的制约因素、成功经验和发展展望》，《经济视角》2012 年第 6 期。

39. 冯飞、王晓明、王金照：《对我国工业化发展阶段的判断》，《中国发展观察》2012 年第 8 期。

40. 黄群慧：《我国从高速度工业化向高质量工业化转变》，《人民日报》2017 年 11 月 26 日。

41. 国家统计局：《改革开放铸辉煌 经济发展谱新篇——1978 年以来我国经济社会发展的巨大变化》，《人民日报》2013 年 11 月 6 日。

42. 董志凯：《党领导中国工业化、现代化的基本经验（1949—2011）》，《中国浦东干部学院学报》2012 年第 1 期。

43. 韩剑锋、曹亚丽、马心妍：《当代中国工业化道路的基本经验研究》，2017 年 1 月 9 日，http://theory.people.com.cn/n1/2017/0109/c40537-29009595.html。

44. 国家统计局：《有效投资持续发力 关键作用不断发挥——党的十八大以来经济社会发展成就系列之十三》，2017 年 7 月 24 日，http://news.hexun.com/2017-07-24/190168334.html。

45. 苗圩：《党的十八大以来我国工业和信息化发展新成就》，2017 年 10 月 19 日，https://www.tnc.com.cn/info/c-001001-d-3629049.html。

46.《我国制造业奋力由大到强 关键产品竞争力显著提升》，

2008 年 4 月 17 日，http://baijiahao.baidu.com/s？ id=15979705246534 64461&wfr=spider&for=pc。

47. 国家统计局：《城镇化水平持续提高　城市综合实力显著增强——党的十八大以来经济社会发展成就系列之九》，2017 年 7 月 11 日，http://news.hexun.com/2017-07-11/189989600.html。

48. 李海蓉、刘新波：《基于历史视角的中国 FDI 引进政策演变》，《经济研究参考》2014 年第 20 期。

49. 李善民、李昶：《跨国并购还是绿地投资？——FDI 进入模式选择的影响因素研究》，《经济研究》2013 年第 12 期。

50. 李众敏：《中国金融业海外投资：机遇、挑战与战略转型》，《金融发展评论》2011 年第 7 期。

51. 罗长远、张军：《转型时期的外商直接投资：中国的经验》，《世界经济文汇》2008 年第 1 期。

52. 潘圆圆、唐健：《美国外国投资委员会国家安全审查的特点与最新趋势》，《国际经济评论》2013 年第 5 期。

53. 商务部：《中国对外直接投资统计公报》，历年。

54. 商务部：《中国外商投资报告》，2013、2016、2017 年。

55. 王永中、王碧珺：《中国企业海外投资高政治风险的成因与对策》，《全球化》2015 年第 3 期。

56. 姚枝仲：《如何看待中国当前的对外直接投资》，《国际经济评论》2009 年第 3 期。

57. 姚枝仲、李众敏：《中国对外直接投资的发展趋势与政策展望》，《国际经济评论》2011 年第 2 期。

58. 张金杰：《中国能源与资源对外投资》，《中国金融》2013 年第 1 期。

59. 张金杰：《中国企业海外并购的新特征及对策》，《经济纵横》2019 年第 9 期。

60. 许宪春、贾海、李皎等：《房地产经济对中国国民经济增长的作用研究》，《中国社会科学》2015 年第 1 期。

61. 历年《中国统计年鉴》。

62. 刘琳等：《我国城镇居民住房问题研究》，中国计划出版社，2011 年 9 月。

63. 国家统计局：《中国 2000 年人口普查资料》、《中国 2010 年人口普查资料》，中国统计出版社。

64. 国家统计局：《中国 2005 年 1% 人口抽样调查资料》、《中国 2015 年 1% 人口抽样调查资料》，中国统计出版社。

65. 陈工孟等：《风险投资参与对中资企业首次公开发行折价的影响——不同证券市场的比较》，《经济研究》2011 年第 5 期。

66. 陈见丽：《风险投资能促进高新技术企业的技术创新吗？——基于中国创业板上市公司的经验证据》，《经济管理》2011 年第 2 期。

67. 杜月、应晓妮：《政府创投引导基金：爆发式增长后的理性回归》，《宏观经济管理》2018 年第 5 期。

68. 郭占力：《中国风险投资发展研究》，哈尔滨工程大学博士学位论文，2005 年。

69. 国家发展改革委投资研究所创业投资研究中心编著：《2017 年国家新兴产业创业投资引导基金发展报告》，国家发展改革委内部报告，2018 年。

70. 胡志坚等主编：《中国创业风险投资发展报告 2017》，经济管理出版社 2017 年版。

71. 李吉栋：《创业投资引导基金的理论与实践》，冶金工业出版社 2011 年版。

72. 李玉良、李能：《我国风险投资发展的历史现状与展望》，《全球科技经济瞭望》2010 年第 2 期。

73. 厉以宁：《中国创业投资业发展沿革、现状与问题》，《中国科技投资》2004 年第 7 期。

74. 刘曼红、王佳妮编著：《中国天使投资理论、方法与实践》，中国发展出版社 2015 年版。

75. 龙勇、时萍萍：《风险投资对高新技术企业的技术创新效应影响》，《经济与管理研究》2012 年第 7 期。

76. 投资界网站：《中国创投简史》，人民邮电出版社 2017 年版。

77. 吴超鹏等：《风险投资对上市公司投融资行为影响的实证研究》，《经济研究》2012 年第 1 期。

78. 熊维勤：《创业引导基金运作中的激励机制研究》，经济科学出版社 2013 年版。

79. 严圣禾：《深创投：国企也能做风投》，《光明日报》2016 年 12 月 15 日。

80. 应晓妮：《中西部创投活跃度有待提升》，《中国投资》2018 年第 1 期。

81. 张建平：《我国创业投资的发展模式与途径研究》，中国社会科学院博士论文，2000 年。

82. 张明喜、郭戎：《中国创业风险投资的发展近况及思考》，《中国科技论坛》2015 年第 2 期。

83. 张学勇，廖理：《风险投资背景与公司 IPO：市场表现与内在机理》,《经济研究》2011 年第 6 期。

84. 张喆:《我国风险投资业政策演变及其对行业影响研究》,吉林大学博士学位论文,2014 年。

85. 赵杰强:《我国创业投资的发展历程与启示》,《现代营销（下旬刊）》2011 年第 3 期。

86. 乔希勒纳:《梦断硅谷》,乔江涛译,中信出版社 2012 年版。

87. 国务院:《关于印发投资管理体制近期改革方案的通知》(国发〔1988〕45 号),1988 年 7 月。

88. 中共中央:《关于建立社会主义市场经济体制若干问题的决定》(中国共产党第十四届中央委员会第三次全体会议 1993 年 11 月 14 日通过)。

89. 国务院:《国务院关于投资体制改革的决定》(国发〔2004〕20 号) 2004 年 7 月。

90. 中共中央:《关于全面深化改革若干重大问题的决定》(2013 年 11 月 12 日中国共产党第十八届中央委员会第三次全体会议通过)。

91. 中共中央、国务院:《中共中央国务院关于深化投融资体制改革的意见》(中发〔2016〕18 号),2016 年 7 月。

92. 原国务院法制办:《政府投资条例》(征求意见稿)。

93. 曾培炎:《中国投资建设 50 年》,中国计划出版社 1999 年版。

94. 曾培炎:《新中国经济 50 年（1949—1999）》,中国计划出版社 1999 年版。

95. 房维中:《中国发展与改革编年纪事（1977—1989）》(摘要本),2004 年 9 月。

96. 郭小聪:《政府经济学》,中国人民大学出版社 2003 年版。

97. 高培勇、崔军：《公共部门经济学》，中国人民大学出版社 2003 年版。

98. 国家发展改革委投资司、国家发展改革委投资研究所、国家统计局投资统计司：《中国投资报告》（2000—2017 年历年）。

99. 张长春：《政府投资的管理体制改革》，中国计划出版社 2005 年版。

100. 吴亚平：《中国投资 30 年回顾与展望》，经济管理出版社 2009 年版。

101. 吴亚平：《投融资体制改革：何去何从》，经济管理出版社 2013 年版。

102. 国家发展改革委投资研究所课题组：《新常态下政府投资方向和方式研究》（内部报告），2015 年 10 月。

103. 国家发展改革委投资司、投资研究所联合课题组：《创新中央预算内投资管理问题研究》（内部报告），2015 年 10 月。

104. 国家发展改革委投资研究所课题组：《深化行政体制改革、创新行政管理方式、规范政府投资管理研究》（内部报告），2017 年 12 月。

105. 周小川：《关于国有商业银行改革的几个问题》，《金融时报》2004 年 5 月 31 日。

106. 周小川：《明确政府作用拨动金融改革棋局》，《中国投资》2005 年 8 月。

107. 周小川：《中国金融业的历史性变革》，《中国金融资》2010 年第 19—20 期。

108. 周小川：《推进中国债务资本市场持续健康发展》，《中国金融资》2010 年第 23 期。

109. 周小川：《继续发展中国债券资本市场》，《中国科技投资》2011 年第 8 期。

110. 周小川：《资本市场的多层次特性》，《金融市场研究》2013 年第 8 期。

111. 周小川：《金融改革发展及其内在逻辑》，《中国金融资》2015 年第 19 期。

112. 周小川：《深化金融体制改革》，《中国中小企业》2015 年第 12 期。

113. 吴晓求：《资本市场发展与中国金融的结构性改革》，《经济体制改革》2015 年第 1 期。

114. 吴晓求：《深化改革扩大开放 促进中国证券市场的健康发展》，《中国人大》2015 年 1 月 1 日。

115. 吴晓求：《中国的金融改革与资本市场发展》，《理论视野》2012 年第 9 期。

116. 吴晓求：《中国金融监管改革：逻辑与选择》，《财贸经济》2017 年第 7 期。

117. 吴晓求：《曲折向前二十年 扬帆已过万重山》，《光明日报》2010 年 11 月 9 日。

118. 吴晓求、许荣：《金融理论的发展及其演变》，《中国人民大学学报》2014 年第 4 期。

119. 戴相龙：《回顾 1997 年全国金融工作会议》，《中国金融》2010 年第 19 期。

120. 潘功胜：《银行间债券市场在改革创新中快速健康发展》，《金融时报》2017 年 8 月 31 日。

121. 谢多：《银行间市场自律组织的探索与实践》，《金融时报》

2017 年 8 月 31 日。

122. 中国银行业监督管理委员会：2008—2016 各年《年报》。

123. 曾珠：《"沪港通"、"深港通"与中国资本市场国际化》,《技术经济与管理研究》2015 年 10 月。

124. 郭丽虹、张祥建、徐龙炳：《社会融资规模和融资结构对实体经济的影响研究》,《国际金融研究》2014 年 6 月。

125. 徐亚平、宋杨：《社会融资结构变化对我国货币政策传导模式的影响》,《财经科学》2016 年 8 月。

126. 李扬、王国刚：《中国金融改革开放 30 年研究》, 经济管理出版社 2008 年版。

127. 吴晓灵：《中国金融改革开放大事记》, 中国金融出版社 2008 年版。

128. 郑新立、徐伟、綦鲁明：《从计划到市场——中国计划投资体制改革 40 年》, 广东经济出版社 2017 年版。

129. 章洛菘、姜浩：《金融与中国经济》, 中国人民大学出版社 2014 年版。

130. 孙祁祥、郑伟：《保险业的发展与监管》,《中国金融》2017 年 2 月。

131. 张绍鸿：《促进绿色金融发展的法治保障机制研究》,《理论建设》2017 年 5 月。

132. 王观：《发挥丝路基金作用　服务一带一路建设（一带一路·高端访谈）——访丝路基金监事会主席杨泽军》,《人民日报》2017 年 5 月 10 日。

133. Aggarwal, R., Erel, I., Ferreira, M., and Matos, P.（2011）, Does governance travel around the world？ Evidence from institutional investors.

Journal of Financial Economics, 100（1）: 154–181.

134.Bacon, N., Wright, M., and Meuleman, M.（2013）, The impact of private equity on management practices in European buy–outs: Short–termism, Anglo–Saxon, or host country effects？ Journal of Economy & Society, 51（Supplement s1）: 605–626.

135.Brau, J. C., Brown, R. A. and Osteryoung, J. S.（2004）, Do Venture Capitalists Add Value to Small Manufacturing Firms？ An Empirical Analysis of Venture and Non–venture Capital Backed Initial Public Offerings. Journal of Small Business Management, 42: 78–92.

136.Bruton, G. D., Filatotchev, I., Chahine, S. and Wright, M.（2010）, Governance, ownership structure, and performance of IPO firms: the impact of different types of private equity investors and institutional environments. Strat. Mgmt. J., 31: 491–509.

137.Ferreira, M. A., and Matos, P.（2008）, The colors of investors' money: The role of institutional investors around the world. Journal of Financial Economics, 88（3）: 499–533.

138.Hallen, B. L.（2008）, The Causes and Consequences of the Initial Network Positions of New Organizations: From Whom Do Entrepreneurs Receive Investments？ Administrative Science Quarterly, 53（4）: 685–718.

139.Hellman, T., and M. Puri,（2000）, The interation between product market and financing strategy: the role of venture capital. The Review of Financial Studies, 13（4）: 959–984.

140.Maula, M. V. J., Keil, T., and Zahra, S. A.（2013）, Top Management's Attention to Discontinuous Technological Change: Corporate

Venture Capital as an Alert Mechanism. Organization Science, 24（3）: 926-947.

141.Milanov, H. and Shepherd, D. A.（2013）, The importance of the first relationship: The ongoing influence of initial network on future status. Strat. Mgmt. J., 34: 727-750.

142.Ozmel, U., Reuer, J. J., and Gulati, R.（2013）Signals across Multiple Networks: How Venture Capital and Alliance Networks Affect Inter-organizational Collaboration. Academy of Management Journal, 56（3）: 852-866.

143.Park, H. D. and Steensma, H. K.（2012）, When does corporate venture capital add value for new ventures？ Strat. Mgmt. J., 33: 1-22.

144.Sweeting, R. C.（1991）, Early-stage new technology-based businesses: Interactions with venture capitalists and the development of accounting techniques and procedures. The British Accounting Review, 23（1）: 3-21.

145.Vanacker, T., Collewaert, V. and Paeleman, I.（2013）, The Relationship between Slack Resources and the Performance of Entrepreneurial Firms: The Role of Venture Capital and Angel Investors. Journal of Management Studies, 50: 1070-1096.